Andreas Kersting

Macher, Promis, Immis und Individualisten
Wer macht Köln?
Die 100 wirklich wichtigen Kölner

Andreas Kersting

Macher, Promis, Immis und Individualisten
Wer macht Köln?
Die 100 wirklich wichtigen Kölner

edition-empirica Verlagsgesellschaft mbH, Köln

Bibliografische Information Deutsche Nationalbibliothek

Die deutsche Nationalbibliothek verzeichnet diese Publikation in der Deutschen Nationalbibliografie; detaillierte bibliografische Daten sind im Internet über http://www.dnb.de abrufbar.

edition-empirica Verlagsgesellschaft mbH

Cäsarstraße 6-10

50968 Köln

Deutschland

www.edition-empirica.de

© edition-empirica Verlagsgesellschaft mbH, Köln

Titeldesign, Satz und Gestaltung: typogramm grafikdesign, Wuppertal

Druck: Druck Europa GmbH, Berlin

Printed in EU

1. Auflage 2012

ISBN: 978-3-938813-40-9

Dieses Werk einschließlich aller seiner Teile ist urheberrechtlich geschützt. Jede Verwertung außerhalb der engen Grenzen des Urheberrechtsgesetzes ist ohne Zustimmung des Verlages unzulässig und strafbar. Das gilt insbesondere für Vervielfältigungen, Übersetzungen, Mikroverfilmungen und die Einspeicherung und Verarbeitung in elektronischen Systemen.

Geleitwort

© *Peter Rigaud*

Wissenschaftler haben es immer noch nicht ermittelt – peinlich – warum in der öffentlichen Wahrnehmung mal die Stadt und mal die Einwohner im Vordergrund stehen. Reden wir von der Stadt oder von ihren Einwohnern? Mal so mal so. Man redet jedenfalls mehr von Kölnern als von Köln, wenn man die Stadt typisieren will. Gleiches gilt auch für die Berliner. Wer redet da noch von Düsseldorfern. Darunter kann man sich zwischen gar nichts und schwach etwas vorstellen. Oder denken Sie an einen Hammer oder Castrop-Rauxler.

Der Kölner an sich ist eine eigene Spezies, jeder nützlichen Vereinbarung zugeneigt, dabei die Obrigkeit missachtend und vor allem Gesetze. Etwas Schmutz toleriert man, über zuviel Schmutz wird heftig diskutiert, ohne dass sich was ändert. Man ist gerade noch so katholisch, dass man sich am Weihwasserbecken festhält, um als erster die Messe zu verlassen. Doch äußerste Vorsicht für diejenigen, die nach Köln ziehen: Die Toleranz dieses Menschenschlages lässt es nicht zu, dass sich hier einer fremd fühlt. Spätestens Rosenmontag ist ein zugezogener Berliner Kölner und will von Preußen nichts mehr wissen.

Franz-Josef Antwerpes

Inhalt

Vorwort des Autors	5
Der Dom	7
Event	11
Kölsch und andere Delikatessen	27
Karneval	41
Kirche	61
Kulturstadt Köln	72
Kunst und Architektur	83
Leben und Tod	109
Literatur	117
Medien und Internet	131
Mode	145
Musikszene	151
Soziales	173
Sport	183
Theaterszene	193
Wirtschaft und Innovation	203
Namensverzeichnis	242
Stichwortverzeichnis	244
Über den Autor	247

Vorwort des Autors

KÖLN, KÖLN, KÖLN. Sprich: KÖLLE, KÖLLE und noch einmal KÖLLE!

Damit dürfte der Eitelkeit und dem Selbstverständnis der Einwohner unserer rheinischen Millionenstadt Genüge getan sein. Nun, über die Million mögen die Statistiker streiten, aber hinter dieser abstrakten Zahl habe ich Menschen getroffen: kreativ, engagiert, voller Gefühl und Liebe für diese Stadt, bis hin zu kritischer Verletztheit, wie – ja, wie es nur hier am Rhein möglich ist.

In diesem Buch begeben Sie sich auf eine Reise in diese Stadt, bei der Sie 100 Macher, Immis, Promis und Individualisten kennen lernen, die sich in und um Köln längst einen Namen gemacht haben, deren Stern gerade aufgeht oder deren außergewöhnliche Leistung manchen sogar noch unbekannt sein mag. Wer genau nachzählt, wie viele Portraits das Buch enthält, kommt auf eine Zahl von etwas über 100. Das liegt am Dom. Ihm ist ein eigenes Kapitel gewidmet, denn er ragt über das menschliche Treiben der Stadt hinaus. Und es liegt am 1. FC Köln, an Hennes VIII, dem Vereinsmaskottchen. Tierisch gut und kontinuierlich repräsentiert der Geißbock den Fußballclub... – Seine Geschichte (und nicht gezählte Kommentare) finden Sie im Kapitel „Sport".

In Köln gibt es natürlich weitaus mehr als 100 Personen, die ich gerne portraitiert hätte und die es auch wert gewesen wären. Aber wann soll man aufhören: Bei 111 oder 200 Personen? Dieser Stadt kann man gerade im kulturellen Bereich so schnell nicht gerecht werden. Und: Habe ich bei der Auswahl der Portraitierten alles richtig gemacht? – Bestimmt nicht! Können wir objektiv und repräsentativ sein? – Wohl kaum! Sind bestimmte Personen womöglich aus den verschiedensten Gründen nicht genannt? – Mit Sicherheit.

Was Sie in diesem Buch nicht finden werden, sind Selbstdarstellungen von Politikern; ebenso wenig von Prominenten und solchen die sich für so prominent halten, dass sich das was sie zu sagen haben in dem erschöpft, was schon seit Jahren im Internet fein aufbereitet dargeboten wird.

Und doch werden Sie sich beim Lesen dieser ganz und gar außergewöhnlichen „Personen-Anthologie" hoffentlich des Eindrucks nicht erwehren können, dass hier „dat Hätz von Kölle" schlägt.

Musiker, Unternehmer, „Eingeborene" und Zugezogene, alt und jung, groß und klein, prominent oder weniger bekannt – sie alle haben ihre Geschichte erzählt. Und in allem, was sie trennt, verfügen sie doch über einen gemeinsamen Nenner. Sie bewegen sich und andere; sie haben nachhaltige Spuren hinterlassen; sie haben auf ihre Weise – jeder für sich und ganz individuell – die Stadt geprägt und verleihen dieser Millionenstadt am Mittelrhein ihren unverwechselbaren Charme und diskussionswürdigen Liebreiz.

Für Nicht-Kölner, die sogenannten Immis in der Domstadt, möchte ich an dieser Stelle einige Übersetzungshilfen geben. Diese Hilfen sind besonders dann wichtig, wenn man während der „tollen Tage" als Auswärtiger Köln besuchen möchte. Diese tollen Tage heißen „Fastelovend", der hiesige Begriff für Fastnacht oder Karneval. Als Schlachtruf sollte man zuvor „Kölle alaaf" einüben und sagt damit „Köln allen voran". Wer dann noch das Glück hat, an einer Sitzung der großen Karnevalsvereine teilzunehmen, wird sich über die schunkelnden Herren auf der Bühne wundern. Diese Herren heißen „Elferrat" und unterstützen ihren Präsidenten bei der Organisation der Feier. Geschunkelt wird auf der Bühne und im Saal immer im Gleichtakt.

Im Alltag hilft dem Kölner das inoffizielle Grundgesetz durch alle Lebenslagen. Mit einem schulterzuckenden „Et kütt wie et kütt" (Es kommt wie es kommt) kommentiert der Einheimische etwaige Unannehmlichkeiten des Alltags. Und übrigens: Nein, man kann auch bei Erscheinen dieses Buches immer noch nicht mit einem Schiff der KölnDüsseldorfer auf dem „Rhing" (Rhein) nach Düsseldorf fahren.

Schließlich möchte ich mich an dieser Stelle bei meinen Gesprächspartnern bedanken. Ohne sie gäbe es dieses Buch nicht; und natürlich bei den Kolleginnen Angelika Staub und Corinna Blümel und den Kollegen Thomas Dahl, Michael Koll und Hanskarl Willms. Fleißig zugearbeitet haben auch die auskunftsfreudigen Kolleginnen und Kollegen der Pressestellen vieler Kölner Unternehmen und Institutionen. Auch Ihnen gilt mein Dank an dieser Stelle. Für den richtigen Schub zu Beginn dieses Buchprojektes sorgte Anne L. – sie lebt im Sauerland und brachte Ordnung in meine Ordner.

Bei einem meiner Interviews habe ich auch das schönste Zitat mitgeschrieben: „Eigentlich muss man Köln nie verlassen – es gibt hier alles." Dem ist nichts hinzuzufügen. Und in diesem Sinne viel Spaß beim Blättern und Lesen.

Andreas Kersting

Der Dom

...denn hier gehört er hin.

Der Dom zu Köln
Einfach überragend

© Götz-Clemens Möller

Geboren: 15. August 1248

Familie: Alleinstehend

Beruf: Zentrales Gotteshaus

Persönliches Motto: Dem Glauben Raum geben, der Hoffnung Höhe schenken und der Liebe den Klang von Glocken verleihen

Das mag der Dom an Köln: Ich sehe die Menschen gerne singen und tanzen. Viele tragen über ihre Spenden an den Dombauverein und die Kulturstiftung Kölner Dom dazu bei, dass das UNESCO-Weltkulturerbe Kölner Dom erhalten werden kann.

Das mag der Dom nicht an Köln: Es ist wie in jeder Stadt: Der saure Regen frisst am Stein und die Abgase färben die Fassaden dunkel.

Hobbys: Die Melodie der in ihm verankerten Glocken. Vor allem der Bass der 24 Tonnen schweren Sankt Petersglocke hat es ihm angetan.

Es heißt, die Menschen dieser lebendigen Metropole haben ein großes Herz. Dieses schlägt auch für den berühmtesten Senior der Stadt, der nicht nur weltberühmtes Wahrzeichen und Mittelpunkt, sondern auch der Stolz Kölns ist: Die Hohe Domkirche Sankt Peter und Maria. Sie fußt auf römischen wie fränkischen Bauten als Mauerwerk aus der karolingischen Zeit, das bereits zwischen dem 9. und 13. Jahrhundert den Menschen eine Glaubensstätte bot. Die Fundamente des gotischen Doms haben sich bis in die Gegenwart erhalten und finden sich unter dem Boden der heutigen Kathedrale, deren Bau am 15. August 1248 nach Plänen des Meister Gerhard begonnen wurde. Das größte Bauwerk der Hochgotik und nach seiner Vollendung einst höchstes Gebäude der Christenheit entstand in Etappen. Als die Bauarbeiten nach der letzten Steinlieferung im Jahre 1528 aufgrund von Finanzierungsproblemen eingestellt wurden, reichte der Südturm bis in 58 Meter, Teile des Nordturms bis in 22 Meter Höhe. Offensichtlich hatte man lediglich an eine kurze Einstellung der Bauarbeiten gedacht und ließ den Baukran am Südturm weithin sichtbar stehen. Über Generationen mit der ewigen Baustelle vertraut, nahmen die Kölner das unvollendete Werk in den folgenden Jahrhunderten gleichwohl als Zeichen der Hoffnung wie auch als Mahnung hin. Der Dom aber trug mit Würde sein mittelalterliches Gewand bis in die Neuzeit hinein und galt trotz der ausstehenden Arbeiten als Wahrzeichen der Stadt.

Im Inneren erhielt das Gotteshaus ganz im Stile der Epoche des 17. und 18. Jahrhunderts ein barockes Antlitz. Davon zeugen die Altäre in den Kapellen, das hölzerne Scheingewölbe für die Bereiche ohne steinerne Gewölbe sowie die weiße Tünche als Raumfassung und der tempelartige Aufbau auf dem mittelalterlichen Hochaltar. Derartig pompös präsentiert sich das Gotteshaus so den 1794 in Köln einrückenden französischen Revolutionstruppen. Die neuen Herrscher verboten kurzerhand die Gottesdienste und bestimmten den Dom zum militärischen Zweckgebäude für den Bestand der Logistikabteilung. Die Kathedrale wurde kurzerhand zum Korn- und Futtermagazin umfunktioniert. Erst nach der Entmachtung Napoleons endete der Affront gegen die römisch-katholische Kirche, die zu Anfang des 19. Jahrhunderts gar eine Degradierung des Domes zur Pfarrkirche hinnehmen musste. Nach der Wiederherstellung des Erzbistums durch Papst Pius VII. erhielt das Gotteshaus im Jahr 1821 wieder seinen alten Stellenwert. Eine neue Motivation zur Fertigstellung des Gebäudes ging vom deutschen Gemäldesammler, Kunst- und Architekturhistoriker Johann Sulpiz Melchior Dominikus Boisserée aus, der sich inständig für eine Vollendung der Kathedrale einsetzte. Die in der Öffentlichkeit zirkulierenden populären Visionen des Doms förderten den Entschluss zur Wiederaufnahme der Arbeiten. Diese wurden durch das Auffinden eines mittelalterlichen Fassadenplans im befreiten Köln beflügelt. Der Auferstehung des geplanten Nationaldenkmals stand nichts mehr im Wege. Im Jahre 1842 nahm der explizit zum Zwecke der Fertigstellung und Erhaltung gegründete Dombauverein die Arbeiten auf. Am 15.und 16. Oktober 1880 – mitten in den Wehen des Kulturkampfes zwischen preußischem Staat und katholischer Kirche – feierten die Kölner in Anwesenheit von Kaiser Wilhelm I. schließlich die Vollendung ihres Doms.

Auch im digitalen Zeitalter hat sich die Popularität des Bauwerkes erhalten. Rund acht Millionen Klicks im World Wide Web verweisen sogar den Kölner Karneval in der Beliebtheitsskala auf die Plätze. Um die Position des beliebtesten Tourismusziels Deutschlands beizubehalten, bedarf es jedoch nicht nur der äußeren Pflege. Auch die zahlreichen Sandsteinplatten, das aus annähernd 8 Millionen Keramikstiften bestehende Fußbodenmosaik des Chorbereichs sowie die Stufen zur Domspitze und der acht weiteren Treppenhäuser müssen gesäubert und instand gehalten werden. Darüber hinaus sind circa 1 000 Leuchtmittel und viele Kilometer Kabel intakt zu halten.

Nach den Bombennächten des Zweiten Weltkriegs lag die Kölner Innenstadt in Schutt und Asche. Als eines der wenigen Gebäude wurde der Dom von den alliierten Streitkräften als Orientierungshilfe verschont. Von Treffern zwar schwer gezeichnet überlebte das Gebäude die nationalsozialistische Herrschaft, um als Symbol des Glaubens und der Menschlichkeit vielleicht deutlicher als jemals zuvor Richtung Himmel zu streben. Ob in der Ferne oder zu Hause, das Monument gotischer Architektur bleibt stets mit den Kölnern verbunden: In Dichtung und Liedgut, gelebtem Glauben, als Silhouette oder emotionales Identifikationssymbol mit ihrer Stadt.

Event

Köln will bespaßt werden. Möglichst zu jeder Jahreszeit und nicht nur am Wochenende. Dahinter stecken zahlreiche Dienstleister mit viel persönlichem Engagement. Einige der Macher finden Sie auf den folgenden Seiten.

Eberhard Bauer-Hofner
Veranstalter mit Herz und Seele

Geboren: 22. Oktober 1943

Familie: Ledig

Beruf: Kaufmann

Persönliche Rangliste: Mutter Natur, das Leben an sich, professionelle Künstler

Das mag er an Köln: Offenheit, Gastlichkeit, Geselligkeit und Dialekt der Menschen

Das mag er nicht an Köln: Verschmutzte Taxis

Zum Karneval: Karneval ist Mehr

Hobbys: Ich bin Naturliebhaber und entspanne am liebsten in meinem Naturschwimmbad.

Karneval ist für ihn mehr als nur Dienst. Er ist mit Herz und Seele bei der Sache und bringt die Karnevalsbewegten zu Zehntausenden auf Trab. Seine Veranstaltungen sind Kult in den Hochburgen närrischen Vergnügens. Eberhard Bauer-Hofner, Geschäftsführer der Gastspieldirektion Otto Hofner GmbH, steht seit vielen Jahren als Veranstalter hinter der „größten Karnevals-Mammut-Veranstaltung Deutschlands" unter dem Titel „Die Lachende Kölnarena." Die ursprüngliche Idee stammte von Otto Hofner, dem Gründer der Gastspieldirektion, der in den Jahren 1963 und 1964 in „Die Lachende Westfalenhalle" nach Dortmund einlud. Mit durchschlagendem Erfolg. 1965 wagte er sich mit der erfolgreich umgesetzten Idee nach Köln und lud in „Die Lachende Kölner Sporthalle." Damals mit Zugpferd Willy Millowitsch und dem bis auf den heutigen Tag gültigen Novum, dass ein jeder Getränke und Essen mitbringen kann. Beginn der Veranstaltung ist jeweils um 19.11 Uhr und Ende um 1.11 Uhr.

1999 ist Bauer-Hofner mit der karnevalistischen Großveranstaltung in die Arena umgezogen. Dort kann man pro Abend 10 000 Besucher zur Kult-Fete einlassen. Die oberen Ränge werden bewusst nicht besetzt. Jeder soll entsprechend nah am Geschehen sein. Wenn es dann mit den rund 500 Mitwirkenden losgeht, brodelt es in der Arena. Wen wundert es, dass sich hier Leistungsträger des Karnevals tummeln: Bläck Fööss, Höhner, Räuber, Marc Metzger. Letzteren hält Bauer-Hofner schlicht für „einzigartig". Neben den Stars der Szene sorgen die traditionellen Garden, aber auch die „Stattgarde", das Kölner Dreigestirn, die Rednerzunft sowie zwei große Orchester für einen kurzweiligen Abend. Das Festkomitee des Kölner Karnevals ist bei dieser Großveranstaltung mit am Drücker und erhält im Gegenzug vom Veranstalter und der Kölnarena finanzielle Mittel zur Nachwuchsförderung. Die bis ins Jahr 1963 reichende Tradition der Lachenden Halle bleibt eines der zentralen Anliegen Bauer-Hofners. Bei den Veranstaltungen „Lachende Philipshalle" kommt es in Düsseldorf alljährlich zur Vereinigung der Spitzenkünstler zweier Karnevalshochburgen. Die Stimmung in Düsseldorf „ist irre", weiß Bauer-Hofner zu berichten. Auch im Krefelder Königspalast und der Bonner Beethovenhalle ist die Idee lebendig.

Wer als einer der Großmeister des Karnevals tätig ist, der könnte sich durchaus augenzwinkernd einen klingenden Titel zulegen, wenigstens Impresario oder Direktor nennen. Eberhard Bauer-Hofner dagegen bezeichnet sich schlicht als Kaufmann, der viel vom Vater abgeschaut hat. Sein Geschäft soll nicht um jeden Preis wachsen. Allzu schnell ist in diesem Business die Kraft verbraucht.

Dennoch träumt er von einem Kölner Theater mit zwei- bis dreitausend Plätzen. „So etwas fehlt in Köln." In Schauspielhaus und Philharmonie bekommen freie Veranstalter allenfalls Rest-Termine.

Abseits karnevalistischer Großereignisse hält Eberhard Bauer-Hofner an dem fest, was dereinst den guten Namen der Gastspieldirektion Otto Hofner begründet hat. Der 1915 in der bayerischen Landeshauptstadt geborene Otto Hofner studierte Musik und Gesang und trat an der Hamburger Volksoper, im Grenzlandtheater Tilsit, dem Stadttheater Elbing und vielen anderen Häusern auf. Wechselnde Engagements erhielt er nach dem Zweiten Weltkrieg nach der Rückkehr aus der Gefangenschaft. Zuletzt sang er in Frankfurt den Grafen Danilo in der „Lustigen Witwe." In der Metropole am Main lernte er den Revue-Regisseur Fritz Fischer kennen, der ihn 1950 als Sänger und persönlichen Stellvertreter verpflichtete. Als Fischer wegen seiner politischen Vergangenheit zurücktreten musste, übernahm Hofner Leitung und Produktion und begann nach 1952 selbstständig Tourneen mit prominenten Künstlern zu arrangieren. Marika Röck, Johannes Heesters, Zarah Leander, der weltberühmte Don-Kosaken-Chor unter Serge Jaroff und viele andere standen bei ihm unter Vertrag.

Sein Nachfolger Eberhard Bauer-Hofner bringt „Höhner Classic" ins Millowitsch-Theater und mit dem Orchester der Jungen Sinfonie Köln in die Essener Philharmonie, veranstaltet Konzerte mit Patrick Lindner, Gaby Albrecht, Ute Freudenberg. Und er denkt an die Kleinen: Das schlägt sich in Kindertheater mit „Cocomico" nieder, zeigt sich im Märchen-Musical „SimsalaGrimm" oder dem Familien-Musical „Benjamin Blümchen". Auch die neu gegründeten Don Kosaken stehen wie einst der Chor um den legendären Serge Jaroff auf der Liste jener, für die er als Veranstalter auftritt.

Eberhard Bauer-Hofner sieht in Köln eine Stadt der Offenheit, Gastlichkeit und Geselligkeit und er liebt den Dialekt. Was ihn ein wenig stört, ist „Kölscher Klüngel". Und: Man kann sich nicht auf alles verlassen was gesagt wird. Motto: Heule Liebchen, morgen kennt er dich nicht.

Einen Ort, den er privat immer wieder einmal aufsucht, dessen Atmosphäre ihn stets aufs Neue fasziniert, ist die Oper in Verona. Damit schließt sich der Kreis. Auch dort ist es möglich und durchaus üblich, mit eigener Verpflegung anzurücken. Just wie in der „Lachenden Kölnarena" und all den „Lachenden Hallen", die in all den Jahren, da Eberhard Bauer-Hofner als einer der Steuermänner des Narrenschiffs mit am Ruder ist, hinzu gekommen sind.

Bernhard Conin
Der Bühnenbespieler

Geboren: 1954 in Köln (drei Geschwister)

Familie: Seit 34 Jahren verheiratet mit Elisabeth (drei Geschwister), vier Kinder, zwei Enkel. Ich bin ein Familienmensch.

Beruf: Diplom-Betriebswirt, seit 1994 Geschäftsführer von „KölnKongress", einer Tochtergesellschaft von Stadt Köln und Koelnmesse, mit jährlich 2 500 Veranstaltungen

Persönliches Motto: Gib jedem Tag die Chance, der schönste deines Lebens zu werden.

Das mag er an Köln: Die Menschen, das südländische Flair, den FC und die Event-Stadt, denn hier ist immer was los.

Das mag er nicht an Köln: Die allgemeine Verkehrssituation, den Schmutz im Stadtbild

Zum Karneval: 90 Karnevalsveranstaltungen „dienstlich", fünf „privat" mit „Pappnase"; in 22 Gesellschaften Ehrenmitglied

Hobbys: Familie, Wandern, Gartenarbeit, Schwimmen (weil die Bandscheibe das Joggen nicht mehr mitmacht)

„Events" die er nicht vergessen wird: 1999 der Weltwirtschaftsgipfel im Gürzenich mit Bill Clinton und 2005 der Weltjugendtag mit dem neuen Papst Benedikt XVI. („Benedetto")

Persönlicher Blick in die Zukunft: Köln als Metropol-Region

Er muss ein Genie in Sachen „Selbstorganisation" sein! Denn wer mit seinen 36 Mitarbeitern (und 70 Kräften von Fremdfirmen) bei rund 2 500 Veranstaltungen im Jahr einen Umsatz von 12,5 Millionen Euro stemmt, nach eigenem Selbstverständnis bei möglichst vielen dieser Events persönlich einmal hereinschauen will („Den Kunden möchte ich willkommen heißen"), Mitgliedschaften und Funktionen in fast allen Vereinen und Organisationen hat, die sich in Köln nach innen und nach außen um Kölsches bemühen, und dann „Familie" als Hobby angibt, der nötigt einem schon Respekt ab.

„Event-Manager Conin", das war vor 33 Jahren, als er zur Kölner Messegesellschaft stieß, noch nicht programmiert. Doch sein Wirken für das Congress-Centrum der Koelnmesse, zuletzt als dessen Abteilungsleiter, prädestinierte ihn 1994 zum Lenker der Geschicke der neuen Firma „KölnKongress GmbH". 40 000 Plätze sind in zehn „Locations" zu bewirtschaften, vom „Congress-Centrum bis zum Gürzenich". Und wenn die „Flora" ab 2014 wieder bespielt werden kann, kommen weitere 2 500 hinzu. Leider muss am „Tanzbrunnen" um 22 Uhr Schluss sein, weil zwei Anwohner ihre Nachtruhe juristisch durchgesetzt haben; alle Bemühungen, daran etwas zu ändern, scheiterten – leider.

Beinahe zwangsläufig erscheint da schon Conins Mitgliedschaft im Beirat von „Köln Tourismus"; immerhin sorgen die von seinem Team betreuten Kongresse, Events und Gesellschaftsveranstaltungen nicht nur für Tagesgäste in der Domstadt, sondern verhelfen auch den Hotels und Pensionen zu höheren Belegungsquoten. Ähnlich ist seine Mitgliedschaft im Ausschuss für Gastronomie, Touristik und Freizeit der Kölner Industrie- und Handelskammer zu bewerten, kann doch sein durch langjährige Praxis erworbenes profundes Wissen auf diese Weise nützlich in die Beratungen einfließen.

Als Vorsitzender des Vereins „Leuchtendes Rheinpanorama Köln" sorgt sich Bernhard Conin mit seinen Mitstreitern etwa um die Illumination der Rhein-Brücken („Damit sind wir jetzt durch!"), der Reiterstandbilder, des Pegels vor der Altstadt und weiterer Bereiche rechts und links des Flusses. Ebenfalls als Vorsitzender führt er den Verein „Freunde und Förderer des Kölnischen Brauchtums"; dieser veranstaltet den Sternmarsch am Karnevalsfreitag, die „Schull- un Veedelszöch" am Karnevalssonntag und vielfältige Aktivitäten, um in Schulen und Kindergärten die kölnische „Sproch" und das heimatliche Liedgut lebendig zu halten. Ferner zählt Bernhard Conin auch zum Beirat des „Fördervereins der Freunde des Kölner Hännesschen-Theaters e.V." Auch in weiteren sozialen und kulturellen Vereinigungen kann man auf Conin zählen.

Seine morgendlichen Joggingrunden musste er aufgeben: Bandscheiben-Probleme erzwangen einen Wechsel in Richtung Hallenbad. Dabei dient die körperliche Ertüchtigung weniger sportlichem Ehrgeiz als vielmehr dem Ziel gesundheitlichen Wohlbefindens. Denn der durch einen Schreibtisch-Job erzwungene Bewegungsmangel gepaart mit den vielfach auch sehr „nahrhaften" Repräsentationspflichten kann aus einem stattlichen rasch einen schwergewichtigen Mann machen... Da gab es mit 45 einen Zeitpunkt, wo die jährlich 600 Überstunden zu der Erkenntnis führten: „Du musst wat für dich tun." Den 120 Kilo wollte er entgehen: „Ich wär doch jeplatzt!" Also schrillte um 5.20 Uhr der Wecker, und gemeinsam mit Ehefrau Elisabeth ging es auf die Laufpiste – bis dann die Bandscheibe nicht mehr mitmachte.

Auch aus der Karnevalsszene ist Bernhard Conin nicht weg zu denken. In einem Verein (Rocholomäus) ist er ordentliches Mitglied (Vizepräsident und „Baas" des Freundeskreises), doch in 22 wird er als Ehrenmitglied geführt. Das liegt nicht zuletzt daran, dass er der „Herr über die Säle" ist, die für Sitzungen und Bälle so dringend benötigt und deshalb schon Jahre im Voraus reserviert und gebucht werden. Deshalb kennt er die Künstler. Und er kennt natürlich die Honoratioren der ersten Reihe. Er kennt aber auch jene Unverzichtbaren, die hinter der Bühne die Show erst ermöglichen. Und er kennt die Manager, die Organisatoren, die Veranstalter sowohl im Karnevals-Geschäft als auch in der nicht-karnevalistischen Eventbranche.

Vieles, was er heute im professionellen Stil erlebt, erinnert ihn an seine Jugendzeit, als er von Jugendclub zu Jugendhaus tingelte und für einen Lohn von 9,99 DM Konzerte mit den Bläck Fööss veranstaltete, selbst Platten auflegte, nachdem das eigene Beschallungs-Equipment aufgebaut worden war.

Wie damals kommt es auf Zuverlässigkeit, Improvisationstalent, Kommunikationsfähigkeit und Kollegialität an. Dabei darf der Frohsinn nicht in Leichtsinn umschlagen, aber „Spaß an der Freud" und eine gehörige Portion Optimismus gehören immer dazu.

Und da gibt es den durchaus berechtigten Stolz auf Geleistetes!

Das dokumentiert etwa ein Foto, das Bernhard Conin mit Bill Clinton in der Ruine von Alt St. Alban zeigt. (Der Saxophon spielende US-Präsident hatte Architektur studiert und in einer Arbeit auch über den Kölner Dom geschrieben.) Das Bild ist auch in Clintons Memoirenband enthalten. So wird sich der Ex-Politiker nicht nur an sein Glas Kölsch in der „Malzmühle" erinnern, sondern auch an den höflichen Begleiter beim Betrachten der gotischen Architektur und des „Trauernden Elternpaares" von Ewald Mataré.

Goetz Elbertzhagen
Der Künstler-Manager

Geboren: 29. September 1959 in Kiel

Familie: Verheiratet mit Jenny Elvers-Elbertzhagen

Beruf: Medienmanager; Anzahl Mitarbeiter: 23

Persönliche Rangliste: Menschen, Landschaft, Intelligenz, Natur

Persönliches Motto: Es gibt nichts, was man nicht erreichen kann.

Das mag er an Köln: Die Mentalität der Menschen hier. Sie haben einen tollen Charakter. Es gibt keine Eitelkeiten. Ich mag zudem den Karneval und die Pfeilstraße, das italienische Flair, das Restaurant „Via Bene" in der Benesisstraße und die Ehrenstraße.

Das mag er nicht an Köln: Die Stadt ist schmutzig, aber es passt.

Letztes Karnevalskostüm: Desert-Storm-Soldat

Hobbys: Fitness, Natur und meine 1600 Yamaha Wild Star

Diese Musik hört er privat: Element of Crime und Sido

Goetz Elbertzhagen hat seinen Beruf von der Pike auf gelernt. Bereits als Schüler hat er Plakate für Konzerte geklebt, um die Besucherzahlen zu steigern. „Da ich am Umsatz beteiligt war, sollten so viele Tickets wie nur möglich verkauft werden."

Aus der damaligen EM-Press GmbH wurde erst EM-Promotion; 1979 entstand die kick.management GmbH und die kick.Musikverlagsgesellschaft. Schließlich gründete Elbertzhagen 1998 ein eigenes Plattenlabel und war 1999 bis 2009 Vorstandssprecher der kick-media AG. Er leistete im PR-Bereich wichtige Aufbauarbeit für drei bedeutende Meilensteine der deutschen Musikindustrie: einen erfolgreichen Start des Musikfernsehsenders VIVA, den Aufbau der Musikmesse Popkomm und die Etablierung des deutschen Musikpreises Echo.

Diverse Aufsplittungen der Unternehmen Elbertzhagens wurden von einer Konstante begleitet: Der Name „kick" blieb.

Elbertzhagen baute die genannten Unternehmen bereits in jungen Jahren mit auf und selbst während seines Studiums der Germanistik, Philosophie und Geschichte blieb er dem Musikgeschäft immer treu. Im Anschluss an seine Studienzeit in München ging er aufgrund der kölschen Mentalität an den Rhein. Zu diesem Zeitpunkt hatte sich Elbertzhagen vom Konzert- und Medienpromoter zu einem Künstlermanager entwickelt, der die Musiker persönlich betreut. „Die Künstler und die Musik waren immer meine Präferenz und haben mich stets mehr interessiert, als das schnelle Geld", so der Manager über seinen Berufsethos.

Neben zahlreichen Musikern gehören längst Comedy Stars, Schauspieler und Fernsehgrößen zu seinen aktuell rund 80 Künstlern. Bei der Zusammenarbeit mit Künstlern sind zwei Dinge extrem wichtig: „Ehrlichkeit und Transparenz. Wir ziehen niemanden über den Tisch."

Einer der ersten Künstler, der seine Dienste in Anspruch nahm, war Marius Müller-Westernhagen, den er kontinuierlich zum Erfolg führte. Der Stadionrocker war u.a. einer der ersten deutschen Rockmusiker bei „Wetten, dass..?!" und über die Jahre acht Mal in der Sendung zu Gast. Bis 2003 vertraute Westernhagen dem Manager Elbertzhagen. „Er verkaufte in dieser Zeit mehr Tickets als ein Künstler je zuvor", erinnert sich sein Ex-Manager.

„Wir sind ehrgeizig", beschreibt Elbertzhagen sich und seine Mitarbeiter. Und dabei setzt er mittlerweile auch auf das Live-Geschäft. Die eigene Plattenfirma hat er längst wieder eingestellt. Konzerte gingen aber immer. „Die CD wird langfristig durch andere Medien ersetzt werden, ähnlich wie die Langspielplatten", prognostiziert der Manager.

Er habe zahlreiche Platten gehabt. Doch die Vinyl-Schätzchen hat er zumeist verschenkt – „bestimmt 8 000 LPs". Rod Stewart, die Stones, Chicago, Jimi Hendrix, David Bowie, Roxette und Coldplay seien Teil seiner heimischen Plattensammlung gewesen.

Mit seiner Musikverlagsgesellschaft hielt Elbertzhagen, unabhängig von dem Verbreitungsmedium, die Rechte an Alben, die sich mehr als 35 Millionen Mal verkauften. PUR, Pe Werner und Herbert Grönemeyer gehören zu den Stars, die ihre Kompositionen und Texte der Kölner Firma anvertrauten. Mehr als 150 Gold- und Platinalben sind die Früchte des Erfolges. Für „Affentheater" von Westernhagen gab es den deutschen Musikpreis Echo in der Kategorie Marketingleistung. Die deutsche Künstlerin Sandy Reed landete an der Spitze der japanischen Charts. Im Laufe dieser Jahre kam Elbertzhagen mit einigen Größen der Rock- und Popmusik zusammen: David Bowie, Rolling Stones, Falco, Eurythmics, Backstreet Boys und Hall & Oates waren nur einige von ihnen.

Durch die jahrelange, intensive Arbeit in der Medien-Szene, ist er komplett darin aufgegangen, hat jedoch nie seine Bodenständigkeit verloren oder wäre gar abgerutscht: „Ich habe nie Drogen genommen, nie getrunken", berichtet der Künstler-Manager.

Seine Künstler hat Elbertzhagen oft auf Tourneen begleitet „Ich kann meine Flugmeilen nicht mehr zählen", sagt er und lacht. Auf diesen Gigs hat er viel erlebt. Er erinnert sich daran, wie während eines Konzertes – direkt unter der Bühne – ein Kind geboren wurde. „Die Bässe haben die Wehen eingeleitet." Nicht so schöne Seiten hat sein Job aber auch. Eine Schlägerei der Hells Angels hätte der gebürtige Kieler lieber nicht erlebt. Heute ist er immer noch viel unterwegs, allerdings mehr zwischen dem Kölner und dem Berliner Wohnsitz. In der Hauptstadt hat er Anfang 2011 ein zweites Büro eröffnet und vertritt aktuell Künstler wie Bernd Stelter, Kalle Pohl, Katja Burkhard, Peer Kusmagk, Uwe Busse und das Kölner Urgestein Zeltinger.

Elbertzhagen lebt mit seiner Frau, den zwei Töchtern und einem Sohn teils in ihrem Haus in der Nähe von Bonn, teils in der Berliner Wohnung. Obwohl sich in den vergangenen Jahren große Teile der Medienlandschaft nach Berlin verlagert haben, hat sich die Domstadt wegen RTL und zahlreicher Produktionsfirmen kulturell gehalten. „Köln hat einen besonderen Charme."

Günter Leitner
Mehr Gefühl für die Stadt

Geboren: 22. Juli 1955 in Köln

Familie: Wieder ledig, drei Söhne

Beruf: Stadtführer; Anzahl Mitarbeiter: je nach Bedarf, mal einer, mal zehn

Persönliche Rangliste: Gebet mit der monastischen Gemeinschaft in Groß St. Martin, klassische Musik, geistliche Literatur

Persönliches Motto: Gott hat in mir Wohnung genommen, hier und jetzt und vor allem in dieser Stadt.

Das mag er an Köln: Vor allem die Menschen mit ihrer großen Offenheit im Umgang, Gastfreundschaft, Hilfsbereitschaft, das Laisser-faire und vor allem das rheinische Christentum; schönster Fleck in Köln: Rosengarten an der Agneskirche

Das mag er nicht an Köln: „Ballermann", Junggesellen-Abschiede, zu viel gleiche Straßenmusik bestimmter Volksgruppen, etliche Bausünden der 60er und 70er Jahre

Letztes Karnevalskostüm: Blau-weiß-roter Jeck

Zum Karneval: Vergangenes Jahr eine besuchte Karnevalssitzung

Hobbys: Isst und kocht gerne vegetarisch

Persönlicher Blick in die Zukunft: Auf dem Friedhof Melaten mit vielen anderen Kölnern erinnert sein.

Kölsche Sprache ist Passion, er kennt diese Stadt wie seine Westentasche, lässt andere daran teilhaben, ist im Severinsviertel geboren, ein waschechter Domstädter, der die Leidenschaft für die Sprache und die Liebe zu seiner Heimatstadt zum Beruf gemacht hat. Günter Leitner, Stadtführer und Publizist, ist einer jener Menschen, die der Rheinmetropole auf höchst individuelle Weise ein Gesicht verleihen. Er wuchs in dieser Stadt, oder besser mit ihr auf: Schon im Kindesalter hatte er nicht nur die üblichen Flausen im Kopf, beschäftigte sich mit der Geschichte, Kunstgeschichte und dem Brauchtum seiner Heimatstadt. Im Dialektumfeld aufgewachsen, entwickelte er zudem seine Liebe zur kölschen Sprache. Diese vermittle in ihren reichen Facetten Identität und stärke die Menschen, sagt er heute dazu.

Nach dem Abitur studierte Leitner Kunstgeschichte in Aachen und Köln, finanzierte den beträchtlichen finanziellen Aufwand mit den Erträgen aus Stadtführungen in Köln und Umgebung. Bereits 1977 legte er seine Prüfung als examinierter Stadtführer bei der Stadt Köln ab, schaffte es schnell, in die erste Gilde seiner Zunft aufzusteigen. Über 150 000 Menschen hat er in den vergangenen 35 Jahren die Stadt Köln und ihre Besonderheiten aus den verschiedensten Blickwinkeln nahe bringen können. Unter der Teilnehmerschaft seiner Führungen sind viele Kölner, die mehr über ihre Stadt wissen wollen, Gäste aus der ganzen Bundesrepublik sowie viele britische Staatsbürger. Kirchen, Brauchtum und Identität stehen häufig im Mittelpunkt der Führungen, aber schon lange geht es auch um neue Facetten. Einmal stehen Berühmtheiten wie Trude Herr oder Freya von Moltke und deren Köln im Fokus. Ein anderes Mal gibt es eine Führung in kölscher Sprache mit einem ganz anderen Blick auf die Stadt, gespickt mit Texten, Sagen, Legenden und einem Gang zu den zahlreichen Brunnen der Stadt. Die Kölner, das weiß er aus Erfahrung, „wollen in ihrer eigenen Sprache geführt werden". Im Dialekt könne man schlicht mehr transportieren als im Hochdeutschen. So „kann man mehr Gefühl für die Stadt bekommen." Die Einheimischen „lieben das Besondere und das liebe ich." Oft geht er hin zu mittelalterlichen Mauern und Stadttürmen.

Leitners Lieblingsführung geht über den Melaten-Friedhof. Dort sähe er sich auch gerne einmal begraben. Natürlich gibt es auch unter seiner Anleitung Einblicke in die Stadt unter dem Aspekt des Karnevals. Letzteres steht für ihn keinesfalls im Widerspruch zu seinen Führungen über die Friedhöfe: Die ganze Stadt, so empfindet es Leitner, liege zwischen Karneval und Sterben. Ein Gefühl, das aus christlichem Glauben und einer tiefen Verwurzelung in dieser Stadt erwächst. In seiner Freizeit nimmt gelebter Glaube einen hohen Stellenwert ein. Gerne geht er aber auch ins Theater, in die Oper, trifft Freunde.

Im Kern reicht Leitner sein reichhaltiges Wissen über Köln weiter, vermitteln aber will er ein Gefühl für die Stadt. „Das ist meine Sendung", sagt er dazu. Wen wundert es da, dass er in der Adventszeit Lichterfahrten für Senioren gestaltet, deren „sehr emotionale Stimmung" seine Gäste zu schätzen wissen. Aber mit Leitner geht es auch auf besonderen Wegen in Ateliers und Häuser. Nicht selten sind im Rahmen des Stadtführungsprogramms „Köln mit anderen Augen" (AntoniterCityTours) auch Prominente wie Armin Maiwald, bekannt aus der Sendung mit der Maus, mit dabei. Maiwald erklärt den U-Bahn-Bau. Architekt Peter Busmann, Louwrens Langevoort, Intendant der Kölner Philharmonie, und andere Prominente geben da ihre persönliche Sicht auf Köln weiter.

Einer wie Günter Leitner ist mittendrin in dieser Stadt, wirkt wie viele nach innen und außen. Er gründete das Unternehmen „Köln-Blick" für Stadtführungen und Kulturmanagement, ist längst eine Institution als Stadtführer. Seiner Passion für die kölsche Sprache folgend, erwarb er im Jahre 1993 den B. Gravelott Verlag, der mit mundartlicher Literatur die kölsche Sprache und Eigenart differenziert bewahrt und pflegt. Der schönen Flecken Kölns eingedenk, aber auch im Wissen um die städtebaulichen Widersprüche, bekennt Leitner, man müsse sich die Stadt einfach „schönfühlen". Einer wie er, schafft es seit Jahrzehnten, Gästen wie Einheimischen diese Stadt ans Herz zu legen und immer wieder neue Antworten aus dem Hut zu zaubern, wenn es um die Frage geht, was denn das Besondere an der Hochburg des Karnevals sei. Eine der Antworten ist er selbst. Ein karnevalsbewegter frommer Mensch, der alles „Kölsche" versucht zu pflegen, fördern und bewahren, zudem über einen herrlich trockenen Humor verfügt. Bei einer Stadtführung erinnerte er sich anlässlich des Blicks auf Kölns grüne Lunge an den Weltjugendtag im Jahre 2005 im Stile eines echten Domstädters: Papstmäßig sei er den damals schon eine Enttäuschung gewesen, dass „er nicht über das Wasser auf die Poller Wiesen gelaufen ist...". Allerdings sei er den Gläubigen wenigstens in den Kölner Stadtfarben erschienen: in roten Schuhen und weißem Gewand.

Stefan Löcher
Wo ist Barbra Streisand?

Geboren: 18. Mai 1971 in Köln

Familie: Verheiratet, zwei Kinder

Beruf: Geschäftsführer, Diplom-Kaufmann und Bilanzbuchhalter; Anzahl Mitarbeiter: 300

Persönliche Rangliste: Familie, Freunde und Firma

Persönliches Motto: ‚Geht nicht' – gibt es nur ganz selten.

Das mag er an Köln: Die positive Einstellung der Menschen und ihre Verbundenheit zur Stadt

Das mag er nicht an Köln: Das Wetter

Zum Karneval: Ich feiere sehr gerne Karneval im Freundeskreis, aber ich bin kein Mitglied einer der Traditionsgesellschaften.

Hobbys: Freizeit mit meiner Familie, meinen Kindern

Persönlicher Blick in die Zukunft: Kontinuität durch ordentlichen Umgang miteinander

Stefan Löcher ist ein echtes kölsches Urgestein. Aufgewachsen im rechtsrheinischen Brück, verbrachte er seine gesamte Kinder- und Jugendzeit in der Domstadt. Die ersten Berührungspunkte mit seiner heutigen Tätigkeit hatte er bereits im frühen Kindesalter. Allerdings sammelte er seine ersten Erfahrungen in der „Event-Branche" nicht vor, sondern auf der Bühne. „Als Kind war ich viele Jahre im Kölntheater aktiv. Dabei sind wir an unzähligen Orten aufgetreten. Besonders die Auftritte im Tanzbrunnen werde ich nie vergessen", erzählt Löcher lächelnd von seiner kölschen Jugendzeit. Seine ersten Großveranstaltungen besuchte er dann einige Jahre später. Bei Bands wie Bronski Beat, den Ärzten und den Toten Hosen tauchte Stefan Löcher erstmals in den Trubel von Großevents. Dass er jemals ein Unternehmen führen würde, das 190 Veranstaltungen im Jahr über die Bühne bringt, damit hat er damals noch nicht gerechnet.

Nun steht Stefan Löcher schon seit über zehn Jahren als Geschäftsführer der ARENA Management GmbH Europas bekanntester Veranstaltungsarena vor. Damit ist er mit der LANXESS arena so gut vertraut wie nur sehr wenige seiner insgesamt über 300 Mitarbeiter. Sein Unternehmen organisiert Events für 10 000 bis 20 000 Besucher und die Sport- und Showstars geben sich fast täglich die Klinke in die Hand. Über 2 000 Veranstaltungen fanden in seiner Zeit bei der Arena statt. Die Namen der Mega-Stars und Prominenten, die der sportbegeisterte Allrounder in dieser Zeit getroffen hat, würden Seiten füllen. Auf die Frage nach seinen persönlichen Highlights kann Stefan Löcher nur sehr schwer eine Antwort finden – es waren bislang einfach zu viele unvergessliche Erlebnisse, die seinen Job für die LANXESS arena so spannend und einmalig machen. „Wenn ich mich jedoch für einen Künstler entscheiden müsste, würde die Wahl wohl auf die vier Auftritte von Tina Turner in unserer Arena fallen. Das waren schon absolute Höhepunkte"; so der Arena-Geschäftsführer. Leichter fällt dem Manager da ein Blick in die Zukunft. „Barbra Streisand wäre noch so ein Star, den ich gerne in der LANXESS arena sehen würde."

Die Karriere des Stefan Löcher hätte steiler kaum verlaufen können: Sein Studium der Betriebswirtschaftslehre schloss der eingefleischte Haie-Anhänger an der Universität zu Köln innerhalb von nur 7 Semestern ab und gehörte damit, ebenso wie mit seinem Prädikatsexamen, zu den herausragenden Absolventen. Schon während seines Studiums bildete sich der gebürtige Kölner durch zahlreiche Praktika weiter und war zudem als Reiseleiter tätig. Nach seinem erfolgreichen Studium wurde Stefan Löcher vom internationalen Wirtschaftprüfungs- und Beratungsunternehmen KPMG verpflichtet, für das er vier Jahre lang als Berater für mittelständische Unternehmen und Konzerne tätig war. 1999 folgte dann der Wechsel zur heutigen LANXESS arena, wo der Diplom-Kaufmann mit nur 29 Jahren die kaufmännische Leitung für das Arena-Management übernahm. Bereits ein Jahr später erhielt Stefan Löcher Prokura, bevor er 2001 zum Geschäftsführer ernannt wurde.

Einen geregelten Tagesablauf mit festen Arbeitszeiten kennt er seitdem nicht mehr: „Eine vernünftige Mittagspause ist nur in den seltensten Fällen möglich. Doch das nimmt man für solch einen aufregenden und erfüllenden Job gerne in Kauf." So sind ihm die wenigen freien Momente mit der Familie umso wichtiger. Mit seinen beiden Kindern und seiner Frau kann Stefan Löcher am besten von dem stressigen Alltag abschalten. Besonders beliebt sind da lange Spaziergänge am Rhein. „Dabei kann ich die Ruhe am Fluss und das Stadtpanorama am besten genießen." Ohne Dom und Rhein geht es also nicht im Leben des Arena-Machers. Zu lange und innig ist die Beziehung zu seiner Heimatstadt. Das bedeutet allerdings nicht, dass ihn alle Prozesse in seinem Heimatort zufrieden stimmen „Ich träume schon lange von einem gesamtstädtisch abgestimmten Eventkonzept. Das würde uns allen die Arbeit erleichtern und unsere Stadt für Veranstaltungen aller Art noch attraktiver machen."

Werner Nolden
Der Feuerwerker

Geboren: 20. Januar 1953

Familie: Verheiratet mit Birgit Nolden

Beruf: Veranstalter; Anzahl Mitarbeiter: 12 Angestellte plus 80 Aushilfen im Sommer

Persönliche Rangliste: 1. Gesundheit, 2. Familie, 3. Beruf

Persönliches Motto: Positives Denken!!!

Das mag er an Köln: Den Dom, die Altstadt mit ihren unzähligen Gassen, Schildergasse, Hohe Straße, die Brunnen, die Kölner Mentalität. Und ich freue mich immer wieder, wenn ich bei einer Taxifahrt einen alten Kollegen treffe!

Das mag er nicht an Köln: Die Autobahn, auf der immer Stau ist.

Letztes Karnevalskostüm: Cowboy; da war ich acht Jahre alt, seither interessiert mich Karneval nicht mehr.

Hobbys: Fußballfan – allerdings von Bayer Leverkusen

Persönlicher Blick in die Zukunft: Et kütt wie et kütt und das ist doch auch spannend!

Werner Nolden hat das Organisieren erst lernen müssen. Eine Lehre für das, was er tut, gab es damals aber noch nicht. Den Ausbildungsberuf Veranstaltungskaufmann gibt es erst seit rund einer Dekade.

Heute ist der Veranstalter ein geübter Organisator. Trotz des beruflichen Stresses fand er 2011 auch noch Zeit, seine eigene Hochzeit selbst zu planen – bis hin zu den Luftballons. Sonst kommt er privat kaum zum feiern.

Am 1. Mai 1981 meldete Nolden – mit 28 Jahren – sein eigenes Gewerbe an: Er gründete seine eigene Veranstaltungsagentur. In einer Fernsehlotterie hatte er im Vorjahr 100 000 Mark gewonnen, die er als Startkapital für das eigene Unternehmen nutzte. „Karel Gott hat damals mein Los bei Wim Thoelke gezogen", weiß Nolden zu berichten. Das Jahreslos habe er immer noch, betont er.

Mehr als 800 Events im gesamten Bundesgebiet hat Nolden seit Anfang der 80er Jahre mit seinem Team auf die Beine gestellt. Das Schlebuscher Schützen- und Volksfest etwa gehört seit 28 Jahren zu seinen festen Terminen.

Ein paar Erfolge machen ihn besonders stolz: Am 30. Juni 1987 hatte er im Schlebuscher Wuppermannpark Herbert Grönemeyer auf der Bühne. „Um den habe ich mich wochenlang bemüht." Er habe sich immer wieder vor dessen Wohnung auf die Lauer gelegt, bis es klappte.

Im selben Jahr folgte ein Konzert mit Westernhagen. Bei der Feier zum 30-jährigen Firmenbestehen spielten Brings, die Höhner und Guildo Horn. Die Homepage der Kölner Lichter hatte an zwei Tagen rund 100 000 Besucher.

Bevor er sich selbständig machte, hatte Nolden nach der mittleren Reife Rohrschlosser gelernt. „In meiner Familie waren alle bei Bayer", sagt der Leverkusener. Im Anschluss machte Nolden seinen Maschinenbautechniker. Da sei er dann ständig beruflich unterwegs gewesen, musste sich und seine Termine organisieren. So habe er alles gelernt, was er als erfolgreicher Veranstalter brauche. „Zudem habe ich ein gutes räumliches Vorstellungsvermögen." Das helfe, bei der Besichtigung eines Veranstaltungsortes schon bildlich vor Augen zu sehen, wo was platziert werden könne.

Nebenbei fuhr Nolden als junger Mann nachts Taxi. Einer seiner Kollegen war damals Henning Krautmacher, der heutige Sänger der Mundart-Combo Die Höhner.

„Ich machte damals, um mir die Wartepausen zu verkürzen, in der Funkzentrale Federzeichnungen von Leverkusener Gebäuden." Uschi Nehls vom Presseamt der Stadt verwendete 13 davon für einen Kalender. „Dann verkaufte ich die Zeichnungen auf dem Wiesdorfer Weihnachtsmarkt", erinnert sich der Veranstalter an die damalige Zeit. Ein Jahr später organisierte Nolden diesen Weihnachtsmarkt schon selbst. „Ich habe gesagt: ‚Das kann ich besser'."

Als Nolden aber als erstes ein Straßenfest auf die Beine stellte, engagierte er Krautmacher als Sänger. Später führte er fünf Jahre lang „Rhein in Flammen" in Bonn durch. Sein größtes Projekt sind jedoch die „Kölner Lichter".

Das Volksfest mit Großfeuerwerken – teils synchron zur Musik –, findet seit 2001 jährlich statt, seit 2009 auf 18 Kilometern am Rheinufer zwischen Hohenzollern- und Zoobrücke. Die Idee dazu hatte Kult-Schlagersänger Guildo Horn. Bei der Premiere kamen 180 000 Besucher – heute sind es bis zu 800 000.

Kostenlos werden eine halbe Million Wunderkerzen an die Festbesucher verteilt. Im Juli 2012 waren 40 Pyrotechniker damit beschäftigt, sechs Tonnen Feuerwerke in die Luft zu jagen. Drei Tage dauerten die Vorbereitungen, bis schließlich rund 20 000 Schuss zündeten. Im Tanzbrunnen sangen die Höhner und verschiedene Nachwuchsbands bei freiem Eintritt. Im Dunkeln stiegen Heißluftballone zum „Night Glowing" in den Himmel.

Die meisten der Festgäste zahlen keinen Eintritt – lediglich die 13 000, die auf den 50 Schiffen feiern, und die 4 150, die auf der Domblick Terrasse, der Sitzplatztribüne und dem Hohenzollernbalkon das Spektakel verfolgen. Zwei Mitarbeiter Noldens sind ganzjährig mit den „Kölner Lichtern" beschäftigt.

„Das ist nach dem Karneval die größte Kölner Veranstaltung", sagt der 59-jährige mit sichtlicher Freude. Mitbekommen hat er von der Sause selbst allerdings noch nie etwas: Während sie läuft, befindet sich der Veranstalter immer in der Zentrale.

„Ich kenne die ‚Kölner Lichter' selbst nur – morgens um vier, mit Tränen in den Augen – aus dem Fernsehen." Die Übertragung bedeutet für den Sender WDR die beste Quote an einem Samstag. 2010 schauten mehr als anderthalb Millionen Menschen zu. „Das läuft von 20.15 bis um 0.15 Uhr – länger als jeder Rosenmontagszug."

Als nächstes plant Nolden mit seinem Team eine Zwillingsveranstaltung: Dann soll es zusätzlich zu den Schiffen am Tanzbrunnen auch welche vor dem Dom geben, von denen die abschließenden Höhenfeuerwerke gezündet werden. Das größte Risiko bei den „Kölner Lichtern" ist das nicht-planbare Wetter: „Bei Gewitter fällt alles einfach aus."

Die Veranstaltungsreihe organisiert Nolden nicht nur – er ist auch Eigentümer des Konzeptes. „Das ist meine Altersversorgung." Als Ausgleich zu seinem stressigen Job treibt der Event-Manager Sport. „Ich gehe ins Fitness-Studio und laufe viel." Auch die Zeitfenster dafür müssen wohl organisiert werden.

Bernhard Paul
Hereinspaziert...!

Geboren: 20. Mai 1947 in Lilienfeld, Österreich

Familie: Verheiratet mit der Artistin Eliana Larible, drei Kinder; drei Wohnsitze

Beruf: Zirkusdirektor, Regisseur und Clown

Erlernter Beruf: Grafiker

Hobbys: Meine Leidenschaft sind Zirkus und Trödelmärkte.

Kindheitstraum: Zirkus

Damalige Lieblingsbeschäftigung: Basteln von Mini-Zirkuswagen aus Müll

Geplatzter Traum: Zirkusmuseum in Köln

Besonderes Merkmal: Kein Führerschein

Wenn die historischen Zirkuswagen aus dem Stadtteil Mülheim in Richtung City rollen, dann ist der Frühling nicht mehr fern. Der Zirkus „Roncalli" und sein Direktor Bernhard Paul eröffnen die Saison gerne in Köln, also am Ort des Winterquartiers und der technischen Basis. Mitten auf dem Neumarkt drängen sich dann die Wagen rund um das riesige Zirkuszelt, in dem 1 500 Zuschauer Platz finden. Käfige mit Löwen oder Tigern sucht man vergebens. „Roncalli" setzt lieber auf Pferde und menschliche Akrobaten. Oder auf Clowns: Der Zirkusdirektor selbst trat früher regelmäßig als „Zippo" in die Manege. Heute ist er nur noch selten in dieser Rolle zu sehen.

Mit seinem zirzensischen Unternehmen hat sich Paul einen Kindheitstraum erfüllt. In seinem niederösterreichischen Heimatort Wilhelmsburg öffnete ihm im Alter von fünf Jahren ein Wanderzirkus die Augen: mit „schwarz-weiß gestreiften Pferden", berghohen Elefanten, wunderschönen Frauen und allzu komischen Clowns. „Ich gehe zum Zirkus!", hat für den Handwerkersohn seither festgestanden. Bis es so weit war, vergingen allerdings noch etliche Jahre, in denen er gemeinsam mit seinem Bruder zuweilen kleine Zirkuswagen aus Müll bastelte. „Mit diesem Zirkus bereisten wir die ganze Welt, aber eigentlich nur vom Schlafzimmer in die Küche", erzählt Paul, der in bescheidenen Verhältnissen aufgewachsen war. Auch nach seinem Schulabschluss durfte er aber nicht in die Manege, sondern musste auf die Höhere Technische Lehr- und Versuchsanstalt für Hoch- und Tiefbau. Paul war für die Firma eines kinderlosen Onkels vorgesehen. Daraus jedoch wurde nichts, denn Paul begehrte auf und wechselte zur Graphischen Lehr- und Versuchsanstalt in Wien. Danach begann er als Art Director beim österreichischen Nachrichtenmagazin „Profil", dann arbeitete er als Grafiker bei einer internationalen Werbeagentur. Was auch immer Paul tat, sein Kindheitstraum wollte einfach nicht verblassen. So verließ der Niederösterreicher schließlich seinen gut bezahlten Job und gründete 1975 gemeinsam mit André Heller den Zirkus „Roncalli". Auf den Namen waren die beiden Künstler durch Peter Hajeks Drehbuch „Sarah Roncalli, Tochter des Mondes" und dem beliebten Papst Johannes XXIII. alias Angelo Giuseppe Roncalli gekommen.

Der Start misslang. Das Programm „Die größte Poesie des Universums" scheiterte an der Zuschauerzahl. Heller stieg aus, Paul war pleite. Er versuchte sich weiter als Clown, diesmal in Kaufhäusern, auf Firmenfeiern und Kindergeburtstagen. Schließlich begegnete er dem Schweizer Kabarettisten Emil Steinberger, der ihm zum Neustart verhalf. 1980 schaffte Paul den Durchbruch: mit seinem märchenhaften Programm „Die Reise zum Regenbogen" und über acht Millionen Zuschauern.

Als Regisseur war Paul bald nicht mehr nur im eigenen Zirkus gefragt, sondern auch außerhalb auf Festivals in Wien ebenso wie in Kopenhagen. Scheinbar nebenbei wurde er auch noch Intendant der Landesgartenschau Oberhausen sowie Kulturbotschafter des Landes Nordrhein-Westfalen auf der Expo im spanischen Sevilla.

Mit Heller wagte der Roncalli-Chef 1992 einen neuen Versuch: Gemeinsam gründeten sie das Wintergarten Varieté in Berlin. Alleine hingegen kaufte Paul das „Apollo Varieté" in Düsseldorf und war auch sonst sehr aktiv. Gemeinsam mit anderen Künstlern aus Köln und Umgebung initiierte er Projekte wie die „Höhner Rockin' Roncalli Show" und „Roncalli & The Kelly Family" und trat auch im Fernsehen auf: Im Spielfilm „Die dumme Augustine" übernahm Paul die Hauptrolle. Und unter der Regie von Klaus Maria Brandauer spielte er den Obereunuchen in Lehars Operette „Land des Lächelns".

Pauls Arbeit fand große öffentliche Anerkennung: In seiner Heimat erhielt er unter anderem den Professorentitel, das Verdienstkreuz des Landes Wien in Gold und die Bezeichnung „Auslandsösterreicher des Jahres 2008". In Deutschland wurde er etwa mit dem Bundesverdienstkreuz am Bande und dem Großen Verdienstorden des Landes Nordrhein-Westfalen dekoriert. Auch die höchste zirzensische Auszeichnung hängt in seinem Gemach: die Ernst-Renz-Medaille.

Und was macht der Zirkusdirektor, wenn er mal nicht ausgezeichnet wird, in der Manege steht oder gerade ein neues Showprogramm ausbrütet? Er sammelt. In diversen Hallen der Domstadt lagern unter anderem 40 Kaufmannsläden mit Waren und Fassaden – vom Tante-Emma-Laden bis zum Friseur – sowie eine riesige Sammlung von Zirkusgegenständen. Letztere hätte Paul gerne in einem Zirkusmuseum in der Rheinmetropole untergebracht, dafür jedoch rund 500 Parkplätze nachweisen müssen. Ihm verging das Lachen. Bürokratie mag er nicht, Paul verwarf den Plan. Aus ähnlichem Grund wollte er nie den Führerschein machen. Warum sollte er unzählige Verkehrsschilder lernen, nur um Auto fahren zu dürfen? Welch ein Glück, dass Paul heute rund 150 Mitarbeiter hat. Darunter findet sich immer ein Chauffeur.

Ist der Roncalli-Chef mal rein privat unterwegs, stellt sich ihm die Frage: Köln, Mallorca oder Wien? Er hat drei Wohnsitze. Dabei ist ihm Geld gar nicht wichtig, beteuert Paul immer wieder in Interviews. Stattdessen liegt sein Fokus auf dem „hochverehrten Publikum", das er beglücken und wenigstens für eine Weile zurück in die Kindheit schicken will. Dorthin, wo Paul erstmals den Duft von Sägespäne roch. „Meine Liebe zum Zirkus verdanke ich dem Umstand, dass der erste Zirkus meines Lebens ein wunderbarer war", erinnert er sich. Seine Eintrittskarte von damals hat der Zirkusdirektor noch heute.

Kölsch und andere Delikatessen

Was wäre Köln ohne seine Brauhäuser und ohne die Kneipe an der Ecke? In der Gastronomie strahlen die Kölner Sterne mit denen aus Bergisch Gladbach um die Wette. Wie ein gutes Kölsch gebraut wird und wie oft es schmeckt, wird von einer jungen Brauerin und einem alten Hasen erklärt.

Heinrich Becker
Kölsch als Lebenselixier

Geboren: 29. August 1946 in Köln

Familie: Verheiratet, drei Kinder

Beruf: Geschäftsführender Gesellschafter der Privatbrauerei Gaffel, Köln; Anzahl Mitarbeiter: 110 Enthusiasten für die „blaue" Marke

Persönliche Rangliste: Köln, Kölsch und die Welt

Persönliches Motto: Humor ist das beste Kleidungsstück, das man in Gesellschaft tragen und ertragen kann (frei nach Shakespeare).

Das mag er an Köln: Das Paradoxon von Weltoffenheit und „Kaffeebud"-Mentalität

Das mag er nicht an Köln: Das Stadtbild, denn es ist die Umkehrung des Kölner Lebensgefühls.

Letztes Karnevalskostüm: Köbes (kölscher Ausdruck für Ober)

Zum Karneval: Das Beste nach unserem obergärigen Kölsch

Hobbys: Kunst, Fotografie, Reisen, Golfen

Lieblingsgetränk: Kölsch, aber das mit der herben Note, und dies täglich

Persönlicher Blick in die Zukunft: Et hät noch emmer joot jejange.

DIE 100 WIRKLICH WICHTIGEN KÖLNER

Überzeugte muss man nicht überzeugen. Und kölscher als Kölsch geht eigentlich auch nicht. Doch wer Heinrich Becker begegnet, weiß, dass es eine Steigerung gibt. Er ist mit Leib und Seele dem rheinischen Frohsinn verbunden. Das Brauen mit Herz und Leidenschaft wurde ihm in die Wiege gelegt. Die heimatliche Verbundenheit, das kölsche Sein und Wirken kommen tief aus seinem Inneren.

Köln, Kölle und Kölsch wären ohne ihn nicht vorstellbar. Heinrich Becker, der agile Brauer vom Eigelstein, Vorsitzender des Brauereiverbandes NRW, Präsidiumsmitglied des Deutschen Brauer-Bundes und „primus inter pares" im Kölner Brauerei-Verband, ist stolz darauf, ein geselliges Produkt sein Eigen zu nennen. Kölsch heißt sein Lebenselixier und Gaffel Kölsch seine Mission. Kölsch zählt als Bierspezialität zu den europäischen Regionalspezialitäten, deren Herkunft und Qualitätsstandards nicht zuletzt durch seine Initiative wie Champagner oder Cognac geschützt sind.

Heinrich Becker ist ein Mann der Tat und gewohnt, sich auf neue, überraschende Situationen schnell einzustellen. Bereits 1972 übernahm er als frisch diplomierter Ingenieur der Brauerei- und Getränketechnologie nach dem plötzlichen Tod seines Vaters gemeinsam mit seinem Bruder die Privatbrauerei Gaffel Becker & Co. OHG. Heute hält er die Mehrheitsanteile an der Brauerei und führt sie als geschäftsführender Gesellschafter zusammen mit seinem Sohn Heinrich Philipp Becker.

Die Brauerei ist als „Obergärige Bierbrauerei in der Gaffel" aus dem ehemaligen Brauhaus „Zum Leysten" hervorgegangen, dessen Ursprünge bis ins 14. Jahrhundert zurückgehen. 1908 erwirbt Beckers Großvater den Familienbetrieb und erhebt die Kölner Bezeichnung der mittelalterlichen Zünfte und Kaufmannsvereinigungen „Gaffel" zum Markenzeichen. Sie spiegelt ein Stück kölscher Tradition und Zeitgeschichte wider.

Aus der kleinen, aber feinen Hausbrauerei entstand in den Wirtschaftswunderzeiten des vergangenen Jahrhunderts schnell eine Brauerei, die ihre Marktposition als „Fassbier-Spezialist" bis zur Marktführerschaft stetig ausbauen konnte. Zwischenzeitlich hat die Marke „Gaffel Kölsch" auch bei Flasche und „Pittermännchen" (10-l-Stichfass) einen Spitzenplatz erobert. Sie hat auf der Image-Palette den Ruf des Edlen und Anspruchsvollen und gilt unter Kennern als das gepflegteste Kölsch der Region.

Dass der Druck auf die Braukessel allgemein steigt, pfeifen die Spatzen von den Dächern. Heinrich Becker ist kein Fatalist und verlässt deshalb auch mal eingetretene Pfade. Mit Erfolg: Im Sommer 2010 gelang der Brauerei mit „Gaffels Fassbrause" eine bemerkenswerte Neueinführung im Markt der alkoholfreien Getränke, die in der Braubranche Aufsehen erregte, neidvolle Blicke der Konkurrenz auf sich zog und beim Publikum großen Anklang fand.

Vielleicht ist es die bipolare Gemütsverfassung des Kölners an sich und die genetische Vorprogrammierung des Heinrich Becker im Besonderen, die aus dem erdverbundenen, unaufdringlichen Lokalpatrioten zuweilen den unbekümmerten, lebensbejahenden Philanthropen hervorzuzaubern. – Heinrich Becker ist eine Frohnatur mit frankophilen Wurzeln: der Vater waschechter Rheinländer, die Mutter luxemburgischer Abstammung und adlig dazu.

Seine Freunde und Weggefährten überrascht es deshalb nicht, wenn Heinrich Becker in der Karnevalszeit losgelöst vom repräsentativen Pflichtprogramm den feinen Zwirn des Brauereichefs gegen das Wams eines „Köbes" (kölsch für Ober) tauscht, um mit einer kostümierten Gruppe Gleichgesinnter wohlgelaunt und getarnt unter dicker Schminke ein Bad in der Menge zu nehmen. Über die Stränge schlagen, ohne aus der Rolle zu fallen, ist eine Kunst, die der fidele Heinrich gut beherrscht.

Apropos Kunst: Den schönen Künsten und kulturellen Errungenschaften ist Heinrich Becker sehr zugetan; das braucht er, wie die Luft zum Atmen. Er ist ein rastloser Jäger und Sammler, viel unterwegs in nah und fern. Dort findet man ihn auf Kunst- und Antikmärkten, stets auf der Suche nach einem erlesenen Stück oder in eigener künstlerischer Absicht mit der Kamera auf der Suche nach einem ästhetisch anspruchsvollen Motiv.

Abgesehen von seiner Vorliebe für die Werke des bekannten Kölner Malers Anton Räderscheidt, die sein Büro und seine Privaträume schmücken, begeistert sich Heinrich Becker vor allem für Geschichtliches rund ums Bier. Seine Gläser, Krüge, Flaschen, Speisenkarten, Schilder und vor allem historische Plakate zählen zur weltweit größten Sammlung ihrer Art, die in vielen Ausstellungen rund um den Globus bereits zahlreiche Bewunderer fand und heute in Teilen im Brau- und Wirtshaus „Gaffel am Dom" betrachtet werden kann.

Bei der Gemengelage aus Führungsverantwortung, Ehrenämtern, Interessen und, Hobbys fragt sich der Außenstehende, ob da noch Zeit für die Familie bleibt. Ja, sie bleibt für seine Frau Angela, die er vor 35 Jahren schätzen und lieben gelernt hat. Und sie bleibt für die Kinder, zwei erwachsene Söhne, der eine, Heinrich-Philipp, fest in seinen Fußstapfen, der andere, Cornelius, als Kosmopolit und Manager im fernen China wirkend sowie für eine strebsame Tochter Theresa, die ihr Masterstudium gerade erfolgreich beendet hat.

Für Heinrich Becker ist die Welt in Ordnung, zumal sich der Familienkreis jüngst durch hübsche Schwiegertöchter und das erste Enkelchen erweitert hat.

Was braucht der Kölsche mehr, um glücklich zu sein?

Anna Heller
Frauen brauen

Geboren: 15. Februar 1985

Familie: Ledig

Beruf: Brauerin und Mälzerin; Anzahl Mitarbeiter: 10

Persönliche Rangliste: Familie, Firma, Pferd

Persönliches Motto: Leben und leben lassen

Das mag er an Köln: Die Mentalität der Kölner, die Lebensart, das Bier

Das mag er nicht an Köln: Den Verkehr und den Dreck

Letztes Karnevalskostüm: Rotkäppchen

Zum Karneval: 7 besuchte Karnevalssitzungen

Hobbys: Reiten, Lesen

Was an ihrem Kölsch besonders ist: Schmeckt auch nach 20 Stück noch

Woher die Zutaten vom Kölsch kommen: Aromahopfen aus der Hallertau, das Malz aus Hürth und das Wasser aus der Leitung

Was isst sie am liebsten zum Kölsch: Ein Steak und ein zweites Kölsch

Persönlicher Blick in die Zukunft: Et kütt wie et kütt un et hätt noch immer jot jejange.

Eigentlich wollte die junge Chefin der Brauerei Heller in einem ganz anderen Metier Fuß fassen. Ihr hatte es die Gerichtsmedizin angetan. Trotzdem leitet die 27-jährige Brauerin heute mit Leidenschaft und Spaß die einzige „Bio-Kölsch-Brauerei" der Welt. Eigentlich nur ein logischer Schritt, denn Anna Heller hat es bereits im Kindesalter in die Gastronomie gezogen. „Spannend" fand sie es und Spaß gemacht hat es auch schon immer. Über eine Tätigkeit im „Schwimmbad", dem größten Biergarten in Köln, Hilfe an Karneval im eigenen Laden bis hin zur Ausbildung als Brauerin und Mälzerin.

Nicht nur, dass sie als Frau in Nordrhein-Westfalen die Ausbildung zur Brauerin gemacht hat, sie hat auch als Jahrgangsbeste abgeschlossen. Zu diesem Zeitpunkt war schon länger klar, dass sie „den Betrieb übernehmen wird", schließlich macht die Arbeit Spaß und es wird ab und zu auch gerne mal ein Bier getrunken.

Die Idee zur Brauerei wurde von Anna Hellers Vater Hubert Heller geboren. Dieser wollte sich schon vor über dreißig Jahren den Traum erfüllen, eine eigene kleine Brauerei in Köln zu etablieren. Nachdem Heller das Haus in der Roonstraße 33 erworben hatte, wurde die Gastronomie Rottweiler angesiedelt, bis schließlich 1983 das „Deutsche Bierhaus" in die Räumlichkeiten einzog. Hier wurden 17 verschiedene Fassbiere in historischer Atmosphäre angeboten. Der langgehegte Wunsch, eine eigene Brauerei zu eröffnen, scheiterte zunächst an der Gesetzgebung. Außerhalb von Industriegebieten durften sich damals keine Brauereien ansiedeln. Nachdem dies geändert worden war, konnte Hubert Heller 1991 den Traum von der eigenen Brauerei mit Brauereiausschank verwirklichen. In dem Gebäude destillierte die Firma Flimm bis 1975 „Flimms Kabänes". Wie lange gewünscht, ein „traditionsreicher" Sitz für den Start einer neuen Brauerei.

Schon damals wurde die Brauerei mit dem Gedanken Bio-Bier zu brauen eröffnet und auch heute noch tragen alle Biere der Brauerei Heller das Bio-Siegel. Nach dem Tod ihres Vaters leitet die Tochter Anna Heller seit 2010 die Brauerei und das dazugehörige Brauhaus. Dass das Bio-Siegel nicht immer ein Segen ist, musste Anna am eigenen Leib erfahren. „Wir dürfen nur bestimmte Rohstoffe verwenden, damit wir das Siegel behalten können", erklärt die junge Brauerin. Das gestalte sich nicht immer so einfach wie man vielleicht denkt und bringt manchmal auch Probleme mit sich. „Wenn die Ernte der Bauern mal nicht so üppig ausfällt, dann müssen wir schon ganz genau rechnen, damit wir unser Bier in immer gleichbleibender Qualität anbieten können." Dass kann auch schon mal bedeuten, dass die eine oder andere Nachtschicht im Unternehmen eingelegt werden muss.

Obwohl Anna Heller damals auf ihre zukünftigen Aufgaben vorbereitet worden war, war der Zeitpunkt wie ein Wurf ins kalte Wasser. Nach der Ausbildung durchlief Anna Heller alle Stationen im Unternehmen und auch in der dazugehörigen Gastronomie. Service, Theke, Küche. Die Zeit in der Küche sei vor allem „lehrreich" und nicht wirklich gut für die Figur gewesen. Trotzdem war für Anna wichtig, alle Bereiche des Betriebs kennenzulernen, um zu sehen, wie alles miteinander funktioniert. Und auch heute noch ist die 27-jährige tatkräftig mit dabei, wenn es darum geht, das im Haus gebraute Bier in Flaschen abzufüllen.

Auch an der Entwicklung der Biere war die Brauerin maßgeblich beteiligt. Gab es früher nur Kölsch und Wiess, ein naturtrübes Kölsch, stehen heute sechs verschiedene Biere im Angebot der Brauerei – Weizen, Pils, Maibock und Winterbock runden das Angebot des Unternehmens ab. Im Jahr produziert die Brauerei Heller rund 4 000 Hektoliter Bier, was vor allem Anna Heller freut, denn die Brauerei Heller ist die einzige Brauerei die weiterhin Zuwächse in den Hektoliterzahlen hat. „Man ist schon stolz. Allerdings kann es ganz schön kräftezehrend sein, sich immer und immer wieder gegen die anderen Marken beweisen zu müssen", erklärt Anna Heller.

Anna Heller plante schon lange, ein neues Produkt zu entwickeln. Zum 20-jährigen Jubiläum war es so weit: Ein Kräuterlikör mit dem Namen „Kallendresser" kam auf den Markt. „Es ist das erste eigene Produkt meiner Ära". Auf den Namen ist Anna besonders stolz. „Jeder der den Kallendresser in der Altstadt kennt, der weiß, dass dieser auch für Protest steht", so die junge Brauerin. Ihr Vater sei schon oft gegen den Strom geschwommen und auch sie will sich nicht der gängigen Meinung unterordnen. „Ein wenig rebellisch zu sein und eigene Dinge zu tun, liegt mir im Blut. Ich wollte übrigens schon immer ein Alt brauen. Aber irgendwie kann ich mich mit dem Gedanken nicht wirklich durchsetzen."

Wie sehr Anna Heller Köln am Herzen liegt und wie sehr sie mit der Stadt verbunden ist, zeigt sie in ihrer Freizeit. Alle 14 Tage geht es in die Südkurve zu ihrem Verein dem 1. FC Köln, „in guten und in schlechten Zeiten". Das gehört für sie als Kölnerin einfach mit dazu. „Auch wenn es mich oft verrückt macht und ich mir manchmal wünschen würde, wir wären der FC Bayern", erzählt Anna mit einem Augenzwinkern.

Und wenn die 27-jährige mal zur Ruhe finden will, dann gibt es nur einen Ort, an dem sie das ohne Einschränkung machen kann, bei ihrem Pferd, denn sie ist begeisterte Reiterin. Vor allem das Springreiten hat es ihr angetan. „Früher war ich allerdings noch deutlich wilder. Heute springe ich deutlich weniger. Aber die Natursprünge im Königsforst find ich immer noch super." Und auch im Stall kann Anna die Liebe zur Stadt nicht immer verbergen. Ihr Pferd Grannus trägt das Vereinslogo des FC auf der Flanke!

Michael Uwe Gliss
Der Kaffee-Botschafter

Geboren: 12. August 1963 in der Kölner Südstadt

Familie: Verheiratet seit 1998 mit Claudia Gliss

Beruf: Kaffee-Sommelier und Genuss-Trainer; Anzahl Mitarbeiter: 7

Geschäftsprinzip: Die ganze Familie hilft mit.

Persönliche Rangliste: Meine Frau, meine Katzen, meine Leidenschaften

Persönliches Motto: Mit viel Mut und mindestens so viel Bauchgefühl im Leben!

Das mag er an Köln: Unprätentiöse, direkte und emotionale Menschen. Sie fehlen mir, wenn ich anderswo bin.

Das mag er nicht an Köln: Zu viele Schnitzel-Gourmets, zu wenige regionale Einkaufsmöglichkeiten

Letztes Karnevalskostüm: Pippi Langstrumpf

Zum Karneval: 5 besuchte Karnevalssitzungen

Hobbys: Eisen schmieden, kochen, spinnen rund um den Genuss, Oldtimer

Wie viel Kaffee sollte man trinken?: Drei Tassen pro Tag mit Genuss

Andere Lieblingsgetränke: Kölsch, Weißwein, Rotwein, Gin Tonic und...
Tee – möglichst alles Bio!

Der Notendurchschnitt von Michael Uwe Gliss im Abitur im Jahre 1983 fiel bedauerlicherweise so schlecht aus, dass es zum angestrebten Studium der Veterinärmedizin bei Weitem nicht ausreichte. So zog es ihn zu Beginn der 80er-Jahre an die französische Riviera, um das dortige Savoir-vivre zu genießen.

Da es das dort auch für Kölner nichts umsonst gibt, musste sich Gliss nach Jobs umsehen. Er arbeitete als Tellerwäscher, Hilfskoch und Bediener der Kaffeemaschinen in diversen Bistros, um die notwendigen Francs zu verdienen.

Das Hantieren an den verschiedenen Hebeln und Rädern der monströsen Kaffeemaschinen machte ihm bald klar, „dass man in Deutschland die Kaffeekultur verpennt hat". Denn dort gab es mehrheitlich nur eine Sorte Kaffee: Filterkaffee und „draußen eh nur Kännchen".

Um in Deutschland eine Kulturwende herbeizuführen, bedurfte es profunder Kenntnisse. Auf Schloss Hugenpoet in Essen ließ Gliss sich zunächst zum Restaurantfachmann ausbilden. Damit erwarb er ein Grundwissen in Bezug auf die Luxusgastronomie. Und zwar von der Pike auf: „Hausdame", Parkboy, Rezeptionist und Koch waren nur einige seiner Lehrstationen.

Weiter ging es für Gliss nach Wien. „Das ist die europäische Hauptstadt des Kaffeegenusses." Dort erwarb sich der Kölner am „Institut für Kaffee-Experten-Ausbildung" ein fundiertes Fachwissen. Schließlich errang er das Diplom als Kaffee-Sommelier. „Damals war ich Deutschlands erster Kaffee-Botschafter mit Diplom."

Abgeleitet vom altfranzösischen „somme", der „Amtspflicht", waren Sommeliers einst in Klöstern für Geschirr, Tischwäsche, Brot und Wein zuständig. Mit Hilfe seiner umfassenden Produktkenntnisse sollte der Sommelier auf die Speisen abgestimmte Getränke-Empfehlungen aussprechen. Er sollte einzigartige Genusserlebnisse für den Gast schaffen.

Heute lehrt der Kaffee-Sommelier in Seminaren und bei Veranstaltungen alle Tricks und Kniffe, die aus einem alltäglichen Kaffee ein Genusserlebnis der besonderen Art machen. Seine Kompetenz nutzen sogar Konzerne wie die REWE-Gruppe, die sich bei den Kaffeesorten für die Temma-Märkte von Gliss beraten lässt.

Doch auch der gemeine Kaffee-Trinker kann von Gliss' Kenntnissen geschmacklich profitieren. Denn neben seiner Sommelier-Tätigkeit ist er auch Kaffee-Händler und -Importeur. Mit Ehefrau Claudia betreibt er den Kaffee-Feinkostladen Gliss Caffee Contor an der Kölner St.-Apern-Straße sowie das Caffee Cult in Bensberg bei Bergisch Gladbach.

Rund um den Kaffee wird das Sortiment dort erweitert um feine Schokoladen, Gebäck und anderes hochwertiges Naschwerk. Rund 20 Kaffee-Sorten gibt es zu kaufen und zu trinken. Wer mag, kann etwa die Sorte „Jamaica Blue Mountain" erwerben; das Kilo für 200 Euro.

Die Lieferanten von Michael Gliss bauen in Ländern an, die zwischen 7 000 und 12 000 Flugkilometer von Köln entfernt liegen. Da muss er als Chef schon mal hin. Zum Röster hat er es dagegen nicht so weit: Im Münsterland hat der Kaffee-Sommelier eine Firma gefunden, die die Rohware nach seinen Vorstellungen röstet. „Kaffee verfügt über rund 1 000 Aromen, da muss jede Produktionsstufe sitzen."

Wer sich so intensiv mit Kaffee beschäftigt, ist auch bei anderen Lebensmitteln recht pingelig. Privat wird nur Bio-Ware eingekauft – beim Bauern in der Eifel oder im Bergischen Land. Auch beim Kölsch kommt bei Gliss nur Bio ins Glas.

Konsequenterweise engagiert sich der junge Kölner seit vielen Jahren in der Slow-Food-Bewegung, deren Maxime „gut, sauber und fair" sich eindeutig mit seiner Lebensphilosophie deckt. Danach soll die Qualität der Lebensmittel gut sein, die Herstellung transparent, sauber sowie nachhaltig ablaufen und der Produzent einen fairen Preis für seine Ware bekommen.

Das gilt in den Augen von Gliss natürlich auch für Kaffeebauern. So erwirbt der Kölner nur Bohnen, die nach Richtlinien des Gütesiegels „Fairtrade" gehandelt werden. Die Einhaltung dieser Normen wird nach Verleihung des Siegels fortlaufend kontrolliert.

In den Entwicklungsländern leben rund 25 Millionen Menschen vom Kaffeeanbau. Die meisten davon mehr schlecht als recht. Hintergrund ist, dass in den vergangenen Jahren die Weltmarktpreise drastisch gefallen sind. Die Kleinbauern können deshalb mit ihrem Ertrag die Produktionskosten kaum decken. Ohne faire Preise gibt es also mittelfristig keine Bohnen mit der Qualität, mit der Gliss handeln möchte.

Da erstaunt es, dass sich der Kaffee-Botschafter bei der Auswahl des Kaffeewassers recht tolerant gibt. Es darf nämlich sogar das stark kalkhaltige Kölner Leitungswasser sein. Gliss: „Da muss man auf dem Teppich bleiben. Wenn ich im Laden Kaffee mit einem Designerwasser kredenze, dann schmeckt der Kaffee beim Kunden, der mit Leitungswasser kocht, natürlich ganz anders." Wir haben es ja schon immer gewusst: ‚Dat Wasser vun Kölle is joot'.

Joachim Römer
Köln kulinarisch

Geboren: 7. Juni 1943

Familie: Verheiratet mit der besten Frau von allen

Beruf: Journalist; Mitarbeiter: Ein ganzes Team

Persönliche Rangliste: Ich Du Er Sie Es Wir Ihr Sie

Persönliches Motto: Cool bleiben – sich aufregen ist ungesund.

Das mag er an Köln: Köln ist unkompliziert und zwanglos, hat italienische Momente. Mein Lieblingsplatz ist meine Wohnung in Deutz auf dem Dach eines Hochhauses, wenn die Sonne mit Donnergetöse zwischen den Domspitzen untergeht. Köln soll blieve wie et iss.

Das mag er nicht an Köln: Die Stadt ist dreckig und ungepflegt, teilweise verkommen. Der Kölner ist nicht gerade ein Muster an Zuverlässigkeit.

Zum Karneval: Ich bin immer fröhlich!

Zu einem guten Essen gehören: Eine Stoffserviette und eine Vorspeise

Nicht dazu gehören: Kellner, die vornehmer sein wollen als die Gäste.

Hobbys: Essen gehen

Joachim Römer geht jeden Abend essen. „Schon meine Eltern wollten nie kochen und gingen immer mit mir ins Restaurant." So war es für den jungen Joachim eine Freude, auf einer Schreibmaschine eigene Speisekarten zu tippen, die er sich ausdachte.

Nur das Frühstück nimmt der Restaurant-Kritiker zuhause ein. Das aber mit allen Finessen: Schinken, Gänseleber und eine Ananas gehören für ihn dazu. Mittags isst er nichts. Sein Kühlschrank ist dementsprechend leer. Seine private Hausbar dagegen beherbergt 200 Spirituosen.

Römer hätte aufgrund seiner Talente, so die Selbsteinschätzung, Radiosprecher, Opernsänger oder Grafiker werden können. Doch er begann nach dem Abitur ein Studium der Linguistik und Phonetik. „Das habe ich aber hingeschmissen, weil Journalist zu sein viel schöner war."

Also machte er beim General-Anzeiger in seiner Heimatstadt Wuppertal ein Volontariat. Als Redakteur spezialisierte er sich auf die Themen Motor und Verkehr. 1966, im Alter von 23 Jahren, zog er nach Köln, wo er sechs Jahre später ein Pressebüro gründete. Die schönsten Momente damals seien gewesen, „wenn ich am frühen Morgen von einem Date nach Hause kam und bei aufgehender Sonne die Vögel singen hörte."

Hauptsächlich befasste er sich in seinem eigenen Pressebüro zunächst weiter mit Verkehrsthemen. So übernahm er bis 1979 die Redaktion der Zeitschrift der Deutschen Verkehrswacht. 1978 wurde er dafür mit dem Christophorus-Preis des Gesamtverbandes der Deutschen Versicherungswirtschaft ausgezeichnet.

Von 1984 bis 1992 war Römer zudem Pressesprecher des nordrhein-westfälischen DEHOGA (Deutscher Hotel- und Gaststättenverband) sowie des Kölner Brauerei-Verbands. Von 1981 bis 1997 erstellte er die Zeitschrift „markt + wirtschaft" für die Industrie- und Handelskammer zu Köln. Dafür erarbeitete er ein grundlegend neues Konzept, wozu auch gehörte, dass er einen Restaurant-Tipp zum festen Bestandteil machte. Die beliebte Kolumne schreibt er noch heute (in der Zeitschrift IHKplus).

Zwischen 1985 und 1995 veröffentlichte der Gastro-Vorkoster auch Restaurant-Kritiken in der rheinischen Boulevardzeitung Express. Ein Journalist umschrieb ihn mal so: „Er fasst Geschmack in Worte. Wenn seine Nüstern beben, erzittern Gastronomen." Über seinen Beruf sagt er selbst: „Wer nicht neugierig auf Neues ist, wer vieles nicht mag, wird nie zum Genießer."

Sein Urteil über kölsche Lokale ist jedoch verhalten: „Die Kölner Gastronomie ist Mittelmaß. Es gibt zwar Perlen, aber wenige Spitzen." Ein Lieblingsrestaurant im Kölner Raum hat er eigentlich nicht: „Ich bin immer von dem Restaurant begeistert, in dem ich zuletzt gut gegessen habe."

Im Oktober diesen Jahres erscheint die 24. Ausgabe von Römers Restaurant-Führer für Köln und sein Umland. Darin finden sich Besprechungen zu 200 Restaurants. Bewertet werden sie nicht mit Kochmützen oder Sternen, sondern mit Römerknöpfen. Bis zu fünf gibt es für die besten Gourmet-Tempel – in Ausnahmefällen auch mit einem roten Herzchen versehen.

Römer begleicht bei seinen Test-Essen stets seine Zeche. Die Aufnahme in seinen Restaurant-Führer ist kostenlos. Der Gastro-König sichert sich auf diese Art seine Unabhängigkeit. So entstehen ihm aber für jede Neuauflage seines Ratgebers gute 20 000 Euro an Testkosten.

Die „feine Zunge von Köln" wird er genannt. „Aber das ist nicht ganz richtig. Meinen Beruf übe ich in erster Linie mit der Nase aus, dabei einem Jagdhund nicht unähnlich. Sie verrät mir, ob sauber gearbeitet oder gemogelt wird." Schon beim Betreten eines Lokals sei ihm klar, ob es ein schöner oder eher anstrengender Abend werde. Geschmäcker teile er ein in die Richtungen süß, sauer, salzig, bitter und das rheinische „lecker".

Römer mag keinen abgehobenen Jargon, das sei dem Düsseldorfer vorbehalten: „Ich will ja nicht als Formulierungs-Spinner durchgehen. Deshalb verkneife ich mir lieber die Poesie." Er bleibe mit seiner Sprache auf dem Boden, befindet er. Dass er aber nicht für den einfachen Mann von der Straße schreibt, ist ihm gleichwohl bewusst: „Nicht ohne Grund lässt man nach einem großen kulinarischen Abend zu zweit den Wert eines kleinen Farbfernsehers auf dem Zahlteller. Denn Spitzenküche hat Spitzenpreise, ist daher unerreichbar für die meisten Normalverbraucher."

Sein Restaurant-Report ist mitnichten sein einziges Betätigungsfeld, obwohl er „von Haus aus faul" sei. So kommt es, dass sich der 69-jährige bereits In früheren Zeiten, als er als PR-Mann in Köln auf vielen Hochzeiten tanzte, 16 Jahre lang keinen längeren Urlaub gegönnt hat. Jetzt schätzt er seinen Zweitwohnsitz am Chiemsee immer mehr: Die neue Technik macht es möglich, auch fern vom Kölner Schreibtisch zu arbeiten.

Er publiziert auch das Magazin „Römer's Lebensart", das sich neben dem Essen und Trinken auch der Freude am Entdecken der Welt widmet. Zudem hat Römer Bücher, etwa das dickleibige „Culinaria – Europas Küchen" (André Dominé, Joachim Römer, Michael Ditter: Culinaria. Europäische Spezialitäten, 2 Bde) sowie kulinarische Reisebücher über die Eifel und das Weingebiet an der Ahr, veröffentlicht. Selbstredend hat er auch ein „Kölsches Kochbuch" herausgegeben. Sein neuestes Projekt ist ein Ratgeber mit dem Arbeitstitel „Wie reiche Leute dünn bleiben". Römer ist Schriftführer des Food Editors Club Deutschland, dem Zusammenschluss kulinarischer Fachjournalisten.

Claudia Stern
Gastgeberin mit Leib und Seele

Geboren: 12. Oktober 1966

Familie: Geschieden

Beruf: Gastgeberin mit Herzblut und Sommelier; Anzahl Mitarbeiter: 50

Persönliche Rangliste: Mein Sohn Max, meine Gesundheit, meine Freunde, mein Team, meine Gäste

Persönliches Motto: Save water - drink wine

Das mag sie an Köln: Köln ist ein großes Dorf mit vielen Kreativen.

Das mag sie nicht an Köln: Dass alle die Mittelmäßigkeit schön reden.

Letztes Karnevalskostüm: Pink-rote Piratenbraut

Zum Karneval: Besuchte Karnevalssitzungen sind Prinzenproklamation, Rocholomäus, Rote Funken, Ehrengarde, Kölnische KG, Harlekin-Gala, Blaue Montags-Sitzung der Narren-Zunft, WDR-Fernsehsitzung, ZDF Mädchensitzung ...

Hobbys: Reisen, Tanzen, Architektur, Sport

Bei welchem Fast Food werden Sie regelmäßig schwach?: Duplo

Kochen Sie zuhause selbst?: Sehr gerne und oft, am liebsten Kräuterquark mit Pellkartoffeln und ein bisschen frischer Salzbutter

Was liegt oder steht in Ihrem Kühlschrank?: Champagner, Riesling, Joghurt, Quark

Wie nimmt man ab?: Keine Kohlenhydrate, wenig Wein und viel Sport

Claudia Stern stammt gebürtig aus Kirchzarten bei Freiburg. Ihre Eltern Hermine und Otmar sind ebenfalls „Gastwirte aus Leidenschaft". Kein Wunder, dass Stern der Branche treu blieb. Heute ist sie Geschäftsführerin des Restaurants Vintage. Viel mehr als Stern selber kennen viele Menschen, dass, was Sie macht, denn auch sie ist eine Vollblut-Gastgeberin mit Leib und Seele und agiert dabei oft im Hintergrund – eben, wie es sich für eine gute Gastgeberin gehört.

Mit harter Arbeit hat sie in den vergangenen Jahren in Köln und vor allem für die Kölner Plattformen geschaffen, auf denen sie Gäste begrüßt und bewirtet. Ob als Chefin des Vintage in der Hahnenstrasse 37, als erfolgreiche Cateringunternehmerin, Veranstalterin „innovativer Trendevents" oder als Beraterin für Unternehmen in Sachen Wein- und Esskultur sowie gesunder Ernährung.

Im eigenen Wein- und Spirituosenhandel gibt es mehr als 800 Weine aus aller Welt, Premiumsekte und ein umfangreiches Feinkostsortiment, dazu einen Geschenk-Laden mit „stilvollen Accessoires für Küche und Tisch". Auch betreibt Stern zwei Genuss-Schulen. Die Lebensmittel und Geschenkartikel gibt es auch im Versand und online. Dienstags finden im Vintage „Konzertevents/Clubbings" statt.

Sie selbst bezeichnet sich als „agil, kreativ, flexibel und spontan". Frei nach dem kölschen Motto „Net schwade, sondern lade" packe sie die Dinge „schnell und zielstrebig" an. Für das hauseigene „Vintage-Magazin" schreibt sie sogar auch als Journalistin.

Sie gibt Weinseminare, Workshops – etwa zum Thema Käse – sowie Kochkurse für zwölf bis 40 Teilnehmer und organisiert große Events mit Starköchen wie Tim Mälzer, Johann Lafer, Paco Roncero oder Cornelia Poletto. „Diese besonderen Seminare können auf Wunsch auch bei den Leuten zuhause oder – bei den Business-Class-Kursen – in der Firma stattfinden."

„So macht Lernen Spaß und Schule wird zur Party", verspricht Stern. Essen und Trinken, betont sie, seien längst nicht mehr nur Nahrungszufuhr. „Was wir essen und wo, dafür sind vor allem unsere ungestillten Sehnsüchte verantwortlich", sagt Stern poetisch. „Worum es wirklich geht ist die Suche nach Gemeinschaft, Lebensqualität und dem verlorenen Geschmack."

Wer einen Raum für eine private oder geschäftliche Feier braucht, findet den bei Stern. Im Vintage Salon ist Platz für bis zu 300 Personen – „zum feiern, tanzen und genießen". Das Vintage sorgt für alles – bis hin zur Musik. Da überrascht es nicht, dass auch Berühmtheiten wie der Bestseller-Autor Frank Schätzing bei Stern speisen.

Nach dem Abitur an einem Wirtschaftsgymnasium absolvierte Stern ab 1985 zunächst eine Ausbildung zur Hotelfachfrau „im renommierten Hotel Colombi in Freiburg". Sie arbeitete als Sommelier und Oberkellnerin in Metropolen wie München und Hamburg. 1990 wurde sie mit der Trophée Ruinart als bester deutscher Sommelier ausgezeichnet, zwölf Monate später als Sommelier des Jahres mit dem Guide Gault Millau.

1993 gründete Stern dann in Düsseldorf und Köln eigene Betriebe. Was zunächst noch mit Partner lief, nahm sie im Jahr drauf dann schon komplett in die eigenen Hände. 2003 graduierte Stern in Geisenheim zur Weinakademikerin. Bereits in den 90er-Jahren gewann sie zahlreiche verschiedene Weinpreise.

Ihre Philosophie lautet: „Ein erfolgreicher Sommelier ist heute nicht mehr nur der Mundschenk, der die Gäste am Tisch berät." Es sei wichtig, die Weinregionen und Winzer auch persönlich zu kennen. Deren „lebensbejahende Kultur und vor allem die Menschen dahinter faszinieren mich – jeden Tag." Eine ihrer Wein-Serien heißt „Save water – drink wine" (zu deutsch: Schütze/Spare Wasser – trink Wein). Aber ein Kölsch kriegen die Restaurant-Besucher auf Wunsch selbstredend auch.

Auch auf dem Gebiet der Schokolade erwarb sie ein umfassendes Fachwissen. Gemeinsam mit der Schokoladenmanufaktur Schell entwarf Stern eigene Kreationen, die speziell für den gleichzeitigen Weingenuss gedacht sind. Die süßen Tafeln werden einzeln und per Hand hergestellt – ausschließlich mit natürlichen Gewürzen. Diese Süßspeisen gibt es auch im Restaurant Sterns als Nachspeise.

Nicht umsonst titulierte sie das Magazin Stern einmal als „Botschafterin des guten Geschmacks". Sie arbeitet passioniert, kenntnisreich und kreativ. Ihr Ziel sei es, „die Genuss- und Lebensqualität meiner Gäste zu optimieren und immer wieder neue Impulse zu geben." Sie entwickelte Genusskonzepte für verschiedene Unternehmen. Seit dreizehn Jahren schon übernimmt sie das Catering für die Gala des Deutschen Fernsehpreises. Besonders stolz ist Claudia Stern darauf, dass sie mit dem Deutschen Gastronomiepreis 2011 in der Kategorie „Food" ausgezeichnet wurde.

Überhaupt ist Stern längst in ihrer neuen Heimat Köln angekommen. So vertreibt sie unter dem Motto „Köln ist ein Genuss" auch eigene Gewürzmischungen – etwa das Salz „Rut Wiess". Auch Schokoladensenf, ein Apfel-Chutney „op Kölsch", Schokolade „mit Kamelle", Sauerbraten-Gewürz, Sauerkirsch-Chili-Schokolade und eine Salatsauce „Rut Wiess" gehören zum Programm. Ihre jüngste Kreation ist „Das Wasser für Köln" – ein Mineralwasser aus dem Bergischen Land.

Joachim Wissler
Die Sterne leuchten

Geboren: 13. Januar 1963 in Nürtingen

Familie: Verheiratet mit Tanja seit 1999, ein Sohn

Beruf: Koch; Anzahl Mitarbeiter: 23

Persönliche Rangliste: Meine Familie, meine Gesundheit, mein Beruf

Persönliches Motto: Neugierde ist der Anfang von Neuem.

Das mag er an Köln: Den Dom, BAP, Kölsch als Getränk, die Kölner, die als Kunden treu bleiben.

Das mag er nicht an Köln: Was jeder Kölner nicht mag: im Stau stehen.

Zum Karneval: Ein sehr schöner Ausnahmezustand, der mich fasziniert aber nicht in den Bann zieht.

Hobbys: Rennrad fahren

Persönlicher Blick in die Zukunft: In der Ruhe liegt die Kraft.

Joachim Wissler ist Koch mit Leib und Seele. Der smarte Jeanstyp gilt als einer der prägenden Persönlichkeiten für den Trend der sogenannten „neuen deutschen Schule", bei der vergessene regionale Produkte und Gerichte eine Renaissance erleben. Mit 65 Prozent der Stimmen der besten Köche Deutschlands wurde er zum „Koch der Köche 2012" für seine „Kochkunst in Perfektion" gewählt; und dies zum zweiten Mal in Folge (Der Preis wird alle vier Jahre vergeben). Die Auszeichnung empfindet er persönlich als große Ehre, sie berührt ihn zutiefst. Gleichwohl kommentiert er bescheiden und realistisch: „Jeder Preis hat auch seine Bürde. Man ist Vorbild für die nachfolgende Generation und sollte sich immer bewusst sein: Erfolg ist wie die Fahrt in einem Aufzug: Irgendwann geht es wieder abwärts."

Joachim Wissler ist auf einem Bauernhof auf der Schwäbischen Alb nahe Ochsenwang groß geworden. Er hat viel in der Gastwirtschaft seiner Eltern mitgeholfen. Dabei merkte er, dass er sich geschickt anstellte, dass ihm das lag. Früh beschloss er, dass er Koch werden wollte, und seine Entscheidung hat er bis heute nicht bereut: „Ich habe den besten Beruf für mich gewählt."

Seine Lehrjahre absolvierte der passionierte Koch in der „Traube Tonbach" im Schwarzwald (Baiersbronn). „Das waren harte Jahre. Ich hatte nicht geahnt, worauf ich mich da einließ. Aber am Ende meiner Ausbildung hatte ich das Gefühl, ja ich habe viel gelernt, ja das macht mir Freude. Das ist der richtige Beruf für mich." Nach Stationen im Badischen wurde er 1991 Küchenchef des „Marcobrunn" im Schloss Reinhartshausen (Erbach / Rheingau), 1995 mit dem ersten und 1996 dem zweiten Michelin-Stern ausgezeichnet.

Im Jahr 2000 wechselte Wissler ins Gourmetrestaurant Vendôme im Grandhotel Schloss Bensberg. Benannt nach dem gleichnamigen Platz in Paris, befindet sich das Vendôme im alten Kavaliershäuschen des Schlosses Bensberg. Edles Zebranoholz, Travertine, bedruckter Gipsbruch und farbiges Glas bestimmen das moderne Ambiente mit unaufdringlicher Eleganz. In nur wenigen Jahren haben Joachim Wissler und Miguel Angel Calero Novillo mit ihrer Küchen- und Servicecrew das Vendôme zum besten Restaurant Deutschlands gemacht.

Bereits nach einem Jahr im Vendôme erhielt Wissler den ersten, 2002 den zweiten und 2004 den dritten Stern. 2001 hat „Der Feinschmecker" das Vendôme zum „Restaurant des Jahres" gekürt, 2002 kürte der Gault Millau und 2004 „Der Feinschmecker" Joachim Wissler zum Koch des Jahres. 2010 hat er beim spanischen Kongress „Lo Mejor de la Gastronomia" in Alicante als erster deutscher Koch den Internationalen Köche Preis erhalten. Im Februar 2011 wurde er darüber hinaus bei der „12. S. Pellegrino Kulinarische Auslese" für seine Leistungen auf Top-Niveau geehrt. Der Restaurantführer „S. Pellegrino Kulinarische Auslese" fasst die Ergebnisse der bekanntesten Restaurant-Handbücher (Michelin, Gault Millau, Varta, Schlemmer Atlas, A la Carte, Der Feinschmecker und Falstaff Restaurantguide) in einem eigenen Ranking zusammen.

Es sind seine Liebe zum Produkt, zu klaren Aromen sowie seine raffinierten und doch schnörkellosen und auf das Wesentliche reduzierten Kompositionen, die Joachim Wissler zu einem der besten Köche Deutschlands machen. Joachim Wissler versteht es, hochwertige Zutaten zu Symphonien zu komponieren, die man nicht so schnell vergisst. Er ist ein Koch, der sich kulinarisch stets neu erfindet, dabei aber moderne Techniken und neue Ideen nie unbedacht umsetzt.

2010 hat Joachim Wissler sein neues Kochbuch „JW" veröffentlicht. Es zählt zu den drei besten Kochbüchern der Welt. Im Buch finden sich 120 Gerichte, präzise abgestimmte kleine Geschmackswunder. Weil jedes dieser Gerichte aus mehreren Komponenten besteht, summiert sich die Zahl der Rezepte auf rund 500. Diese finden die Nutzer des Kochbuchs dann auf einer dynamischen Website mit persönlichem Zugangscode. Die Gerichte sind gruppiert in fünf große Menüs. Vier davon orientieren sich an den Jahreszeiten. Eines besteht aus den „neuen Klassikern" der Vendôme-Küche. Interessierte gewinnen einen tiefen Einblick in die Entstehungsprozesse der einzelnen Gerichte. „JW" ist mit dem red dot award: communication design 2010 ausgezeichnet und war nominiert für die Shortlist für den internationalen Award der Cookbook Fair in Paris als weltbestes Kochbuch.

Joachim Wissler gehört zur Kochelite Deutschlands. Das Gourmetrestaurant Vendôme des Grandhotel Schloss Bensberg wurde neben den drei Michelin-Sternen auch für 2012 wieder mit 19,5 Gault Millau Punkten sowie 5 Feinschmecker „F" dekoriert und belegte 2012 den Platz 23 der „San Pellegrino World's 50 Best Restaurants"-Liste. Das Vendôme ist somit eines von zwei der besten deutschen Restaurants auf der Liste.

Privat lebt Wissler mit Frau und Sohn im Bergischen Land, und er isst am liebsten abwechslungsreiche Kost mit viel Gemüse, Salat und Fisch. „Zuhause kocht meine Frau und wenn sie will gerne mal ich."

Karneval

Über den Kölner Karneval sind unzählige Bücher geschrieben worden. Alle Protagonisten würden gar Bände füllen. Ein paar der herausragenden Pappnasen finden Sie hier.

Annegret Cremer
Mit Frauen geht die Post ab

Geboren: 29. März 1947

Familie: Verheiratet mit Ralf Cremer

Beruf: Inhaberin der Ralf Cremer GmbH; Anzahl Mitarbeiter: 40-45

Persönliche Rangliste: Familie, Unternehmen, Colombinen

Persönliches Motto: Immer stark sein, kämpfen

Das mag sie an Köln: Wenn es dunkel ist, sieht es schöner aus. Ich mag den Blick vom Zoo auf den Rhein. Aber auch unsere Kirchen, den Dom und die Messe mit dem Festkomitee und allen Vereinsabordnungen darin.

Das mag sie nicht an Köln: Den Schmutz und den Chlodwigplatz

Was sie am Karneval stört: Wegen des Alkoholkonsums auf öffentlichen Plätzen müsste besser auf Jugendliche aufgepasst werden. Wir Kölner sollten nicht das ganze Jahr Karneval feiern, sondern außerhalb der fünften Jahreszeit die kulturellen Angebote in der Stadt nutzen.

Letztes Karnevalskostüm: Natürlich Colombine! Man nähme es mir übel, wenn nicht!

Zum Karneval: Zwischen 40 und 50 besuchte Karnevalssitzungen

DIE 100 WIRKLICH WICHTIGEN KÖLNER

Annegret Cremer steht Colombina Colonia, der ersten, und lange Zeit einzigen, rein weiblichen Karnevalsgesellschaft, vor. In einer Großmarkthalle für Südfrüchte absolvierte die gelernte Kauffrau ihre Lehre. „Wenn man das durchgemacht hat, weiß man im Leben, wo es langgeht", sagt sie. Die Heizungs- und Sanitärfirma Ralf Cremer GmbH, deren Inhaberin sie ist, wurde 1976 gegründet. Ihre Funktion in dem Betrieb umschreibt die Generalistin mit „Mädchen für alles". Mal arbeite sie in der Buchhaltung, mal im Einkauf.

Im Jahr 1994 war Annegret Cremers Mann Ralf Prinz im Dreigestirn. „Diese Zeit hat mich gegenüber dem Karneval kritischer gemacht", erinnert sie sich an jene Tage, als sie in Grübeln kam. Einerseits wurde sie so an den Karneval herangeführt. Andererseits aber erkannte sie, dass es eine reine Männerdomäne war. Das aber „fand ich absolut langweilig." Gemeinsam mit ein paar Freundinnen habe sie gedacht: „Mit Frauen geht da deutlich mehr die Post ab." Sie erinnert sich noch genau: „Wir haben mal einen Elferrat beobachtet. Die waren stocksteif." Frau Cremer überlegt: „Na ja, vielleicht können wir Frauen besser feiern, weil wir lockerer sind."

Der stocksteife Elferrat indes beflügelte einen für den Kölner Karneval revolutionären Prozess: die Geburt der Colombinen. Der Name ist der Commedia dell'Arte entlehnt. Eine deren Hauptfiguren ist Colombine, eine kokette Zofe. Sie ist eine Verkörperung der bodenständigen, aktiv am Leben teilhabenden wie kraftvollen Frau.

„Uns war klar, wenn wir etwas verändern wollen, müssen wir einen Verein gründen." Anfang des Jahres 1999 ging es darum, Gleichgesinnte zu mobilisieren. Annegret Cremer lud Frauen des aktuellen Dreigestirns und der Kölner Szene zu sich ein. Bis tief in die Nacht dauerten die ersten Treffen. Mit Erfolg: Am 27. April 1999 wurde der Verein der Columbinen aus der Taufe gehoben.

Inzwischen ist viel Wasser den Rhein hinab geflossen und die Colombina Colonia zählt mittlerweile 381 Mitglieder. „Viel größer wollen wir auch nicht werden."

„Unsere Karnevalsgesellschaft besteht ausnahmslos aus emanzipierten Frauen" und „man hat uns das anfangs nicht zugetraut", weiß Annegret Cremer zu berichten. Doch der Aufstieg der Colombinen war nicht aufzuhalten. Im Eilzugtempo ging es voran. Normalerweise muss eine Karnevalsgesellschaft in Köln zehn Jahre bestehen, bevor sie im Zug mitgehen darf. Die Colombinen schafften es in zwölf Monaten.

„Ganz ohne sanften Druck über die Presse wäre mir das nicht gelungen." Annegret Cremer gab in der Anfangszeit der Colombinen das eine oder andere Interview. Und nie vergaß sie dabei zu erwähnen, „Frauen fehlen im und gehören in den Zug." Die Medien griffen dieses Aufbegehren auf und nicht selten entstand daraus eine Überschrift.

„Der damalige Zugleiter Alexander von Chiari kam dann irgendwann nicht mehr um uns herum." Er sei von sich aus auf die Frauen zugekommen. Zusammen mit der Schwulen-Organisation der „Rosa Funken" durften die Colombinen im Rosenmontagszug mitgehen.

„Die Rückkopplung nach diesem ersten Rosenmontagszug war sehr gut", freut sich Annegret Cremer heute noch über den frühen Erfolg. „Ab da waren wir dann auch willkommen in den Reihen der Karnevalisten. Von Chiari hat uns danach dann immer sehr unterstützt." Selbstbewusst schiebt die Ober-Colombine nach, „na ja, wir sind im Zug ja auch immer ein Highlight, schon alleine aufgrund unserer Kostüme von Maria Lucas."

Vierzig Frauen in der Fußgruppe, ein Wagen mit sechzehn Frauen sowie eine Reitergruppe machen sich seither alljährlich auf den Weg und reihen sich in den Kölner Rosenmontagszug ein. „Jetzt sind wir etabliert", freut sich Annegret Cremer, Nichte der Volksschauspielerin Grete Fluss (1892-1964). Zudem ist Colombina Colonia jüngst auch ordentliches Mitglied im Festkomitee Kölner Karneval, das 180 Vereinigungen beheimatet.

Abseits von Stress, Trubel und Freude der fünften Jahreszeit bieten die Frauen von Colombina Colonia ein breites Spektrum von Aktivitäten an: Wandertage, Golfturniere, Beachvolleyballspiele, Literaturkreise, Wallfahrten, Modenschauen und einen Weihnachtsmarkt. „Und die Steuben-Parade in New York haben wir auch besucht." Wenn bei derlei Unternehmungen Geld in die Vereinskasse kommt, wird es guten Zwecken zugeführt. Rund 250 000 Euro haben die Frauen so schon spenden können. Die Einnahmen werden eins zu eins weitergeleitet. Sozial schwache Frauen werden unterstützt, Kindern wird geholfen. „Das ist so viel, was wir fördern, beispielsweise eine Schlafstelle für Frauen und Kinder, oder die Schule für gehörgeschädigte Kinder am Lindweiler Weg in Bickendorf", zählt die Ehrenpräsidentin der Colombinen auf.

Nach zwölf Jahren an der Spitze der Colombinen zog sich Annegret Cremer als Präsidentin zurück und wurde am 16. Juni 2011 von der Mitgliederversammlung einstimmig zur Ehrenpräsidentin ernannt.

Im Belgischen Haus am Neumarkt hängt neben den Konterfeis vieler anderer Kölnerinnen ein von Gerda Laufenberg geschaffenes Portrait von Annegret Cremer. Die Ehrenpräsidentin der Colombinen kann stolz sein auf ihr Werk.

Georg Hinz
Loss mer singe

Geboren: 30. Juli 1965 in Goch am Niederrhein

Familie: Verheiratet, zwei Kinder

Beruf: Diplom-Religionspädagoge, Diplom-Sozialarbeiter, Diplom-Pädagoge mit Schwerpunkt Erwachsenenbildung

Persönliche Rangliste: 1. Erfülltes und friedliches Leben für mich und meine Lieben; 2. Wohlwollender, respektvoller und toleranter Umgang miteinander; 3. Mit Humor werden die Dinge leichter.

Persönliches Motto: Das Leben ist ein Geschenk, das Leben ist Entwicklung und immerwährende Einladung zum Lernen.

Das mag er an Köln: Die Vielfalt der Stadt und der Menschen

Das mag er nicht an Köln: Manchmal den Hang zur übertriebenen Selbstverliebtheit

Letztes Karnevalskostüm: Lied-Motto Kostüm „E janz klei' Stück vun Kölle" anlässlich der Loss-mer-singe-Sitzung

Zum Karneval: Lieblings-Karnevalshit ist Bläck Fööss - Unsere Stammbaum

Hobbys: Kino, Lesen, Fußball – wegen Knieschaden leider fast nur noch passiv, aber das mit Leidenschaft!

Persönlicher Blick in die Zukunft: Weiter lernen, den Augenblick zu genießen.

Georg Hinz ist Kulturreferent im Domforum, zudem Musikredakteur beim Domradio. Bekannt wurde er aber durch seine große Leidenschaft „Loss mer singe". Die Mitsing-Karnevalsveranstaltung „Einsingen in den Karneval" initiierte er.

Angefangen hat die Erfolgsgeschichte 1999: Hinz lud alte Freunde vom Niederrhein in seine Wohnküche nach Nippes ein. Er wollte sie musikalisch auf die bevorstehende Karnevalssession vorbereiten. Jedem Gast, der kam und in der Runde am Küchentisch Platz nahm, drückte er die Refraintexte der vermeintlich besten aktuellen Karnevals-Hits in die Hand. Hinz war überzeugt: „Der Karneval ist noch viel intensiver und macht mehr Spaß, wenn man die Texte kann. Und so setzt sich auch Qualität besser durch, jenseits von zu platter Ballermannmusik." Seinen Freunden legte er nacheinander 20 ausgesuchte kölsche Lieder auf und animierte sie zu „Loss mer singe". Die Runde kam immer mehr in Fahrt und stimmte schließlich – nach dem Vorbild des Eurovision Song Contests – über den Siegertitel ab. Damals noch mit Applaus, heute findet das Prozedere per Stimmzettel statt. Ansonsten ist vieles gleich geblieben. Jedoch hat das Event an Größe und Professionalität gewonnen: Nicht mehr in der Küche wird gesungen, sondern in Kneipen stadtweit und darüber hinaus. Seit 2003 geht „Loss mer singe" während der Session regelrecht auf Tour.

Aus der Privatinitiative „Loss mer singe" ist seit 2008 ein gleichnamiger Verein geworden, mit den Gewinnen werden auch soziale Projekte unterstützt. Das Team arbeitet ganzjährig zur Pflege des kölschen Liedguts: Kaum ist der letzte Ton des großen Finales verklungen, reflektieren Hinz und Kollegen die Tour, bei der sich etwa Anfang 2012 in Köln und Umgebung über 14 000 Menschen in fast 50 Kneipen textsicher für die tollen Tage gemacht hatten. Sogar in Berlin, wo „Loss mer singe" seit langem eine Kooperation mit der „Ständigen Vertretung" pflegt, wurden Exil-Rheinländer mit den aktuellen Hits versorgt.

Nach der Tourreflexion steht das alljährliche Sommerfest auf dem Plan, ab September folgen zahlreiche Mitsingkonzerte bekannter und ambitionierter kölscher Bands. Auch eine große Karnevalssitzung im Theater am Tanzbrunnen erfordert engagierte und kreative Vorbereitungen. Die Tickets für die 1 000 Besucher sind Jahr für Jahr in wenigen Minuten vergriffen. Und nebenbei müssen ständig Anfragen von Kneipen, interessierten Kooperationspartnern, Sponsoren und Presse bearbeitet werden. Mittlerweile hat „Loss mer singe" auch im „kölsch-geprägten" Umland erste Wurzeln geschlagen. Entstanden sind mehrere Dependancen.

Schneller als erwartet kündigt sich erfahrungsgemäß die nächste Session mitsamt ihren Neuerscheinungen an. Welche kölschen Töne aus dem Fundus der über 300 Neuerscheinungen laufen, wählt vorher eine Jury aus, zu der auch Hinz zählt. Er lässt sich gerne von seinen beiden Kindern beraten: „Sie spüren ganz gut, ob ein Lied zum Hit werden kann oder nicht."

Die Tour-Vorbereitungen sind aufwändig: „Alleine einen ganzen Tag verwende ich, um die 20 Lieder für das Mitsing-Programm in eine sinnvolle Reihenfolge zu bringen", erzählt der Initiator und verrät: „Eigentlich bin ich kein Karnevalist, sondern ein Musikvermittler." Karneval feiere er gerne, sagt Hinz, doch gelte seine eigentliche Liebe der Musik und dem kölschen Liedgut. Inzwischen textsicher singt der gebürtige Niederrheiner gerne und selbstbewusst mit, oftmals auch vor. Kölsch zu sprechen aber vermeidet er tunlichst – alleine aus Respekt vor den echten, also den gebürtigen Domstädtern.

„Loss mer singe" ist inzwischen ein riesiges Netzwerk geworden, an dem sich viele, die die kölsche Musik gestalten und unterstützen wollen, mit Herzblut beteiligen. Dazu gehören auch die Protagonisten der Musik, die die Initiative mittragen. „Bläck Fööss, Brings, Höhner und Paveier und viele andere sind seit Jahren Freunde der Bewegung", erzählt Hinz. Der Initiator erlebt seine inzwischen geschützte Marke „Loss mer singe" nicht mehr nur als spaßiges Hobby. Denn er weiß: Durch Öffentlichkeit und Erfolg wächst auch Verantwortung. Für Nachwuchskünstler kann die Tour ein Sprungbrett sein. Zuletzt räumte die Band „Kasalla" mit dem Titel „Pirate" ab und setzte sich als „beste Neuerscheinung der Session 2012" deutlich gegenüber den etablierten Bands durch.

Angefangen hat Hinz als Musikvermittler im zarten Alter von vier Jahren. Auch damals war der entscheidende Ort eine Küche. Neben Omas Herd legte der kleine Georg etwa die „Beatles" oder die „Hollies" auf und sang fröhlich in seinem „Kinderenglisch" dazu. Die Platten stammten aus Onkels großer Single-Sammlung. Später als jugendlicher Diskjockey versuchte Hinz, „mit Musik gezielt die Räume zu gestalten, zudem die Stimmung der Gäste zu begleiten". Für ihn ist auch heute noch „eine Party dann richtig schön, wenn zusammen gesungen wird".

Finanzspritzen für seine Studien der Religionspädagogik und Sozialarbeit erarbeitete sich der passionierte DJ ebenfalls mit Plattenauflegen. Die Bilanz: Über 150 Hochzeitsgesellschaften brachte er in Stimmung, na klar, auch mit kölschen Liedern. Fasziniert stellte der Niederrheiner fest: „Es gibt keine andere Region, in der Mundartlieder in allen Generationen wie auch Milieus so gehört, gesungen und geliebt werden wie in Köln." Heute spricht Hinz von einem „einzigartigen Kulturschatz". Er will ihn nach Kräften pflegen und hegen.

Wicky Junggeburth
Eimol Prinz zo sin

© Michael Schopps

Geboren: 17. September 1951 in Köln, im Severinsklösterchen

Familie: Verheiratet, eine Tochter, einen Schwieger- und einen Enkelsohn (Valentin)

Beruf: Bankkaufmann, Moderator, Entertainer

Persönliche Rangliste: Familie, Freunde, Karneval, mediterranes Essen, Bordeaux-Weine

Persönliches Motto: Traue keinem Banker ohne Vorbehalt, mach' dich selbst schlau.

Das mag er an Köln: Die Mentalität und die Lockerheit der Menschen, den Dom

Das mag er nicht an Köln: Die „Tümmeleien" um den FC, die steten Gemütsveränderungen zwischen Euphorie und Desinteresse, die Straßenverhältnisse von Nippes nach Bayenthal, von Worringen bis Sürth

Letztes Karnevalskostüm: Lappenkostüm

Zum Karneval: Karnevalist mit Haut und Haaren ist die Berufung.

Ein Wunsch: Kölsch sprechende Büttenredner im Fastelovend!

Hobbys: Den Weinkeller auffüllen, Frankreich, Musik

Persönlicher Blick in die Zukunft: Gesundheit für meine Familie und Freunde. Ansonsten habe ich bereits alles erreicht, was ich mir erträumt habe.

Wer in der Südstadt das Licht Kölns im Severinsklösterchen erblickt und anschließend auf dem Zugweg 1 seine ersten Gehversuche unternimmt, trägt mit hoher Wahrscheinlichkeit ein karnevalistisches Omen in den Tiefen seiner reinen Seele. So muss es sich zumindest bei Wicky Junggeburth verhalten haben. Bis zu seinem ersten Karnevalsumzug sollten nach dem Schicksalsjahr 1951 zwar noch einige Dekaden den Rhein hinunterfließen, doch bis zum heutigen Tag steht der Name des gelernten Bankkaufmann für einen Berufenen auf dem höchsten Thron der Domstädter. Nach dem Eintritt in die Karnevalsgesellschaft Nippeser Bürgerwehr 1903 e.V. im Jahr 1990 erfüllte sich drei Jahre darauf schließlich der Wunsch nach der einmaligen Prinzenwürde. „Damals war dies noch für eine fünfstellige Summe möglich", erinnert sich Junggeburth an kostengünstige Zeiten.

Eine zeitlose Anekdote seiner Regentschaft bleibt die Komposition des Gassenhauers „Eimol Prinz zo sin": „Ich befand mich gerade in Süd-Frankreich in Urlaub, als mich die frohe Nachricht ereilte. Da das Motto des Kölner Rosenmontagszuges 1993 ‚Sinfonie in Doll' lautete, war ich mir schnell darüber klar, meine Bühnen-Präsentation auch musikalisch zu gestalten. So traf es sich wunderbar, dass Dieter Steudter von den „3 Colonias" ein Lied in Vorbereitung hatte mit dem Refrain „Eimol Prinz zo sin". Die Verse sind mir dann am Strand eingefallen und wurden sofort zu Papier gebracht, das heißt, Papier hatte ich nicht dabei, so schrieb ich die Idee zu den Versen buchstäblich in den Sand. Meine Frau rannte los, um Papier und Kuli zu besorgen. So ist das Lied sozusagen eine deutsch-französische Produktion, die auch bis zum heutigen Tage eine große Rolle für mich spielt." Als ihm 1994 ein Engagement bei den „3 Colonias" angetragen wurde, bei denen der Ex-Prinz für den erkrankten Oliver Hoff für eine Woche einsprang, stellten sich die Weichen für Wicky Junggeburth endgültig neu. Danach war nichts mehr wie zuvor. Mit 43 Jahren gedachte der Südstädter nicht, von der Bühne abzutreten. Im Karneval hatte er seine wahre Stellung gefunden. Der gelernte Bankkaufmann schloss die Schalter und kündigte seinen Job, um fortan als Entertainer, Musiker und Moderator einem Millionenpublikum einen nicht unerheblichen Mehrwert an positiver Stimmung zinslos zu übertragen. Vor allem mit der siebenstündigen Liveberichterstattung zum Rosenmontagszug im WDR-Fernsehen, mit Bruno Eichel, wurde Junggeburth im neuen Jahrtausend zu einer der Kölner Stimmen, die in der ganzen Republik auf Gehör stieß.

In der Nachbetrachtung sieht sich der Karnevalist hinsichtlich seiner Entscheidung bestätigt. „Seit meiner Zeit als Baufinanzierer und Finanzberater glaube ich keinem Banker mehr uneingeschränkt", so der Familienvater, der seinen Schritt in andere Gefilde nie bereut hat. „Es gibt ja den Spruch, ‚Erst Prinz – dann pleite'." Glücklicherweise war dies in seinem Falle nicht zutreffend, und auch bei den einstigen Bankkunden könne er sich noch sehen lassen, beteuert Junggeburth.

Ob auf CD, im Hörfunk mit der WDR-4-Sendung „Jede Mettwoch bes Äschermettwoch", auf der Bühne und im TV – Wicky Junggeburth ist in allen Medien präsent. Dass er als Künstler auch von Vorbildern wie den Bläck Fööss geschätzt wird, freut den Entertainer besonders: „Die Bläck Fööss waren in den 70er Jahren eine Revolution. Sie sind vollkommen anders aufgetreten und haben gezeigt, wie offen der Karneval sein kann", schwärmt Junggeburth von der legendären Band, die ihn 2003 anlässlich einer Reihe von Philharmoniekonzerten als Gast begrüßte. Auch mit Kollegen wie Marita Köllner – et fussich Julche – teilte der vielbeschäftigte Entertainer oftmals die Bühne, die er in seiner Karriere mehr als 2 500 Mal betreten hat. Seit 2010 erweitert der „Karnevalist mit Haut und Haaren" die Festtage um historische Beiträge. Mit der Vortragsreihe „Der Kölsche Fastelovend von 1946 bis 1960 in Wort und Ton" präsentiert der Künstler Einsichten in sein umfangreiches Archiv, das mit 35 000 Eintragungen nach eigener Schätzung mehr Titel besitzt als der Westdeutsche Rundfunk. Unter anderem wurden den Hörern bisher die erste Rede von Trude Herr als „Besatzungskind" sowie Aufnahmen von Ikonen wie Karl Küpper, Max Mauel, Die Vier Botze und dem Eilemann-Trio präsentiert.

„Reines Hochdeutsch zu sprechen, war mir immer eine Qual. Heute brauche ich mich nicht mehr darum zu bemühen. Ich kann ‚schwade' wie ich well." Und das seit über 15 Jahren. Er wird auch hinter den Grenzen Kölns verstanden, weil sein Esprit bei den Menschen ankommt.

Christoph Kuckelkorn
Mit Talent und Kreativität

Geboren: 7. September 1964 in Köln

Familie: Verheiratet mit Cassia, Patchworkfamilie mit insgesamt sechs Kindern

Beruf: Bestatter, Thanatopraktiker (Einbalsamierer) und Funeralmaster (Meister); Anzahl Mitarbeiter: 10 und 2 Auszubildende

Persönliche Rangliste: Familie mit allen Beteiligten, die Berufung im Beruf, die Menschen, der Karneval, Motorrad fahren, mein Motorboot, Autorennen

Persönliches Motto: Man lebt im Hier und Jetzt.

Das mag er an Köln: Es ist nicht die hässlichste Stadt. Ich mag das Gefühl, welches sie vermittelt. Die Menschen hier sind ihr größter Schatz. Man kommt schnell in Kontakt mit ihnen. Sie tragen die Karnevalsmusik im Herzen. Du kannst hier exzessiv feiern.

Das mag er nicht an Köln: Baustellen und die finanzielle Situation. Es fehlen Visionen für die gesamte Stadt. Die letzte hatte Adenauer in den 20er Jahren. Die Ursache dafür ist der Dom. Der wird nie fertig. Deshalb wird auch sonst nichts fertig. Köln verkauft sich unter Preis.

Düsseldorf: Der Rosenmontagszug dort ist eine Provokation und nur ein Medienhype, total überbewertet. In Köln dagegen sind die Mottowagen wirklich politisch. Altbier schmeckt mir außerdem nicht.

Letztes Karnevalskostüm: Beatle, wie auf dem Sergeant-Pepper-Cover

Zum Karneval: 20 Karnevalssitzungen im Jahr

Christoph Kuckelkorn liebt als Kölner den Karneval wie seinen Job. Nach der Prüfung zum fachgeprüften Bestatter 1989 und einem Auslandspraktikum im amerikanischen Indianapolis legte er 1997 die Prüfung zum Thanatopraktiker ab. Seinen Meister (Funeralmaster) machte er 2001.

Er darf somit auch ausbilden und hat Fachkenntnisse, um Verstorbene einzubalsamieren. Das heißt, er kann Körper nach einem Gewaltverbrechen oder einem Unfall wieder herrichten – eine äußerst seltene Fähigkeit. In Deutschland können das nur 120 Bestatter in rund 3 800 Unternehmen.

Nadel und Faden sowie Chemikalien gehören demnach tagtäglich zu Kuckelkorns Arbeitswerkzeug. Dabei können Angehörige nicht helfen, aber wenn sie es wünschen, dürfen sie die Verblichenen einkleiden oder ihnen Make-up auflegen.

Seine Pietät Christoph Kuckelkorn übernimmt für die Hinterbliebenen alle notwendigen Formalitäten. Darüber hinaus nimmt er beispielsweise vom Verstorbenen Fingerabdrücke, um daraus Schmuckanhänger zu machen. Auch Totenmasken aus Gips oder Bronze fertigt das Bestattungshaus an.

Bereits 1864 wurde das Unternehmen gegründet. Damals ließ sich Leo Josef Kuckelkorn als Schreiner in der Plankgasse 2 nieder. Er fertigte und lieferte Särge. Sein Sohn Michael Medard Kuckelkorn arbeitete in der Werkstatt mit. Christoph Kuckelkorn, dessen Großmutter Opernsängerin war, arbeitet seit 1984 im Familienunternehmen Kuckelkorn, das er seit 2002 in fünfter Generation leitet.

Der Jahresumsatz seines Hauses schwanke zwischen 1,5 und 2,5 Millionen Euro, erklärt der Bestattungsmeister. Eine Beisetzung koste zwischen 600 und 20 000 Euro. Kuckelkorn bietet nach Kundenwünschen gestaltete Särge an, etwa in Form der Lieblings-Turnschuhe des Verblichenen.

Seiner Ansicht nach gebe es zwei Trends: individuelle Bestattungen und anonyme Beisetzungen. Letztere geißelt er als „Entsorgungsmentalität". Die Krönung sei die Weltraumbestattung, die Kuckelkorn in Kooperation mit Partnerunternehmen auch anbiete. Die Asche eines Verstorbenen werde dann im All verstreut.

Folge dieser Trends: „Die konventionelle, bürgerliche Beerdigung verliert immer mehr an Bedeutung." Und er findet: „Man kann auch mal ein Tabu brechen." Bisher sei ihm noch kein Wunsch zu weit gegangen.

Auch Prominente beziehungsweise deren Angehörige vertrauen auf die Dienste Kuckelkorns. Die Bestattungen von Volksschauspieler Willy Millowitsch, Fernsehmoderator Claus Hinrich Casdorff sowie der Politiker Peter Glotz und Hans-Jürgen Wischnewski wurden von Kuckelkorn organisiert. Der 47-jährige Bestatter gehörte zudem zum zwölfköpfigen Helferteam Deathcare, das im Dezember 2004 die Rückführung der deutschen Todesopfer der Tsunami-Flutkatastrophe in Asien leitete.

Sechs Niederlassungen des Bestatters gibt es in Köln. Im Domsaal finden regelmäßig Informations- und Kulturveranstaltungen statt. Der Bestattungsspezialist ist in zweiter Ehe verheiratet. Aus seiner ersten Ehe hat er zwei Kinder.

Im Festkomitee Kölner Karneval ist er Vizepräsident und seit 2005 Leiter des Rosenmontagszuges der Rheinmetropole. „Wenn der Prinz im Ziel ist, fällt die Belastung von mir ab." Kuckelkorn ist auch Mitglied im Kuratorium der Willy-Millowitsch-Medaille, die seit 2003 an Persönlichkeiten verliehen wird, die die fünfte Jahreszeit zotenfrei halten.

2012 erlebte er seinen 33. Rosenmontagszug. Dabei hat er immer auf dem (ersten) Wagen gearbeitet, schon als Kind bei den blauen Funken – und auch 1996 als sein Vater als Jungfrau zum Kölner Dreigestirn gehörte.

„Als Zugleiter habe ich den schönsten Job im Karneval", schwärmt der Bestatter. Zwar sei der mit ordentlich Stress verbunden, erfordere aber auch Organisationstalent und Kreativität – zwei Eigenschaften, die er täglich auch im Job benötige. Kuckelkorn hat stets das letzte Wort bei den Themen der Mottowagen und deren Umsetzung.

Um den Karneval zu überstehen, trinkt der Zugleiter während dieser Zeit kaum Alkohol. Die Session genießt er, denn „Kölner haben Hunger nach Feiern." Diese seien „ein wichtiger Rettungsanker für die Menschen". Gerade Kinder würden im Karneval gefördert: „Wo werden sie sonst öffentlich beklatscht?", fragt Kuckelkorn.

„Die Politik ist egoistisch, der Karneval ist es nicht." Letzterer habe eine soziale Verantwortung – etwa Behinderten gegenüber. So schneidere der Sozialdienst katholischer Frauen die Kostüme. Und im Frauenknast fänden immer Sitzungen statt. Ganz Köln sei vom Karneval durchdrungen.

Für die Zukunft hat Kuckelkorn konkrete Wünsche. Der Karneval sei ein großer Organismus und ein Spiegel der Zeit. So sei Comedy derzeit in, das Publikum entscheide letztlich, was ihm gefalle: „Dinge sterben, Dinge wachsen. Es verändert sich ständig etwas." Und er möchte keine „saufenden Jugendlichen" mehr sehen: „Die kommen oft nicht aus Köln." Streetworker müssten im Einsatz sein – „und zwar Profis".

Auch beruflich bleibt Kuckelkorn Karnevalist: „Wer im Karneval aktiv ist, wird bei Bewerbungen bevorzugt", stellt er klar. In der fünften Jahreszeit sei Disziplin ebenso wichtig wie am Arbeitsplatz.

Marc Metzger
Der „Bühnenmensch"

© Elke Wetzig/CC-BY-SA

Geboren: 6. April 1973 in Bad Neuenahr - also im Kölner Süden

Familie: Verheiratet; Familie in ständiger Erweiterung

Beruf: Noch nicht wirklich geklärt, aber irgendwie schon irgendwas mit Medien; Berufung: Wasserwaagen-Anzweifler und Musikant

Persönliche Rangliste: Familie, Diverses, Rang drei

Das mag er an Köln: Das ganze Paket, mit allem Dafür und Dagegen

Das mag er nicht an Köln: Das ganze Paket, mit allem Dagegen und Dafür

Zum Karneval: Circa 2 besuchte Karnevalssitzungen; circa 2 000 bespaßte Karnevalssitzungen

Persönlicher Blick in die Zukunft: Frau von Kiesewetter sagt, es sieht ganz gut aus; Blick in die Vergangenheit: Bringt nichts, ist aber stets amüsant und dennoch zufriedenstellend.

Marc Metzger im Stenogramm, das könnte etwa wie folgt lauten: Als Vampir zur närrischen Zeit im fröhlichen Treiben auf Tauchstation, hie und da als „Rampensau" auf der Bühne und dann auch noch als genialer Blödmann oder „Blötschkopp" im Clownskostüm und mit schwarzem Brillengestell in den Epizentren des Karnevals tätig.

Wer hätte das gedacht, dass der am 6. April 1973 in Bad Neuenahr-Ahrweiler geborene Marc Metzger einmal einer der gefeierten Lieblinge des Kölner Karnevals werden würde. Schließlich ging es nach der Grundschule ans Gymnasium der Franziskanerinnen von Nonnenwerth am Rhein. Nach dem Abitur machte er eine Lehre als Verlagskaufmann, studierte Veranstaltungsmanagement. Über acht Jahre zog sich das Studium hin und Metzger, der in dieser Zeit viele Praktika absolvierte, moderierte auf Festivals wie auf Messen, um seine Ausbildung zu finanzieren.

In dieser Zeit wurde man bei Mercedes auf ihn aufmerksam, Mercedes Benz World Racing verpflichtete ihn als Moderator. Die DaimlerChrysler Bank buchte ihn für eine Produkt-Präsentation. „Dann bin ich bis zur Präsentation der neuen S-Klasse aufgestiegen." Und ganz nebenbei hat er fünfmal den närrischen Oscar abgeräumt, wird allerorten als Nummer Eins der Kölner Karnevalsredner bezeichnet. Andere wiederum stufen ihn als deutschen Komiker ein und er sich selbst als Bühnenmensch, der mit seinem Programm im Millowitsch-Kölsch sich auch über die Stadtgrenzen hinaus gut verständlich zu machen weiß.

Bankkaufmann hätte Marc Metzger werden sollen, wäre es nach den Wünschen seiner Eltern, der Vater ein gestandener bayrischer Brauer und die Mutter Köchin im Remagener Novizenkloster der Franziskaner, gegangen. Sohnemann aber „wollte als Kind immer schon auf die Bühne". Im Alter von sechzehn Jahren stand er erstmals im Remagener Karneval auf den Brettern, die die Welt bedeuten.

Am Anfang gab es pro Jahr einen Auftritt. Nach einigen Jahren verbuchte er zehn Pflichttermine. Nach zwanzig Jahren des Mitwirkens auf närrischen Bühnen ist er mittlerweile bei nahezu 300 Auftritten im Jahr angelangt. Das vermag einer alleine nicht mehr zu organisieren. Vierzehn freie Mitarbeiter, vom Fahrer über Bürokräfte, CD- und DVD-Verkäufer bis zum Management, tragen heute mit zu seinem Erfolg bei.

Seine Paraderolle, „Dä Blötschkopp", soll entstanden sein, wie so manches Späßchen zu närrischer Zeit: „Ich wurde gebucht, weil einer fehlte." Alles klar. Wo er all seine Einfälle hernimmt? Seine Inspiration ist der alltägliche Wahnsinn, die ganz normale Panik aus dem Leben. Das gibt oft gute Ideen, aber bei deren Umsetzung auf der Bühne ist für Marc Metzger das Timing von größter Bedeutung. Stimmen Spiel und Ablauf, dann stimmt sein Credo: „Alltägliches Blödes ist herrlich."

Der Bühnenmensch Metzger macht nicht alles, was an ihn herangetragen wird. Seinen Erfolg schreibt er auch seiner Gradlinigkeit zu. Seit geraumer Zeit schreibt er an einem Buch. Noch eines. 2008 veröffentlichte er bei Kiepenheuer & Witsch Gebundenes mit dem Titel „Rampensau: Aus dem Tagebuch eines Büttenredners". Die darauf fällige Tour gleichen Namens währte so an die drei Jahre, führte vor allem durchs Rheinland.

Natürlich gab und gibt es auch Marc Metzger im Fernsehen. Mehrmals war er in „Närrische Hitparade" (WDR) zu sehen, bereicherte „Karnevalissimo" (ZDF) und nahm an „Fernsehsitzung Karneval" (ARD) teil. Er moderierte die Sendung „Feiern bis d'r Zoch kütt" und auch in „So lacht NRW" (WDR) blieb er dem erwartungsfrohen Publikum nichts schuldig. Auftritte im Karneval füllen den Säckel der Künstler keinesfalls so, dass sie sich mit Einsetzen der Fastenzeit bis zur nächsten Session auf die faule Haut legen könnten. Das ist Marc Metzger klar. „Nur Karneval geht nicht." Er ist aber seine Grundlage und mehr noch: „Ich bin Karnevalist", und das weiß jeder Kölner, gilt für alle Tage im Jahr. Ihn begeistert, dass sich der Domstädter Karneval immer wieder neu erfindet. Ein einziges Mal in all den Jahren, die er bislang an Sitzungen teilgenommen hat, gab es einen Abbruch. Im Maritim waren laut Metzger 1 400 Menschen versammelt, hatten zuvor bereits flüssiger wie fester Nahrung bestens zugesprochen, waren geneigt und darauf konzentriert, dies auch weiterhin zu tun. Das gesteigerte Desinteresse für die karnevalistische Sitzung führte schließlich zu deren Abbruch.

Gemeinsam mit seiner Frau Veronika und der Katze, bei der sie beide wohnen dürfen, kann Marc Metzger von seinem Domizil auf dem Lande in der Ferne den Kölner Dom sehen. Die Stadt und deren Menschen faszinieren ihn, aber: „Ich bin ein Dorfkind." Eines, das im Karneval gereift ist, an einer Fernsehshow für den Westdeutschen Rundfunk schreibt und gelassen in die Zukunft blickt: „Mal gucken, was kommt." Die nächste Session gewiss und da wird wohl auch jener auf den Bühnen erscheinen, der sich „Dä Blötschkopp" nennt und bei vielen Kölnern einen Stein im Brett hat. Einer, der es liebt, Clown zu sein.

Marie-Luise Nikuta
Die Motto-Queen

Geboren: 25. Juli 1938 in Köln-Nippes

Familie: Verwitwet seit Mai 2008

Beruf: Liedermacherin; Anzahl Mitarbeiter: Ich mache alles alleine, kein Manager, nichts.

Persönliche Rangliste: Familie, Tochter, Enkelin Noelle, Schwester, Freundinnen

Persönliches Motto: Leben und leben lassen (so auch einer ihrer Songtitel)

Das mag sie an Köln: Köln ist eine sehr schöne Stadt – mit einem tollen Panorama. Und die Menschen sind tolerant.

Das mag sie nicht an Köln: Köln ist sehr dreckig. Und überall sind Baustellen. Der Klüngel und der Filz dürfen nicht ausarten.

Letztes Karnevalskostüm: Ich habe kein Kostüm, ich trete ja immer auf. Aber es gibt 80 männliche Fans, die verkleidet als „die Nikuten" feiern und mit dem Karnevalszug in Köln-Merheim durch die Strassen ziehen.

Zum Karneval: Rund 4 000 Karnevals-Orden – die sammele ich in Kisten.

Hobbys: Ich reise, lese, bastele und esse gerne. Wenn ich das will, habe ich genug Abstand.

Marie-Luise Nikuta ist seit mehr als vier Dekaden im Geschäft. Und Berührungsängste hat sie dabei keine: „Ich bin auch schon in Düsseldorf aufgetreten", sagt die Ur-Kölnerin. Dort sei es auch schön gewesen, ergänzt sie mit einem Augenzwinkern.

Doch auch wenn sie erst mit 30 Jahren zur Stimmungskanone wurde, heißt das nicht, dass sie vorher mit dem Karneval nichts am Hut hatte. Bereits mit 13 Jahren stand sie Anfang der 50er Jahre auf einer Bühne: „M'r fiere Fastelovend" sang sie damals mit dem Kölner Kinderchor unter der Leitung von Käthe Buß-Schmitz auf einer Sitzung im Williamsbau an der Aachener Straße. Der Erfolg, so erinnert sie sich, sei „umwerfend" gewesen.

Es musste sie aber erst ihr Mann Willi überreden, wieder aktiv zu werden. Im März 1968 vollzog sie den Wandel zur Volkssängerin. Kurz nach der Geburt ihrer Tochter Andrea zog sie erstmals ihr Kostüm, den Köbes-Dress, an. Das blaue Kleid wurde schnell zu ihrem Markenzeichen, auch wenn es sich zwischenzeitlich verändert hat, etwas vornehmer geworden ist. Ein Wiedererkennungsmerkmal sind auch ihre leuchtend roten Haare.

Willkommen war sie seinerzeit bei ihren männlichen Kollegen kaum. „Die waren neidisch", erinnert sich Nikuta an ihre Anfangstage. Die Karnevals-Sänger hätten damals „kein einziges Kölsch darauf gewettet", dass ihr Erfolg anhalten würde. Stattdessen wuchs ihre Beliebtheit sogar stetig an.

Die mittlerweile 74-jährige gelernte Versicherungskauffrau absolvierte seither mehr als 4 000 Auftritte. 100 Konzerte gibt sie in einem Jahr. An Wochenenden tritt sie bis zu drei Mal an einem Tag auf, aber am Abend mache sie nur wenige Termine. Da geht sie lieber früh ins Bett. „Ich halte mich mit viel Schlaf fit", sagt sie.

Natürlich ist Nikuta auch beim Christopher Street Day aufgetreten. Auch im Ausland war sie aktiv: 1974 nahm sie an der Steuben-Parade in New York teil. 1987, 1991, 2010 und 2012 präsentierte sie ihre Lieder in Windhuk/Namibia. Sie tritt im kleinen Rahmen auf, etwa bei privaten Geburtstagsfeiern. Sie wirkt ehrenamtlich, nimmt an Benefizveranstaltungen, beispielsweise für die AIDS-Hilfe oder in Altenheimen, teil. Und auch in der Kölnarena, vor mehr als 15 000 Fans, war sie bereits auf der Bühne.

„Ich singe immer live", betont sie. Playback gibt es bei ihr nicht. Und die Fans feiern sie stets, „auch wenn ich mit einem gebrochenen Bein aufgetreten bin". Was sie aber festgestellt hat im Laufe der Jahre: „Die Kapellen sind nicht mehr so notensicher."

Zehn Langspielplatten, zehn CD-Alben, 45 Singles und 15 Maxis hat sie seit 1968 veröffentlicht. Insgesamt 160 Lieder hat sie eingesungen, darunter auch zehn Weihnachtslieder. Ihr Produzent ist seit vielen Jahren Klaus Löhmer.

Die Musik komponiert sie eigenhändig. Die Texte schreibt sie selbst, meist nach eigenen Erfahrungen. So fuhr sie etwa nach einer Feier mit Freunden heim. Daraus entstand der „Straßenbahn-Song". Das Stück kam besonders gut an. Die Kölner Verkehrsbetriebe bestellten gar eine Anti-Promille-Version des Schlagers.

„Im Karneval ist immer was los", ist sie begeistert. Doch zum Mitfeiern bleibt ihr keine Zeit. „Ich trinke nie ein Kölsch oder einen Sekt – und im Karneval überhaupt keine kalten Getränke." Auch ernähre sie sich gesund. Statt bei Alkohol wird sie eher mal bei Marzipan schwach. Mit Gymnastik hält sie sich in Form.

In diesem Jahr erscheint bereits Nikutas 33. Mottolied; Dieses gibt das Thema für die jeweils neue Session des Kölner Karnevals vor. „Jedem Jeck sing Pappnas" hieß es im Vorjahr. In der kommenden Jeckenzeit wird es heißen „Fastelovend em Blot, he und am Zuckerhot".

„Motto-Queen" wird sie folgerichtig liebevoll genannt. Doch sie kann auch anders: Bei den beiden Soloabenden im Kölner Hänneschen-Theater zu ihrer Feier anlässlich von 40 Bühnenjahren sang die „Grande Dame des Fastelovends" 2008 auch kabarettistische Stücke. Zu dieser Gelegenheit trat sie ausnahmsweise auch nicht in ihrem Köbes-Dress auf, sondern im schwarzen Kleid.

Mit dem Lied „Mäht nix" schaffte sie es im Februar beim Radiosender WDR 4 auf Platz neun des Jeck Duells, wo die Zuhörer über die zur Wahl stehenden Beiträge abstimmten.

Ihre persönlichen Favoriten sind De Bläck Fööss, Brings, Udo Jürgens und Udo Lindenberg. Privat mag sie neben Karnevals-Liedern Dixieland, Country, traditionellen Jazz, Chöre, Nabucco und Schlager. Was sie nicht mag ist Modern Jazz und die Zwölftonmusik.

Nikuta wurde reichlich ausgezeichnet. So bekam sie – als einzige Frau – etwa die begehrte Ostermann-Medaille. Stolz ist sie auch auf ihre Auszeichnung für besondere Verdienste um die karnevalistische Brauchtumspflege in Nordrhein-Westfalen. Orden und Urkunde wurden ihr im Februar 2012 von Landtagspräsident Eckhard Uhlenberg im Plenarsaal des Landtags NRW überreicht.

Nikuta ist bodenständig und volksnah geblieben, auch wenn ihre Werke als Volksgut zählen, sie eine Kölner Ikone geworden ist. Wenn sie eine neue CD präsentiert, lädt sie die Medienvertreter zu sich nach Hause ein.

Willibert Pauels
Der fromme Jeck

Geboren: 1954

Familie: Verheiratet mit Irene, einem bergischen Bauernmädchen, eine Tochter

Beruf: Diakon und Vortragskünstler

Persönliche Rangliste: Familie bis zum Hund, Genuss mit Sinnenfreude (Essen & Trinken), sinnenfroh sein ohne Schaden für mich und andere

Das mag er an Köln: Dies ist die nördlichste Stadt Italiens und versprüht mediterrane Leichtigkeit.

Das mag er nicht an Köln: Die Seelen zerstörende Architektur der 70er Jahre. „Beton saugt die Seele aus."

Letztes Karnevalskostüm: Bergischer Jung

Zum Karneval: Sehr viele besuchte Karnevalssitzungen, aber eine muss sein: Weiberfastnacht in der Dorfkneipe und er als Bergischer Jung.

Hobbys: Lesen, u.a. drei Tageszeitungen und vier Wochenzeitungen, Häuslichkeit, Kino, Cola light mit Nochas (Nüssen), Biblische Geschichten im Kino erzählt

Persönlicher Blick in die Zukunft: Wunsch an die „Fee": Ein Virus soll die 70er-Jahre-Bauten zerfressen.

Es gibt Menschen, die einfach nicht in irgendwelche Schubladen passen. Wie vermag ein Mensch kirchlichen Auftrag und karnevalistische Ambition zu verbinden? In Köln, wo sonst. Plakativ wird ihm zugestanden, den Spagat zwischen Büttenrede und Beerdigung gemeistert zu haben: „Der fromme Jeck" Willibert Pauels, seit Jahren fester Bestandteil des Kölner Karnevals, lebt Kirche und liebt Karneval. Pauels entstammt einer tiefreligiösen Familie in Wipperfürth, wuchs im Bergischen Land auf. „Ne bergische Jung" lautet die klare Ansage auf der Homepage. Und der wollte ursprünglich Priester werden, aber da seine „Hormone nicht wollten" (Pauels), wurde er nach dem Diplom Laientheologe, absolvierte eine Ausbildung zum Freizeitpädagogen. Nach entsprechender Vorbereitung wurde er 1993 im Kölner Dom zum Diakon geweiht. Bis November 2006 arbeitete er als hauptamtlicher Diakon in verschiedenen Pfarrgemeinden, seitdem gilt er als „Diakon mit Zivilberuf", lebt hauptberuflich seine kabarettistische Begabung aus.

Früh schon (1975) trat er in seiner Heimatstadt erstmals auf einer Karnevalssitzung auf, wurde in den darauf folgenden Jahren fester Bestandteil im regionalen Karneval. Das bedeutet für ihn schlicht über 200 Auftritte in der Session. Hinzu kommen circa vierzig Abende, an denen er ein Zwei-Stunden-Programm absolviert. Bei aller Fröhlichkeit, die Pauels vermittelt und ausstrahlt, bleibt eines klar erkennbar: Er lebt seinen Glauben und sieht sich auch ein wenig dazu berufen, hie und da Richtung anzuzeigen. Wenn man so will, ist der Vortragskünstler Pauels auch ein Missionar mit roter Nase. Und umgekehrt gibt es sein „Wort zum Samstag" im Domradio jeweils um 11.11 Uhr. Er spielt mit ritualisiertem Verhalten, keinesfalls aber mit dem, was viele Menschen seiner Auffassung nach vergessen haben, mit der „Mitte" des Lebens. „Die Botschaft der Religion gibt ein Zuhause", pflegt er zu sagen. Der Mensch spüre Trostlosigkeit und das mache Angst. Religion aber tröste und Glaube vermittle die Gewissheit „Du bist nicht allein". Der Mensch „ist mehr als Bio-Chemie". Für ihn selbst gehe es darum, Dunkelheit in Licht zu verwandeln. Er sieht viele Menschen auf der Suche nach Mystik. In seinem Leben auf der Bühne will Pauels die Menschen trösten. Zum Trost gehört auch vorab eine klare Benennung der Wirklichkeit. Dafür ist er allemal bekannt. Hinzu kommt, dass er das, was ihm begegnet, oft nur auf eigene Weise weiter trägt. „Hingucken, hinhören, aufschreiben, vortragen", lautet seine Devise. Natürlich verpackt Pauels Widrigkeiten des Lebens, lustige Begebenheiten, aber auch gesellschaftliche Wirklichkeit oder Suche nach Sinn in die von ihm häufig gelebte heitere Form. Ebenso selbstverständlich ist für ihn, dass es im Kern um Inhalt, Sinn, Wertfragen und gelebten wie abgelegten Glauben geht. Kurz, knapp und treffend wie zum Beweis ist da die Ankündigung zum Wort vom Samstag (Domradio, Samstag, 24.12.2011, 11.11 Uhr): „Frohe Weihnachten, liebe Atheisten."

Wer als „herrlich schräg & frech" bezeichnet wird und zudem mit kirchlichen Weihen versehen ist, der hat sich auch mit inner- wie außerkirchlicher Kritik auseinanderzusetzen. Der Kern der Kritik zielt auf die Würde des Kirchenamtes, die mit karnevalistischen Auftritten nicht vereinbar sei. Pauels seinerseits argumentiert, dass eine historisch enge Verbindung zwischen Kirche und Karneval bestehe.

Herrlich ist seine Berufsbezeichnung: Seit 2006 sei er „hauptberuflicher DiaClown mit Nebenberuf Diakon". Und: Sein oberster Dienstherr hienieden, Kölns Erzbischof Joachim Kardinal Meisner, stellt nicht nur seinen Humor unter Beweis, wenn er Willibert Pauels in dessen Einstellung stützt. Wohl auch deshalb ist der Weg zurück in das Leben eines hauptamtlichen Diakons offen. Die Kirche hat ihm eine „goldene Brücke" (Pauels) gebaut. So weiß er stets, dass er im Falle des Falles aufgefangen und gehalten wird.

Der Strahlemann auf der Bühne, dem daran gelegen ist, anderen Menschen Freude zu bereiten, hat sich auf diesem Weg auch selbst aus schwierigen seelischen Zeiten herausgeholfen. Im Nachhinein schien sein Weg vorgezeichnet zu sein: Mit sechs Jahren spielte er im Kindergarten den „Wolken-Seppl", einen komischen Heiligen. Heute ist aus dem „Wolken-Seppl" der „fromme Jeck" geworden und man wird das Gefühl nicht los, dass Pauels' Talent, religiöses Moment und Frohsinn, tiefen Ernst und überschäumende Blödelei glaubhaft miteinander zu verbinden, der Kirche guttut. Auch die Menschen spüren, dass er authentisch ist und bleibt. Lange blieb seine Begabung eingegrenzt im regionalen Rahmen, bis ihn Dieter Steudter von den drei Colonias für den Kölner Karneval entdeckte. Pauels begeisterte die Menschen und legte einen Senkrechtstart (1996) in die großen Sitzungen hin. Ein Star in der Bütt war aus der Taufe gehoben. Einer mit Rosenkranz in der Hosentasche.

Frank Remagen
Geht nicht gibt's nicht!

Geboren: 5. Juni 1961

Familie: Verheiratet mit Dagmar

Beruf: Fleischermeister / Betriebswirt; Anzahl Mitarbeiter: 180

Persönliche Rangliste: Familie, Firma, Ehrengarde, Freunde, Pferde

Persönliches Motto: Geht nicht gibt's nicht!

Das mag er an Köln: Menschen, Karneval, Lebensart, Kölsch: die Sprache und das Getränk

Das mag er nicht an Köln: Die Baustellen in der Stadt sind komplett unkoordiniert. Die Stadt versinkt im Schmutz.

Letztes Karnevalskostüm: Cowboy

Zum Karneval: Die erhaltenen Karnevalsorden werden jede Session verschenkt.

Welche Mengen an Gewürzen verbrauchen Sie im Jahr?: 94 000 kg Salz, 700 kg Pfeffer, 1 300 kg Curry, 60 kg Muskat, 430 kg Kümmel, 660 kg Knoblauch, 4 300 kg Paprika, 810 kg diverse Kräuter, 150 000 kg speziell für uns hergestellte Kräutermischungen

Wie viele verschiedene Gewürze aus wie vielen unterschiedlichen Ländern verwenden Sie?: Insgesamt 30 verschiedene Arten Gewürze/Kräuter aus Indonesien, Brasilien, Spanien, China, Ungarn, Israel, Osteuropa, den Niederlanden, Ägypten, Kanada, Vietnam und Frankreich

Frank Remagen findet: „Bei kaum einem anderen Produkt des täglichen Bedarfs wird die Messlatte in Bezug auf die Qualität so hoch gesetzt, wie bei Lebensmitteln." Und das findet er richtig. Der Geschäftsführer der Hardy Remagen GmbH & Co. KG sagt: „Fleisch zu verarbeiten ist uns zu wenig – das Beste daraus zu machen, ist unser Auftrag."

Der Anfang war 1718 ein Fleischergeschäft an der Linkgasse in Köln: Theodor Remagens Laden. Daraus ging ein mittelständischer Kölner Traditionsbetrieb hervor, der seither nicht nur auf hochwertige Fleisch- und Hausmacher-Wurstwaren, Salate und Suppenkreationen, erlesene Zutaten und überlieferte Rezepturen bei der Herstellung der Produkte spezialisiert ist, sondern ebenso auf neueste Verfahren bei der Qualitätssicherung Wert legt.

1963 übernahm Hardy Remagen das Unternehmen und gründete 1977 die Hardy Remagen GmbH. Sie steht heute in Hürth bei Köln. 1997 übernahm Frank Remagen die Führung der Firma, die die Würstchen herstellt, die wohl jeder Nicht-Vegetarier bundesweit schon einmal gegessen hat. Das Kölner Dreigestirn übergab in Rom Papst Benedikt XVI eine Remagen-Blutwurst.

Auf beinahe jeder Kirmes, jedem Weihnachtsmarkt oder sonstigen Großveranstaltung kommen die Würstchen aus Köln im ganzen Land auf den Grill. Autobahnraststätten, Gastronomiebereiche von Möbelketten, Brauhäuser, Hotels, Fastfoodketten und Restaurants werden beliefert. In der Lanxess Arena, im Kölner Zoo und im Stadion beim FC werden die Remagen-Würstchen gegessen. Fertiggerichte finden sich im Supermarkt. Der Fabrikverkauf, An der Hasenkaule 9-13, mit wechselnden Tagesmenus am Imbiss lädt zum Schnuppern ein.

Das Familienunternehmen steht aber nicht nur für die klassische Bratwurst. Immer wieder finden innovative Ideen den Weg ins Sortiment. 300 verschiedene Rezepte entwickelten die Metzger und Köche von Remagen bisher. „Soviel Industrie wie nötig, so viel Handwerk wie möglich", sei die Firmenphilosophie. Die Gewürze kommen aus der ganzen Welt. Mit ihnen entstehen etwa die 20 verschiedenen Currywurst-Soßen, die der Remagen-Ableger Winterscheid anbietet.

„Pro Tag verarbeiten wir rund 40 Tonnen Fleisch", sagt Remagen. 300 000 Würstchen am Tag ergeben aneinander gereiht im Monat eine Länge von 1 260 Kilometern. Und 100 000 Frikadellen finden täglich den Weg zum Hungrigen, produziert auf 10 000 Quadratmetern. Der Vater von fünf Töchtern ist stolz, dass der Betrieb auch in zehnter Generation in Familienhand bleiben wird. Zwei seiner Kinder lernen bereits ihren Beruf in der Firma.

Auf den Tisch kommt bei Remagens aber nicht nur das Fleisch aus dem eigenen Hause: „Wir essen auch andere Produkte." Doch zu den Würstchen der eigenen Firma kommt der 51-jährige immer zurück: „Da ist was drin, was süchtig macht. Ich sage aber nicht, was es ist", er lächelt augenzwinkernd.

Diese Sucht ergriff Frank Remagen schon in frühester Kindheit: „Mein Vater belieferte eine Kirmes", erinnert er sich. „Ich durfte ihm helfen. Mit dem VW Käfer oder einem Bus fuhren wir los. Das Geld, was Papa mir für meine Hilfe gab, durfte ich im Karneval dann wieder ausgeben." Zwar habe die heimische Metzgerei gestunken, als 13-jähriger wollte er alles, nur nicht in die Fußstapfen des Vaters treten, doch am Ende landete er wieder bei den Würstchen.

In seiner Freizeit beschäftigt sich der gelernte Fleischermeister und Diplom-Betriebswirt mit Pferden, beim Reit- und Fahrsport. Aber auch die fünfte Jahreszeit hat ihn gepackt. Er gehört der Ehrengarde an, ist ihr Präsident. „Das ist ein tolles Treiben für alle von 18 bis 80 Jahre." Remagen lobt die Kameradschaft unter den 600 Mitgliedern, die bereits neun Mal den Kölner Prinzen stellten. Er selbst aber sei nicht scharf auf diesen Ehrenposten.

Die Ehrengarde veranstaltet eigene Sitzungen und Bälle. „Ein hohes Niveau ist uns dabei wichtig", betont Remagen. Man müsse sich gegenseitig akzeptieren, wie man sei. Der Trend beim alternativen Karneval gehe immer mehr zu „Sitzungen wie anno dazumal". Damit könne die Jugend wieder angesprochen werden. „Und das braucht Köln", meint er.

„Unsere Herren können sich benehmen", distanziert er sich vom Krawall-Humor. Zu seinen Lieblingsrednern gehört Guido Cantz. Bernd Stelter und Marc Metzger finden aber auch seine Gnade. Musik gehöre schließlich auch zu einem gelungenen Abend: „Brings kommt bei den Frauen immer gut an. Und für die Allgemeinheit De Bläck Fööss und die Höhner."

Und zur traditionsverpflichteten Einstellung passt dann auch, dass beim Umzug alle Wagen bespannt sind, kein Motor eingesetzt wird. „Als einzige Garde machen wir das so", lobt Remagen. Mehr als 100 Pferde seien am Rosenmontag so im Einsatz.

Und wenn Remagen nicht im Karneval oder mit seinen Pferden unterwegs ist, ist er wahrscheinlich im Stadion bei seinem FC. „Wir werden innerhalb der nächsten fünf Jahre Meister", sagt er voller Überzeugung. Fast mag man es ihm glauben.

Ludwig Sebus
Herr Wirt, wo bleibt mein Bier?

© Dabbelju Music / ZIK Express

Geboren: 5. September 1925 in Köln

Familie: Verheiratet mit Liselotte „Lilo" Maria seit dem 27. August 1957

Beruf: Industriekaufmann, Texter, Komponist und Stimmungssänger; Anzahl der Mitarbeiter: habe ich keine

Persönliche Rangliste: Die Familie – die Fähigkeit, mich meinen Mitmenschen zu vermitteln – bis ins hohe Alter gesund zu bleiben

Persönliches Motto: Wer glücklich sein will, soll andere glücklich machen.

Das mag er an Köln: Die kölsche Seele und die alten Tugenden mag ich. Man bekommt schnell Kontakt zu den Mitmenschen hier. Sie helfen, wenn es nicht zu schwierig wird, finden immer ein tröstendes Wort für Dich: Et hätt noch immer jot jejange. Der Kölner hofft halt immer auf bessere Zeiten.

Das mag er nicht an Köln: In dieser Stadt werden Projekte angefangen, aber nicht zeitnah beendet. Und die Menschen stehen bei der Politik nicht mehr im Mittelpunkt. Es gibt keine kölsche Fraktion mehr, sondern nur noch den Fraktionszwang. Köln ist teils so dreckig wie im Mittelalter und hat unendlich viele Baustellen.

Letztes Karnevalskostüm: Roter Frack, Smoking-Hose, Smoking-Hemd, Smoking-Weste und schwarze Fliege

Zum Karneval: Ich gehöre 87 Karnevalsgesellschaften als Ehrenmitglied an, die ersten waren die Roten Funken. Da steht in meinem Funkenpass: „Abkommandiert zum Krätzjer-Singen".

Sein Lieblingslied: „Jede Stein en Kölle es e Stück vun Dir", das er 1954 schrieb.

Lieblingsessen: Heringsstipp mit Pellkartoffeln oder Rievkoche mit Tartar

Kölsch: Mein Sohn ist Diplom-Brauermeister und arbeitet als Verkaufsleiter bei Dom Kölsch. Das schmeckt gut. Ich trinke sechs am Tag (wenn ich nicht mehr mit dem Wagen fahre).

Ludwig Sebus hat sich gut gehalten. Seine 86 Jahre sieht ihm niemand an. Die Musik und die Kinder halten ihn jung. 1954 lernte er seine Frau kennen. Mit Monika, Jeanette, Ursula und Michael haben die beiden vier Abkömmlinge. Neun Enkel und fünf Urenkel kommen bereits dazu. „Och Verwandte, dat sin Minsche", hat Sebus einmal gesungen. Er weiß, wovon er da redet. „Jo m'r freut sich, wenn se kumme und es jlöcklich, wenn so jonn", heißt es im Text.

Bis zum Alter von 65 war Sebus als Industriekaufmann tätig. Gelernt hat er beim Landmaschinen-Hersteller Heinrich Lanz aus Mannheim. Aufgrund überdurchschnittlicher Leistungen wurde seine Lehrzeit um sechs Monate reduziert. Bis zur Rente war er hauptberuflich als Verkaufsleiter bei Kurt Groten Doch bereits am 11. November 1953 war sein erster Auftritt – bei den Roten Funken im Sartory. Unter 250 Bewerbern wurde er – neben 17 anderen nur – vom literarischen Komitee zum Kölner Karneval zugelassen.

Drei Jahre zuvor war der Militärfunker erst aus der russischen Gefangenschaft gekommen. Der junge Mann wog nur noch 45 Kilogramm. Er war in Bischankobi, wo die Gefangenen in selbst gebauten Lehmhütten lebten. Später wurde er nach Stalino verlegt, wo er zunächst wie zuvor im Bergwerk arbeite und dann auch nebenbei – zur Zerstreuung anderer Gefangener und als „Erziehung zum Sozialismus" – erste Singspiele aufführte. Damit lernte er für seine ersten Erfolge nach dem Krieg.

Seine Fans sind ihm treu ergeben. Dazu passt folgende Anekdote: Silvester 1969 rutschte Hubert Krämer, Sebus' damaliger Pianist, auf dem Glatteis aus. Er brach sich den Arm und konnte nicht mehr spielen. Nach einer Zeitungsmeldung konnte sich der Krätzjer-Sänger nicht mehr retten vor Angeboten anderer Klavierspieler.

Mehr als 250 Lieder stammen aus seiner Feder, 90 Prozent davon kölsche Songs und Büttenmärsche. Auch Weihnachtslieder gehören zu seinem Repertoire. „Viele Dutzend Langspielplatten habe ich besungen." Zudem spricht er Hörbücher ein. Im Karneval hat er in jeder Session um die 200 Auftritte gemacht. Offiziell ist er von der Bühne abgetreten. Doch wenn der „Entwicklungshelfer in Kölsch" gebeten wird, singt er auch noch heute.

Sebus komponiert zuhause mit der Gitarre oder an der Heimorgel. Zunächst steht der Text für den Refrain, dann die Musik für den Chorus. Die Strophen kommen zuletzt dazu. Zum Ausgleich geht der Sänger im Taunus wandern, schwimmt in der freien Natur und fährt mit dem Rad.

Seit einigen Jahren befindet sich in den Räumen der KG Klüttefunke aus Erftstadt-Liblar das Ludwig-Sebus-Museum. Seit 2000 ist Sebus Ehrensenator der Klüttefunke. Die größte Auszeichnung der Szene, die Goldene Ostermann-Medaille, bekam Sebus am 19. Januar 1968. Er war erst der Vierte, der diesen Orden überhaupt bekam. Willi Ostermann ist eines seiner großen Vorbilder. Über ihn sang er: „Die Bonner ihre Beeehoven han / Mer Kölsche feeren d'r Ostemann."

1974 trat er bei der Steuben Parade in New York auf. 20 Minuten lang sang er dort während einer deutschsprachigen Fernsehsendung seine eigenen Stücke. Vancouver/Kanada, Seoul/Südkorea, Brisbane/Australien – vor 66 000 Fans – sowie Namibia waren weitere internationale Stationen seiner Karriere.

Im November 1977 gründete sich im Ehrenfelder Kolpinghaus sein Fanclub. „Han se allt nen Fanclub en Kölle?", hätte ihn Uli Mombauer vom Kegelclub „Familje-Klüngel" damals gefragt. „Nä", hätte er geantwortet – um dann zu hören: „Dann han se jitz eine!"

Er war der erste aus dem Kölner Karneval der seine eigenen organisierten Anhänger hatte. Und die hat er nicht nur in Köln, sondern auch im Ausland. Sein größter Hit „1, 2, 3, 4 – Hallo Herr Wirt, wo bleibt mein Bier" lief in den Niederlanden – in einer übersetzten Version – rauf und runter. In Deutschland waren seine kölschen Lieder die größten Erfolge.

Im Kölner Tanzbrunnen trat er 40 Jahre im Rahmen des „Rheinischen Nachmittags" auf und ein Vierteljahrhundert lang – acht bis zehn Mal im Jahr – beim „Familje-Festivälche". Bis zu 3 000 Zuschauer kamen – alles bei freiem Eintritt.

Sebus machte stets zahlreiche Benefizveranstaltungen, dabei kräftig von den Mitgliedern seines Fanclubs unterstützt. Regelmäßig – fünf Mal im Jahr – organisiert er Nachmittage im Senioren- und Behindertenwohnheim in Köln-Mülheim. Da wird von ihm und seinem Team vorher Kuchen gebacken. Weihnachten gibt es Geschenke. Gleiches macht er im Caritas-Seniorenheim St. Maternus in Rodenkirchen und in vielen anderen Heimen in Köln und Umgebung. So saß der Ossendorfer auch in der Jury für den Kölner Innovationspreis Behindertenpolitik 2011.

Kirche

Ja, Kölner gehen auch an Sonntagen in die Kneipe.
Aber natürlich erst nach dem Kirchgang. Führende Köpfe des
Erzbistums finden sie hier im Portrait.

Domprobst Dr. Norbert Feldhoff
Ein integrierter Düsseldorfer

© Erzbistum Köln

Geboren: 3. November 1939 in Düsseldorf

Beruf: Priester

Das mag er an Köln: Natürlich den Dom. Und die große Integrationskraft der Stadt, die sogar einen Düsseldorfer integrieren kann, und das, obwohl er ein Buch über den Kölner Klüngel geschrieben hat.

Das mag er nicht an Köln: Es ist oft schwierig mit einer so großen Stadtverwaltung zu einer schnellen Lösung zu kommen. Dazu bedarf es einer unglaublichen Zähigkeit. Und wenn das nicht reicht muss bisweilen noch ein Koordinator helfen.

Zum Karneval: Dr. Feldhoff ist Regimentspfarrer der Ehrengarde.

Hobbys: Klassische Musik hören, Krimis lesen (2001 ein Gastauftritt im „Tatort")

Und: Er produziert für Domradio vier mal im Jahr eine zweistündige Musiksendung. Gespielt wird dann klassische Musik vom Mittelalter bis zum Jazz. Die Termine sind jeweils Ostern, Pfingsten, Weihnachten und Allerheiligen.

Eine Besonderheit: In Dr. Feldhoffs Büro gibt es Aschenbecher.

Apostolischer Protonotar, Dr. iuris utriusque h.c., der Mann, dem all diese Titel in der offiziellen Anrede zustehen, wurde am 3. November 1939 in Düsseldorf geboren. Norbert Feldhoff ist nach seinen Kinderjahren, die er am Möhnesee verbracht hat, nach Düsseldorf zurückgekommen, war dort Schüler des Görres-Gymnasiums und hat 1959 sein Abitur gemacht. Die Kirchengemeinde Liebfrauen in Düsseldorf-Flingern, wo sein Vater auch Rendant war, ist seine Heimat gewesen, hier feierte er Primiz. 1959 begann er mit dem Theologie-Studium in Bonn, das er nach zwei Semestern in Freiburg dann 1963 abschloss, bevor er ins Priesterseminar nach Köln kam.

Am 11. Februar 1965 wurde er im Hohen Dom zu Köln durch Kardinal Frings zum Priester geweiht. Erste Station seiner priesterlichen Tätigkeit war die Pfarrgemeinde Heilige Dreikönige in Neuss. Schon 1969 berief ihn der zu diesem Zeitpunkt selbst noch frisch ernannte Erzbischof Joseph Kardinal Höffner zum Erzbischöflichen Kaplan und Geheimsekretär. Nach der Ernennung von Generalvikar Peter Nettekoven zum Weihbischof berief Kardinal Höffner ihn zu seinem Generalvikar. Damals war er der jüngste Generalvikar in Deutschland und niemand hätte sich träumen lassen, dass er dieses Amt fast 30 Jahre später immer noch mit großem Erfolg und hoher Anerkennung bekleiden würde.

Nach dem Tod Kardinal Höffners und der langen Zeit der Vakanz, ernannte ihn der jetzige Erzbischof Joachim Kardinal Meisner zu seinem Generalvikar und bestätigte auch die Fortsetzung seiner Tätigkeit als Moderator der Kurie und Ökonom des Erzbistums.

Sein kenntnisreicher und hervorragender Einsatz, seine menschlich sichere und vermittelnde Art, mit der er auch schwierige Probleme erfolgreich lösen kann, haben ihm die Sympathien seiner Mitbrüder und auch der Gläubigen im Erzbistum eingebracht. Seine langjährige Erfahrung in der Leitung eines so großen Generalvikariats brachte ihm in vielen weiteren kirchlichen Aufgabenbereichen führende sowie beratende Positionen ein. Seine Tätigkeit als Vorsitzender des Diözesan-Caritasverbandes (1985 – 2012) und als Vizepräsident des Deutschen Caritasverbandes (1996 – 2010) sind nur einige davon.

Zahlreiche Verbände und Gemeinschaften haben ihn in ihre Vorstände und Beratergremien aufgenommen. So wurde er im Jahr 2007 Vorsitzender des Aufsichtsrates der Pax-Bank. Überall ist er nicht nur ein hoch angesehener Fachmann, sondern auch ein guter priesterlicher Freund.

Dem Kölner Metropolitankapitel gehört er seit 1975 an und ist seit 1987 das dienstälteste Mitglied dieses Gremiums. Im Dom beginnt mit der Heiligen Messe sein tägliches Programm.

1982 wurde er zum Archimandrit des griechisch-melkitisch-katholischen Patriarchats Jerusalem ernannt, und die Päpstliche Lateranuniversität verlieh ihm am 25. Mai 1993 die Ehrendoktorwürde Dr. iuris utriusque (Doktor beider Rechte – Kirchenrecht und römisches Recht). Das Kölner Domkapitel wählte ihn am 3. Februar 2004 zum Dompropst.

Nachdem er am 31. Mai 2004 als Generalvikar auf seinen Wunsch hin entpflichtet worden war, wurde er am 6. Juni 2004 als Dompropst in sein Amt eingeführt.

Helmut Haumann
Hüter des romanischen Kirchenschatzes

Geboren: 26. Juli 1940 in Köln

Familie: Seit 2011 verwitwet – 48 Jahre verheiratet mit Ehefrau Christine, vier Kinder, die mit Ursula, Gereon, Bruno und Cordula alle auf die Namen Kölner Heiliger getauft wurden; zehn Enkelkinder

Beruf: Diplom-Ingenieur

Persönliche Rangliste: Familie, Freundschaften, Engagement in Kirche und Gesellschaft

Persönliches Motto: Behandele jeden Menschen so, wie Du selbst behandelt werden möchtest.

Das mag er an Köln: Die rheinische Lebensart, Karneval, Kölsch als Sprache und Getränk, den Schatz der romanischen Kirchen und sein RheinEnergieStadion

Das mag er nicht an Köln: Graffiti und Schmutz im öffentlichen Raum, Bausünden der Nachkriegszeit u.a. im Umfeld der romanischen Kirchen

Letztes Karnevalskostüm: Clown mit entsprechender Gesichtsschminke

Hobbys: Sport, Philosophie und Kultur

Persönlicher Blick in die Zukunft: Gründung einer Stiftung für romanische Kirchen und die Bemühung um eine Aufnahme des Kranzes der zwölf romanischen Kirchen Kölns in das UNESCO-Weltkulturerbe

Die wunderbaren romanischen Kirchen prägen seit jeher das Kölner Stadtbild. Obgleich wesentlich früher erbaut als der Dom, stehen diese zwölf Bauwerke aus dem 11., 12. und 13. Jahrhundert ein wenig im Schatten der gotischen Kathedrale. Dieses Ungleichgewicht will Helmut Haumann in eine verdiente Balance bringen.

Der Vorsitzende des Fördervereins Romanische Kirchen Köln e.V. setzt sich unermüdlich für die Erhaltung, Ausgestaltung und wissenschaftliche Erforschung der großen und kleinen romanischen Kirchen ein und möchte ein breites gesellschaftliches Bewusstsein für den Wert dieser Gotteshäuser erreichen: „Der Kranz der zwölf romanischen Kirchen ist ein auf der Welt einmaliger Schatz, den es entsprechend zu pflegen gilt."

Der Diplom-Ingenieur und ehemalige Ratsherr zieht seit 2002 als Vorsitzender im 1981 gegründeten Förderverein alle Register seiner Lebenserfahrung. Diese hat er in vielen Führungsfunktionen erworben, unter anderem als Bundesvorsitzender von Berufsverbänden, als Vorsitzender in vielen Aufsichtsräten, Verwaltungs- und Beiräten, als parlamentarischer Geschäftsführer und Vorstandsvorsitzender der RheinEnergie, die er aus der ehemaligen Gas-, Elektrizitäts- und Wasserwerke Köln AG (GEW) entwickelte. Als Chef der Stadtwerke Köln GmbH. 2004 wurde Haumann als „Energiemanager des Jahres" ausgezeichnet. Haumann weiß, wie kreative Energien nachhaltig in die kulturelle Landschaft einfließen können und die Stadt ohne Überspannung zum Leuchten bringen.

„Im Laufe meines Lebens habe ich schon immer den Sinn darin gesehen, meine Talente so einzusetzen, dass sie die Welt ein bisschen besser machen."

Der Christ aus Überzeugung fühlt sich in den alten Gotteshäusern zu Hause und geborgen: „Immer wenn ich in der Stadt bin, gehe ich kurz in eine der romanischen Kirchen und erfreue mich an der spirituellen Ausstrahlung und der wohltuenden Ruhe", erzählt Haumann. Seine Begeisterung für die romanische Architektur erklärt der Ingenieur mit der Ausstrahlung der Bauten, die den Menschen die Geschichte der Stadt und ihrer Bürger näher bringen.

Mittlerweile zählt der Förderverein circa 4 000 Mitglieder, die sich aktiv oder passiv an der Erhaltung der Denkmäler beteiligen. Bisher hat der Förderverein aus Mitgliedsbeiträgen und Spenden den stolzen Betrag von mehr als 10 Millionen Euro für die romanischen Kirchen aufgebracht.

Zu den Höhepunkten seiner Tätigkeit zählt Helmut Haumann dabei die Realisierung der aussagekräftigen Kirchenfenster für die Dominikanerkirche St. Andreas durch den renommierten Künstler Markus Lüpertz. Der Förderverein war bei diesem Projekt erstmals in seiner 30-jährigen Geschichte Projektträger. Nur so war es möglich, dieses Werk in so kurzer Zeit zu einem erfolgreichen Abschluss zu bringen. Mit großer Freude kann festgestellt werden, dass Menschen aus allen Ländern, Christen und Nichtchristen, nun zu den farbenprächtigen Fenstern in die Altstadt-Basilika kommen.

Gestärkt durch seinen Glauben hält der engagierte Familienvater weiterhin an seinen ästhetischen und spirituellen Visionen fest. Für seine Verdienste in Kirche und Gesellschaft wurde Haumann das Bundesverdienstkreuz verliehen und 2010 wurde er durch Papst Benedikt XVI. zum Ritter des Gregoriusordens ernannt.

Nach Meinung vieler Experten müsste der Kranz der zwölf romanischen Kirchen in die Liste des UNESCO-Weltkulturerbes aufgenommen werden. Nach Einschätzung Helmut Haumanns wird dieses Ziel erschwert durch zahlreiche Bauten – auch aus jüngster Zeit – die einen ungehinderten Blick auf diese einmaligen Kulturdenkmäler beeinträchtigen. Mit seiner vehementen Forderung nach der Einhaltung des Kölner Höhenkonzeptes (keine Überschreitung der Firsthöhe von 22.50 Metern innerhalb des historischen Bereichs der Kölner Innenstadt), scheute der „Hüter und Streiter des romanischen Kirchenschatzes" auch die Konfrontation mit den Spitzen der kommunalen Politik und Verwaltung nicht. So rügte Haumann unverblümt die unglaubwürdige Haltung städtischer Entscheidungsträger, die mit dem historischen Stadtbild zwar weltweit werben jedoch neben den alten rücksichtslos neue „Bausünden" hinzufügen. Gesellschaftliches Engagement ist für Helmut Haumann von Jugend an selbstverständlich. Dieses Engagement hat er als Chef auch von seinen Führungskräften erwartet und in vorbildlicher Weise mit seinen Unternehmen umgesetzt.

Seine Überzeugung, dass Familie einen besonderen Wert in der Gesellschaft bedeutet, hat Haumann veranlasst, sich neben seiner eigenen Familie vielfältig zu engagieren. So ist er seit über 30 Jahren Vorsitzender eines Träger-Vereins, der im Hunsrück aus einer kleinen Familien-Ferienstätte ein gemeinnütziges Vier-Sterne-Familienhotel mit 160 Betten entwickelte. Als Chef der RheinEnergie hat er neben anderen Stiftungen als erstes großes Unternehmen in Deutschland eine Stiftung zur Stärkung der Familie gegründet.

Als gebürtiger Kölner schlägt sein Herz natürlich auch für den Karneval und den 1. FC Köln. Und auch hier war er bereit, Verantwortung zu übernehmen: So ist er Aufsichtsratsvorsitzender beim Festkomitee Kölner Karneval und war viele Jahre Verwaltungsratsvorsitzender beim 1. FC Köln. Beim ASV, den Haien und beim Tennis- und Hockey-Club Rot-Weiß-Köln ist er noch immer in Führungsgremien tätig.

Wenn man mit Helmut Haumann über Köln, seine Institutionen und Bürger spricht, merkt man, dass er voller Ideen ist, die er gerne in den nächsten Jahren umsetzten möchte, – um die Welt ein bisschen besser zu machen.

Erzbischof Joachim Kardinal Meisner
Mit dem Herzen ein Kölner

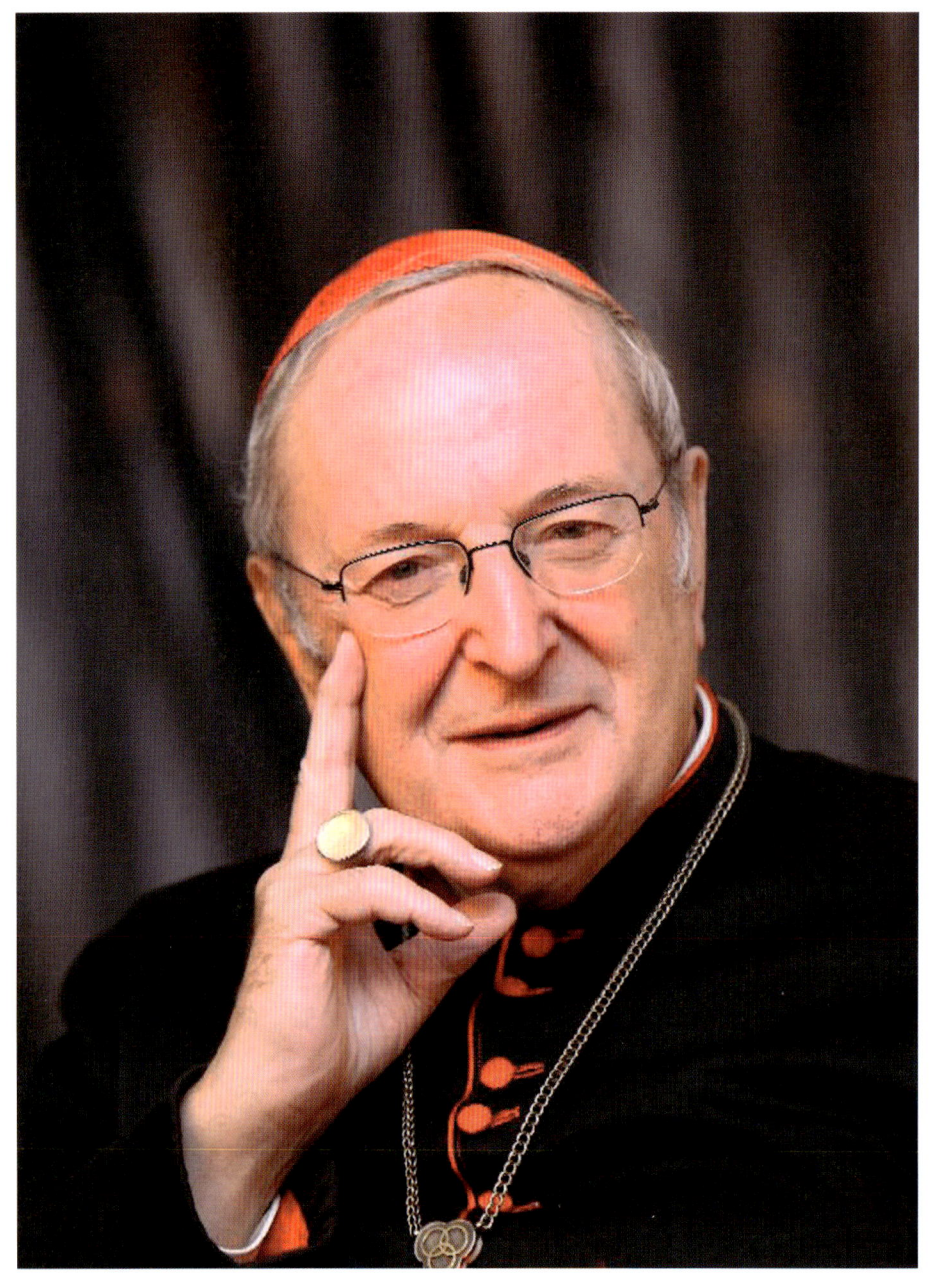

© Erzbistum Köln

Geboren: 25. Dezember 1933 in Breslau-Lissa

Familie: Der Kardinal ist mit drei Brüdern aufgewachsen und hat deshalb eine große Familie, zu der er einen intensiven Kontakt pflegt.

Beruf: Priester und Erzbischof

Letztes Karnevalskostüm: Der Kardinal verkleidet sich nicht. Aber er lädt jedes Jahr das Kölner Dreigestirn zum Kaffetrinken ins Erzbischöfliche Haus. Dort tauscht er traditionell seinen Pileolus (Kopfbedeckung) gegen die Narrenkappe des Prinzen.

Zum Karneval: Wie die Glocke ohne Klöppel nicht sein kann, um zu läuten, so kann auch Köln ohne Karneval nicht sein.

Hobbys: Spaziergänge im Garten des Dienstsitzes, nach einer Knie-OP eher gesetzteren Schrittes

Joachim Meisner ist ein geborener Niederschlesier, der sich selbst als „Spätberufener" bezeichnet und europa-, wenn nicht weltweit bekannt ist. Er gesteht, ein wenig verspätet in seinem Leben in Köln angetreten zu sein, um hier auch einmal Karneval zu feiern. Seine wirkliche Berufung führte den längst als „Kölner" bezeichneten Mann in der Domstadt an die Spitze eines der bedeutendsten Bistümer der Welt, des Erzbistums Köln: Joachim Kardinal Meisner, der Erzbischof von Köln, ist weit über die Grenzen der Domstadt hinaus bekannt und trägt deren Namen in die Welt. Ein offenes Wort scheut er nicht. Der Kardinal ist Mahner wie Kritiker gesellschaftlicher wie kirchlicher Verhältnisse und Strömungen, gilt als einer der Wächter über die reine katholische Lehre.

Auch als Theologiestudent ging der junge Joachim Meisner den Weg eines Spätberufenen, ging ins Magdeburger Norbertuswerk, holte das Abitur nach und studierte anschließend katholische Theologie. Seine Dissertation über „Nachreformatorisch katholische Frömmigkeit in Erfurt" wurde 2011 im Jahre des Papstbesuches in Thüringen für Fachkreise noch einmal hoch aktuell. Im April 1962 wurde Joachim Meisner zum Diakon und im gleichen Jahr noch zwei Tage vor Heiligabend in Erfurt zum Priester geweiht. Schon in den ersten Jahren seines Dienstes wurden seine großen Fähigkeiten erkannt und er wurde auch im Rahmen der Caritas mit Führungsaufgaben betraut. Papst Paul VI. ernannte ihn am 17. März 1975 zum Weihbischof. Zwei Monate darauf, am 17. Mai 1975 wurde er zum Titularbischof von Vina und Weihbischof in Erfurt/Meiningen geweiht. Auf den Tag fünf Jahre darauf erfolgte seine Einführung als Bischof von Berlin und am 20. Dezember 1988 erging seine Ernennung zum Erzbischof von Köln. Die feierliche Einführung in sein neues Amt erfolgte am 12. Februar 1989. Spätestens seitdem ist er auch mit dem Herzen ein Kölner. Berührungsängste kennt er nicht. Gemeinsam mit Karnevalisten beging er erst jüngst in Sankt Mariä Himmelfahrt vor Beginn der heißen Phase der närrischen Zeit einen Gottesdienst. In seiner Predigt nahm er auf Vita und damit Bekenntnis der Heiligen Martin, Elisabeth und Nikolaus Bezug. Am Ende fordert er auf, die Heiligen „in unser Festkomitee" aufzunehmen. Es folgt keine seitenlange Begründung über das „weshalb", sondern eine kurze und trockene, für einen Kölner absolut schlüssige Erklärung: „Sie garantieren uns eine gesegnete Karnevalssession." Einige Jahre zuvor bereits hieß es von Seiten des Kardinals: „Kirche und Karneval sind Zwillingskinder." Anlässlich der Veranstaltung „Fest in Gold" erhielt er denn 2011 auch aus den Unikaten des Goldschmiedenachwuchses keinesfalls seinen ersten, wohl aber einen seiner schönsten und wertvollsten Karnevalsorden: Dargestellt sind Narrenkappe und Notenschlüssel sowie freundliche Domturmgesichter und ein angedeutetes Schlagzeug. Joachim Kardinal Meisner spontan, wie er es als Seelsorger in Köln mit seiner Verbundenheit zum Karneval, vor allem aber zu den Menschen, die ihn lieben, am besten auszudrücken vermag: Er bedankt sich bei der jungen Goldschmiedin, die das Kunstwerk erschaffen hat, indem er sie einmal flugs bützt. So will es der Brauch. Und er lädt dann auch schon einmal das „Dreigestirn" zu sich nach Hause ein.

Natürlich ist Joachim Kardinal Meisner in Zeiten, da in der katholischen Kirche der Ruf nach tiefgreifenden Reformen unüberhörbar ist, als herausgehobener Amtsträger mittendrin im Für und Wider. Es ist ein innerkirchliches wie auch zum Teil hochpolitisches Spiel, bei dem ihm als kritischem Traditionalisten bisweilen die Rolle des Buhmanns zukommt. Dabei finden sowohl er wie auch seine Entgegner klare Worte. Besser ist es allemal, sich unmissverständlich auszudrücken, als verbale Nebelkerzen zu setzen. Wer sich einmal der Mühe unterzogen hat, handschriftliche Predigten katholischer Landpfarrer aus der bayrischen Provinz zu entziffern, der weiß, dass Hirtenworte noch viel klarer und auch deftiger sein können. Und: Auch deren Inhalt lag das eine oder andere Mal mindestens quer zum Zeitgeist.

Die menschliche Seite des streitbaren wie humorvollen Kirchenmannes beleuchtet sehr gut eine kleine Begebenheit in der thüringischen Enklave Etzelsbach. Zwölf Tage vor dem Besuch Papst Benedikts feierte Joachim Kardinal Meisner zum jährlichen Wallfahrtsabschluss an der Etzelsbacher Marienkapelle das Fest „Mariä Geburt" mit über 5 000 Pilgern. Er war zum ersten Mal seit 35 Jahren wieder in Etzelsbach. Genau dieses sagte Pfarrer Franz-Xaver Strubenitzky zu ihm. Meisner erkannte Strubenitzky in Bruchteilen von Sekunden und strahlte. Schmunzelnd erinnerte er sich, dass er den Pfarrer aus seiner Zeit in Heiligenstadt als kleinen Messdiener kannte. „Seht her, was aus ihm geworden ist", begrüßte er Strubenitzky freudig. Alles an diesem Tag lief reibungslos ab, obwohl so viele Menschen zum Abschluss der Wallfahrtssaison gekommen waren, wie lange nicht. Ausgerechnet die Hostien gingen zur Neige, da mit diesem Ansturm Gläubiger nicht gerechnet worden war. Die Etzelsbacher waren baff. Meisner hatte es da die Stimme noch lange nicht verschlagen: „Zum Glück feiert Papst Benedikt keine Messe in Etzelsbach", ließ er lachend vernehmen.

Pfarrer Franz Meurer
Kirche fürs Veedel

© Erzbistum Köln

Geboren: 1. Oktober 1951

Beruf: Pastor; zuerst wollte ich Rechtsanwalt werden.

Persönliche Rangliste: Dankbarkeit, Geduld, Großzügigkeit

Persönliches Motto: „Ob wir Gott lieben, können wir in unserem Leben nie genau wissen. Ob wir den Nächsten lieben, das merkt man jeden Tag" (nach Teresa von Avila).

Das mag er an Köln: Die Veedel

Das mag er nicht an Köln: Dass die Zahl der Industriearbeitsplätze – das A und O für unsere Stadt – immer weiter zurückgeht

Letztes Karnevalskostüm: Köbes, vorher Hänneschen

Zum Karneval: Karneval, Kirche und FC sind in Köln wichtig!

Hobbys: Schreinern und Lesen

Beliebtestes Fortbewegungsmittel: Das Fahrrad. Mit ihm habe ich nur zwei Ampeln bis zum Dom. Bei weiteren Entfernungen nehme ich auch mal das Auto.

Gottesbild: Gott ist ein Vater, und mehr noch wie eine Mutter (nach Papst Johannes Paul I.). Er ist weder evangelisch, katholisch, noch ein Muslim oder ein Buddhist.

Persönlicher Blick in die Zukunft: Grundsätzlich positiv, jedoch mache ich mir Sorgen um die kleinen Leute. Zumal etwa die Hälfte der Frauen in ihrer Rente auf Grundsicherung angewiesen ist.

Mitten unter den rund 24 000 Einwohnern der beiden rechtsrheinischen Stadtteilen Höhenberg und Vingst (auch HöVi genannt) lebt Pfarrer Franz Meurer. Ihn kennen die 8 000 Katholiken ebenso wie die 3 000 Protestanten vor Ort. Auch für die 15 Prozent Muslime der beiden Veedel ist der Theologe kein unbeschriebenes Blatt. Meurer mag die Ökumene. Sie sei ebenso wie die Geschwisterlichkeit unverzichtbar. Rund die Hälfte der HöVi-Bewohner hat einen Migrationshintergrund. „Der Fremde ist die Chance des eigenen Lebens", schreibt Meurer in seinem Buch „Wenn nicht hier, wo sonst? Kirche gründlich anders", das er gemeinsam mit Peter Otten vom Erzbistum Köln schrieb. Für markante Sätze ist der Pfarrer bekannt. Und für engagiertes Handeln aus Nächstenliebe auch.

Die frohe Botschaft setzt Meurer gemeinsam mit vielen ehrenamtlichen Helfern und spendenfreudigen Menschen in die Tat um. Abseits von Schulgottesdiensten, Kirchenchor und Frauengemeinschaft ermöglicht das soziale Netzwerk kurzerhand die Sanierung von Schultoiletten auf Hotelstandard, intensive Begegnungen in der sogenannten Familienwerkstatt, Arbeitslosen den Gabelstapler-Führerschein und jugendlichen Schulabgängern ein Bewerberbuch, worin sie sich und ihre Qualifikationen sowie Interessen vorstellen. Mädchen lädt die Gemeinde zu sexualpädagogischen Tagen ein, Kommunionkindern schenkt sie kostenlose Second-Hand-Festkleidung. Auch organisiert der Pfarrer jährlich mehrere hundert Kinder- und Jugendfahrräder. Seine Überzeugung: Wer sich nicht bewege, lerne auch nicht denken und sprechen. Immer wieder stellt Meurer in seiner täglichen Arbeit fest: „Bürokratie ist das Schlimmste für die kleinen Leute." (aus dem Buch: „Von wegen nix zu machen" von Jürgen Becker, Martin Stankowski, Franz Meurer). Für sein soziales Engagement erhielt der umtriebige Pfarrer 2002 als erster Preisträger die Kölner Auszeichnung „alternativer Ehrenbürger".

Armut ist ein ständiges Thema in der Gemeinde. Dennoch müsse es ärmlich nicht zugehen, meint Meurer. Seine Vorstellung von praktischem Gemeindeleben: „So viel teilen wie möglich." Die kirchlichen Räume stehen folglich allen Bewohnern offen. „Wir wollen Kirche im Viertel sein, Teil der Lebenswelt der Menschen", schreibt Meurer in einem seiner beiden Bücher. Dazu müsse und könne jeder seinen Beitrag leisten.

Das funktioniert offensichtlich gut. So gut, dass zu Beginn der Sommerferien immer neidvolle Blicke aus der ganzen Stadt zu den Kindern aus HöVi wandern. Dort beginnt dann für rund 500 Mädchen und Jungen die sechste Jahreszeit: der Urlaub. Drei Wochen verbringen sie im HöVi-Land, einer ökumenischen Ferienfreizeit am Ortsrand von Vingst. Betreut werden sie von rund 250 Jugendlichen und Erwachsenen. Nur nachts zum Schlafen kehren die kleinen Urlauber nach Hause zurück. Das internationale Kinderland steht behinderten wie nicht behinderten, schnellen wie langsamen, lieben wie anstrengenden Pänz offen. Das ausgeklügelte Konzept passt gut in Meurers Schema.

Eigentlich wollte er Rechtsanwalt werden. Nach kurzer Zeit brach der heutige Pfarrer sein Jura-Studium aber ab und wechselte zu Theologie und Sozialwissenschaft. Zum Priester wurde er 1978 geweiht. Zunächst arbeitete Meurer als Jugendseelsorger, 1992 übernahm er die katholische Pfarrgemeinde St. Theodor und St. Elisabeth Höhenberg-Vingst.

Seine Messen sind immer sehr gut besucht und die Predigten verständlich, da alltagsnah. Den Klingelbeutel lässt der unkonventionelle Geistliche wie andernorts durch die Reihen gehen. Allerdings ist die Bestimmung der Kollekte mitunter außergewöhnlich. So flossen die Münzen und Geldscheine einmal in den Bau der Großmoschee in Ehrenfeld, was die Vorgesetzten des Pfarrers gar nicht witzig fanden.

Konventionen und Förmlichkeiten sind nicht die Sache des rechtsrheinischen Pfarrers. Auch in Sachen „Jubiläen und Geburtstage" der Pfarrmitglieder bricht Meurer gerne die Regeln. Er kommt lieber bei Bedarf, etwa im Krankheitsfall, vorbei. Wer ihn einladen oder sprechen möchte, sollte dafür aber zum Telefonhörer greifen. Per E-Mail jedenfalls schlägt die Kommunikation fehl. Über den Computer werde zu viel Blödsinn verbreitet, meint der schnörkellose Theologe.

Auch für die Medien ist Meurer eine schillernde Figur. Sie überwerfen sich mit Begriffen wie Ghettoprediger, Don Camillo von Köln, Sozial- oder auch Armenpfarrer. Meurer mag keine dieser Bezeichnung: „Ich bin ein rheinischer Christ, der Pastor ist", sagt er und beschreibt sich als „grundsätzlich liberal". Gott selbst setzt er mit „Bewegung und Kommunikation" gleich, eine menschliche Gesellschaft mit „Mitleid, Empathie und Sympathie".

Barbara Schock-Werner
Himmelwärts mit Hut

© Erzbistum Köln

Geboren: 23.7.1947 in Ludwigsburg

Familie: Verheiratet mit Dr. Kurt Löcher, zwei Kinder

Beruf: Dombaumeisterin

Persönliche Rangliste: Familie, Arbeit, wissenschaftlicher Blick auf die Welt

Das mag sie an Köln: Die im besten Sinne neugierige wie aufgeschlossene Bevölkerung, die unglaubliche Vitalität der Stadt

Das mag sie nicht an Köln: Planerisches gerät häufig ins Chaos, vielerorts fehlender Sinn für Verwaltungsstrukturen.

Letztes Karnevalskostüm: In guter Tradition eine ihrer Eigenkreationen

Hobbys: Musik hören

Himmelwärts im Wochenrhythmus. 509 Stufen hinauf und wieder hinab. Das Ganze zwei Mal wöchentlich. Das macht in dreizehneinhalb Jahren Dienstzeit gut 750 000 Stufen treppauf und treppab. Schnell kommen da erkleckliche 137 000 Höhenmeter zusammen. Vorausgesetzt, der Mount Everest stünde mit seinem Fuße direkt auf Meereshöhe, dann entspräche dies über fünfzehn Besteigungen der höchsten Erhebung auf unserem Planeten. Da wird so mancher Bergfex blass vor Neid. Für Dombaumeisterin Professor Dr. phil. Dipl.-Ing. Barbara Schock-Werner ist das so selbstverständlich wie für all ihre Vorgänger. Gestützt auf achtzig Mitarbeiter und einen Etat von sechs bis sieben Millionen Euro pro Jahr steuert sie Pflege, Erhalt und Restaurierung des weltberühmten Kölner Domes. Da geht es um die Erneuerung von Werksteinen, Restauration von Glasfenstern, bauliche Sicherheit, Pflege der über 12 000 Quadratmeter bleigedeckten Dächer, Rinnen und vieles mehr.

Kreativität und Genauigkeit wurden ihr von Vater und Mutter vorgelebt. Beide Handwerksmeister. Der Vater Feinmechaniker und die Mutter Schneiderin. Nach Abschluss der Mittleren Reife (1963) wurde Barbara Schock-Werner Bauzeichnerin. Inklusive eines Maurerpraktikums schloss sie die Lehre 1967 ab, hängte noch ein Zimmermannspraktikum an. Im Wintersemester 1967/68 nahm Barbara Schock-Werner das Studium an der Staatlichen Ingenieurschule für Bauwesen, Stuttgart, auf. Schon 1969 bot sich ihr die einmalige Chance, an einem bahnbrechenden Projekt mitzuarbeiten. Nahezu ein Jahr lang arbeitete sie unter Professor Otto Frei an der Planung des kühnen Daches für das Münchener Olympiastadion mit. 1971 erhielt sie ihr Ingenieur-Diplom, Fachrichtung Hochbau, wandte sich in einem Stuttgarter Architekturbüro der Arbeit an denkmalgeschützten Objekten zu. Zur selben Zeit nahm sie das Studium der Kunstgeschichte auf, das sie mit einer Dissertation über das Straßburger Münster abschloss.

Als 1981 die Promotion erfolgte, war die Fachwelt längst auf Barbara Schock-Werner aufmerksam geworden. Ein erster Ruf erging aus der Frankenmetropole Nürnberg. Ab 1982 lehrte sie dort Kunst-, Architektur-, und Designgeschichte an der Akademie der Bildenden Künste. Von 1985 bis 1989 unterrichtete sie Baugeschichte an der Stuttgarter Hochschule für Technik, Abteilung Architektur. Anerkennung blieb nicht aus: 1989 ernannte sie das Bayerische Staatsministerium für Wissenschaft und Kunst zur Honorarprofessorin. Eine Karriere in Lehre und Wissenschaft schien vorgezeichnet, als sie in Erlangen befristet eine C3-Professur erhielt. Nicht so bei Barbara Schock-Werner, die Schritt für Schritt weiter ging und sich schließlich in Köln um eine Stelle bewarb, die bis dahin getrost als Männerdomäne bezeichnet werden konnte: 1997 tagte das Metropolitan-Domkapitel der Hohen Domkirche zu Köln und wählte Barbara Schock-Werner zur Dombaumeisterin (ab 1.1.1999). Kein Grund, sich zurückzulehnen. Noch im ersten Jahr als Dombaumeisterin habilitierte sie über die Bautätigkeit des Würzburger Fürstbischofs Julius Echter an der Julius-Maximilians-Universität Würzburg. 2002 leitete sie die Umhabilitation an die Uni Bonn ein.

Bekannt wie ein bunter Hund ist in Köln, wer im Karneval auf irgendeine Weise an die Gaudifront gerät. Zum Beispiel eine Dombaumeisterin, die pro Session sieben Sitzungen beiwohnt, deren Erlös an den Dom geht. Mit Spannung verfolgt die Öffentlichkeit dabei, mit welchem Kostüm sie erscheint, schließlich tritt Barbara Schock-Werner ausschließlich mit Eigenkreationen an. Dabei vermag sie auch ihr Faible für ausgefallenen Modeschmuck so richtig auszuleben. Die jüngste Kette hat sie unweit des Goldenen Dachl in Innsbruck erstanden. Ein Objekt aus geknautschtem Papier. Da sie auf dem Felde des Modeschmucks auch eigene Ideen entwickelt und verwirklicht, hat sich über die Jahre hinweg ein ganzes Regal voller Schmuckstücke angesammelt.

Auch nach dem Abschied von ihrer Wirkungsstätte im Dom (am 31.08. ist ihr letzter Arbeitstag als Dombaumeisterin), will Barbara Schock-Werner in Köln bleiben. Unweit des Doms. Mittendrin. Da ist alles zu Fuß erreichbar.

Sie wird an Freiheit gewinnen, mehr Zeit zur eigenen Verfügung haben. Da könnte dann auch einer der Urlaube, die stets hin zu neuen Zielen führen, ausgedehnter sein. Dabei geht es, wie jüngst ins französische Aquitanien, in Gegenden mit viel Kultur. Natürlich wird da auch kräftig gewandert und es stehen Kirchenbauten mit im Fokus. Vermissen wird sie die lieb gewordene Arbeit am Dom dennoch. Die Prüfgänge in den Türmen, den Gang auf das ein oder andere ausgesetzte Gerüst, materialwissenschaftliche Tests und Diskussionen, Erfolge und Rückschläge bei Restaurationsbemühungen, den Kampf gegen Zettelchen, die irgendwo im Dom mit Tesastreifen befestigt wurden. Schlimm wird es einmal werden, „wenn ich in den Dom komme, etwas nicht in Ordnung ist und ich darf nichts sagen."

Sie kann darauf verweisen, dass in ihrer Zeit die Beschilderung im Dom mit einem sechssprachigen System erneuert, eine neue Innenbeleuchtung realisiert, ein neuer Eingang zu den Türmen und neue Fenster fürs Südquerhaus geschaffen wurden. Das Größte für die Dombaumeisterin: Die Rückkehr der aus dem 14. Jahrhundert stammenden Chor-Obergaden-Fenster an ihren angestammten Platz.

Einen kleinen Domschlüssel darf Barbara Schock-Werner behalten, denn sie macht weiterhin Führungen im und um den Dom.

Kulturbaustelle Stadt Köln

...bereits 2011 hatte Karin Beier (Intendantin Schauspiel Köln) ihren Weggang nach Hamburg angekündigt. Sie verlässt Köln nach der Spielzeit 2012/13.

2012 ist ein Jahr des Umbruchs in der öffentlichen Kulturszenerie Kölns.

Andreas Blühm (Direktor des Wallraf Richartz Museums) tritt überraschend am 1.9.2012 einen neuen Job in Groningen an. Kasper König (Direktor Museum Ludwig) quittiert seinen Job zur Jahreswende 2012/13; er geht in Ruhestand. Nicht genug damit. Im Juni 2012 feuerte die Stadtverwaltung Uwe Eric Laufenberg (Intendant der Oper Köln), Heribert Malchers, Intendant des Hänneschen Theaters, geht ab Dezember 2012 nach Einarbeitung seiner Nachfolgerin in Ruhestand.

Markus Stenz (Generalmusikdirektor und künstlerischer Leiter des Gürzenich Orchesters) kündigte an, dass er Köln im Sommer 2014 verlassen werde. Von seiner Option den Vertrag um zwei Jahre zu verlängern, möchte er keinen Gebrauch machen.

Kulturstadt Köln

Auch mit diesem Thema lassen sich Bände füllen ... und die gibt es bereits. Köln hat, wie sollte es anders sein, ein Schauspielhaus, eine Oper, eine Philharmonie, Museen, alles von Rang und Namen und alles was zum öffentlichen Kulturbetrieb einer Großstadt gehört.

Intensiv beschäftigt haben wir uns mit vier Beispielen, die Lust auf Mehr machen.

Andreas Blühm
700 Jahre aktuelle Kunst

Geboren: 18. Februar 1959

Familie: Verheiratet mit meiner Frau seit 2008, zwei Söhne: Florian und Vincent

Beruf: Museumsdirektor; Anzahl Mitarbeiter: 20 plus 20 weitere von Fremdfirmen

Persönliche Rangliste: Familie, Freunde, Kollegen, Otto Rehhagel, sogar vor meinem Verein, Werder Bremen

Persönliches Motto: Kontrollierte Offensive

Das mag er an Köln: Auch nach Jahren entdecke ich noch neue Aspekte an der Stadt. Das Interesse der Menschen hier an der Kunst lässt nicht nach. In anderen Städten auf der Welt ist das nicht so. Meine Söhne sind hier geboren. Die können schon „Kölle Alaaf" sagen.

Das mag er nicht an Köln: Es verblüfft der Kontrast zwischen der Liebe zur Stadt und ihrer Verwahrlosung.

Letztes Karnevalskostüm: Harlekin

Zum Karneval: Etwa ein Dutzend Karnevalsorden; zwei besuchte Karnevalssitzungen

Sein Lieblingsmaler: Diego Velázquez aus dem spanischen Barock

Malt er selbst?: Um Himmels Willen, nein (Kunstnote in der Schule: ausreichend)

Hobbys: Fußball, aber nur passiv

Persönlicher Blick in die Zukunft: Die alte Kunst bleibt immer modern!

"Mein Lieblingsbild ist immer der letzte Ankauf", sagt Andreas Blühm. Er ist – bzw. war bis Ende August 2012 - Direktor des Wallraf-Richartz-Museums in Köln. An seinen Wänden zuhause hängen auch Bilder – „doch die sind mehr zufällig ausgesucht; nichts Teures. Das ist alles nicht gut genug für das Museum, aber mir gefällt's, und meine beiden kleinen Söhne mögen alles was bunt ist."

Blühm wurde in Berlin geboren. Er wuchs aber in Bremen auf, wo er auch sein Abitur machte und später den Wehrdienst ableistete. Von 1978 bis 1987 studierte er Kunstgeschichte, Neuere Geschichte und Klassische Archäologie an der Universität in Tübingen sowie an der Freien Universität in Berlin. Von 1980 bis 1981 studierte er im Ausland, in Rom. Er promovierte in Kunstgeschichte.

Im Anschluss absolvierte Blühm ein Volontariat am Museum für Kunst und Kulturgeschichte in Lübeck. Nebenbei hatte er Lehraufträge an der Universität in Hamburg. In seiner Freizeit, so erklärt er, ist Fußball sein Hobby – „aber nur passiv. Außerdem spiele ich gerne mit meinen beiden Söhnen."

1990 wechselte er an das Museum Ostdeutsche Galerie in Regensburg. Dort wirkte er drei Jahre lang als Ausstellungsleiter und erfüllte Lehraufträge an der örtlichen Universität. Ab 1993 war Blühm Kurator und Organisator von Ausstellungen am Amsterdamer Van Gogh Museum. Seit 2005 war er am Kölner Museum tätig – und zwar gerne.

Die Stadt Köln subventioniert das Museum mit jährlich 3,7 Millionen Euro, die für Personal und Klima ausgegeben werden. Kunstwerke können davon nicht angeschafft werden. „Der Ankaufetat liegt dauerhaft bei null Euro." Freunde und Förderer des dreistöckigen Museums sorgen für dessen Weiterentwicklung.

Als Folge der Subventionen bestimmt der Kölner Stadtrat jedoch die Eintrittspreise. „Ich hätte sie schon gerne etwas niedriger gehabt." Etwaige Mehreinnahmen, verdeutlicht Blühm, gehen allerdings nicht ans Haus an der Straße Obenmarspforten.

Er wollte das Museum erweitern – auf dem Gelände des ehemaligen Kaufhauses Kutz. Darauf freute er sich. Auch die, die Museen möglicherweise für verstaubt und uninteressant halten, wollte Blühm anziehen: „Ich muss natürlich nicht alles im Museum mögen." Aber wenn es einem erklärt würde, könnte jeder einen Zugang finden – „dann ist alles interessant". Jedenfalls, wenn der Besucher unbefangen an die Kunstschätze herangeht. Der gebürtige Norddeutsche wollte „das besucherfreundlichste Kunstmuseum Deutschlands" schaffen, die Besucherzahlen deutlich steigern.

Der zweifache Vater fördert die Kunsterziehung: Das Museum holt seit vier Jahren mit einem Bus Mädchen und Jungen von den Schulen aus dem Umkreis ab, damit die Klassen Ausstellungen besuchen können. Dafür fand Blühm Sponsoren. 13 000 Haupt-, Real- und Förderschüler haben durch den Museumsbus bereits Zugang zum Museum gefunden. Die Idee hierzu bekam Blühm aus dem Ausland: „In den Niederlanden und den USA gibt es so was schon länger." Aber nicht nur Kindern und Jugendlichen wird der Museumsbesuch erleichtert; nicht-mobilen Senioren steht der Wallraf-Shuttle dafür zur Verfügung.

Insgesamt werden im Jahr zwischen 140 000 und 190 000 Besucher in der Gemäldegalerie gezählt. Bei seinem Amtsantritt waren es etwa 100 000. Diesen Erfolg führt Blühm mit norddeutschem Understatement auf die Lage zurück: „Wir befinden uns hier in der Kölner Altstadt, ganz in der Nähe des Hauptbahnhofs – zwischen Rathaus und Gürzenich gelegen", erklärt er.

Nicht nur die zentrale Lage ist für Blühm ein wichtiger Faktor. Außerdem sei das Spektrum der gezeigten Werke enorm groß: 700 Jahre aktueller Kunst – vom 13. bis zum Beginn des 20. Jahrhunderts erstreckt sich der Zeitraum, in dem die gezeigten Kunstwerke entstanden. Es gibt eine Mittelalterabteilung – „eine der besten der Welt" – sowie einen Barockbereich. Aus dem 19. Jahrhundert sind auch Skulpturen zu sehen. Die größte Sammlung an Gemälden des Impressionismus und Post-Impressionismus in Deutschland rundet das, was hier an Kunst geboten wird, ab.

Das Wallraf-Richartz-Museum geht auf die Hinterlassenschaft des Sammlers Ferdinand Franz Wallraf (1748 bis 1824) zurück. Gefördert wurde 1861 der erste eigene Bau des Museums vom Kölner Kaufmann Johann Heinrich Richartz (1795 bis 1861). Damit handelt es sich um das älteste Kölner Museum und zugleich eines der frühesten bürgerlichen Museen Deutschlands. Mittlerweile trägt die Kölner Kulturinstitution den Zusatz „Fondation Corboud", da der Schweizer Sammler Gérard J. Corboud dem Museum 170 Gemälde aus seiner Sammlung zur Verfügung stellte.

2010 wurde Blühms Vertrag um fünf Jahre verlängert. Jetzt übernimmt er kurzfristig ab September 2012 die Leitung des Groninger Museums. „Meine Frau kommt aus Groningen, sie ist dort geboren. Das ist der Hintergrund meines Weggangs" Sie hätten immer im Hinterkopf, gehabt, „wenn da mal ein Angebot kommen sollte, müssen wir den Schritt wagen." Mit Blühms Weggang hat Köln „eine weitere Kulturbaustelle", so die Welt zu seinem Abschied. Blühm geht mit einem lachenden und einem weinenden Auge: „Ich verlasse Köln sehr schweren Herzens."

Louwrens Langevoort
Der Intendant

Geboren: 28. Mai 1957 in Groningen, Niederlande

Familie: Ist bekennender Schwuler und lebt in Köln

Beruf: Kulturmanager

Persönliche Rangliste: Ein gutes Programm in der Kölner Philharmonie zu machen, ein Programm, das von traditioneller Klassik bis zu allen Formen der Musik der Gegenwart reichen muss, dafür Sorge zu tragen, dass Musikvermittlung im Allgemeinen in Köln (und in der weiten Welt) ernst genommen wird, und gegen Unverbindlichkeit anzugehen.

Das mag er an Köln: Die gewisse Form von Unverbindlichkeit und das Gefühl „alles ist möglich".

Das mag er nicht an Köln: Die manchmal unerträgliche Unverbindlichkeit und das Gefühl, jeder meint es besser zu wissen.

Zum Karneval: „Ta-taaa!" – Schon diese einfachen (aber immer wieder ertönenden) Klänge einer jeden Karnevalssitzung bringen mich sofort in Karnevalslaune. Trotz alledem gilt für mich auch beim Karneval: Genieße mit Maß!

Hobbys: Sport, am kulturellen Geschehen teilnehmen

Louwrens Langevoort begann seine Tätigkeit als Kulturmanager nach Abschluss seines Jurastudiums 1981 als Dramaturg für Öffentlichkeitsarbeit und später als Leiter des Künstlerischen Betriebsbüros am Brüsseler Théâtre Royal de la Monnaie bei Gerard Mortier. Nach einer einjährigen Tätigkeit als Artists and Repertoire Manager bei Philips Classics übernahm er 1989 die Leitung des Künstlerischen Betriebsbüros der Salzburger Festspiele. 1991 wurde er Direktor für Künstlerische Produktion an der Oper Leipzig, wechselte dann 1993 als Künstlerischer Betriebsdirektor an die Oper der Stadt Köln. 1994 wurde Louwrens Langevoort Intendant, 1995 auch Geschäftsführender Direktor der Nationale Reisopera der Niederlande in Enschede. Er baute die Operncompagnie mit einer staatlichen Subventionierung von 5,6 Millionen Euro neu auf, gestaltete das Repertoire mit sechs bis acht Produktionen und etwa 90 Vorstellungen in den wichtigen niederländischen Städten pro Saison. Mit Beginn der Saison 2000/2001 trat Louwrens Langevoort sein Amt als Opernintendant der Hamburgischen Staatsoper an. In dieser Position setzte er künstlerische Akzente, die die erfolgreiche Geschichte des Hamburger Opernhauses fortführten: Modernes Musiktheater zu fördern und alte Werke immer wieder aufleben zu lassen, sind programmatische Schwerpunkte seiner Opernleitung. Neben der Repertoirepflege gehörten dazu für Louwrens Langevoort aber auch der überaus erfolgreiche Zyklus mit Barockopern, den er 2001 initiierte, der Aufbau der Kinderopernreihe »Opera piccola«, die Nachwuchsförderung mit dem Internationalen Opernstudio und die Förderung junger Komponisten im Rahmen der von ihm 2001 ins Leben gerufenen »Komponistenwerkstatt«. 2004 und 2005 war Louwrens Langevoort auch als Berater für die Deutsche Staatsoper Berlin tätig.

Sein Amt als Intendant der Kölner Philharmonie, Geschäftsführer der KölnMusik GmbH sowie Künstlerischer Gesamtleiter der MusikTriennale Köln GmbH hat Louwrens Langevoort zum Beginn der Saison 2005/2006 angetreten. Sein Bestreben ist es, das weit über die deutschen Grenzen berühmte Angebot der Kölner Philharmonie in seiner Qualität und Vielfalt zu erhalten und weiter auszubauen. Mit Projekten wie PhilharmonieLunch und PhilharmonieVeedel gelang es ihm, Publikumskreise wie junge Berufstätige und junge Familien anzusprechen, die in speziellen Veranstaltungen innerhalb und außerhalb des Konzertsaales auf sie zugeschnittene Angebote finden. Die großen Festivals zum Abschluss des Ramadans 2007 und 2010 öffneten das Haus weiter für alle Bürgerinnen und Bürger der Stadt. Mit Veranstaltungsreihen wie die „Sünden des Alters" mit weniger bekannten Werken von Gioachino Rossini in Kombination mit Tanz, Schauspiel, Literatur und Kulinarik bietet er auch Kulturinteressierten Anknüpfungspunkte, deren zentrales Interesse – noch – nicht die Musik ist. Seiner Liebe zur Oper schließlich bleibt Louwrens Langevoort auch als Intendant der Kölner Philharmonie treu, davon zeugt die Reihe mit anspruchsvollen konzertanten Opern. Schließlich hat er als Gesamtleiter im Jahr 2011 das Festival ACHT BRÜCKEN | Musik für Köln ins Leben gerufen. Dieses Festival widmet sich mit unterschiedlichen Schwerpunkten jährlich der Musik der Moderne und gilt als Ausdruck der breiten musikalischen Landschaft Kölns: Während des einwöchigen Festivals in der Kölner Philharmonie und in unbekannten und neu entdeckten Spielstätten sind die freie Szene und die Pop-Kultur der Stadt ebenso zu erleben wie die renommierten nationalen und internationalen Künstler und Ensembles für neue Musik.

Louwrens Langevoort kommt die Lage und Architektur der Kölner Philharmonie gut entgegen; Sie ist direkt neben dem Kölner Dom in den Gebäudekomplex des Museum Ludwig integriert. Die Nähe zum Hauptbahnhof ist ein nicht zu unterschätzender Vorteil; Die Philharmonie ist der einzige Konzertsaal mit Gleisanschluss. Dort, wo einst zwischen Rhein und Dom ein provisorischer Busbahnhof war, musizieren jetzt die besten Orchester, die berühmtesten Kammermusik-Vereinigungen und die angesehensten Solisten der Welt – und zwar knapp unterhalb des mittleren Rheinwasserspiegels. Im Konzertsaal, der einem Amphitheater nachgestaltet wurde, kommen die Zuhörer den Künstlern näher als anderswo. So ist denn die Kölner Philharmonie ein Ort, der vielen Dirigenten, Solisten und Orchestern zu einer beruflichen Heimat geworden ist.

Zwei Orchester sind fest in der Kölner Philharmonie beheimatet: das Gürzenich-Orchester Köln, dessen Anfänge bis ins 15. Jahrhundert zurückreichen und das WDR Sinfonieorchester Köln. Die Wiener Philharmoniker, die normalerweise ihre Reisetätigkeit stark begrenzen, haben sich sogar dafür begeistern lassen, für das Kölner Publikum einen eigenen Abo-Zyklus aufzulegen. Aber nicht nur die großen Sinfonieorchester kommen in der Kölner Philharmonie bestens zur Geltung, sondern auch kleinere Besetzungen, zum Beispiel Streichquartette, füllen das weite Rund des Konzertsaals mühelos bis in die höchsten Ränge mit Wohlklang. Auch ein Klavierabend ist in der Kölner Philharmonie immer ein ganz besonders eindrucksvolles Erlebnis. Für Louwrens Langevoort ist es eine Herausforderung, die Potenziale der Philharmonie mit neuen Ideen und musikalischen Leckerbissen auszuschöpfen.

Uwe Eric Laufenberg
Intendant ohne Oper, Oper ohne Intendant...?

© *ddp*

Geboren: 11. Dezember 1960 in Köln

Familie: Verheiratet, eine Tochter; wohnt in Köln

Beruf: Regisseur, Schauspieler

Persönliche Rangliste: Der Rhein, der Dom, die Oper

Das mag er an Köln: Die Atmosphäre der Offenheit; Köln ist eine Metropole, die sehr viele Möglichkeiten bietet.

Das mag er nicht an Köln: Dass die Stadt sich ständig unterschätzt, dass Verbesserungen nicht erfolgsorientiert geplant und zu Ende gebracht werden. Sichtbare Beispiele sind etwa öffentliche Plätze wie der Breslauer Platz, Ebertplatz, Offenbachplatz etc.

Zum Karneval: Das ist eine Institution. Und wir haben in der Oper unseren eigenen Karneval, unsere Cäcilia Wolkenburg; für Karnevalsvereine habe ich allerdings zu wenig Zeit.

Hobbys: Sich mit Kunst und Kultur beschäftigen, Lesen, ins Theater gehen und in die Oper, ins Kino und auf Reisen

Uwe Eric Laufenberg ist ein Prophet im eigenen Land. Er ist gebürtiger Kölner und wurde 2009 Intendant der Oper Köln. Nach dem Abitur absolvierte er 1983 sein Studium an der Folkwang Hochschule Essen im Fach Darstellende Kunst mit dem Abschluss Bühnenreife.

In seinen Lehr- und Wanderjahren folgten Hospitanzen und Assistenzen bei Rudolf Noelte, Dietrich Hilsdorf, Jean Pierre Ponnelle, Ruth Berghaus und Peter Stein.

Laufenberg war vielfach als Schauspieler und Regisseur im In- und Ausland tätig, so z.B. am Schauspielhaus Zürich, am Deutschen Theater und am Maxim Gorki Theater Berlin, am Burgtheater Wien und den Opernhäusern in Brüssel, Genf oder Barcelona. Seine erste Intendanz hatte er in Potsdam.

Seine erste Regie führte er im Februar 1988 am Schauspiel Frankfurt, und es folgten bis heute über 70 Inszenierungen. In Köln war er von 1990 bis 1993 am Schauspiel als Regisseur engagiert. Hier inszenierte er u.a. im Schauspielhaus „Der Besuch der alten Dame" von Friedrich Dürrenmatt mit Gisela Holzinger in der Titelrolle sowie in der Schlosserei „Merlin" von Tankred Dorst und in den Kammerspielen „Wassa Schelesnowa" von Maxim Gorki.

Im September 2009 folgte Uwe Eric Laufenberg dem Ruf als Intendant der Kölner Oper mit über 700 Mitarbeitern. Laufenberg mochte den Schauplatz seines Wirkens, das 1957 eingeweihte Operngebäude des Architekten Wilhelm Riphahn am Offenbachplatz. „Ich wohne mit meiner Familie in einem Riphahn-Bau und weiß den Baustil sehr zu schätzen." Sein Einstieg als Intendant der Kölner Oper wurde Laufenberg allerdings nicht gerade leicht gemacht. Das Problem: „Wie soll ich ein Opernhaus leiten ohne ein Opernhaus zu haben?" Damit bringt er die Konsequenzen der politischen Querelen um den Opernbau am Offenbachplatz auf den Punkt. In wechselnden Koalitionen wurde jahrelang debattiert, ob nun das Opernhaus saniert oder umgebaut oder abgerissen und durch einen Neubau ersetzt werden sollte. Nachdem alles entschieden und für die Spielzeit 2010/11 die Programme schon druckfertig waren, ließ die Kölner Obrigkeit verkünden, dass jetzt doch nicht umgebaut sondern saniert wird, häppchenweise, aber nicht gleich, sondern später.... Vorerst ging der Spielbetrieb am Offenbachplatz weiter. Die Ausweichspielorte wurden – soweit das möglich war – abgesagt; die schon fertigen Bühnenbilder mussten kurzfristig für den alten Standort umgebaut werden.

Ab der Spielzeit 2012/13 ist das Musical-Zelt am Breslauer Platz die Interimsspielstätte der Oper und wurde in „Oper am Dom" umbenannt.

Trotz allen politischen Gezänks, schaffte es Uwe Eric Laufenberg, das Publikum mit einem vielfältigen Programm zu begeistern. Zum Regiedebüt am eigenen Haus brachte er im Herbst 2009 Wagners „Meistersinger von Nürnberg" auf die Bühne, zum Saisonausklang Mozarts „Don Giovanni"; eine Oper, die in seiner Inszenierung erstmals auch am National Center for the Performing Arts in Peking aufgeführt wurde. Mit 300 Mitarbeitern war die Kölner Oper zum Gastspiel in China, zeigte dort außerdem den „Ring des Nibelungen" in Shanghai. Weltweite Aufmerksamkeit fand auch die Uraufführung von „Sonntag aus Licht" von Karlheinz Stockhausen, für die er als Intendant verantwortlich war.

„Uwe Eric Laufenberg hat die Kölner Oper gleich im ersten Jahr seiner Intendanz wieder ins Gespräch gebracht", so die Opernwelt im August 2010. Heute steht die Oper Köln nicht nur in NRW an der Spitze: mit über 90 % Platzausnutzung und Einladungen zu Gastspielen in Asien, Süd- und Nordamerika ist Laufenberg seinem Ziel, die Oper Köln in der Stadt fest zu verankern und ihr darüber hinaus wieder internationales Renommee zu verschaffen, ein wenig näher gerückt.

Zu den lokalen Höhepunkten gehört ganz sicher das hauseigene Karnevalsprogramm. In der Karnevalszeit 2012 stand „Kölner Jungfrau dringend gesucht" auf dem Spielplan der Cäcilia Wolkenburg im Opernhaus. Auf Kölsch „Zillche" heißt die Theaterabteilung des 1842 gegründeten Kölner Männer-Gesangsvereins. Das besondere an den Aufführungen, den sogenannten „Divertissementchen" besteht darin, dass ausschließlich Kölsch gesprochen oder gesungen wird, und dass alle Rollen von Männern gespielt werden, auch die der Frauen.

Mit großen Erwartungen sah Laufenberg der Wiedereröffnung des Opernhauses im Sommer 2015 entgegen: „Nach den vielen Auseinandersetzungen und Verwerfungen soll die Oper in ihren frisch renovierten historischen Gebäuden in einer gesunden Struktur einen nationalen und internationalen Spitzenplatz unter den Theatern einnehmen."

Am 21. Juni 2012 hat die Fraktion von SPD und Grünen mit der einen Stimme Mehrheit des Kölner Oberbürgermeisters eine fristlose Kündigung von Laufenbergs Vertrag herbeigeführt. Die rechtliche Klärung steht noch aus. Mit der Entlassung fand ein monatelanger Streit zwischen Uwe Eric Laufenberg und der Stadt Köln sein vorläufiges Ende. Große Leidtragende sind aber die Oper und der Kulturstandort Köln, so die Süddeutsche Zeitung.

Markus Stenz
Bloß kein Stillstand!

Geboren: 28. Februar 1965 in Bad Neuenahr-Ahrweiler

Familie: Verheiratet, zwei Kinder; wohnt in Köln

Beruf: Dirigent

Persönliches Motto: „Bloß kein Stillstand!" Das Leben ist zu spannend für festgefahrene Routine.

Das mag er an Köln: Die Menschen wegen ihrer positiven Lebenseinstellung und ihrer fast italienischen Fähigkeit zum Improvisieren.

Das mag er nicht an Köln: Die Stadt könnte viel mehr großstädtische Züge an den Tag legen, als sie sich selbst zutraut. Das ist schade. Es wird immer noch zu wenig über den eigenen Tellerrand geschaut und es wird zu wenig der große Wurf gewagt.

Zum Karneval: Fröhlichkeit auf Kommando ist mir weniger nah als die jederzeit spürbare Lebenslust der Kölner.

Nach dem Abitur 1983 in seinem Heimatort zog es Markus Stenz zum Studium nach Köln. Ausgebildet an der Staatlichen Hochschule für Musik Rheinland (seit 1987 „Hochschule für Musik und Tanz") bei Volker Wangenheim und bei Leonard Bernstein und Seiji Ozawa in Tanglewood, profilierte er sich früh mit ungewöhnlichen Projekten und zahlreichen Ur- und Erstaufführungen. 1989 übernahm Markus Stenz die musikalische Leitung des Cantiere Internazionale d'Arte in Montepulciano (bis 1995) und leitete als Chefdirigent von 1994 bis 1998 die London Sinfonietta, das renommierteste britische Ensemble für zeitgenössische Musik. Parallel zu seiner Position als Künstlerischer Leiter und Chefdirigent des Melbourne Symphony Orchestra von 1998 bis 2004 hat Markus Stenz sein Repertoire ständig in Richtung Klassik und Romantik erweitert.

Seit der Spielzeit 2003/2004 ist Markus Stenz Gürzenich-Kapellmeister, ein Jahr später wurde er zum Generalmusikdirektor der Stadt Köln ernannt.

Markus Stenz ist zudem Erster Gastdirigent des Hallé Orchestra mit Sitz in Manchester sowie designierter Chefdirigent des Radio Filharmonisch Orkest in Hilversum ab 2012/2013. Seit seinem Debüt als Operndirigent mit Hans Werner Henzes „Elegie für junge Liebende" am Gran Teatro La Fenice in Venedig gastierte er u.a. an den Opernhäusern in Mailand, Chicago, London, Berlin und München sowie bei den Festivals in Glyndebourne, Edinburgh, Bregenz und Salzburg. Er ist gefragter Gastdirigent bei so namhaften Klangkörpern wie dem Königlichen Concertgebouworchester, den Münchner Philharmonikern, dem Gewandhausorchester Leipzig, dem BR Symphonieorchester sowie den Wiener Symphonikern.

Seine zahlreichen CD-Aufnahmen erweitert er derzeit um eine Gesamteinspielung aller Mahler-Sinfonien mit dem Gürzenich-Orchester Köln. Die erste Veröffentlichung mit der 5. Sinfonie, die Gustav Mahler am Pult des Gürzenich-Orchesters 1904 in Köln selbst uraufführte, ist in die Bestenliste des Preises der Deutschen Schallplattenkritik aufgenommen worden.

An seiner Arbeit in Köln schätzt er das Gürzenich-Orchester, die Oper und die Kölner Philharmonie. „Das Orchester kenne ich schon aus meinen Studienzeiten. Mit ihm verbinde ich prägende Musikerlebnisse, nicht zuletzt Mahlers Achte bei der Eröffnung der Philharmonie und legendäre Opernaufführungen. Das Orchester hat eine eigene Persönlichkeit – musikalisch, aber auch menschlich. Es verfügt über einen besonders warmen Streicherklang und über Bläsersolisten, die Geschichten erzählen können. Die Arbeit mit den Gürzenich-Musikern ist von einer ungeheuren Menschlichkeit geprägt, von musikalischer Wachheit und Flexibilität – weit entfernt von jeglichem Parameter-Musizieren. Das rührt zum Teil auch daher, dass das Gürzenich-Orchester zugleich auch die Oper der Stadt bespielt. Die Musiker können dadurch besonders gut zuhören und schnell und achtsam musikalisch reagieren. In der Riphahn-Oper und in der Kölner Philharmonie regelmäßig zu arbeiten, ist pures Musikerglück."

Markus Stenz steht für Wandel und Neuerungen und ist immer für eine Überraschung gut. Gleich zu Beginn seiner ersten Spielzeit führte er den „3. Akt" ein, eine Art musikalisches Überraschungsmoment zum Ausklang des Konzerts nach dem angekündigten Programm. Durch diesen dramaturgischen Kniff kann er das Publikum ganz unvoreingenommen für neue und unbekannte Werke gewinnen.

Seit Mitte Oktober 2005 werden auf seine Initiative hin die Konzerte des Gürzenich-Orchesters in der Kölner Philharmonie live mitgeschnitten. Nur wenige Minuten nach dem Schlussapplaus können die Zuhörer „ihr" Konzert als „GO live!"-Sofort-CD mit nach Hause nehmen. Für diese weltweit einzigartige und innovative Idee erhielt das Gürzenich-Orchester zahlreiche Auszeichnungen.

In der Saison 2011/2012 hat Markus Stenz gemeinsam mit Ranga Yogeshwar ein neues Konzertformat aus der Taufe gehoben: „Experiment Klassik". Das Projekt startete im Februar 2012 mit Strawinskys „Le sacre du printemps". Im Januar 2013 wird das Adagio aus Gustav Mahlers 9. Sinfonie unter die Lupe genommen. Yogeshwar nähert sich als Wissenschaftsjournalist auf seine Weise dem jeweils erläuterten Stück und Markus Stenz als Musiker. Jeder wird in etwa ein halbes Dutzend Aspekte genau beleuchten, nach der Konzertpause folgt dann die vollständige und ununterbrochene Aufführung des Werks.

Kunst und Architektur

Ist nicht ganz Köln ein Kunstwerk? Vielleicht.
Jedenfalls gibt es noch genug Raum für Gestaltung.
Und: In guter kölscher Tradition klaffen die Überzeugungen
von Kunst und Obrigkeit oft weit auseinander.

Peter Bach
Die Kunst des Handelns

Geboren: 10. Mai 1946 in Siegen

Beruf: Rechtsanwalt

Persönliche Rangliste: Gesellschaftliche Verantwortung übernehmen, zuverlässig und ausdauernd Ziele verfolgen, mit Gleichgesinnten ein positives Lebensgefühl entwickeln

Persönliches Motto: Die Künste kennen keine Fremdenfeindlichkeit.

Das mag er an Köln: Rhein, Grüngürtel und Stadtwald, Understatement im Textilauftritt, die heimatlichen Identitäten, die Kontaktfreudigkeit

Das mag er nicht an Köln: Gleichgültigkeit, falsches Harmoniebedürfnis, Verbindlichkeitsdefizite, hohe Potenziale im Ertragen immer neuer Skandale, den unglaublichen Dreck in der Stadt

Zum Karneval: Früher 6 Tage und Nächte

Hobbys: Das faire Spiel, der gute Film, Essen am langen Tisch

Kunst-Lieblinge: Rachmaninoffs 2. Klavierkonzert, Pink Floyd, Arcands „Les invasions barbares", Pina Bauschs „Sacre du printemps"

Persönlicher Blick in die Zukunft: Die gesellschaftliche Mitte muss sich wieder ausdehnen. Eine bürgerschaftliches Gemeinwesen, das sich nur verwalten lässt, wird verkommen.

Er ist der Künstler unter den Juristen. Peter Bach lebt das Recht auf die Mitgestaltung der Gesellschaft als kreativer Förderer verschiedenster Genres. Als spiritus rector des „KunstSalon e.V." sowie als Mitinitiator und langjähriger Sprecher des „Kölner Kulturrats" setzte der gebürtige Siegener Ausrufezeichen für eine Szene, die ihre Visionen ohne Abhängigkeiten von städtischen Haushalten verwirklichen konnte.

Der promovierte Rechtsanwalt war von 1976 bis 2011 geschäftsführender Partner der Anwaltskanzlei Bach, Langheid & Dallmayr – eine Sozietät, die sich kontinuierlich zum inländischen Marktführer für die Beratung und Vertretung deutscher sowie ausländischer Versicherungsunternehmen und Finanzdienstleister entwickelte.

Die Geschäftswelt konfrontierte den Wahlkölner im Laufe seiner langen Karriere nicht nur mit den Salden von Konzernen, auch das Bewusstsein für die Werte der Kunst wurde sensibilisiert. Malerei, Musik, Tanz, Literatur, Schauspiel, Film, Fotografie, Architektur – alles hat seinen Preis. Und dieser ist für Künstler wie auch für Konsumenten, heute wie damals, oftmals zu hoch. Anstelle von Geld-Petitionen an die kommunalen Entscheidungsträger setzte Bach auf das Prinzip der Selbsthilfe und gründete 1994 den „KunstSalon e.V." als gemeinnützigen Verein. Umgeben vom Flair eines Fabriklofts aus dem frühen 20. Jahrhundert kommen im Kölner Süden seitdem Künstler und Kunstfreunde regelmäßig auf Augenhöhe zusammen. Spezielle Kreativ-Offerten für Kinder runden eine generationenübergreifende Idee, die zur Wirklichkeit wurde, ab.

„Unser Anspruch ist es, möglichst viele Menschen an die verschiedenen Künste heranzuführen", so Bach. Dass dieser Wunsch nicht im Konjunktiv verharrte, offenbart die imposante Gästeliste des Hauses aus den vergangenen Jahren: Michael Ballhaus, Karin Beier, Alfred Biolek, Christian Brückner, Hannelore Elsner, Bruno Ganz, Gerhard Haag, Elke Heidenreich, Mauricio Kagel, Jürgen Klauke, Gudrun Landgrebe, Markus Lüpertz, Heike Makatsch, Armin Rohde, Peter Schamoni, Frank Schätzing, Maximilian Schell, Volker Schlöndorff, Julian Schnabel, Milan Sládek, Markus Stenz, Katharina Thalbach, Margarethe von Trotta, Wim Wenders oder Dieter Wellershoff stellen nur einen kleinen Auszug von Persönlichkeiten dar, die in den vergangenen Jahren die Einrichtung auf der Brühler Straße in Raderthal ohne Gagenforderung besuchten.

Mittlerweile gehören dem „KunstSalon" und seinen Sektionen – „Freunde des Schauspiel Köln", „tanzsociety" und „filmsociety e.V." – mehr als 1 200 Mitglieder an, die die Leitideen des Vereins weit über die Grenzen Kölns tragen.

Und nur wenige Jahre nach der ersten Initialzündung betätigte sich Peter Bach als Impulsgeber und seitheriger Sprecher für den „Kölner Kulturrat". Mithilfe dieses Gremiums gelang es mit großer Ausdauer, so gut wie alle Fördervereine der vielen Kunstbereiche mit einem Gesamtvolumen von ca. 25 000 Mitgliedern in einer Interessenvertretung zu versammeln. Mit dem Credo „Man muss etwas für seine Stadt tun!", entwickelte Peter Bach das „Kölner Kulturpolitische Symposium", den „Kölner Kulturindex", den „Kölner Kulturpreis" und vieles andere in der Stadt.

Mit dem Festivalprogrammen „Musik in den Häusern der Stadt" und „Literatur in den Häusern der Stadt" organisiert der „KunstSalon" seine Kölner Konzepte bürgerschaftlicher Eigeninitiative heute auch in Berlin, Hamburg, der Ruhrregion, Bonn, Wiesbaden und Frankfurt. Die privaten Gastgeber heißen dabei die Künstler und das Publikum anstatt in teuren Konzertsälen unkonventionell in Wohnräumen, Ateliers, Lofts, Werkstätten oder Läden willkommen. Neben all den erfüllten Wünschen, mit denen Peter Bach sich selbst und die Kölner Kunstszene bisher beschenkte, bleibt dennoch eine Vision bestehen: „Die Gesellschaft wäre ohne die Kunst schnell ein erbärmlicher Torso. Sie bedarf dringend privaten Engagements, das Geber wie Nehmer bereichert – und Lebensfreude schafft."

Katrin Bergmann
Sprudelnd vor Ideen

Geboren: 9. Dezember 1951 in Düsseldorf

Familie: Verheiratet mit Freiheit und Selbständigkeit

Beruf: Künstlerin

Persönliche Rangliste: (Meine) Kinder, Kunst, Hunde

Persönliches Motto: Man muss Egoist sein und glücklich sein, dann kann man das Glück an andere weitergeben.

Das mag sie an Köln: Die Kölner, die Kölner! Den Rhein als Freiraum fürs Auge, die Kugellampen vor dem Hallmackenreuther auf dem Brüssler Platz

Das mag sie nicht an Köln: Köln ist hässlich und tut nichts für seine Künstler.

Letztes Karnevalskostüm: –

Zum Karneval: Ich hasse Karneval.

Hobbys: Pflanzen, Hundespaziergänge, Backen, Abendessen auf dem Brüssler Platz

Persönlicher Blick in die Zukunft: Ich habe den Traum, noch einmal ein neues Leben auf dem Land anzufangen.

In jedem Kölner Haus wohnt ein Künstler. Davon ist Katrin Bergmann überzeugt, die das „Museum für verwandte Kunst" im Belgischen Viertel leitet und schon viele Kreative zu Ausstellungen eingeladen hat. Die Frau mit den weißblonden langen Haaren und den vielen Lachfalten ist nicht nur Ausstellungsmacherin, sie ist auch Künstlerin und Kunsthandwerkerin und in dieser Dreifachrolle eine eher Spätberufene, wie sie erzählt. Künstlerisch gearbeitet hat sie zwar schon immer, aber 2004 musste sie plötzlich ihren Lebensunterhalt verdienen.

Wie gut, dass ihr ein freundlicher Geist die Räume in der Genter Straße anbot: 75 Quadratmeter Ausstellungsfläche, komplett mit Vorgarten und begrüntem Innenhof sowie einem anhängenden Atelier. Die erste Idee, eigene Werke auszustellen und zu verkaufen, fand sie zu langweilig. So entwickelte sie mit dem Kölner Künstler Stephan Brenn die „Museums"-Idee – frei von den Vorgaben eines Galerie-Programms und dem Zwang, die Exponate zu verkaufen. Ein Ort, an dem sich Kollegen des mittleren Segments präsentieren können. Als „verwandt" empfanden die beiden dabei diejenigen, die mit einem Augenzwinkern arbeiten. Das schönste Geräusch im „Museum" sei das leise Lachen der Besucher, hat Katrin Bergmann mal in einem Interview gesagt.

Während Mit-Initiator Brenn weiterzog zu anderen Projekten und dem „Museum" heute vor allem als einer der ausstellenden Künstler verbunden ist, wurde aus Katrin Bergmann die Frau für alles. Ein Glücksfall, findet sie, und alles andere als langweilig. Zu ihren Aufgaben gehört es, die Ausstellungsthemen zu finden, die bei anderen kreative Funken schlagen. Denn sie selbst beteiligt sich keinesfalls an allen Ausstellungen.

Die Ideen sprudeln bei ihr, so sei sie schon als Kind gewesen. Und wenn so ein Motto sie anspringt, „dann weiß ich direkt, wie alles aussehen muss, bis hin zur Einladungskarte". Und sie weiß, wen aus der gut vernetzten und sehr kameradschaftlich verbundenen Kollegengemeinde sie ansprechen will. Die Künstler nutzen die Einladung ins „Museum" gerne, auch wenn kein Verkauf winkt. „Für manchen ist dadurch was Neues entstanden", erzählt Katrin Bergmann, „etwa ein Kontakt zu einer Galerie. Da bin ich auch eine Art Katalysator geworden."

Weil es keinen Sponsor gibt und keine öffentliche Förderung, finanziert die Macherin ihr Museum selbst – mit dem eigens kreierten Künstlerbesteck „Bonjour Katrin", das sie im Museumsshop verkauft. Die Griffe sind aus Fimo, der quietschbunten Modelliermasse, die viele Betrachter an die Bastelnachmittage ihrer Kindheit erinnert. In immer neuen Mustern und Farbkombinationen gibt es hier alles vom Mokkalöffel bis zu Suppenkelle, Tortenheber und Flaschenöffner.

Auch für ihre künstlerischen Arbeiten verwendet Bergmann neben Fundstücken und Abfall gerne Fimo. Sie schätzt Material nicht nur wegen der Farben, sondern auch wegen seiner Eigenwilligkeit: „Es ist störrischer als Ton und lässt sich nicht vorherbestimmen. Ich kann noch so viele Ideen haben, nur ein Bruchteil davon lässt sich umsetzen." Dazu gehörten zum Beispiel die vielfarbigen „Hunde berühmter Künstler" für die Ausstellung „Dogma – der Hund in der Kunst".

Neben den bunten, fröhlichen Arbeiten schafft sie auch ganz andere Kunstwerke – etwa winzige Puppenstuben, die auf den zweiten Blick ein Katastrophenszenario in Szene setzen.

Gegensätze lässt sie auch sonst gerne aufeinanderprallen, etwa im Nacheinander der Ausstellungen. Da folgen auf kleine Arbeiten große, und nach einer Schau mit wenigen Künstlern kommt eine, die das Fassungsvermögen der Räume strapaziert. Etwa zum fünfjährigen Bestehen, als unter dem Motto „Danke, es geht uns glänzend!" rund 70 Künstlerinnen und Künstler jeweils ein rot-weißes Wischtuch auf ihre Weise verarbeiteten. Bei „Egotrip" folgten sogar rund 80 Kreative der Bitte um ein kleines Selbstporträt. Unter Ausnutzung jeder Nische und selbst der Fensterflächen konnten alle Arbeiten auf Augenhöhe gehängt werden.

Bei allen Gegensätzen gibt es einen roten Faden für Ausstellungen und Aktionen: Die Kunst soll nicht erhoben und vergeistigt daherkommen, sondern sich mit dem befassen, was jeder aus dem Alltag kennt. Und seien es die Bonbonpapierchen, die im Kölner Dom eingesammelt wurden. Oder das Thema Nadelarbeit – ein unbeliebtes Schulfach aus früheren Schultagen. Entsprechend bunt gemischt ist ihr Publikum: Neben etwa einem Drittel Künstlerkollegen kommen vor allem Menschen, die eher nicht zu Vernissagen gehen und sich vom jeweiligen Thema angesprochen fühlen.

Das war auch direkt bei der ersten Ausstellung 2004 – „Hirsch und Heute" – der Fall. Dabei hatte nicht jeder verstanden, dass die röhrenden Hirsche und umhäkelten Geweihen nicht dauerhaft dort hingen. All die Jäger, die sich damals am großen Tisch im Ausstellungsraum quasi häuslich eingerichtet hatten, irren seit dem Ende der Ausstellung heimatlos durch Köln, vermutet Katrin Bergmann mit einem Lachen.

Gottfried Böhm
Was mit Bauklötzen begann

Geboren: 23. Januar 1920 in Offenbach am Main

Familie: Verheiratet seit 1948 mit Elisabeth, geb. Haggenmüller

Beruf: Architekt; Das Architekturbüro leiten jetzt meine Söhne Paul, Peter und Stephan – jeder selbstständig und voneinander unabhängig mit eigenen Projekten.

Persönliche Rangliste: Gute Architektur

Persönliches Motto: Mache das ordentlich und gut

Das mag er an Köln: Das alte Köln, wie es vor dem zweiten Weltkrieg war – und die Kölner Südstadt, weil dort im zweiten Weltkrieg nur wenig zerstört wurde. Außerdem mag ich das Rodenkirchener Bootshaus.

Das mag er nicht an Köln: Die Nord-Süd-Fahrt müsste untertunnelt werden.

Letztes Karnevalskostüm: Das war vor 50 Jahren, da ging ich als alte Dame.

Haben Sie schon als Kind mit Bauklötzen gespielt?: Ja

Welches große, bekannte Gebäude hätten Sie viel besser gemacht?: Viele

Gottfried Böhm wurde in Hessen geboren. Als Sechsjähriger zog er mit seinen Eltern an den Rhein. Sein Abitur machte er 1939 am Apostelgymnasium in Köln – und wurde prompt zum Kriegsdienst eingezogen. Aufgrund einer 1942 in Russland erlittenen Verwundung wurde er vom Militärdienst befreit.

Danach studierte er Architektur und Bildhauerei an der Technischen Hochschule und an der Kunstakademie in München. Zwei Jahre nach Kriegsende zog es ihn zurück in die rheinische Metropole, zum Dom. Längst gilt er in Deutschland – und weit darüber hinaus – als Architektur-Ikone der Gegenwart.

Mit Glas, Stahl und Beton baut er Skulpturen, sagen Architekturkritiker. Sie nennen seinen Stil expressionistisch. Tatsächlich aber sind Böhms Werke nicht eindeutig zuordenbar. Der Architekt hat seine ganz eigene Handschrift, versehen mit einer Vielzahl an geometrischen Formen: Quader, Kegel, Türme, Säulen und Pyramiden. Nicht nur in Deutschland, auch im gesamten Europa und sogar in Brasilien sind Böhms Arbeiten zu sehen.

Der damalige Kanzler Helmut Kohl beauftragte Böhm mit einer Neugestaltung des Berliner Reichstages. Der Architekt schlug eine Glaskuppel vor. An der Umsetzung war er – nach der Wiedervereinigung – zwar nicht beteiligt. Seine Idee blieb jedoch weitestgehend erhalten.

Er baute anfangs vor allem Kirchen – etwa die Kölner Kapelle „Madonna in den Trümmern" sowie den Mariendom in Velbert-Neviges. Die Wallfahrtskirche „Maria, Königin des Friedens" wird von vielen für Böhms wichtigstes Werk gehalten. 1676 soll dem Franziskaner Antonius Schirley dort eine Marienerscheinung widerfahren sein.

Bevor er 1955 das väterliche Architekturbüro übernahm, welches 1921 gegründet wurde, arbeitete Böhm auch ein halbes Jahr bei Cajetan Baumann in New York. Acht Jahre später trat er die ordentliche Professur am Lehrstuhl für Stadtbereichsplanung und Werklehre an der Rheinisch-Westfälischen Technischen Hochschule Aachen an. Die Professur füllte er bis Mitte der 80er-Jahre aus. 1980 nahm er mit mehreren Wohnbauten in Berlin an der Internationalen Bauausstellung teil.

Nach der Abkehr von Kirchenbauten kombinierte Böhm auch häufiger historische Gebäude mit seinen Betonkonstruktionen – beispielsweise beim Bensberger Rathaus oder der Godesburg in Bonn und der Kauzenburg in Bad Kreuznach.

1983 und 1986 leitete der Kölner Seminare am MIT Institute Cambridge, 1985 an der University of Pennsylvania in Philadelphia, wo er zeitgleich den Paul Cret Chair erhielt, 1988 und 1990 an der Washington University. Auch in Sofia unterrichtete er an der International Academy of Architecture.

1977 erhielt der Vater von vier Söhnen die Ehrenprofessur an der Universidad Nacional F. Villareal in Lima, Peru. Die Technische Universität München verlieh ihm 1985 die Ehrendoktorwürde.

In den 70er- und 80er-Jahren folgten eine Anzahl von Mitgliedschaften an renommierten Akademien: 1976 an der Deutschen Akademie für Städtebau und Landesplanung in Berlin, 1983 an der Académie d'Architecture in Paris und 1986 an der Academia Pontificia ad Pantheon in Rom. Die künstlerische Seite seiner Ausbildung ließ er jedoch nie außer Acht: Und so wurde er 1968 Mitglied der Akademie der Künste in Berlin.

Böhm realisierte immer wieder auch größere Projekte. So baute er die WDR-Arkaden in Köln (zusammen mit seiner Gattin), das Kaufhaus Peek & Cloppenburg in Berlin, das Hans Otto Theater in Potsdam, die Zentralbibliothek in Ulm.

Für seine Verdienste wurde Böhm folgerichtig etliche Male ausgezeichnet. Der wichtigste Preis, so meint der Architekt, sei ihm der Pritzker-Architekturpreis, den er 1986 in New York bekam. „Das ist so was wie der Nobelpreis in der Branche." Und er ist bis dato der einzige Deutsche, der ihn je erhielt.

In der Laudatio wurde der Architekt ausdrücklich für seine Verbindung zwischen Tradition und Moderne gelobt: „Sein hochbewegtes Werk kombiniert vieles von dem, was wir ererbt haben mit dem, was wir neu erworben haben – eine unheimliche und berauschende Verbindung, der der Pritzker-Architekturpreis mit Freude die Ehre erweist."

1991 wurde er Ehrenmitglied des Royal Institue of British Architects in London. Die Berliner Akademie der Künste sprach ihm 1974 auch den Kunstpreis zu. Und 1996 ehrte ihn das Land Nordrhein-Westfalen für sein Gesamtwerk mit dem Staatspreis.

Im Museum für Angewandte Kunst in Köln stellte er 2009 unter der Überschrift „Felsen aus Beton und Glas" sein Lebenswerk aus. Diese Retrospektive wurde drei Jahre zuvor bereits in Frankfurt im Deutschen Architekturmuseum gezeigt. Am 21. November 2010 wurde die ehemalige Pfarrkirche St. Ursula in Kalscheuren, die vom Erzbistum Köln aufgegeben und als Galerie wiedereröffnet wurde, ihm zu Ehren in „Böhm Chapel" umbenannt. Sein Architekturbüro hat Böhm 2006 seinen Söhnen übergeben.

Gunter Demnig
Der Spurenleger

© Karin Richert

Geboren: 27. Oktober 1947

Familie: Verheiratet? ... Immer entwischt

Beruf: Bildhauer

Persönliche Rangliste: Meine eigene Arbeit

Persönliches Motto: Das geht nicht! ... Na, dann erst recht!

Das mag er an Köln: Liegt am Rhein

Das mag er nicht an Köln: Bin so selten zuhause

Letztes Karnevalskostüm: Pirat (in der Grundschule)

Hobbys: Keine Zeit

Persönlicher Blick in die Zukunft: Die Sterne lügen nicht.

DIE 100 WIRKLICH WICHTIGEN KÖLNER

Wer aufmerksam durch die Stadt geht, findet sie vor vielen Hauseingängen: pflastersteingroße Bodenplatten aus Messing, die an frühere Bewohner und deren Schicksal im Nationalsozialismus erinnern. „Stolpersteine" heißen die kleinen Mahnmale, die nicht nur in Köln liegen: Europaweit sind es mehr als 35 000 in zehn Ländern. Allein in Deutschland sind sie auf 742 Kommunen verteilt. Geplant und verlegt hat die Steine der Aktionskünstler Gunter Demnig, um an Juden, Sinti und Roma, Homosexuelle, politisch, religiös und anderweitig Verfolgte zu erinnern.

Für seine Arbeit erhielt Demnig zahlreiche Auszeichnungen, darunter das Bundesverdienstkreuz und die Alternative Ehrenbürgerschaft in Köln. Der Stadt ist der gebürtige Berliner verbunden, seit er sich 1985 hier niederließ. Mehr als 25 Jahre lang lebte und arbeitete er hier, bis er 2011 ins alte Stellwerk der Köln-Benzelrieder Eisenbahn in Frechen zog.

Einen Großteil seiner Zeit verbringt der Künstler und studierte Kunstpädagoge aber im Kleintransporter auf der Straße. Mit den Stolpersteinen übersetzt er abstraktes Geschichtswissen in Wirklichkeit. Die Opfer finden Platz in der Gegenwart, genau dort, wo sie gewohnt haben, bevor sie flüchten mussten bzw. verhaftet oder deportiert wurden. „Ein Mensch ist erst vergessen, wenn sein Name vergessen ist", sagt Gunter Demnig.

Allerdings eckt seine in Kunst verpackte Erinnerungsarbeit auch an. Schon in frühen Aktionen legte er ganz räumlich Spuren, um Dinge sichtbar zu machen, und musste sich schon mal wegen der Verwendung von Tierblut rechtfertigen. In Köln nahm er sich 1990 die Deportation der Sinti und Roma im Mai 1940 vor: Mit einer rollenden Druckschablone fuhr er deren Fußweg vom Lager in Köln-Bickendorf bis zum Deutzer Bahnhof ab. Für den 15 km langen weißen Schriftzug verwendet er – anstelle der von der Stadt genehmigten Kreide – Fassadenfarbe, die nur langsam vom Asphalt verschwand. An markanten Stellen liegt der Schriftzug heute als längliche Messingplatte.

Auf ihre stille Art machen auch die Stolpersteine Geschehenes sichtbar. Die ersten verlegte Demnig probeweise 1995 im Kölner Griechenmarkt-Viertel, um zu zeigen, dass sie kein Hindernis auf dem Gehweg darstellen. Die erste „richtige" Verlegung erfolgte 1996 in Berlin-Kreuzberg, während rund 230 bereits fertige Steine für NS-Opfer aus Köln warten mussten, weil die Stadtverwaltung keine Genehmigung erteilte. Erst 2000 gab der Stadtrat grünes Licht. Entmutigen ließ und lässt sich der Alt-68er nicht von solchen Widrigkeiten.

Eher spürt er, der 1947 als Nachkriegskind geboren wurde, langsam die Jahrzehnte körperlicher Anstrengung. Die Stolpersteine entstehen in Handarbeit: Auf den Betonkorpus von knapp 10 cm Kantenlänge wird eine Messingplatte verankert. In ihr schlägt Demnig mit Hammer und Schlagbuchstaben die Inschrift ein. Auf die Anfangszeile „Hier wohnte" folgen Name und Geburtsjahr sowie Informationen über Verhaftung und Deportation, Lager, Todesdatum und – sofern bekannt – die Todesumstände, in anderen Fällen Fluchtdatum und -ort. Gelegentlich findet sich der Vermerk „überlebt".

Anfangs ermittelte Gunter Demnig die Daten selbst. Heute recherchieren lokale Initiativen die Lebensgeschichten der Opfer, und Paten zahlen die 120 Euro für Herstellung und Verlegung eines Steins. Hausbewohner, Angehörige oder andere Einzelpersonen werden hier genauso aktiv wie Schulklassen, Vereine und politische oder kirchliche Gruppen. Nicht zuletzt das unterscheidet Demnigs Projekt von vielen anderen Mahnmalen: Weil sich Menschen vor Ort intensiv mit einer Person, ihrem Schicksal und dem Nazi-Terror befassen, hat sich mehr verändert als ein Stück Bürgersteig, wenn Gunter Demnig in Arbeitskleidung, mit Bauarbeiter-Handschuhen und seinem typischen Schlapphut kommt und einen oder mehrere Steine in gebückter Haltung handwerklich sauber in den Boden einlässt.

Neben viel Zustimmung erfährt der Künstler auch Ablehnung. Es gibt Beschädigungen der Steine durch Rechte, Beschimpfungen und sogar Morddrohungen gegen ihn. Vorbehalte haben aber auch einzelne jüdische Gemeinden. Einzelne Städte und Ortschaften finden Ausflüchte, weil sie der Verlegung nicht zustimmen wollen. Und mancher Hausbesitzer fürchtet um sein Ansehen oder den Wert seiner Immobilie.

Zu den eher kuriosen, aber dennoch existenzbedrohenden Widerständen gehörte der Steuerstreit mit der nordrhein-westfälische Finanzverwaltung im Sommer 2011: Die Beamten sahen in den Steinen nicht Kunst, sondern Massenware. Entsprechend sollte Demnig 19 Prozent Umsatzsteuer zahlen, statt des ermäßigten Satzes von 7 Prozent. Und zwar rückwirkend, so dass 150 000 Euro Nachzahlung fällig gewesen wären. NRW-Finanzminister Norbert-Walter Borjans beendete den Spuk.

Aber der Vorgang rief ins Gedächtnis, dass der Spurenleger Demnig mit seinem Kampf gegen das Vergessen ein lebendiges „Kunstwerk für Europa" geschaffen hat, ein dezentrales Monument, das beständig wächst. „Einfach aufhören kommt bei so einem Projekt nicht infrage", sagte er jüngst in einem Fernsehbeitrag.

Professor Henrik R. Hanstein
Kunst als Leidenschaft

Geboren: 23. August 1950 in Köln

Familie: Verheiratet mit Dr. Mariana M. de Hanstein, zwei Kinder

Beruf: Kunstversteigerer, Antiquar, Kunsthistoriker

Persönliche Rangliste: Schönheit, Geschichte, alles Polyglotte

Das mag er an Köln: Das Sympathische an meiner Heimatstadt ist die geradezu lateinische Lässigkeit, wenngleich sie gelegentlich an Fahrlässigkeit grenzt.

Das mag er nicht an Köln: Die Umgebung des Doms wurde schäbig behandelt, er steht wie auf einer Käsekuchenplatte. Es gibt keine richtigen Plätze, ein schwaches Verkehrskonzept. Der Kulturetat ist zu gering.

Letztes Karnevalskostüm: In den Farben der Ehrengarde

Hobbys: Ich habe das große Glück, dass mein Beruf mein Hobby ist.

Mitten in der Stadt Klee an der Wand. Ein Richter im Gang? Große Meister wie Max Liebermann, Macke. Hier, im denkmalgeschützten Haus am Neumarkt ist das Herz eines der führenden Kunsthäuser Europas und es ist das älteste der Welt in Familienbesitz. Professor Henrik R. Hanstein führt die Tradition des 1802 gegründeten Unternehmens fort. Und: Wenn in einem der Büros für die 55 Mitarbeiter ein Bild an der Wand hängt, dann ist es ein Original. Hansteins Mitarbeiter, in der Mehrzahl vom Magister aufwärts bis hin zu Lehrbeauftragten an renommierten Universitäten, wissen das zu schätzen. Wer hier, in der Zentrale eines weltweit tätigen Unternehmens tagein tagaus nicht selten Millionenwerte zur Begutachtung und Einwertung in den Händen hält, der empfindet das Original eines Künstlers an der Bürowand allemal angenehmer als alles andere.

Begonnen hat die Geschichte des Unternehmens im Jahre 1802, als Johann Matthias Heberle in Köln ein „Antiquargeschäft mit Auktionsanstalt" eröffnete. Schnell erwarb sich Heberle einen sehr guten Ruf, er vermochte bedeutende Buch- und Kunstauktionen zu veranstalten. Als Heberle starb, trat sein junger Mitarbeiter Heinrich Lempertz 1840 an die Spitze des längst renommierten Unternehmens, das in der Folgezeit unter anderem die bedeutende Bibliothek des Dichters und Forschers August Wilhelm Schlegel wie auch des Dichters, Historikers und Philosophen Ernst Moritz Arndt in Auktionen veräußern konnte. 1875 kaufte Peter Hanstein die Firma und verlagerte das von Lempertz in die Bonner Filiale verlegte Auktionsgeschäft allmählich nach Köln. 1917 gelang mit dem Ankauf des Fastenrath-Hauses am Neumarkt der Sprung ins Zentrum Kölns. Wie große Teile der Innenstadt, wurde die Lempertz-Zentrale 1943 von Bomben zerstört. Nach der Währungsreform erstand Lempertz wie Phönix aus der Asche: Binnen wenigen Jahren zählte das Unternehmen wieder zu den Marktführern im Lande, konnte am Neumarkt ein Neubau (1952) errichtet werden. Nun sollte zeitgenössische Kunst ein Forum haben: 1965 wurde die Galerie Lempertz Contempora gegründet. Seit 1976 steht Professor Henrik Hanstein an der Spitze des heute zu einer kleinen aber feinen Unternehmensgruppe gewachsenen Auktionshauses. 1984 erwarb er eine Beteiligung an dem Antiquariat Venator (Venator & Hanstein), ergänzte so das Programm. Er führte das Kunsthaus Lempertz als einziges deutsches Auktionshaus in die 1993 gegründete Gruppe International Auctioneers (IA), die weltweit acht führende unabhängige Auktionshäuser aus acht Ländern vereint. Hanstein setzte von Anbeginn darauf, auf wichtigen Marktplätzen präsent zu sein. Zu der von seinem Vorgänger Mitte der Sechziger gegründeten Repräsentanz in New York, fügte er Zürich und São Paulo hinzu, stemmte die Wiedereröffnung einer Dependance in Brüssel, wurde in Berlin und München mit Filialen tätig.

Längst ist der Kunstmarkt globalisiert, zumindest was die führenden Unternehmen angeht. Alles ist in den vergangenen Jahren ein wenig schneller aber auch diffiziler geworden. Auch die Käufer kommen aus der ganzen Welt. Allerdings stellt Hanstein seit geraumer Zeit fest, dass rund neunzig Prozent der Kunden der China-Abteilung heute aus Asien kommen. Kulturgüter werden zurückgekauft. Auch aus den Ländern der ehemaligen Sowjetunion kommen viele Interessenten für religiöse Kunst. Über die Hälfte aller Kunden bei Lempertz kommen heute aus dem Ausland, auch wenn Kölns starker Mittelstand wie eh und je kräftig sammelt. Hanstein sieht das Unternehmen Lempertz weiterhin als Treuhänder in der vermittelnden Position zwischen Verkäufer und Käufer; Und das im Kerngeschäft mit Kunst, „wo kein Werk wie das andere ist".

In bewegter Zeit studierte der in Köln geborene Henrik Hanstein in München Kunstgeschichte und Politische Wissenschaften, wurde Antiquar und Kunstversteigerer. 1976 trat er in das Kunsthaus Lempertz als persönlich haftender Gesellschafter ein. Köln ist für den verheirateten Vater zweier Kinder trotz aller Umbrüche eine liebenswerte Stadt geblieben. Er schätzt die emphatischen Menschen, liebt schöne Ecken wie Marienburg, die Promenaden am Rheinufer, romanische Kirchen und die hohe Anzahl herausragender Bauwerke. Am meisten stört ihn, dass der Dom wie auf einer Käsekuchenplatte steht. Die Umgebung des Doms wurde aus seiner Sicht schäbig behandelt. Dieses weltberühmte Bauwerk brauche den „besten Rahmen". Das verkenne man bislang in der Stadt. Auch stößt ihm auf, dass in Köln keine richtigen Plätze und ein eher minderes Verkehrskonzept gebe, aber noch viel mehr: Der Kulturetat Kölns ist Hanstein zu gering und er plädiert dafür, die Kultur tiefgreifend mehr zu pflegen.

Trotz klarer Kritik an der Stadt ist Hanstein einer, der sich sowohl als Unternehmer als auch privat zu Köln bekennt. Und er ist offen wie seine Stadt, lässt sich privat von allem, was ihn anspricht, inspirieren. Auf seiner persönlichen Rangliste tauchen Schönheit, Geschichte und alles Polyglotte auf. Hansteins Hobbys sind „Leidenschaften", die er pflegt. So das Golfen, oder auch Momente, in denen er das Alleinsein schätzt. Wer schon aus beruflichen Gründen um die Welt jettet wie Henrik Hanstein, der schätzt einen privaten Dreitagetrip nach Venedig mehr als alles andere. Und er besucht gerne Patagonien, die Heimat seiner Frau Dr. Mariana Mollenhauer de Hanstein, die für ihr Land Chile das Konsulat für Nordrhein-Westfalen führt. Natürlich in Köln, „der lateinischsten deutschen Stadt".

Angie Hiesl
Wenn Kunst durch den Alltag schwebt

Geboren: in Riedenburg/Oberpfalz

Beruf: Künstlerin

Persönliches Motto: Scheinbar Unmögliches möglich machen

Das mag sie an Köln: Köln hat eine angenehme, offene Atmosphäre. Es ist eine sehr lebendige Stadt, unfertig und disparat und vielerorts liebenswert hässlich. Ich konnte hier sehr frei meine eigene Kunst entwickeln und werde von der Stadt unterstützt. Trotz oder gerade wegen des Chaos', was oft herrscht, ist hier doch einiges möglich. Die weniger guten Seiten Kölns kann ich auch deshalb gut ertragen, weil ich immer wieder die Möglichkeit habe, auch außerhalb der Stadt zu arbeiten. Aber ich komme jedes Mal gerne wieder zurück – nach Köln am Rhein.

Das mag sie nicht an Köln: Die Wunde, den Schandfleck: das eingestürzte Stadtarchiv, außerdem die Planlosigkeit, das Chaos, die mangelnde Weitsicht, Misswirtschaft und das Verschleudern von Potenzialen: Warum werden die Schätze, die die Stadt hat, wie z.B. seine Künstler und Künstlerinnen und die freie Szene, nicht gehoben und besser gefördert?? Der Stadtführung fehlt der Mut zu gestalten und wirklich etwas zu wagen.

Zum Karneval: Köln ist ohne Karneval undenkbar!!

Persönlicher Blick in die Zukunft: Im Mut zur Veränderung läge das Potenzial dieser Stadt.

Das kann nur ein Traum sein: Oben an der Hauswand sitzt eine ältere Frau auf einem weißen Stuhl und liest ein Buch. Eine andere schneidet ein paar Straßen weiter hoch über dem Bürgersteig Brot. Um die Ecke sitzt ein alter Mann mit Hut zwischen den Fenstern des ersten Stocks und schreibt kleine Zettel. Wenn sie nach unten segeln, jagen Passanten ihnen ungläubig lachend hinterher. Nicht jeder wird wissen, dass er gerade Teil einer Performance wurde.

Ähnlich irritiert stolpert der Blick über den Tänzer, der sein leuchtend-blaues Hosenbein mit einem Straßenpoller teilt. Oder über die junge Frau im gelben Kostüm, die wieder und wieder um einen Laternenpfahl taumelt. Auf dem Dach einer Liftfass-Säule liegt währenddessen einer im Anzug auf dem Bauch und rudert mit Armen und Beinen, fassungslos bestaunt von zwei Schülern und einem Obdachlosen.

Surreal anmutende Szenen dieser Art inszeniert Angie Hiesl seit Anfang der 1980er Jahre als Regisseurin, Choreografin und Performancekünstlerin. Die Wahl-Kölnerin, die in Venezuela, Peru und Deutschland aufgewachsen ist, holt damit so viel Verrücktes in den Alltag, dass der Betrachter über das Traumhafte (in) der Wirklichkeit nachdenken muss – und darüber, was einen Raum jenseits seines eigentlichen Zwecks ausmacht. Warum lockt am Boden der Fußgängerunterführung plötzlich eine Rasenfläche? Schwebt da am Bahnhof wirklich eine Unterwassertänzerin durch einen Kubus aus Plexiglas? Und wie kann die Künstlerin die Wand einer alten Industriehalle hochlaufen?

Hiesl hat Tanz und Bewegungstheater an der Sporthochschule Köln studiert und weitere Ausbildungen in Körper- und Theaterarbeit absolviert: eine durchtrainierte Frau mit langen, inzwischen grauen Haaren, die sie oft zu einem riesigen Knoten oben auf dem Kopf schlingt. Seit 1986 arbeitet sie immer wieder mit dem Musiker und Performancekünstler Gerno Bogumil zusammen und seit 1997 ist der Regisseur, Choreograf und Künstler Roland Kaiser ihr künstlerischer Partner, mit dem sie zum Beispiel Projekte zu den Themen gekachelte Räume, Kleidung oder Haare entwickelte.

Ihr wohl erfolgreichstes Projekt, die Fassaden-Inszenierung mit dem Titel „x-mal Mensch Stuhl" hat sie allerdings alleine entworfen. Dafür erhielt sie 1998 den Europäischen Straßentheaterpreis. 100 Aufführungen in 32 Städten hat sie mittlerweile inszeniert – in Deutschland und anderen europäischen Ländern sowie in Lateinamerika und Kanada. Dass die Uraufführung 1995 in Köln stattfand, ist kein Zufall.

„Offenheit und Kommunikationsfreudigkeit" bescheinigt sie den Kölnern. Die „gewisse Leichtigkeit" kommt ihrer Arbeit entgegen. Das Publikum nimmt die Arbeiten gerne an, ob drinnen oder draußen an „kunstfremden" Aufführungsorten. Deshalb fühlt sie sich hier in der Wahl der Themen nicht beschränkt und frei, „ihre künstlerischen Statements zu platzieren – egal an welchem Punkt der Stadt". Auch Kölns hässliche Seiten werden dabei zum Thema oder zumindest zu einem Reibungspunkt für Kunstaktionen. Anders gesagt: „Natürlich ist Köln nicht so schön wie Rio de Janeiro, aber es ist anders schön."

Dass sie Köln gerne für die Uraufführung ihrer Projekte wählt, liegt auch an der Wertschätzung, die sie mit ihrer Arbeit hier erfährt. Das fängt schon bei der unproblematischen Genehmigung von Aktionen im öffentlichen Raum an. „Wir sind in all den Jahren so vielen Menschen begegnet, die auf die unterschiedlichste Art und Weise unsere Arbeit unterstützt haben, ob in den verschiedenen Ämtern oder im Privaten. Es gibt sozusagen im Verborgenen die Ermöglicherinnen und Ermöglicher." So habe sie sich „ein Strukturnetz erarbeiten können, auf dem wir aufbauen".

Dem alten Ruf als Kunststadt wird die Rheinmetropole allerdings nicht mehr so gerecht wie in den 1970er und 1980er Jahren, als viele Impulse von hier noch international ausstrahlten. Bei aller guten Erfahrung in eigener Sache bedauert sie, dass Politik und Verwaltung viele gute Leute einfach abwandern ließen: „Sie haben sich nicht um sie gekümmert und um das, was sie geleistet haben." Wohl auch, weil die Zuständigen manches nicht verstanden haben: „eine Koppelung aus Ignoranz, Laisser-faire und Stümperhaftigkeit". Zu den Fehlentscheidungen, die „von falschen Leuten" getroffen wurden, zählt sie den Abriss des Stollwercks und der alten Kunsthalle am Neumarkt – „ein Ort, der für zeitgenössische Kunst ein historischer Eckpfeiler war."

Umso erfreulicher, dass sich in den letzten Jahren in Sachen Kunst „wieder viel Positives in der Stadtlandschaft tut" – durch Initiativen der Szene selbst, aber auch durch engagierte Bürgerinnen und Bürger. „Die freie Szene erfährt wieder mehr Aufmerksamkeit, behauptet sich über die Stadtgrenzen hinaus." Auch in den Museen, im Schauspiel und der Oper sitzen gute Leute, deren Potenzial Köln wieder zur Größe verhelfen kann – „wenn man gut mit ihnen umgeht". Es täte der Stadt gut und wäre „ein starkes Statement", wenn die Politik diese Entwicklungen noch entschiedener fördern würde, meint Angie Hiesl und hofft, dass das kein Traum bleibt.

Daniel Hug
Vater der „Mutter aller Kunstmessen"

Geboren: 9. August 1968

Familie: Geschieden, keine Kinder, tolle kanadische Freundin Natalia Tkachev

Beruf: Direktor der ART COLOGNE; Anzahl Mitarbeiter: 8

Persönliche Rangliste: Kunst, Familie

Das mag er an Köln: Die Lage mitten in Europa, den Dom, die Architektur aus den fünfziger und sechziger Jahren. Das kulturelle Angebot und hier besonders das Kolumba-Museum, den Kölnischen Kunstverein und das Museum Ludwig

Das mag er nicht an Köln: Den ständigen Vergleich der Kölner Kulturszene mit Berlin. Viel mehr sollte man sich auf die eigenen Stärken konzentrieren, denn jeder Ort hat etwas Gutes, Einzigartiges zu bieten.

Letztes Karnevalskostüm: Venezianischer Pestdoktor

Zum Karneval: Eine besuchte Karnevalssitzung

Hobbys: Kunst

Persönlicher Blick in die Zukunft: Mehr Menschen werden Kunst machen und kaufen.

Bei Daniel Hug dreht sich 24 Stunden am Tag alles um Kunst, schließlich machte der Schweiz-Amerikaner seine große Leidenschaft zum Beruf: Seit 2008 ist er Direktor der ART COLOGNE und brachte die „Mutter aller Kunstmessen" wieder auf Erfolgsspur. Mit viel Energie und Kunst-Sachverstand entwickelte der heute 44-jährige seitdem die Kölner Kunstmesse künstlerisch und strategisch weiter und suchte dafür stets den engen persönlichen Kontakt zu Galerien, Institutionen und Privatsammlern. Um dies zu erreichen ist er unermüdlich unterwegs, spricht mit Galeristen der Region ebenso wie in Europa und Übersee, hält Vorträge bei Empfängen und Kongressen, entwickelt Kooperationen mit Institutionen und sucht langfristige Sponsoren für die Förderprojekte der ART COLOGNE. Und da Daniel Hug weder Auto fährt noch gerne fliegt, ist er – wenn möglich – stets mit der Bahn unterwegs. Dies ist mitunter der beste Ort für Mitglieder seines Teams, um ein längeres Gespräch mit ihm zu führen – ob als Mitreisender oder am Telefon.

Doch woher hat Hug seinen Kunst-Sachverstand, mit dem es ihm gelang, die vor einigen Jahren noch totgesagte ART COLOGNE wieder zu beleben? Als Sohn eines Schweizer Innenarchitekten und Enkel des ungarischen Konstruktivisten und Bauhauskünstlers Lázló Moholy-Nagy wurde ihm die tägliche Auseinandersetzung mit der Kunst sprichwörtlich in die Wiege gelegt. Gerade elf Jahre alt, wanderte Daniel Hug mit seiner Mutter und dem älteren Bruder in die USA aus, lernte sich „durchzubeißen". Wenige Jahre später studierte er Kunstgeschichte an der School of the Art Institute of Chicago. Sein Studienort sollte später auch Standort seiner ersten Galerie werden: CHICAGO PROJECT ROOM, in der er gemeinsam mit seinem Galeriepartner unter anderem Künstler wie Candice Breitz, Muntean Rosenblum, Helen Mirra, Gerwald Rockenschaub und Henrik Plenge Jakobsen vertrat. So weiß der heutige Direktor der ART COLOGNE aus eigner Erfahrung, welche Erwartungen ein Galerist an die Leitung und das Team einer Kunstmesse hat, was ihm bei seinen heutigen Aufgaben stets behilflich ist.

Zwischen 1998 und 2001 agierte Daniel Hug als Kurator verschiedener Ausstellungen. Gleichzeitig sammelte er als Mitglied des Auswahlkomitees zur „Art Chicago International Art Fair" und als Berater der „Art LA" erste Erfahrungen im Ablauf von Messeorganisation und der Galerienakquise. Es folgten fünf Jahre Galerienzeit im Chinatown-Viertel von Los Angeles. Dort zeigte er erneut junge Künstler aus Deutschland, Polen und den USA, darunter Ulrich Lamsfuß, Thomas Zipp und Rafal Bujnowski. Bevor Hug dauerhaft von Chicago nach Köln umzog, nahm er bereits als Aussteller an der ART COLOGNE teil. 2008 folgte der Ruf nach Köln, dem zu folgen er bis heute nicht einen Tag bereut hat.

Und auch seine Freizeit in Köln verbringt Daniel Hug mit und für die Kunst. Sein „perfekter Tag" beginnt ein bisschen später als sonst, nach einem guten Frühstück mit der International Herald Tribune, der FAZ und dem Kölner Stadt-Anzeiger. Das beste Frühstück bekommt man in seinen Augen im Café Fassbender direkt gegenüber der St.-Aposteln-Kirche hinter dem Kölnischen Kunstverein. Danach besucht Daniel Hug oft und gerne die jungen Kölner Galerien wie Desaga, Schmidt & Handrup und Warhus Rittershaus oder aber macht einen Abstecher zu Galeriegrößen wie Karsten Greve, Gisela Capitain, Daniel Buchholz, Christian Nagel oder Michael Werner, um sich hier in mitunter lange Gesprächen über Kunst und Kunstgeschichte zu vertiefen. Auf seinem Rundgang durch das Belgische Viertel darf auch ein Abstecher in den Salon Schmitz nicht fehlen. Dort hängt nicht nur erstklassige Kunst der Tobias-Brüder, sondern man trifft die beiden oft auch persönlich an, ebenso wie viele andere Künstler und Galeristen. Daher in Daniel Hugs Augen nicht nur das beste Kaffeehaus Kölns sondern auch der „place to be seen" um spontan weitere Kunstenthusiasten zu treffen.

Elke Koska
Zur Muse geboren

© ddp

Geboren: in Dortmund

Familie: Verheiratet

Beruf: Muse

Persönliches Motto: Ich gebe jedem Tag die Chance, der beste Tag meines Lebens zu sein.

Das mag sie an Köln: Köln ist lebendig und kommunikativ.

Das mag sie nicht an Köln: Nichts – denn ich habe mich für Köln entschieden.

Zum Karneval: Karneval ist etwas für Leute, die Angst haben, das ganze Jahr bunt zu leben.

Hobbys: Die Kunst

Persönlicher Blick in die Zukunft: Ich lebe gerne. Das Geheimnis von Glück ist Zufriedenheit, und ich bin ein sehr glücklicher Mensch.

Elke Koska hat die Glückseligkeit zum Lebensprinzip erkoren. Um dies auszudrücken und sich auch selber daran zu erinnern, wie facettenreich das Dasein ist, trägt die Wahlkölnerin kunterbunte Farben. 24 Stunden lang, Tag und Nacht wandelt Koska gleich einem Bildnis, komponiert von hunderten Pinseln, durch ein schillerndes wie kompromissloses Leben. Wie viele Jahre dies schon zählt, bleibt ein Geheimnis der gebürtigen Dortmunderin, die von sich sagt, sie denke niemals in Klischees. In der Rheinmetropole vollends entfaltet, begann die vielleicht berühmteste Muse des 21. Jahrhunderts ihre Karriere im Ruhrgebiet. Hier lernte Koska als junge Frau in den 1970er Jahren den noch weitestgehend unbekannten HA Schult kennen und lieben. Fasziniert von dessen Fantasien fokussierte sich die ehemalige Schauspielschülerin fortan auf die Realisierung der Projekte Schults. Koskas weitsichtiges Agieren hinter den Kulissen hielt dem Künstler im Laufe der Dekaden den Rücken frei und machte so den Siegeszug für Schults „Trash People" rund um die Welt erst möglich. Bürokratischen Hindernissen in Form von Genehmigungsmarathons und skeptischen Verhandlungspartnern aus Politik oder Verwaltung begegnet Elke Koska mit einem Willkommensgruß für unkonventionelle Botschaften im Zeichen der Kunst. Köln markiert dabei einen besonderen Ort für die Realisierung von Projekten: „Es ist ein Vergnügen, mit den Kölner Ämtern zu arbeiten. Sie sind motiviert und engagiert", zeigt sich Koska über die heimischen Ansprechpartner begeistert. Um auch jenseits des Rheinlandes erfolgreich arbeiten zu können, eignete sie sich Sprachen wie Englisch, Italienisch, Französisch und Russisch an. Sogar vor Mandarin wurde kein Halt gemacht, um das Müll-Ensemble auch den Menschen in Chinas Hauptstadt Peking sowie den Besuchern der chinesischen Mauer zugänglich zu machen. Darüber hinaus erlebten Kairo und Gizeh den „Aufmarsch" der beindruckenden Schrottarmee.

Durch ihr logistisches Geschick und ihre individuelle Lebensweise wurde Elke Koska selbst zum lebenden Kunstwerk, das der Gesellschaft nicht nur die Leidenschaft für Kunst, sondern auch den Weckruf „Emanzipation" tagtäglich vor Augen und Ohren hielt und hält. Ihr Geheimnis zur erfolgreichen Selbstverwirklichung erkläre sich dadurch, dass sie keine Geheimnisse besitze, so das Multitalent.

Begrifflichkeiten wie „Managerin", „Organisatorin" oder „Künstlerin" vermeidet Elke Koska in der Beschreibung ihrer Persönlichkeit: „Ich bin schlicht eine Muse. Kunst ist Leben, und Leben ist Kunst, darum bin ich gerne Muse", erklärt die Ex-Gattin von HA Schult. Trotz der Trennung nach einer 25-jährigen Ehe arbeitet sie immer noch ausschließlich für den Objekt- und Aktionsmaestro. „Nur bei einem guten Künstler kann man eine gute Muse sein, und Schult ist einer der wichtigsten Künstler unserer Zeit", lautet ihre logische Folgerung.

Einen kurzen Ausflug in die Rolle der Schöpferin legte Koska bald wieder zu den Akten, obgleich die Ausstellung „Glückliche Mäntel" – eine Präsentation von selbstgenähten Kleidungsstücken im Jahr 2009 – positive Resonanzen erhielt. „Ich bin immer noch Muse und keine konkurrierende Künstlerin. Ich habe meine Mäntel ausgestellt und damit dem Sammler dieser Artefakte die Möglichkeit gegeben, auch zu einer lebenden Skulptur zu werden", unterstreicht Elke Koska ihre Berufung zur Inspirationsquelle. Als Förderin des Genius der Kunst verlautbart sie dabei eine ebenso knappe wie streitbare Einschätzung zum Thema Unterstützung durch Bund, Länder oder Kommunen: „Kunst darf nicht gefördert werden – Kunst muss frei sein und die Welt verändern!"

Mit ein wenig Wehmut blickt die Zeitzeugin und Kultur-Mitgestalterin auf die hiesige Szene am Rhein: „Köln war einst nach New York und Paris die wichtigste Kunst-Stadt. Jetzt ist es nur noch eine Stadt." Dennoch bleibt die Weltenbummlerin optimistisch. Eine Kunst sei es ebenso, sich selber zu leidenschaftlicher Kreativität zu motivieren. Dies gelingt der Muse auch abseits ihrer legendären Wohnung, die sie über viele Jahre in einem Pfeiler der Deutzer Brücke großzügig eingerichtet hatte. Im Zuge von städtischen Sanierungsarbeiten musste die Mieterin ihr ungewöhnliches Domizil 2010 verlassen. Mittlerweile lebt die Liebhaberin der Künste in dritter Ehe in Köln-Rodenkirchen. Auf den idyllischen Stadtteil im Süden sollte die Passion einer Muse in jedem Fall belebend wirken.

Gerda Laufenberg
Dichterin mit Stift und Farbe

Geboren: 1944

Familie: Verpartnert mit einer wunderbaren, klugen Frau

Beruf: Künstlerin - anstrengend, aber befriedigend

Persönliche Rangliste: Privatleben – Skizzenbuch – das Stück Rheinufer, an dem ich wohne – die Museenlandschaft in Köln – die Theater – die Bibliotheken – die Südstadtkneipen

Persönliches Motto: Es gibt immer verschiedene Weg, sie lassen sich auch kreuzen – und ich möchte sie alle gehen dürfen.

Das mag sie an Köln: Die vielen Quatschköpfe in den Kneipen, die ganzen kleinen Theater, das Rheinufer bei Rodenkirchen und immer wieder den Dom

Das mag sie nicht an Köln: Die vielen hässlichen Plätze, die konzeptlose Bebauung des Rheinauhafens nach dem Prinzip „Da passt noch was hin."

Letztes Karnevalskostüm: Rhein-Piratin mit Augenklappe

Zum Karneval: Besuchte Karnevalssitzungen: Ich bin noch dabei zu zählen ...

Verbrauch von Leinwand und Papier im Jahr: Ich schätze mal 500 Meter Leinwand und 500 Quadratmeter Papier. Das meiste werfe ich später weg...

Verbrauch von Pinseln: Unglaublich viele, weil ich immer wieder vergesse, sie auszuwaschen...

"Seitdem mir jemand erstmals ein Stück Kreide in die Hand drückte, male ich", sagt Gerda Laufenberg. Das sei kurz nach ihrer Einschulung in eine katholische Grundschule in Köln-Nippes gewesen. Freiwillig übernahm sie den Tafeldienst in der Klasse. „Von da an besaß ich große Mengen an geklauter Schulkreide und bemalte Hauswände."

„Nach der Schule absolvierte ich brav aber lustlos – meinem Vater zuliebe – eine Lehre als Versicherungskauffrau." Die schloss sie mit Auszeichnung ab. Dennoch wollte sie ursprünglich Bildhauerin werden. „Doch ich stellte fest, dass ich lieber zeichnete. Das war spontaner." Heute malt Laufenberg Frauen, Karneval, Tiere, Traumbilder, immer wieder ihr Köln und den Dom sowie Karikaturen. „Anfangs waren meine Bilder grau, düster und kritisch. Jetzt sind sie menschlicher, auch fröhlicher." Denn sie wolle die Betrachter ihrer Werke „erfreuen und nicht bekehren. Humor in der Kunst ist wichtig."

1974 stellte sie in einer Kölner Galerie, die mittlerweile nach Berlin gezogen ist, erstmals ihre Werke aus. Auch in Frankreich, Belgien, den Niederlanden und Spanien waren ihre Bilder schon zu sehen. Anschließend „lernte ich etwas an den Kölner Werkschulen dazu, nicht allzu viel." 1977 bezog sie ihr erstes eigenes Atelier.

Seither entwickelte sie ihren eigenen Stil: „Ich übertreibe gerne etwas. Von dieser Spannung lebt meine Kunst." Und so steht der Dom auf ihren Zeichnungen nie gerade: „Der schunkelt bei mir, ganz von selbst." Aufgeschnappte Gespräche seien oft Inspirationsquelle für sie. So haben ihre Bilder alle eine zeichnerische Pointe ironisch-satirisch. Charakteristisch für die Köln-Malerin sei ihr Gedankenwitz – der manchmal auch schlicht Unsinn sei, jedenfalls nah am Leben.

Laufenberg ist Mitglied im Berufsverband Bildender Künstler Köln. Sie gestaltet seit 1996 den „Köln ist Kult(ur)"-Kalender, der außerordentlich beliebt ist und auch das Skatspiel „Das kölsche Blatt". Seit dem Sommer fahren einige Busse der Kölner Verkehrs-Betriebe mit ihrem „Hätz für et Vringsveedel" dekoriert durch die Straßen.

Für Laufenberg ist ihre Heimatstadt eine „thematische Fundgrube". Anderseits aber meint sie, in Köln sehe „vieles reichlich zerrissen aus, die neuen Bausünden übertreffen die alten – man muss sich anstrengen, überhaupt noch etwas zu finden, was des Zeichnens wert ist." Zum Glück seien da aber die Kölner mit ihren Eigenarten.

Ein einziges Mal sei sie denen jedoch untreu geworden. Sie ging, bewaffnet mit ihrem Zeichenstift, ausgerechnet nach Bonn. Das sei gewesen, als die Nachbarstadt ihren Hauptstadtstatus abgeben sollte. „Man sieht dem Bild mein Mitleid an, so schön habe ich Köln nie gemalt."

Ein Kritiker beschrieb sie einmal als „Dichterin mit Stift und Farbe". Sie stellt das Schöne ebenso wie das Hässliche dar. „Ich male nicht Köln – ich interpretiere Köln." Und so eckt sie auch an, etwa als sie einen großen Teufel über einen winzigen Papst malt. Selbst der FC verklagte die heute 67-jährige, weil sie den Geißbock inmitten einer jubelnden Meute zeichnete – obwohl sie nie selbst im Stadion gewesen war. Sie hätte „Markenrechte verletzt", argumentierte der rut-wieße Club. Schulterzuckend sagt sie im Rückblick dazu: „Juristen sind halt so." Im letzten Augenblick wurde die Klage zurückgezogen.

Und doch hat sie es sich nicht mit allen verscherzt. 1984 wollte der Wienand Verlag sie unbedingt als Illustratorin gewinnen. Das hatte sie noch nie gemacht, die Bilder in ihrem Kopf mit denen eines Autors und eines Verlegers in Übereinstimmung zu bringen. Doch so wetzte Laufenberg ihre spitze Feder für das Buch „Sagen und Legenden von Köln" von Tilman Röhrig. Und ihr öffneten sich ganz neue Seiten ihrer Stadt. Beispielsweise bei der Suche nach einem Motiv zum Kampf des Kölner Bürgermeisters Gryn gegen eine Löwin. Dabei „brauchte ich nur zum Rathaus zu gehen und mir das Steinrelief an der Rathauslaube anzuschauen. Das hatte ich vorher nie beachtet."

Zwar ist Laufenberg Kölnerin durch und durch. Doch ebenso wie sie gelernt hat, den Dom mit anderen zu teilen – heute genieße sie sogar die Touristenströme – beansprucht sie auch kein Copyright für den berühmten Kölner Klüngel: „Ich bin fest davon überzeugt, dass sich das wie ein roter Faden durch die gesamte Weltgeschichte zieht."

Wenn Laufenberg nicht zeichnet oder malt, Figuren erschafft oder Gedichte schreibt, Bücher verfasst oder illustriert, an Mittwochnachmittagen zwischen drei und sieben auch mal spleenige Kunden in ihrem Atelier in Köln-Rodenkirchen, Mühlenweg 3, bedient, wo Paare sich nicht einigen können, welches Bild es denn sein soll, weil sie zwar Geschmack, er aber das Geld hat, dann unterrichtet sie. In Workshops gibt sie ihr Wissen weiter. „Ein Team-Erlebnis für Firmen und andere Menschen, die zusammen arbeiten", sagt sie. Sekretärin, Chef, Azubi und Buchhalter toben sich gemeinsam aus. Auch der heutige Außenminister Guido Westerwelle griff unter ihrer Anleitung schon zum Pinsel.

Christian Nagel
Mann der Avantgarde

Geboren: 6.12.1961 in München

Familie: seit 2006 Privat- und Geschäftspartnerschaft mit Saskia Draxler

Beruf: Galerist; Anzahl Mitarbeiter: 10 in den Galeriestandorten Köln, Berlin und Antwerpen

Geschäftsprinzip: Immer der besten Kunst hinterher!

Persönliches Motto: Wer weiß schon genau...

Das mag er an Köln: Nach wie vor die Kunst und alle Pappnasen

Das mag er nicht an Köln: Das weitgehende Fehlen von Glanz und Glamour

Letztes Karnevalskostüm: König

Zum Karneval: Keine besuchten Karnevalssitzungen, stattdessen Schweineball

Hobbys: Lange Spaziergänge durch Großstädte

Persönlicher Blick in die Zukunft: Kaizen, Kaizen, Kaizen

Christian Nagel ist ein Mann der Avantgarde. Wer weiß heute, was in zehn oder zwanzig Jahren in der Kunst und Kultur Bestand haben wird? Bereits in seiner Münchener Galerie zeigte Christian Nagel Arbeiten von Martin Kippenberger, Franz West, Clegg & Guttmann und Heimo Zobernig. Um international am Kunstmarkt mitspielen zu können, folgte der Umzug in die Domstadt. In einem einstöckigen Nachkriegshaus, das die Kollegen als Kebab-Bude bezeichneten, zeigte er Ausstellungen mit Cosima von Bonin, Michael Krebber, Andrea Fraser und Mark Dion. Nagel arbeitete hierbei nie marktorientiert, geschweige denn kundenorientiert, sondern immer dem kunstgeschichtlichen Paradigmenwechsel verpflichtet. Je mehr sich die Werke dem gängigen Geschmack entzogen, desto mehr interessierten sie den jungen Galeristen. Einhergehend mit der dem ersten Golfkrieg folgenden Kunstkrise, war der finanzielle Erfolg des Unternehmens eher mager. Nichtsdestotrotz wurden über die 90er Jahre wichtige künstlerische Positionen erkannt und ausgestellt: Kai Althoff, Josephine Pryde, Merlin Carpenter, Martha Rosler hatten in den kleinen, bescheidenen Räumen des UFA-Palasts ihre ersten Einzelausstellungen mit der Galerie Nagel.

Christian Nagel, studierte Kunstgeschichte in München und schrieb seine Magisterarbeit dort bei Prof. Dr. Hans Belting über die Entstehung der Avantgardegalerien in Frankreich. Er ist stets ein Galerist gewesen, der über den Tellerrand des Galeriewesens und der Künstlerbetreuung hinausschaut. So war er Mitbegründer der „Unfair" 1992 und 1993, einer Gegenmesse zur Art Cologne, die jungen, bis dato oft abgelehnten Galerien, eine internationale Plattform bot und heute als Vorbild für alle weiteren Veranstaltungen dieser Art gesehen werden kann. American Fine Arts, Pat Hearn, David Zwirner, Brian Butler aus Los Angeles, Galerie Metropol aus Wien, Jay Jopling aus London, Bruno Brunnet aus Berlin, um nur einige zu nennen, allesamt Teilnehmer der „Unfair" sorgten bald für den Erfolg einer neuen Kunst der 90er Jahre.

Die Gründung der Kunstmesse Art Forum in Berlin, sowie einer Temporären Kunsthalle mit Ausstellungen von Heimo Zobernig, Isa Genzken, Albert Oehlen und Martha Rosler, zählten zu den ersten Aktivitäten der Galerie Christian Nagel in Berlin, die 2002 zur Gründung einer zweiten Galerie in der Hauptstadt führten. In Köln ist die Galerie Nagel auch weiterhin mit einem großen Büro in der Brüsseler Str. 85 und Projekten wie der „Reisebürogalerie" in der Komödienstr. 48 aktiv. In absehbarer Zeit sind weitere große Ausstellungen in Köln geplant.

Die seit den 2000ern wieder entstandene Zusammenarbeit mit der Art Cologne trug in den letzten Jahren sehr gute Früchte. Nachdem 2005 zunächst der Open Space vor Ort installiert wurde, um einem Trojaner-Pferd gleich die Messe von Innen zu verbessern, wurde 2009 mit Daniel Hug einer der international fähigsten Kunstmessemacher berufen, der in einem unheimlich kurzen Zeitraum eine totgesagte Veranstaltung wieder an die Weltspitze führen konnte.

Christian Nagel dazu: "Leider ist es Köln nicht gelungen, die Abwanderung internationaler Galerien zu kompensieren. Der Zuzug neuer Galerien hält sich stark in Grenzen, über fördernde Maßnahmen muss unbedingt nachgedacht werden. Das Museum Ludwig und der Kunstverein sind trotz permanenter Unterfinanzierung relativ gut aufgestellt. Schade, dass sich die Kölner Politiker nicht dazu durchgerungen haben, sowohl die European Kunsthalle als auch die Temporary Gallery Cologne auf ein finanzielles Fundament zu stellen. Köln braucht mehr Kunst und Kultur! Auch der Masterplan der IHK birgt nicht wirklich Raum für die Kunst. Hier frönt man einer meist repräsentativen, dem Quadrat verbundenen Steinarchitektur, die dem Charakter Kölns nicht wirklich entspricht. Köln ist hässlich und das ist auch gut so! Die hybride Aufeinanderhäufung mehrerer Jahrhunderte und besonders die Nachkriegsjahrzehnte bilden ein Sammelsurium, das den Charme der Stadt äußerst positiv beeinflusst."

Nagel weiter: „Peter Zumthor und Renzo Piano haben nicht nur in Köln bewiesen, dass herausragende Bauwerke weit über sich hinaus strahlen und ganze Viertel aufwerten können. Wäre es nicht möglich, Ausschau zu halten nach weiteren Größen der Zunft – vielleicht auch nach ein paar jüngeren Architekten und Architektinnen – und die Stadt sähe gleich ganz anders aus. Architekturen wie das Rautenstrauch-Joest-Museum, dem man die Josef Haubrich Kunsthalle, einen wichtigen Bau der 60er Jahre, opferte, das DuMont-Carré, (auch hier liegt der Vorgängerbau, das Verlagsgebäude, weit vorne) oder auch das langweilige Fußballstadion könnten einem dann in Zukunft erspart bleiben."

Die Förderung und Pflege von Kunst und Kultur lag besonders in Köln immer in den Händen der engagierten Bürgerschaft. Nagel hofft, dass die wirklich wichtigen Kölner und alle anderen Beteiligten wieder mehr Wert auf dieses Engagement legen.

HA Schult
Kölns „Müllmann Nr. 1" – Weltweit

© Feger

Geboren: 24. Juni 1939 in Parchim (Mecklenburg-Vorpommern)

Familie: In vierter Ehe verheiratet mit der russischen Geigerin Anna Zlotovskaja

Beruf: Objekt- und Aktionskünstler

Das mag er an Köln: Mein Herz schlägt für Köln; ich mag alles an Köln.

Das mag er nicht an Köln: Es gibt nichts was ich nicht an Köln mag.

Zum Karneval: Eigentlich habe ich keine Beziehung dazu, denn die Prinzen kommen und gehen, die Müllmänner bleiben. Nach dem Rosenmontagszug laufe ich hinterher, um den Müll anzusehen. Aber: Wir müssen mit dem Karneval gegen das Oktoberfest anstinken.

Seine Muse: Elke Koska ist mein wichtigstes Kölner Kunstwerk – sie lebt mit 3 000 Teekannen.

Persönlicher Blick in die Zukunft: Ich selbst plane nichts; es reicht, wenn Elke Koska hier herum geht...

HA Schult wuchs in den Ruinen Berlins auf, und studierte von 1958 bis 1961 an der Kunstakademie in Düsseldorf (Josef Beuys lehrte dort erst ab 1961). Über viele Stationen führte ihn sein Weg nach Köln: 1962 – 1978 München, 1971 Professur in Kassel, 1978 – 1980 sein erster längerer Aufenthalt in Köln, 1980 – 1986 New York, 1986 – 1991 New York und Essen, 1991/92 Berlin. In Essen gründete er 1986 das „Museum für Aktionskunst", das 1992 nach Köln verlegt wurde. Seitdem lebt und arbeitet HA Schult in Köln.

Das eigentliche Thema des Objekt- und Aktionskünstlers, ist die Schattenseite unserer Zivilisation und die Verantwortlichkeit jedes Einzelnen für unseren Globus. Da geht es darum aufzuzeigen, was wir alle mit unserem ständig ausufernden Konsum der Umwelt antun. Sein künstlerisches Wirken soll zum Nachdenken anregen, zum Umdenken, zum „Umhandeln". HA Schult mangelt es nicht an Selbstbewusstsein: „Ich bin ein Kölner Exportartikel – genauso wie Kölnisch Wasser; denn ich heiße auf der ganzen Welt „Künstler aus Köln".

Am 13. Mai 2001 endete nach rund zwei Jahren jenes unübersehbare Großkunstwerk, das HA Schult aus einem Hotel-Rohbau gestaltet hatte, bevor der Abrissbagger anrollte: „Hotel Europa" an der rechtsrheinischen A 59 bei Troisdorf – Schade! 130 riesige Portraits in kräftigen Farben füllten die leeren Fensterhöhlen – öffentliche Kunst für Jedermann im Vorbeifahren! Schults geflügelter Ford Fiesta, der seit 1991 auf dem Turm des Kölnischen Stadtmuseums vis-a-vis vom Sitz des Regierungspräsidenten (Regierungspräsident Antwerpes war damals „not amused".) thront, macht die Überhöhung des „Fetisch Automobil" im Alltag unserer Gesellschaft sinnfällig. Schließlich lebe ein Viertel der Menschen in Köln vom Auto: „Köln ist eine Autostadt!" Der „Ruhende Verkehr", jener 1969 von Wolf Vostell in einen Betonklotz eingegossene Opel Kapitän L mit dem Kennzeichen „K-HM 175" auf dem Mittelstreifen des Hohenzollernrings, ist eine Lieblings-Skulptur von HA Schult.

Zu Schults Werken zählt jene imposante, acht Meter im Durchmesser messende, „Weltkugel", die auf dem 70 Meter hohen Pylon der Severinsbrücke, nachts farbig illuminiert, rasch zu einem Wahrzeichen Kölns wurde. Leider musste sie weichen, und ein Hubschrauber flog das Kunstwerk in einer spektakulären Aktion ins Linksrheinische auf die Zentrale der DEVK. „Es geht eben um die ganze Welt, um unsere Erde, um Menschen in allen Erdteilen..."

Am bekanntesten machen aber die „Trash People" den engagierten, provozierenden und äußerst selbstbewussten „Macher", der sich selbst als „soziale Skulptur" bezeichnet. „Sie riechen nicht, sie sind pflegeleicht, sie widersprechen nicht – und man ist doch nicht allein", so man eine der aus Metallschrott, Elektronikabfällen und Kunststoffresten mittels klebenden Schaums komponierten Figuren besitzt. Jedes Exemplar ist zwangläufig ein Unikat. „Alle meine Trash-Männer sind Kölner", – und sie zählen inzwischen nach Tausenden. Was letztlich von unserem Konsum übrig bleibt, was weggeworfen wird, weil es unbrauchbar geworden ist oder nicht mehr benötigt wird – daraus entstehen die Trash Men. Archäologen späterer Generationen werden dann kopfschüttelnd betrachten, was wir an Relikten unseres Alltags hinterlassen haben: „Die Cola-Dose ist die römische Tonscherbe von heute."

Seine Müllmänner seien längst berühmter als Adenauer und fast so berühmt wie Angela Merkel, meint HA Schult, der in der Marzellenstraße in einem Loft auf 800 m² in zwei Zimmern mit Dusche lebt: „neben dem Drogenstrich und Kinderstrich, neben dem Kardinal, mit Blick auf den Dom". Sein Lieblingskunstwerk sei die Stadt Köln, weil hier so viel Müll herumliege. Insofern sei die ganze Stadt eine „HA-Schult-Skulptur", meint der routinierte Kommunikator, der es seit Jahren gekonnt versteht, finanzkräftige Unterstützer für seine Vorhaben zu begeistern. Denn nicht nur die Anfertigung der Figuren ist aufwendig, auch der Transport der „Armee" quer über den Globus erfordert logistisches Know-how und strapazierfähige Finanzen. Sponsoren – auch aus der Region – machten und machen die ausgefallenen Projekte möglich.

Zur Hochzeit der Kölner Kunst sei er in die Domstadt gekommen: „Hier hat meine Karriere begonnen. Köln war die Startrampe meiner Kunst. Ich war schon auf dem ersten Kölner Kunstmarkt." Dort bot der damals 35-jährige seine faszinierenden „Bilder-Kästen" an: „Von den Picture Boxes hat der kleine HA ab 1974 gelebt!" Diese Arbeiten brachten eine finanzielle Basis „und gaben mir die nötige Freiheit", so Schult in der Rückschau. Natürlich scheiden sich – gerade in Köln – an einer so extrovertierten Persönlichkeit oftmals die Geister. – HA Schult kann es verschmerzen. Er ist sich der Bedeutung seiner Arbeiten gewiss.

In 120 Museen in aller Welt sind heute seine Werke vertreten. Auch aus seinem umfangreichen grafischen Œuvre, das vor allem Experten sehr schätzen. Das Interesse an ihm und seinem Schaffen belegen die vielen Tausend Menschen, die tagtäglich seine Homepage im Internet anklicken, um dort Näheres über den „Aktionisten" und seine nächsten Pläne zu erfahren.

Der Umtriebige sprüht auch mit 73 Jahren nur so vor Ideen. Im Oktober 2012 sollen seine „Müll-Soldaten" auf dem Potala-Platz in Lhasa, der Hauptstadt Tibets antreten. „Dort werde ich über den zugemüllten Himalaya reden und lasse mir nicht den Mund verbieten", sagte er in einem Zeitungsinterview. Er glaube nicht, dass man wegen seiner Äußerungen dann die Exponate abräumen werde.

Dieter Tiedemann
Der swingende Architekt

© Knut Simon

Geboren: 11. März 1939 in Blankenstein an der Ruhr

Familie: Seit 1980 verheiratet ohne Trauschein, keine Kinder

Beruf: Architekt

Persönliche Rangliste: Konzerte – Kunst – Kultur

Persönliches Motto: Man soll sich nicht zu wichtig nehmen.

Das mag er an Köln: Die Stadt am Rhein mit ihrer in den Bauwerken erlebbaren Geschichte

Das mag er nicht an Köln: Den laxen Umgang der Kölner mit dem öffentlichen Raum und die zwischen Überheblichkeit (gewünschte Tieferlegung der Nord-Süd-Fahrt) und Kleinmut (Aufgabe des Neubaus des Schauspielhauses für eine zweitklassige Lösung) pendelnde Behandlung von wichtigen städtebaulichen Projekten

Zum Karneval: Der Straßenkarneval ist beeindruckend und mitreißend, den Sitzungskarneval kenne ich aus eigener Anschauung nicht.

Hobbys: Fürs Hobby, das Segeln, bleibt leider keine Zeit.

Wenn es nach seinem Vater gegangen wäre, hätte Dieter Tiedemann Eisenhüttenkunde studiert und in der Henrichshütte (heute ein Museum) gearbeitet. Aber zum Entsetzen seines Vaters entschloss er sich, Architekt zu werden. Auf eigene Faust machte er eine Tischlerlehre und Gesellenprüfung. Sein Architekturstudium absolvierte er an der Folkwangschule für Gestaltung in Essen-Werden.

Weil er von den Bauten von Prof. Gottfried Böhm begeistert war, kam er nach Köln (und blieb auch hier hängen). Im Büro Böhm arbeitete er zwei Jahre, danach 5 Jahre im Architekturbüro Jacobs u. Berner durch das in dieser Zeit das Museum für Ostasiatische Kunst nach Entwürfen von Kunio Maekawa und das Japanische Kulturzentrum realisiert wurden.

1975 eröffnete er ein eigenes Büro in Köln. Dieses beschäftigte sich in erster Linie mit Baulückenschließung, Renovierungen von Denkmalschutzhäusern und Stadtreparaturen im weiteren Sinne. Dabei wurden die Projekte zum Teil, um von Auftraggebern unabhängig zu sein, in eigener Regie als Bauträger durchgeführt.

Hätte er nicht die frühere Pfandkreditanstalt der Stadt Köln erworben, die 1999 wegen Unwirtschaftlichkeit geschlossen wurde, wäre er wahrscheinlich heute nicht in seinem Zweitjob in Sachen Kultur aktiv.

Das unter seiner Regie umgebaute Alte Pfandhaus ist heute ein Kulturzentrum mit einem Konzert- und Veranstaltungssaal, in dem 250 Personen Platz finden, einem Ausstellungsraum von 400 m² sowie einer Lounge. Tiedemann ist jazzbegeistert. Als Jugendlicher versuchte er sich in einer Dixieband. „Als Elvis populär wurde, war er für uns ein Banause", sagt er.

Mit dem Alten Pfandhaus kam er zurück zu seiner musikalischen Vorliebe: „Es war mir zu schade, die vorhandenen Räume für ein Sportstudio oder eine Disco zu nutzen."

Deshalb baute er den alten Auktionssaal um; wo früher Pelzmäntel oder Schmuck versteigert wurden, finden heute u. a. Jazzkonzerte statt; in den einstigen Lagerräumen Ausstellungen oder Performance-Veranstaltungen. Firmen mieten die Räume für Veranstaltungen. Das Alte Pfandhaus erhielt ein neues Erscheinungsbild. In dem Gebäudekomplex befindet sich u.a. Tenri, die Japanisch-Deutsche Kulturwerkstatt, das Shambala Meditationszentrum mit Veranstaltungen im spirituellen Erbe des tibetanischen Buddhismus. „Multikulti hört eben nicht bei den türkischen oder arabischen Mitbürgern auf", so Tiedemann.

Heute ist das Alte Pfandhaus ein Mekka für Jazzliebhaber. Im Konzertsaal sitzen die Gäste in aufsteigenden Sitzreihen um die Bühne; hier wird Jazz hautnah geboten. Die Künstler agieren nicht fernab vom Publikum, sondern der Ort des Geschehens befindet sich mittendrin.

Interpreten von Weltruf wie George Gruntz, Gianluigi Trovesi, Pharoah Sanders, Joe Lovano, Charlie Haden, Ron Carter, Al Di Meola, Pat Martino oder die New York Voices geben sich hier die Klinke in die Hand. Das Alte Pfandhaus zählt zu den 10 führenden Locations dieser Art in Europa. Die Kölner Oper hat den Konzertsaal für ihre Kinderoper gemietet. Auch für sie ist die hier gebotene Nähe zum Publikum ein besonders wichtiger Pluspunkt.

Tiedemann ist unverhohlen stolz darauf, dass er all dies ohne Subventionen bewerkstelligt hat, was ihm in der Szene nicht nur Freunde einbringt. „Wir können uns die hohen öffentlichen Zuschüsse in den Kulturbetrieb eigentlich nicht mehr leisten. Subventionen werden in Zukunft nur noch eingeschränkt vergeben werden können", so seine Überzeugung. Und „es funktioniert in privater Initiative, wenn der richtige Mix an hochwertiger Infrastruktur an einem Ort vorhanden ist, der flexibel genutzt werden kann." Die mit dem Alten Pfandhaus gemachte Erfahrung sportt Tiedemann zu neuen Taten an.

Den Plan, seine Zeit in aller Ruhe beim Segeln zuzubringen, hat Tiedemann erst mal wieder auf Eis gelegt.

Sein jüngstes Projekt lässt ihn nicht los – das Kunst- und Konferenzzentrum Deutz. In den Entwürfen und Animationen Tiedemanns nimmt der schwebend wirkende gläserne Baukörper Elemente der Hafenarchitektur auf. Das in der Gesamtkonzeption auf eine flexible Nutzung angelegte Gebäude bringt es auf eine Nutzfläche von rund 11 000 m² und einen umbauten Raum von über 75 000 m³ – ein ansehnliches Bauwerk mit Blick auf den Dom und das linksrheinische Uferpanorama.

Nach Tiedemanns Vorstellung soll das Gebäude über einen Kongress- und Mehrzwecksaal mit 1 800 Plätzen, einen Kammermusiksaal mit 600 Plätzen, weitere flexibel nutzbare Ausstellungs- und Konferenzräume, sowie Gastronomie und allgemein zugängliche Freiflächen verfügen. Ein Kulturschiff für Köln, gläsernes Tor zum Hafen, Kammermusik mit Rheinblick, so das durchweg positive Presseecho auf Tiedemanns visionäres Projekt.

„Ich gehe davon aus, dass das Projekt realisiert wird. Köln kann darauf nicht verzichten!"

DIE 100 WIRKLICH WICHTIGEN KÖLNER

Leben und Tod

Das irdische Leben beginnt bekanntlich am Anfang
und endet am Ende. Für einen erfreulichen Anfang sorgen
z.B. Kölner Kliniken und Krankenhäuser.
Wenn alles zu spät ist, kommt Mark Benecke...
Besondere Trauerformen, die der rheinischen Mentalität
entsprechen, gibt es hier auch.

Dr. Mark Benecke
Der Wahrheitssucher

© Guido Krebs

Geboren: 1970 in Rosenheim, aufgewachsen in Köln

Beruf: Kriminalbiologe, Spezialist für forensische Entomologie

Persönliche Rangliste: - Von Insekten: Bibio marci (Märzfliege), Syrphiden (Schwebfliegen), Piophila casei (aus der Familie der Käsefliegen), sowie eine noch nicht bestimmte grüne Motte aus Kolumbien, die sich auf meiner Hand sehr wohl fühlte.

Persönliches Motto: The dude abides.

Das mag er an Köln: Die Kölner Donaldisten und den in Köln allgegenwärtigen Größenwahnsinn, der zwar durch nichts gerechtfertigt, aber umso lustiger ist.

Und: Natürlich ist er Mitglied im Dombau-Verein.

Das mag er nicht an Köln: Die drohende Schließung des WEISSEN HOLUNDER, das prangere ich an!

Letztes Karnevalskostüm: Ein einlaminiertes Schildchen, auf dem steht „Grufti". Stecke ich Karneval einfach an die Brusttasche. Funktioniert immer.

Hobbys: Mein Leben. Und das Leben der Anderen.

Persönlicher Blick in die Zukunft: Auf Regen folgt Sonnenschein.

Keiner redet so unterhaltsam über die hässlichsten Seiten des Todes wie er: Dr. Mark Benecke, Deutschlands bekanntester Rechtsbiologe, kann die Aussagekraft von Blutspritzern an Decken und Wänden erläutern oder die Lebenszyklen von Fliegenmaden auf einer Leiche, ohne dass die Zuhörer Ekel überkommt.

Seine Kindheit verbrachte Benecke in einem damals futuristischen Plattenbau in Köln-Zollstock, „der einen gigantischen Park mit Hunderten lieber Kaninchen, coolen Bäumen und gefühlten Millionen von Vögeln vor der Tür hatte." Der kleine Benecke hatte von seinem Vater (Beruf: Ingenieur), einen Physik- und einen Chemiebaukasten geschenkt bekommen, die hatten es ihm besonders angetan. Gern spielte und bastelte er mit seinem Bruder. Später, als Jugendliche, hatten die beiden, „dank unserer lässigen Eltern", einen der ersten PCs zur freien Verfügung. „In Zollstock und dann zehn Jahre im damals noch türkisch-arabischen Nippes wurde ich für immer geerdet: „Normale Menschen mit normalen Fragen und normalen Leben. Sehr angenehm bei all dem Wahnsinn, den ich später erlebt habe."

Heute wird Marc Benecke als international anerkannter Experte für Spurenkunde und forensische Insektenforschung zu schwierigen Fällen gerufen. Er bildet aus, hält weltweit Vorträge an Universitäten und konnte auch schon mal dem FBI mit einem Tipp helfen. Aber nicht nur Fachleute wollen hören, was der vereidigte freiberufliche Sachverständige zu sagen hat. Benecke findet sein Publikum auch bei Talkshows, über Bücher, Radiosendungen und Fernsehserien, in denen es um die Aufklärung echter Kriminalfälle geht.

Auf den Unterhaltungswert seiner Ausführungen würde man angesichts seines Ausbildungswegs nicht wetten: Studium der Biologie, Zoologie und Psychologie an der Universität zu Köln, eine Doktorarbeit über genetische Fingerabdrücke und mehrere polizeitechnische Ausbildungen im Bereich der Rechtsmedizin in den Vereinigten Staaten. Aber dieser Fachmann ist eben ein Entertainer – und zugleich auch Missionar in Sachen Bildung. „Die Leute denken, sie werden gut unterhalten, aber in Wirklichkeit reibe ich ihnen lauter kriminalistische Prinzipien unter die Nase, die zeigen, wie man Dinge prüft", erklärte er jüngst in einem Interview. Chemie, Biologie, Physik stehen bei den Deutschen vielleicht nicht hoch im Kurs. Aber für sein Fachgebiet sieht das anders aus: „Diese Sherlock-Holmes-artige Anwendung von Naturwissenschaft ist einfach sexy."

So oft, wie der 42-jährige in den Medien präsent ist, muss da etwas dran sein. Allerdings dürfte zur Begeisterung der Journalisten auch beitragen, dass der „Maden-Doc" mehr zu bieten hat als die gerade höchst populäre Spurenkunde. Die ganze Person Mark Benecke präsentiert sich als Bündel von ungewöhnlichen Vorlieben, unbändiger Energie und Wortwitz. Schon das Äußere schürt Interesse, wie er selbst einräumt. Dazu gehört seine gut sichtbare Vorliebe für Tätowierungen und Grufti-Kleidung. Sein Faible für die düstere Musikrichtung Gothic teilte er mit seiner Ex-Frau Lydia. Die Ehe mit der Kriminalpsychologin, die Mitautorin seiner jüngsten Bücher ist, währte allerdings nicht lange.

Mit der Trennung geht Benecke genauso offen um wie mit vielen Einzelheiten seines Privatlebens. Als überzeugter Vegetarier bezieht er entschieden Stellung gegen die Massentierhaltung, und er erzählt freimütig, dass er Gewalt hasst und „Bekloppte, die andere Menschen seelisch zerstören". Über seine Bemühungen, für „Die PARTEI" um Spitzenkandidat Martin Sonneborn auf Stimmfang zu gehen, erzählt er mit genauso augenzwinkernder Begeisterung, wie er die Sache der Donaldisten vertritt. Die wollen mit wissenschaftlicher Akribie belegen, dass das wahre Leben in Entenhausen stattfindet. Mit seiner Lieblingsfigur Donald Duck und den anderen Entenhausen-Bewohnern könne man sich gut identifizieren, findet der Kriminalbiologe, dessen Beruf recht weit entfernt ist von der bunten, unterhaltsamen Comic-Welt.

Aber anders als viele Menschen in „normalen" Jobs reibt er sich nicht an seinem Alltag: „Ich führe exakt das Leben, das ich führen will. Es ist bis jetzt zum Glück noch nicht passiert, dass ich etwas gemacht habe, wozu ich keinen Bock hatte."

Den Ausgleich durch Urlaub oder die abendliche Flucht vor der Mattscheibe braucht der Vielarbeiter deswegen nicht. Er hat nach eigener Aussage sowieso noch nie einen Fernseher besessen. Immerhin hat er sich mal zwei CSI-Folgen angeschaut und den Kopf darüber geschüttelt, dass die TV-Tatort-Beamten da – anders als im echten Leben – fröhlich ermitteln. Nicht zuletzt das schicke Auftreten in Zwirn und Leder ist fern der Realität: Wer wirklich am Tatort arbeitet, bevorzugt wegen des Geruchs Polyester oder andere gut waschbare Materialien, erzählt Benecke.

Als öffentliche Person mit so vielen Ecken und Kanten lebt es sich gut in seiner Wahlheimat Köln, findet Benecke – der Stadt mit ihrer „fatalistischen Toleranz", den „wahnsinnigen Kölnerinnen und Kölnern" und „dem schönsten Bauwerk der Erde: dem ‚gothic' Kölner Dom". Für ihn ist es keine Kritik, wenn er der Stadt bescheinigt, sie sei „schmutzig, korrupt, obrigkeitsscheu, geschwätzig, besoffen, opportunistisch und vollkommen irre". Sein Köln-Fazit: „Obwohl ich auch in Medellin, Manhattan und Mannheim arbeite, fühle ich mich nur in Köln echt und menschlich. Ich bin aus tiefstem Herzen Kölner."

Fritz Roth
Der Tod kennt keinen Feierabend

Geboren: 1. August 1949

Familie: Verheiratet mit Ingrid Roth, geb. Clemens

Beruf: Bestatter; Anzahl Mitarbeiter: 30 Festangestellte und acht Auszubildende

Persönliche Rangliste: Freiheit, Optimismus, Begeisterungsfähigkeit, Gemeinschaft

Persönliches Motto: De Hauptsach is et Hätz is jot!

Das mag er an Köln: Weltoffene Bodenständigkeit

Das mag er nicht an Köln: ---

Letztes Karnevalskostüm: Was mir grade in die Hände fällt, je doller um so besser.

Zum Karneval: Besuchte Karnevalssitzungen: KG UHU, Große Mühlheimer Karnevalsgesellschaft, Kölner Bürgergesellschaft, Stunksitzung, Große Gladbacher

Haben Sie selbst Vorsorge getroffen?: Nur in groben Details. Ich überlasse es den Lebenden wie sie den Tod des Angehörigen gestalten wollen. Angehörige werden viel zu sehr von den Toten reglementiert.

Welche Musik soll bei Ihrem Begräbnis erklingen?: Die Spieldauer meiner derzeitigen Lieblingsmusik beträgt circa vier Stunden. Das Spektrum reicht von Klassik bis hin zu Schnulzen. Doch meine Angehörigen sollen selber entscheiden, was sie davon spielen wollen.

Welche Inschrift soll Ihr Grabstein tragen?: Mein persönliches Motto

„Trauer vergleiche ich mit der Liebe. Da kennen sich auch alle aus", sagt Fritz Roth. Und: „Trauer ist so kreativ wie die Liebe." Er war in seinem Elternhaus das jüngste von neun Kindern. „Ich bin den Tod von zuhause aus gewohnt. Verstorbene wurden im Haus damals aufgebahrt." Nur wer den Tod als Teil des Lebens akzeptiere, könne als Mensch wachsen.

Fritz Roth studierte an der Universität in Köln Betriebswirtschaftslehre mit Abschluss als Diplom-Kaufmann. „Zu der Zeit hatte ich noch keine Ahnung vom Bestatten." Dann kam der Zeitpunkt, als der Kölner Bestatter Pütz einen Nachfolger suchte. 1983 übernahm Roth das Bestattungshaus Pütz- Er absolvierte eine Ausbildung zum Trauerpädagogen und gründete 2006 an der Kürtener Straße 10 in Bergisch Gladbach den ersten privaten Trauerwald in Nordrhein-Westfalen. „Wir verkaufen ein Produkt, das jeder einmal braucht und keiner haben will." Heute hat der 30 000 Quadratmeter große und von Landwirtschaftsgärtnern gepflegte Trauerwald im Jahr 20 000 Besucher. „2 500 davon sind Jugendliche."

In ihrem Grab liegen dort bereits 1 200 Menschen. 50 Prozent davon kommen aus Köln, die andere Hälfte aus dem Umland. Für die Genehmigung des Trauerwaldes musste Roth drei, vier Jahre kämpfen, erinnert er sich. Und auch heute zeigt er für das Projekt großen Einsatz. „Wir bieten einen Rund-um-die-Uhr-Service. Der Tod kennt keinen Feierabend."

Die Idee hat sich längst durchgesetzt. Das Bistum Köln schickt Jungpriester zur Ausbildung in die Private Trauer Akademie Fritz Roth. Angesprochen von den Seminaren sind auch etwa Pfleger und Mediziner, Feuerwehrkräfte und Polizisten – aber auch Personalverantwortliche in Unternehmen, „deren Kompetenz gefragt ist, wenn ein Mitarbeiter trauert".

Und bei einer Pleite des Trauerwaldes steigt die Stadt Bergisch Gladbach ein, das steht bereits fest. Roth, so findet er, arbeitet wohl mit den aber nicht für die Toten. „Es geht um die Lebenden, nicht um die Toten."

Deshalb werde im Haus der menschlichen Begleitung, das mehr einem „Landhotel der Seele" als einem herkömmlichen Bestattungshaus gleiche, auch „Betroffenen Mut gemacht, aus Trauer- und Lebenskrisen neue Perspektiven für das Leben zu gewinnen". Zurückgelassene Angehörige und Freunde sollen lernen, mit ihren Gefühlen und Erinnerungen umzugehen; diese aussprechen. Ausgebildete Trauerbegleiter helfen dabei, auch noch Monate danach. „Trauernde Menschen werden nach der Anfangsphase oft gemieden und mit ihrer Trauer allein gelassen", weiß Roth.

Für Mädchen und Jungen gibt es separat die Villa Trauerbunt. Regelmäßige Ausstellungen, Konferenzen, Konzerte, Performances, Filmabende oder Lesungen und Informationsveranstaltungen helfen auch (noch) nicht Betroffenen. Auch etwa ein Kochseminar für Trauernde gehört zu den ungewöhnlichen Angeboten.

Zudem können Betroffene in Trauergesprächskreisen Erfahrungen austauschen, meditieren, die eigene Endlichkeit sinnlich erfahren, aktiv und kreativ sein – kurz: sich selbst (wieder-)finden. Alte Videos anschauen, musizieren oder Totenmasken erstellen. „Auch selbst Hand anzulegen bei der Einsargung und Grablegung des Verstorbenen hat schon vielen Hinterbliebenen geholfen, die Realität des Todes zu akzeptieren."

Für all dies gibt es auf dem Gelände des Trauerwaldes die sogenannten Gärten der Übergänge. Roth ist kein technischer, bürokratischer, ökonomisch-denkender Bestatter. Die traditionellen Leistungen eines Bestattungshauses gehören zwar zu seinem täglichen Brot. Doch gehe es ihm „um die bewusste Wahrnehmung der Einmaligkeit jedes menschlichen Seins".

Und diese Einmaligkeit führt auch zu verschiedenen Ansätzen beim Thema Grabgestaltung: Zum Bestattungswald gehört deshalb auch ein Künstlerfriedhof, „auf dem der Wandel des Umgangs mit dem Tod in unserer Gesellschaft sichtbar wird. Die Künstlergräber geben wesentliche Impulse zur Erneuerung unserer Friedhofskultur."

Roth ist alles andere als konservativ. Das Sujet seines Berufes sei das ja auch nicht: „Der Tod ist der beste Lehrmeister im bürgerlichen Ungehorsam." Und so dürfen – auch außerhalb des Künstlerfriedhofes – alle „ihre Formen des Trauerns und Gedenkens frei ausdrücken", ob nun die Hinterbliebenen oder, noch zu Lebzeiten, die Toten selbst. So kann – ob während der Trauerfeier oder im Abschiedsraum bei der Totenwache – auch die Lieblingsmusik des Verstorbenen gehört werden.

Damit soll dem „Trend des namenlosen Verschwindens in anonymen Gräbern" entgegengewirkt werden. Die moderne Gesellschaft tue so, als müsse sie den Tod aus der Welt schaffen. Der Trauerwald steht dabei allen Menschen offen – ohne Ansicht von Religion, Kultur, politischen oder sexuellen Ausrichtungen. Nur der Baumbestand darf nicht beschädigt werden. Möglich sind Erd-, Feuer-, Wald-, Baum- sowie (außerhalb der Drei-Meilen-Zone) Seebestattungen. Bei den Wald- oder Baumbestattungen wird die Asche des Eingeäscherten im Wurzelbereich beigesetzt. Anonyme Bestattungen gibt es im Trauerwald nicht.

Und Roth geht immer weiter. Zusammen mit dem Reiseveranstalter TUI organisiert er für Hinterbliebene die „Reise ins Leben" Dafür erhielt er auf der Messe ITB (Internationale Touristikmesse Berlin) den Preis für die beste Pauschalreise.

Professor Dr. Friedrich Wolff
Chefarzt als Traumjob

Geboren: 24. Juni 1947 in Mönchengladbach

Familie: Verheiratet mit Veronika Wolff, zwei erwachsene Söhne

Beruf: Frauenarzt (Chefarzt und ärztlicher Direktor am Krankenhaus Holweide der Kliniken der Stadt Köln gGmbH)

Anzahl der Kinder, die unter seiner Betreuung zur Welt kamen: Circa 10 000

Persönliche Rangliste: Familie und Beruf

Persönliches Motto: Leben und leben lassen

Das mag er an Köln: Die Lebenslust und Vitalität der Stadt

Das mag er nicht an Köln: Ich verzweifle an den oft endlosen Entscheidungswegen.

Letztes Karnevalskostüm: Thema war für meine Abteilung der Zoo/Tierkostüme. Ich war der „Wolf" – natürlich im Schafspelz.

Hobbys: Tennis, Joggen (u.a. Kölner Brückenlauf), Krimis, Karneval (KG Sr. Tollität Luftflotte)

Die Einwohnerzahl von Köln steigt weiter an. Professor Friedrich Wolff hat weiterhin viel zu tun. Das Team des Chefarztes an der Frauenklinik in Holweide hilft im Jahr durchschnittlich 2 000 kleinen Erdenbürgern auf die Welt. Die Abteilung zählt zu den größten Geburtskliniken in Nordrhein-Westfalen.

Der Facharzt für Frauenheilkunde und Geburtshilfe spricht von einem „Traumjob". Auch wenn er sich neben meist glücklichen Mamas und Papas gleichermaßen um krebskranke Patienten kümmern muss. Die zwei extremen Pole vereint Wolff auf seine ganz eigene Weise: „Die Geburten geben mir die nötige Kraft im Umgang mit Sterbenden und ihren Angehörigen", erklärt er. Täglich hat der Mediziner die „Begrenztheit des Lebens – den Anfang und das Ende" vor Augen. Was ihn am meisten belastet, sind die Gespräche mit Eltern, sollte ihr Kind nicht gesund zur Welt kommen. Mit der Übermittlung der Hiobsbotschaft, so ist sich Wolff bewusst, beginne ein lebenslanger Prozess. Risikoschwangerschaften mit Früh- und Mehrlingsgeburten gehören in Holweide zum Alltag. Die Frauenklinik führt ein sogenanntes Perinatalzentrum. Zehn Intensivbetten stehen für Neugeborene in kritischem Zustand bereit. Die Drähte zum linksrheinischen Kinderkrankenhaus „Amsterdamer Straße", ebenfalls unter der Trägerschaft der Kliniken der Stadt Köln gGmbH, laufen ständig heiß.

Studiert und promoviert hat Wolff in Düsseldorf, umgezogen nach Köln ist er rein aus beruflichen Gründen: An der hiesigen Universitätsfrauenklinik bekam er 1975 eine Stelle als Assistenzarzt angeboten. Vier Jahre später durfte Wolff sich „Facharzt" nennen, 1982 wurde er zum Oberarzt der Universitätsfrauenklinik ernannt. „Inzwischen fühle ich mich als Voll-Kölner", verrät der gebürtige Mönchengladbacher. „Ich bin ja schon ein halbes Leben lang hier." Wieder auf die andere Rheinseite wechselte Wolff im Jahr 1989, blieb jedoch innerhalb Kölns. Die Frauenklinik in Holweide kürte ihn zum Chefarzt, 2004 wurde der beliebte und karnevalsjecke Mitarbeiter auch ärztlicher Direktor. Wolff obliegt seither die ärztliche Gesamtleitung des rund 470 Betten großen Krankenhauses. Neben Geburtshilfe und Frauenheilkunde – inklusive Perinatalzentrum und einem Brustzentrum – bietet das Haus die Fachabteilungen Anästhesiologie, Chirurgie, Innere Medizin, Radiologie, HNO und Urologie.

Meist ist der agile Professor allerdings in der Frauenklinik unterwegs, steht an einem der 86 Erwachsenen- und 40 Neugeborenenbetten, im Operationssaal oder im Kreißsaal. Seine Kompetenz ist aber auch außerhalb gefragt: als Präsident der Niederrheinisch-Westfälischen Gesellschaft für Gynäkologie und Geburtshilfe (NWGGG) und als Vorstandsmitglied der Bundesarbeitsgemeinschaft Leitender Ärztinnen und Ärzte in der Frauenheilkunde und Geburtshilfe. Ganz nebenbei teilt der Vollblut-Mediziner seine Erfahrungen auch auf Papier mit: Unter seinem Namen erschienen bisher über 150 Publikationen und Buchbeiträge.

Eigentlich könnte sich Wolff allmählich zur Ruhe setzen. Das Rentenalter hat er erreicht, überdies so viele Kinder ans Licht der Welt gebracht, dass sie eine stolze Kleinstadt bilden würden. „Zunächst" wird der geschätzte Fachmediziner aber im Klinikalltag bleiben. Zu viele Pläne schwirren Wolff noch munter durch den Kopf: Unter anderem möchte er ein bereits geplantes Facharztzentrum verwirklichen, außerdem das Perinatalzentrum vergrößern. Mit rund 1 900 Geburten im Jahr 2011 war die Klinik nach langer Zeit wieder auf den zweiten Platz in der Rangliste „Größte geburtshilfliche Frauenklinik in NRW" abgerutscht.

Dennoch ist Wolff von der Qualität seines Hauses überzeugt: „Das Besondere ist die Vielfalt der Entbindungsmöglichkeiten bei gleichzeitig größtmöglicher Sicherheit", erläutert er und verspricht, auch weiterhin „jede Geburt zu einem einzigartigen positiven Erlebnis" zu machen. Möglich sind in Holweide viele Geburtsarten: Ambulant durch Mitarbeiter des benachbarten Hebammenhauses oder stationär in einem der fünf Kreißsäle. Ob auf dem Gebärhocker oder in der Badewanne: Wolff strebt immer eine „natürliche Geburt" an. Kaiserschnitt ist nur eine Notoption.

Wolffs Arbeitstag ist lang. Er umfasst zehn bis zwölf Stunden. Samstags schaut der Professor allerdings nur drei bis vier Stunden vorbei und sonntags meist gar nicht. Dann ist Familientag. Wobei seine beiden Söhne längst aus dem Haus sind. Schon lange ist es her, da Wolff mal aus anderer Sicht eine Geburt miterleben konnte. An seiner früheren Arbeitsstätte, in der Universitätsklinik, kam sein Erstgeborener zur Welt: „Ich war wie ein ganz normaler Vater und schlüpfte nicht in die Rolle des Fachmannes", versichert Wolff. Ganz ohne ihn wurde sein zweites Kind geboren. Wolff befand sich gerade auf einer Konferenz fern der Domstadt, „was mir meine Frau bis heute übel nimmt". Sie ist Physiotherapeutin.

Zu seinem Traumberuf „Frauenarzt" kam Wolff übrigens als junger Doktorand. Im Rahmen seiner wissenschaftlichen Arbeit wurde er zu einer Geburt in den Kreißsaal gerufen: „Ich war völlig fasziniert!"

Literatur

In der Stadt der LitCologne leben und schreiben namhafte Autoren. Diese hier sind nicht aus der Retorte und Sie sollten sie kennen.

Dr. Lale Akgün
Die Verbindende

Geboren: 17. September 1953 in Istanbul, Türkei

Familie: Verheiratet mit Ahmet Akgün, Mutter einer erwachsenen Tochter

Beruf: Diplom-Psychologin

Persönliche Rangliste: Gesundheit ist die Basis für alles; danach kommen Familie, gesellschaftliches Engagement und Kultur.

Persönliches Motto: Das Leben und sich selbst nicht so wichtig nehmen, was enorm entspannt und dem Alltag eine Leichtigkeit gibt.

Das mag sie an Köln: Die Lebendigkeit der Stadt. Sie atmet und hustet, hat Ecken und Kanten. Manche finden Köln dreckig und hässlich, dabei hat die Stadt ein Gesicht, das nicht geliftet ist und sie einzigartig macht.

Das mag sie nicht an Köln: Die Prahlerei der Einwohnerinnen und Einwohner mit der Stadt. Köln ist zwar einzigartig, doch muss man nicht ständig darüber reden.

Letztes Karnevalskostüm: Wie immer ein Phantasiekostüm, das sich aus dem Inhalt eines Kartons im Keller ergeben hat

Hobbys: Kino, Theater, Oper, Ausstellungen, Lesungen und überhaupt alles besuchen, was die Kulturlandschaft anbietet

Nächstes Buchprojekt: Ein Krimi. Da wird in Köln viel Blut fließen.

Bedeutung von Heimat: Der Ort, an dem das Gefühl zwischen mir und dem Draußen stimmig ist und ich mich geborgen fühle.

Persönlicher Blick in die Zukunft: Viele Bücher schreiben – dabei gerne Bestseller landen – und in der geplanten Verfilmung meines Erstlingswerks eine kleine Nebenrolle, etwa die Kellnerin, spielen.

Brezeln und Sandwiches isst Lale Akgün am liebsten. Ihre Tante Semra hingegen schwor auf deutschen Leberkäse und tat, was jeder Muslimin eigentlich verboten ist: Sie verzehrte Schweinefleisch. Ihr Gegenargument: Leberkäse bestehe lediglich aus Leber und Käse. Von Semra habe sie den Humor und von ihrem Vater die Liebe zu erzählen geerbt, meint Akgün. Und so kam, was kommen musste. Nach ihrer Abgeordnetenzeit im Bundestag ging Akgün unter die Schriftsteller. Ihr erstes Buch erschien im Jahr 2008. Der Titel: „Tante Semra im Leberkäseland". Nach der heiteren Autobiografie veröffentlichte sie durchschnittlich einmal im Jahr ein neues Werk. Mit Verlegern in Frankfurt am Main, München und Berlin schloss sie Verträge, nicht aber in der Domstadt. Inzwischen tourt Akgün zu Lesungen im ganzen Land. Überhaupt ist die gelernte Psychotherapeutin gerne unterwegs, mindestens dreimal im Jahr fliegt sie auch in die Türkei. Dort besucht sie Freunde und Verwandte.

Akgün kam als Neunjährige nach Deutschland. Ihr liebevoller Vater, ein Zahnarzt, wollte für zwei Jahre ins Ausland gehen. Seine Frau, eine rationale Mathematikerin, war wenig begeistert. Sie ahnte nicht, dass aus dem vorübergehenden Auslandsaufenthalt ein dauerhafter Wohnsitz werden würde. Akgün jedenfalls fühlt sich wohl: „In meinem Herzen ist großzügig viel Platz für Deutschland, die Türkei, Köln und Istanbul." Aus der frühen Erfahrung, in zwei Kulturen aufgewachsen zu sein, kristallisierte sich die Integration als Lebensthema heraus.

Nach dem Abitur studierte Akgün Medizin und Psychologie in Marburg. 1981 zog sie an den Rhein, nahm die deutsche Staatsbürgerschaft an und wurde bei der Jugendhilfe und Familienberatung der Stadt Köln angestellt. Rund 16 Jahre später stieg Akgün zur Leiterin des Landeszentrums für Zuwanderung auf. Sie beriet die Landesregierung in Fragen der Migration und der Integration. Ehrenamtlich machte Akgün nebenbei in der Domstadt sozialdemokratische Politik und zog schließlich 2002 in den Deutschen Bundestag ein. Ihre Fraktion wählte sie zur migrationspolitischen Sprecherin sowie Islambeauftragten. Nach sieben Jahren war Schluss.

Seit 2011 steht Akgüns Schreibtisch stattdessen in der Staatskanzlei in Düsseldorf, wo sie als Gruppenleiterin für „Internationale Angelegenheiten und Eine-Welt-Politik" arbeitet. Nebenbei schreibt sie jede Menge unterhaltsame und zugleich informative Geschichten rund um ihr Thema „Integration". Ihre Figuren kann Akgün an jedem Ort zu Leben erwecken. Ob im Flugzeug, im Café oder zuhause im Bett, die Hauptsache der Laptop ist dabei. So entstanden „Tante Semra im Leberkäseland" ebenso wie „Der getürkte Reichstag", außerdem „Aufstand der Kopftuchmädchen" und zuletzt „Kebabweihnacht". Jede Menge frisches Blut verspricht das nächste Werk: ein Köln-Krimi. Ob Integration auch darin eine gewichtige Rolle spielt, ist noch geheim.

In ihren Lesungen und Vorträgen betont Akgün immer wieder den Unterschied zwischen Islam und Islamismus und macht sich für einen Islam stark, der die westlichen Werte anerkennt. Als „reformierte Muslimin" hat die Wahlkölnerin noch nie ein Kopftuch getragen und ist damit der Familientradition treu geblieben: Weder ihre Oma und noch ihre Mutter trugen jemals das religiöse Symbol. Alle drei hörten auf Akgüns Opa: Für Männer wie Frauen seien die Ohren als Wahrnehmungsorgan viel zu wichtig, um sie zu bedecken. Akgün trägt eine Kurzhaarfrisur. Und was die Großmoschee im Stadtteil Ehrenfeld angeht: Privat wird sie die vorerst nicht betreten. „Solange sich Frauen in Moscheen während des Gebetes in separaten Räumen aufhalten müssen, bete ich zuhause", erklärt die Muslimin.

Neben Kultur, Familie und Schreiben hat Akgün nur wenig Zeit, schon gar nicht für Sport. Wenn allerdings der SC Fortuna Köln „in Gefahr oder in Hoffnung" ist, steht sie garantiert auf der Tribüne des Südstadions und drückt die Daumen. Akgün ist Vereinsmitglied und kann sich die Domstadt ohne den Traditionsverein nur schwer vorstellen. Er helfe jungen Menschen, in Gemeinschaft zu sein.

Sportlerin wollte Akgün nie werden. Vielmehr hat sie Erfahrungen als Buchautorin, Fachreferentin, Politikerin und Psychotherapeutin. Gemeinsam ist ihren Berufen der Kontakt zu Menschen. „Es ist spannend", erzählt Akgün, „sich auf die Psyche der Menschen einzulassen und den Zeitgeist sowie die Themen der Gesellschaft zu erleben." Dabei spürt sie jedoch keinen Hauch von „Leberkäseland" – anders als ihre Tante Semra. Vielmehr fühlt sich Akgün emotional mit ihrer deutschen Heimat verbunden: „Deutschland und ich, das ist wie ein altes Ehepaar." Bald feiern die beiden „Goldene Hochzeit", dann lebt Akgün seit 50 Jahren in Deutschland.

Ingmar Brantsch
Auf der Suche nach Utopien

© Thomas Dahl

Geboren: 30. Oktober 1940 in Kronstadt, Siebenbürgen

Familie: Verheiratet mit Vera-Franziska Hess

Beruf: Studienrat, Schriftsteller

Persönliche Rangliste: Für mich zählt die Gemeinschaft in Familie, Freundeskreis, Arbeitsumfeld und Nachbarschaft.

Persönliches Motto: Ich wollte den Sachen auf den Grund gehen, seitdem bin ich unterwegs.

Das mag er an Köln: Dass Köln halb französisch ist, er halber Rumäne ist und somit aus derselben lateinischen Urfamilie stammt

Das mag er nicht an Köln: Dass die Kölner keinen Spaß verstehen, weil sie ihn so ernst nehmen

Letztes Karnevalskostüm: Immer wieder Zauberer

Hobbys: Reisen, naive Malerei, Mozart in jeder Hinsicht (inklusive der Kugeln)

Persönlicher Blick in die Zukunft: Nachdem alle Utopien gescheitert sind, wünsche ich mir zeitgemäßere Utopien.

Ingmar Brantsch ist kein Freund der Konformität. Der im rumänischen Kronstadt geborene Pädagoge und Schriftsteller offenbarte sich bereits früh als Kosmopolit, der sich von Parteiführern keine Ideologien aufzwingen lässt. So wurde Brantsch bald nach seiner Übersiedelung in den Westen vom rumänischen Regime 1971 in Abwesenheit wegen „betrügerischen Überschreitens der Grenze" zu zehn Jahren Haft verurteilt. Dennoch bekennt sich der Wahlkölner in einem Punkt zur Tradition: „Ich halte eine väterlicherseits 250-jährige Linie der Lehrertätigkeit am Leben." Ob in dieser Verlautbarung Stolz oder Ironie überwiegen, ist bei Ingmar Brantsch schwer zu durchschauen. Nahezu jeden Satz begleitet der Gesprächspartner mit einem Lächeln. Am Ende seiner beruflichen Laufbahn zieht es den 71-jährigen „Täter" schließlich doch noch ins Gefängnis: Als Lehrer für praktische Philosophie unterrichtet Brantsch seit vielen Jahren Strafgefangene in der Justizvollzugsanstalt Ossendorf und unterstützt die Menschen dort bei der Erlangung eines Schulabschlusses.

Köln ist ihm mehr als die anderen Städte, in denen er lebte, zur Heimat geworden. „Der Gang vom Nationalen ins Internationale ist ja kein ungewöhnlicher Weg. Dass ich in Köln hängengeblieben bin, macht durchaus Sinn. Das Fränkische im Kölsch und der moselfränkische Dialekt meiner alten Heimat gehen eine Verwandtschaft ein und wurden mir zur Brücke. Dabei muss man wissen, dass die Rumänen einst noch frankophiler waren als die Franzosen selbst", schwärmt der Pädagoge von den Errungenschaften der Frankophilie, die bekanntlich auch der Rheinmetropole nicht unerhebliche Freiheiten schenkte. „Ich bleibe dennoch ein K.-und-k.-Mann, also jemand, den es aus Kronstadt nach Köln verschlagen hat", amüsiert sich Brantsch über seine Lebensreise.

Der studierte Romanist, Germanist, Slawist, Historiker, Philosoph, Pädagoge und (evangelische) Theologe lebt seit 1978 in der Domstadt. Zehn Jahre lang arbeitete Brantsch hier als Studienassessor sowie zwanzig Jahre als Studienrat am Abendgymnasium in der Innenstadt. Davor war Brantsch von 1962 bis 1970 als Redakteur im Bukarester Haus der Presse sowie als Gymnasiallehrer in Brasov tätig. Als Autor von Reportagen, Erzählungen, Essays, Aphorismen oder Gedichten machte er sich europaweit einen Namen. Bereits 1968 erhielt der Individualist mit Hang zur Gemeinschaftlichkeit den Lyrikpreis der Jungen Akademie Stuttgart für seinen Band „Deutung des Sommers". 1987 folgte der Siegburger Literaturpreis für das Schaffen des Autors. Eine Absage ans vermeintliche politische Heldentum aus der Oppositionszeit gegen Nicolae Ceausescu erteilt Brantsch in seinem 2009 erschienenen Werk „Ich war kein Dissident". Die Ehrlichkeit und der damit verbundene Wert dieses Attributes offenbart sich, so scheint es, in jeder Aktivität des Querdenkers. Belege dafür gibt es genug. Für ein vermeintliches Vergehen einst zur Zahlung von 80 DM verurteilt, nahm Brantsch lieber eine achttägige Haftstrafe in Kauf, als sich dem seiner Meinung nach juristischen Fehlurteil zu beugen.

Für viele Menschen mit Migrationshintergrund stellt Ingmar Brantsch in Köln einen wichtigen Ansprechpartner dar. Die gemeinschaftliche Arbeit war ihm schon in seiner Zeit als Mitglied im rumänischen Schriftstellerverband wichtig. Seit 1972 betätigt sich Brantsch im Verband Deutscher Schriftsteller NRW. Die Literarische Gesellschaft Köln verzeichnet ihn seit 1979 als Mitstreiter. Darüber hinaus ist der rastlose Geisteswissenschaftler im Exil–P.E.N. (Zentrum der Schriftstellerinnen und Schriftsteller im Exil deutschsprachiger Länder) aktiv. Als Ehrenmitglied des „Literaturkreises der Deutschen aus Russland" macht er sich zudem um die Unterstützung russlanddeutscher Autoren verdient.

Brantsch weiß aus eigener Erfahrung um die Signifikanz eines fairen Zugangs zur Bildung. In seiner mehr als 40-jährigen Lehrertätigkeit erhielt der Pädagoge genügend Einsichten in die Schwachstellen des Systems: „Um mehr Bildungsgerechtigkeit, auch für Kinder und Jugendliche mit Migrationshintergrund, zu erhalten, muss unsere Gesellschaft ein Bewusstsein erlangen, wie viel Potenzial derzeit verloren geht. Der Übergang von der Grundschule müsste wesentlich flexibler gestaltet werden. Eine Schulart wie die Hauptschule ist dabei vollkommen überholt", setzt sich der Kölner Deutschrumäne für eine moderne Gesamtschule ein, an der nicht nur Defizite offen gelegt, sondern vielmehr die Stärken und Talente der jungen Generation hervorgehoben werden.

Als größte persönliche Schwäche beschreibt Ingmar Brantsch seine Naivität. „Ich bin treuherzig und blauäugig. Trotz aller Rückschläge im Leben trage ich aber immer noch das Urvertrauen in mir, dass man sich arrangieren kann", sagt der Streiter für Gerechtigkeit und bleibt dabei vollkommen ernst.

Magdalene Imig
Die Rezitatorin

Geboren: 23. Februar 1943 in Köln

Familie: Seit 1967 verheiratet, zwei Kinder, fünf Enkel

Beruf: Schriftstellerin, Sprecherin und Rezitatorin

Persönliche Rangliste: Mensch unter Menschen

Persönliches Motto: Ich bin ein Kind Gottes.

Das mag sie an Köln: Die Stadt ist meine Heimat, sie ist gefüllt mit Freunden und Verwandten. Hier steht der Dom. Hier fließt der Rhein.

Das mag sie nicht an Köln: Die vielen Baustellen

Letztes Karnevalskostüm: Araberin

Hobbys: Tanzen, Musik und miteinander reden

Persönlicher Blick in die Zukunft: Über den Blick nach hinten nicht das Jetzt aus dem Auge verlieren.

Magdalene Imig weiß um die Macht der Worte. Die Schriftstellerin, Sprecherin und Rezitatorin baut mit ihnen die Fundamente und Dächer einer fantastischen Welt. Sie brach die Stille in Luxushotels und in Gemeindezentren, hat in Cafés und Schulen, in Bibliotheken und Banken, in Gesprächskreisen und in Salons, in ganz Deutschland, in Österreich und in der Schweiz gelesen. Mit ihren Rezitationen stand sie gemeinsam mit Jazzmusikern auf großen und kleinen Bühnen. Sie präsentierte Leben und Werke von Erich Kästner, von Antoine de Saint-Exupéry aber auch kölsche Weihnachtstexte. Auf den Bühnen und vor dem Publikum, sagt Imig, sei sie hundertprozentig sie selbst.

Geboren in den Bombennächten des Zweiten Weltkrieges, der noch nicht begraben war, atmete sie die Luft, die gefüllt war mit dem Geruch abertausender Toter ein. „Da manifestierten sich viele Ängste und Geschichten", erinnert sie sich als eine der Überlebenden. „Damals habe ich vieles gehört, das für mich unverständlich blieb, beispielsweise das ‚Vater Unser' in der Kirche, ... und vergeben unseren Schuldigern ...'. Wer ist mein ‚Schuldi'? Und warum sollte ich ihm gern vergeben?", erinnert sich die Autorin an die frühen Verwirrungen der Laute, die zu Bildern wurden. Diese Gemälde haben ihren festen Platz, ihre permanente Ausstellung in Magdalene Imig. Sie hinterließen Eindrücke, die die Künstlerin zurück und wieder nach vorne verfolgt: „Womöglich hat das Durchs-Fenster-überfüllter-Züge-hineingereicht-werden während der Nachkriegszeit und die Angst, dabei verloren zu gehen, den Wunsch nach Berühmtheit geweckt."

Aufgewachsen in der „Zweisprachigkeit" der protestantischen Mutter und des katholischen Vaters, erhaschte Imig eine Vorahnung von der Zwietracht der Konfessionen, wenn „dem Kruzifix, das Papa übers Bett hängte, von Mama mit heiligem Ernst der Korpus abgerissen wurde". Momente wie diese blieben haften und schärften die Sinne der heranwachsenden Schriftstellerin. „Ich schrieb Geschichten für Kinderzeitungen, bekam 10 oder 20 DM Honorar. Die Jungs pfiffen hinter mir her und nannten mich ‚Dichterin'", erinnert sich die Künstlerin. Mit sechs Jahren wurde sie vom Rundfunk entdeckt, sang, sprach und spürte zum ersten Mal, „dass sich Wünsche erfüllen, wenn sie nur groß genug sind".

Doch die Karriere wurde jäh unterbrochen. Als Fünfzehnjährige wurde Imig von Panikattacken heimgesucht. Der Teenager konnte den inneren und äußeren Erwartungen nicht standhalten. „Also lernte ich fleißig, machte Fachabitur, ging nach England und wurde nach dem Willen all jener, die es gut mit mir meinten, eine schöne Braut und gute Mutter, Direktionssekretärin, Übersetzerin und schließlich eine unentbehrliche Kraft in der Kanzlei meines Mannes", lächelt die Autorin, deren Familie väterlicherseits bereits seit Mitte des 17. Jahrhunderts in Köln ansässig ist. Erst als ihre Eltern innerhalb von nur zwei Monaten nach langer Krankheit starben, fand sie zurück auf ihren Weg. Nach einer Sprecherausbildung folgten die ersten Buchveröffentlichungen, schließlich unzählige Beiträge für den WDR-Kirchenfunk und Studioaufenthalte, die ihre Rezitationen auf Band festhielten.

Imigs Buch, „Die Klosterfrau", ein historischer Roman über die Nonne Maria Clementine Martin, die 1775 in Brüssel zur Welt kam, mit siebzehn ins Kloster geriet, und 1843 in Köln starb, stellt dabei einen Höhepunkt im Schaffen der Schriftstellerin dar. Es ist die packende Geschichte einer starken Frau zwischen Gottesfurcht, Nächstenliebe und modernem Unternehmerdenken, die sich in den unruhigen Zeiten nach Napoleons Säkularisation ihrer Talente besann und mit fast 50 Jahren in Köln ein Unternehmen gründete, das noch heute erfolgreiche Geschäfte tätigt. Das Buch, so loben Kritiker, sei ein Mutmacher, für alle, die sich nach einem Neuanfang sehnen. Das Werk spiegelt auch die lange Wanderung der Autorin wider.

Imig sagt, sie schreibe nur über Themen, die ihr am Herzen liegen. So füllt sie Seite um Seite mit den Gefühlen von Einsamkeit inmitten von Menschenmengen, mit der Entlarvung der Vergänglichkeit aller Dinge oder mit der Einsicht, dass Liebe und Enttäuschung Hand in Hand durchs Leben spazieren. Ihre Mitte, erklärt Magdalene Imig, finde sie „in der Zufriedenheit durch die Wahrnehmung des Augenblicks als unwiederbringlichem Geschenk."

Imigs neues Buch, der Kriminalroman „Doppelkopf" erscheint 2013. Die Autorin freut sich auf kommende Lesungen, neue Rezitationsprogramme, Applaus und über das Geschenk des Lebens, das ihr die Macht der Worte auf die Lippen und die Fingerkuppen legte.

Gisa Klönne
Mörderisch diszipliniert

© Felix Brüggemann

Geboren: 22. September 1964

Familie: Verheiratet; ja und das gerne

Beruf: Schriftstellerin

Persönliches Motto: Entschleunigung – wann immer es geht. Und eine gewisse Distanz zum Mainstream

Das mag sie an Köln: Diese Stadt ist bunt. Und sie ist flach genug, um mit dem Fahrrad zu fahren.

Das mag sie nicht an Köln: Klüngelei in Sachen Müll, U-Bahn-Bau, Kultur …

Letztes Karnevalskostüm: Vampir

Hobbys: Yoga, Musik, Garten

Persönlicher Blick in die Zukunft: Im engeren Sinne: Was schreibe ich als nächstes? Im weiteren Sinne: Frieden und Demokratie für alle bitte! Das ist unabdingbare Voraussetzung, um schreiben zu können: Ruhe und Zeit. Nicht nur zum Schreiben, sondern auch zum Denken.

Das Ziel im Auge behalten, in sich selbst vertrauen und immer weitermachen: So wurde aus der Journalistin Gisa Klönne, die eine von vielen war, die preisgekrönte Bestsellerautorin. Natürlich brachte sie auch echtes Talent mit, gute Ideen und handwerkliches Können. Aber zur Entfaltung bringen konnte sie diese Gaben nur mit Beharrlichkeit und einer gehörigen Portion Eigensinn.

Ein Leben ohne geschriebene Wörter ist für die gebürtige Stuttgarterin nicht vorstellbar: „Bücher faszinierten mich schon als Kind, die Welten, die allein durch Buchstaben auf Papier in den Köpfen der Leser entstehen." Die Faszination verführte zum Selberschreiben. Im Studium der Literaturwissenschaften und danach bei der Arbeit zunächst als Redakteurin, dann als freie Journalistin lernte sie, kritisch mit den eigenen Texten umzugehen, so lange an ihnen zu feilen, bis jedes Detail stimmt.

Ihrem Eigensinn ist nicht nur zuzuordnen, dass sie schon zu Schulzeiten einen persönlichen Kleidungsstil entwickelte (gerne: Kleid über Hose), den sie unabhängig von allen Moden beibehielt. Auch im Umgang mit Menschen und bei der Arbeit wusste die Schlanke mit den dunklen Locken immer, was sie wollte und was nicht. Heute führt sie genau das Leben, das sie mag: mit ihrem Mann in einen „Bullerbü"-Häuschen aus rotem Backstein am Rande von Köln-Nippes, das mit Arbeitszimmer und einem kleinen, verträumten Garten die Ruhe zum Schreiben bietet.

Dass sie den Übergang von der Journalistin zur Autorin hinbekommen hat, verdankt sie ihrer Zähigkeit und einer unendlichen Disziplin: Jeden Morgen arbeitete sie eine Stunde schriftstellerisch, ehe sie sich dem Brotjob des Schreibens für Tageszeitungen und Zeitschriften zuwandte. In solchen genau bemessenen Portionen entstanden zunächst Kurzgeschichten, dann „Der Wald ist Schweigen", ihr erster Krimi mit der kantigen Hauptkommissarin Judith Krieger und ihrem Kollegen Manni Korzilius. Erst als sich zwei renommierte Verlage für das Manuskript interessierten, gönnte sie sich längere Schreibphasen.

Beim Erscheinen 2005 war schnell klar: Diese Autorin kann sich mit den Großen der skandinavischen Krimi-Literatur messen. Das bestätigten auch die vier weiteren Romane um das Team Krieger und Korzilius. In allen verknüpfen sich die Mordfälle mit gesellschaftlich brisanten Themen wie Mobbing, Zwangsprostitution oder der rigiden Heimerziehung der Nachkriegsjahre. Feinfühlig beschreibt die Autorin, was Menschen einander antun, wie sie sich gegenseitig auf Rollen festlegen, wie sie zu Tätern und Opfern werden. 2009 wurde sie für ihren dritten Krimi – „Nacht ohne Schatten" – mit dem Friedrich-Glauser-Preis ausgezeichnet, dem wichtigsten Preis für deutschsprachige Kriminalliteratur.

Den Journalismus konnte Gisa Klönne dank ihrer schriftstellerischen Erfolge hinter sich lassen. Aber sie verdankt diesem Beruf viel: Neben der selbstkritischen Textarbeit ist es vor allem das Recherchieren bei den Menschen vor Ort, das den Alltag ihrer Figuren so lebensecht macht. So erfährt sie, wie genau die Ermittlungsschritte in einem Mordfall aussehen, was eine bestimmte Verletzung mit einem Menschen macht, wie sich ihr Kommissar Korzilius am besten auf die Prüfung zum Karate-Schwarzgurt vorbereitet und wo ein Schatzsucher illegal mit seinem Metalldetektor unterwegs wäre.

Nach fünf Krimis soll erst mal etwas ganz Neues kommen: ein Familienroman um eine Pfarrersfamilie in Mecklenburg, die weit zurück in die erste Hälfte des 20. Jahrhunderts führt. Keine Absage an künftige Krimis, wie sie betont. Aber eine Idee, die sie schon lange in sich trägt und für die sie seit einigen Jahren nebenbei immer wieder mal recherchiert hat.

Auch die Motive aus ihren bisherigen Büchern hat sie zum Teil jahrelang in sich getragen. Manches beruht – verfremdet und literarisch bearbeitet – auf persönlichen Erfahrungen. Aber die Figuren mit ihren gebrochenen Biografien sind nicht aus ihrer Umgebung abgekupfert. Sie entstehen ganz aus ihr selbst, werden dort lebendig und verwickeln sie in innere Gespräche. Gerade beim Joggen höre sie ihre Stimmen „beinahe so deutlich, als liefen sie neben mir her". Um jederzeit auf das vorbereitet zu sein, was ihre Geschöpfe ihr zu sagen haben, steckt sie deshalb ein Diktiergerät ein, wenn sie zu ihrer Laufrunde aufbricht.

Das Nach-innen-Gewandte ist zwar ein wichtiger Teil ihres Lebens, aber eine Eremitin ist Gisa Klönne nicht. Sie kocht mit Freunden, pflegt intensive Kontakte zu Schriftsteller-Kolleginnen und hat eine Zeitlang ehrenamtlich für die beiden deutschen Vereinigungen von Krimiautorinnen und -autoren gearbeitet – für die „Mörderischen Schwestern" und für das „Syndikat". Sie liebt sogar die anstrengenden Lesereisen, die sie in Kontakt mit ihrem Publikum bringen. Und sie teilt ihr Wissen großzügig: unterrichtet das kreative Schreiben in Seminaren und Werkstätten und trifft sich mit Journalistinnen und Journalisten, die auch mit dem Schriftsteller-Dasein liebäugeln. Zu dem, was sie dort vermittelt, gehört auch: „bloß nicht aufgeben".

Kristin Lammerting
Mehr Garten geht nicht

Geboren: 1. Juli 1954 in Damme

Familie: Verheiratet mit Udo Lammerting, zwei Kinder

Beruf: Gartenbuchautorin; Anzahl Mitarbeiter: 2 Gärtner in Köln und 20 auf Neuseeland

Persönliche Rangliste: Gott im Himmel und die Familie auf Erden

Persönliches Motto: „Wer dörhölt, dei gewinnt." Wer durchhält, der gewinnt. Dies ist das Familienmotto des elterlichen Hofes seit mehr als 800 Jahren.

Das mag sie an Köln: Die humorvollen Menschen und das südländische Flair der Domstadt. „Köln ist unkaputtbar."

Das mag sie nicht an Köln: Den vielen Schmutz in der Stadt

Letztes Karnevalskostüm: Tanzkleid im Stil der 50er-Jahre

Zum Karneval: Circa dreißig besuchte Karnevalssitzungen; 25 Damen-Karnevalsorden

Hobbys: Garten, Reisen, Natur, Yoga

Persönlicher Blick in die Zukunft: Zu neuen Ufern lockt ein neuer Tag.

Alles fließt, wandelt und verwandelt sich. Auch in einem architektonisch bestimmten Naturraum wie einem Garten englischen Stils, einer Bühne der Natur. Meisterlich beherrscht Kristin Lammerting die hohe Kunst der Gartengestaltung. Beleg hierfür ist nicht nur der mittlerweile in der Szene weltberühmte Garten der Familie Lammerting in Köln sondern auch die Reihe preisgekrönter Veröffentlichungen Dr. Kristin Lammertings. Nicht eines, jedes ihrer Bücher erhielt eine Auszeichnung. Multitalent Kristin Lammerting stellt dabei nicht nur ihre außerordentliche Expertise unter Beweis, sondern zeigt auch eine ebenso verständliche wie motivierende Schreibe, und Bilder, die sie als exzellente Photographin ausweisen.

Von Kindesbeinen an war sie mit dem Werden und Vergehen in der Natur in Berührung: Sie wuchs auf dem Traditionshof Hardinghausen im Münsterland auf. Die Mutter vermittelte neben dem Verständnis für alle Belange eines landwirtschaftlichen Betriebes die Liebe zum Gestalten und zur Gärtnerei. Ein wichtiger Grundstock für ihr späteres Leben. In Münster studierte Kristin Lammerting Biologie und in Manila Zahnmedizin. In Hilden betrieb sie rund zehn Jahre eine eigene Praxis. Parallel dazu ließen sie die Gärten dieser Welt nicht los und so entwickelte sich die die heutige Kölner Gartenbotschafterin zu einer Expertin hohen Grades. Weit über einhundert namhafte Gärten hat sie allein in England aufgesucht, um neuzeitliche Gärten im englischen Stil zu analysieren, auf sich wirken zu lassen, Anregungen einzuholen. Als Gartenbuchautorin muss sie zudem allen Trends auf der Spur, wachen Auges für geringste Veränderungen und mit namhaften Gartenarchitekten im Gespräch sein. Arbeit genug, wenn da nicht noch die großzügigen Gartenanlagen in Köln und auf Neuseeland wären. Zudem betreibt sie in Neuseeland eine Palmenschule mit zwanzig Mitarbeitern, leitet den Betrieb dank Skype den größten Teil des Jahres von Köln aus. Hier, im Kölner Ortsteil Braunsfeld, ist Kristin Lammerting nach siebzehn Umzügen heimisch geworden.

Gemeinsam mit ihrem späteren Ehemann entwickelte sie 1993 die Idee eines Gartens im englischen Stil auf gepflegter Brache im Umfeld seines neuen Wohnhauses. Der renommierte holländische Gartenarchitekt Jörn Copijn – eigentlich hatte er Auftrag, einen Bürogarten anzulegen – fing ebenfalls Feuer und ließ sich von der Ideenflut anleiten wie inspirieren. Im Jahre 1994 war die Anlage im englischen Stil, ein Verbund von dreizehn Themengärten, im Fachjargon „Zimmer" genannt, fertig. Ein „Patchwork mit Struktur" umschreibt Kristin Lammerting in der veröffentlichten Historie ihres Gartens den Begriff „im englischen Stil". Als logische Verbindung vom Haus zum Garten schafft eine schmale Allee aus Eibenhecken und Zierkirschbäumen Tiefe, freien Blick hin zum Gartenende und wirkt mit den Durchgängen in die „Zimmer" wie ein Flur. „Erkennungsmelodie" ihres Gartens nennt Kristin Lammerting den Knotengarten, in dem Buchsbaum und rote Berberitze nach dem Vorbild alten englischen Musters miteinander verwebt scheinen. Weitere Themenbereiche sind Brunnen, Terrakotta, Düfte und Kräuter, Wasser, die Farben Schwarz und Weiß, Sonne, Mond, Galerie und Rosen. Hinzu kommt ein bunter Bauerngarten, in den ein original englisches Greenhouse integriert ist und dessen Beete mit Haselnuss-Flechtzäunchen gesäumt sind. Eine klare strukturelle Anordnung von Horizontalen und Vertikalen, verschlungener und gerader Linie, räumlichen wie farblichen Vorstellungen, vereint sich hier üppig bewachsen wie gärtnerisch betreut zu einem heimischen Paradies. Das Rauschen eines künstlichen Wasserfalls eliminiert in der Wahrnehmung den Straßenlärm. Ein sechzig Meter tiefer Brunnen liefert umgeben von urbanem Leben Wasser höchster Qualität. Die eigenen Bienen – ihnen ist der jüngst hinzugekommene Bienengarten gewidmet – produzieren im Jahr rund dreißig Kilogramm Honig. In Gläser abgefüllt und etikettiert wird das süße Gold verschenkt. Dies ist auch ein Ort, an dem eine kleine Kapelle ihren Platz gefunden hat, deren Glocke in der Eifel archaisch wie im Mittelalter gegossen wurde. Stündlich mischt sie sich ein in die von nah und fern klingende Symphonie Kölner Glocken.

Wer das Glück hat, der schafft es, an einer der Gartenführungen, die manchmal stattfinden, teilzunehmen. Die virtuelle Besichtigung ist Tag und Nacht unter www.englischer-garten-koeln.de möglich. Kristin Lammerting, die ihren Beruf mit „Gartenbuchautorin" angibt, ist längst einer jener Menschen, die international Aufmerksamkeit erreichen, weil sie eine eigene Philosophie entwickelt haben und sich klar und deutlich auszudrücken wissen. Hinzu kommen Vorstellungskraft und Phantasie, denn Wachstum, Werden und Vergehen im Garten ergeben andere Farben, verändertes Licht und Wirkungen.

Für die Natur ist der Kölner Garten der Lammertings wie selbstverständlich eine ökologische Nische. Eine Nachtigall hat sich eingenistet, Fledermäuse haben hier ihr Domizil, Singvögel nisten.

Und das alles mitten in einer Großstadt, in einem Traumbild von Garten. Nicht nur deshalb hat Kristin Lammerting in der Domstadt ihr Zuhause gefunden.

Claudia Schreiber
Von Kölnern entdeckt

Geboren: 30. Juli 1958 in einem Dorf im Nordhessischen

Familie: Zwei erwachsene Söhne

Beruf: Schriftstellerin und Journalistin

Das findet sie an Köln gut: Wie Italien

Das findet sie an Köln schlecht: Wie Italien

Darüber regt sie sich auf: Dass die Rechtsradikalen ausgerechnet „Pro Köln" heißen. Sie sind die Schande der Stadt.

Lieblingsort in Köln: Stadtwald

Hobbys: Fußball, Lesen, Kino, Sport, Spielen

Was Claudia Schreiber antreibt: Neugier und Mitgefühl

Was Claudia Schreiber verrückt macht: Die Ignoranz der Mächtigen (dem Umweltschutz gegenüber, dem Rechtsradikalismus etc.), die Fresssucht des Kapitals, die Unverfrorenheit vieler Erwachsener Kindern gegenüber

Claudia Schreiber hat nirgendwo so lang gelebt wie in Köln – außer daheim bei ihren Eltern. Ihre Stationen davor waren u.a. Göttingen, Mainz, Baden-Baden, Moskau, Brüssel.

Sie hat Kommunikationswissenschaften und Pädagogik studiert, einige Jahre bei SWF3 gearbeitet, dem legendären Radiosender aus Baden-Baden. Ist dann zum ZDF gewechselt und hat die Nachrichtensendung „logo" mit einwickelt und als Redakteurin, Reporterin und Moderatorin in einem realisiert. Dort hat sie Preise für längere Filme gewonnen, u.a. den „Prix Jeunesse" für die beste Dokumentation für Kinder weltweit.

Anfang der Neunziger ging sie mit ihrem damaligen Mann Peter Schreiber und ihren Söhnen nach Moskau – es war die Zeit des Umbruchs, der Beginn des Kapitalismus dort. Sie lernte schnell Russisch: „Zum ersten Mal konnten die Menschen mit ausländischen Journalisten sprechen, ohne dass vorher den Behörden melden zu müssen – diese Chance musste man nutzen!" Neben ihrer journalistischen Arbeit entstand ihr erstes Buch; „Moskau ist anders" erzählt von diesen Begegnungen, tragisch und komisch zugleich. Das wird ihre Art bleiben, die Welt zu sehen.

Es folgte die erste fiktive Arbeit, eine Realsatire „Der Auslandskorrespondent", erschienen bei Kiepenheuer & Witsch. Sie lernte in Köln ihre zukünftige Agentin kennen, Erika Stegmann arbeitete damals noch als Lektorin bei dem renommierten Verlag. Jahre später musste sie sehr viel Geduld mitbringen, um einen Roman von Claudia Schreiber anzubieten, eine seltsame Geschichte über eine Bäuerin, die zärtlich Schweine töten kann und auch so ihren kranken Geliebten erlöst. Beinahe niemand wollte das publizieren, bis endlich die Verlegerin von Reclam Leipzig das Potenzial dieser Tragikomödie erkannte. Es sollte Claudia Schreibers Durchbruch werden, „Emmas Glück" wurde ein Bestseller, inzwischen in zehn Sprachen übersetzt. Er wurde 2011 in Italien mit dem „Scrivere per Amore" ausgezeichnet, gilt damit als beste Liebesgeschichte des Jahres.

„Emmas Glück" wurde auch als Kinofilm erfolgreich, in den Hauptrollen Jördis Triebel und Jürgen Vogel, produziert von Wüste Film West. Entdeckt hat diesen Filmstoff nämlich der Kölner Hejo Emons. Er ist Buchverleger und Filmproduzent in einem, saß damals auf der Buchmesse in Frankfurt und hatte nichts zu tun, wie er selbst betonte. Ein Verlagsvertreter, der zugleich mit Claudia Schreiber und ihm befreundet war, steckte ihm das Manuskript zu – und Emons las im Durcheinander von Autoren, Journalisten und Buchhändlern – und rief noch von dort seinen Kompagnon an, Wüste Film griff sofort zu. Vor lauter Glück ging Claudia Schreiber schnurstracks mit einem riesigen Blumenstrauß ins Büro von Emons – was ihm auch noch nie passiert war. Das Drehbuch verfasste Claudia Schreiber mit und gewann gemeinsam mit Ruth Toma einen Drehbuchpreis in New York.

Am Leben als Autorin genießt sie den Kontakt zum Publikum, zu Hilfe kommt ihr da eine ausgebildete Radiostimme. Die Saarbrücker Zeitung schreibt nach einem Auftritt: „Was diese Lesung zu einem Glücksfall machte: Claudia Schreiber ist nicht nur eine gute Beobachterin wie humorvolle Erspürerin und Erzählerin von Befindlichkeiten, sondern sie kann auch ganz ausgezeichnet vortragen."

Weitere Bücher folgten, „Sultan und Kotzbrocken" etwa vergnügt viele Kinder, wird in Kindertheatern vorgeführt und als Hörspiel produziert. Humor- und Satiretitel erschienen, u.a. „Heimische Männerarten – ein Bestimmungsbuch". Ihr letzter Roman „Süß wie Schattenmorellen" wird ebenfalls für das Kino adaptiert, sie schreibt gerade das Drehbuch gemeinsam mit dem Berliner Regisseur Manuel Siebenmann für die Makido Film in Wien und Weimar.

All das findet in einer Wohnung in Braunsfeld statt, dort lebt und schreibt sie, mit Blick in den Garten und keine zwei Minuten vom Stadtwald entfernt. Hier zieht sie ihre Runden, spaziert oder joggt, erholt sich und genießt die Natur. „Das ist wunderbar an Köln, diese weitläufigen gepflegten Grünanlagen!"

Doch besonders dankbar ist sie, dass ihre Söhne hier ihre Heimat gefunden haben. Sie sind mit den Eltern nach Moskau gezogen, dann nach Brüssel, und kamen hier an, als Moritz in die fünfte Klasse und Lukas in die zweite kam. Von Anfang an haben die Jungs die Stadt gemocht, die Feierlaune, die kulturelle Vielfalt, die Clubs. Doch das ist bisweilen bedroht, genannt sei die Schließung des Clubs Papierfabrik oder die Gängelung des Kunst- und Kulturzentrums Odonien und und und – diese Entwicklung verwundert nicht nur Claudia Schreiber.

Medien und Internet

Mit seinen vielen TV-Sendern darf sich Köln
mit Fug und Recht als eine der führenden Medienstädte
bezeichnen. Kölner Köpfe prägen viele der Sender
und Printmedien. Auch im und für's Internet
hat Köln einiges zu bieten.

Corinna Blümel
Die Journalistin der Journalisten

© Fotostudio Balsereit, Köln

Geboren: 15. Oktober 1961

Familie: In glücklicher wilder Ehe mit Markus Dietrich

Beruf: Journalistin

Persönliches Motto: Lieber selbst anpacken, als über die Umstände zu jammern.

Das mag sie an Köln: Die Stimmung, das bunte Leben, die Wege am rechten Rheinufer und die 1 000 Orte, die ich mit Menschen und Erlebnissen verbinde.

Das mag sie nicht an Köln: Die Selbstverliebtheit und die oft grandiose Selbstüberschätzung

Zum Karneval: Das ist kein großes Thema für mich.

Hobbys: Zu viele für die Zeit, die zur Verfügung steht.

Persönlicher Blick in die Zukunft: Mehr vom Guten und gerne was Neues

Sie ist beliebt, kommunikativ und ausdauernd: Corinna Blümel. Seit 13 Jahren steht sie als Vorsitzende der Kölner Journalisten-Vereinigung (KJV) an der Spitze von rund 1 850 gewerkschaftlich organisierten Journalisten. Die Chefin des größten Ortsvereins im Landesverband Nordrhein-Westfalen moderiert Sitzungen, organisiert Führungen, bloggt über aktuelle Themen und führt viele Gespräche – insbesondere mit dem Nachwuchs. Wöchentlich einige Stunden bis zu einem Arbeitstag investiert Blümel in ihr Ehrenamt. Schon in jungen Jahren stellte sich die gebürtige Leverkusenerin gerne der Verantwortung. Sie war Klassen-, Stufen- und sogar Schulsprecherin. Als junge Erwachsene übernahm sie den Vorsitz des Karatevereins Ju Kengo in Köln.

„Wenn ich etwas nicht so toll finde, dann packe ich es eben an", erklärt Blümel. Beim Deutschen Journalisten-Verband (DJV), dem Dachverband der KJV, stellt sie auch nach jahrelangem Engagement noch fest: „Mit persönlichem Einsatz und durchdachten Ideen kann ich viel bewegen." Auch auf Landesebene mischt sie mit. Blümel ist beliebt. Als NRW-Delegierte mit den meisten Stimmen etwa führte sie die rund 50-köpfige Abordnung zum vergangenen Gewerkschaftstag nach Würzburg an. Auch dort drehte sich vieles um den radikalen Wandel, dem der Journalistenberuf wie auch die Medienlandschaft in der digitalen Welt unterworfen sind. „Da wanken die alten Geschäftsmodelle", beobachtet Blümel. „Die neuen verteilen den Kuchen ganz anders und nicht unbedingt zu Gunsten des ernsthaften, aufklärerischen Journalismus." Insbesondere die freien Journalisten, aber auch die Redakteure müssten sich permanent anpassen. Blümel erklärt: „Wer ganz der neuen Onlinewelt verhaftet ist, versteht die in den traditionellen Medien eher nicht – und umgekehrt. Für diese Entwicklungen muss der DJV offen sein, auch wenn dadurch die Interessen der Mitglieder immer weiter auseinander klaffen."

Der DJV ist zugleich Blümels größter Auftraggeber. Im Umfang einer Halbtagsstelle arbeitet die freie Journalistin in der Redaktion der NRW-Mitgliederzeitschrift „Journal" mit. Das Heft erscheint jeden zweiten Monat. Blümel begleitet sämtliche Entwicklungsschritte: von der Themen-, Autoren- und Fotoauswahl über das Redigieren bis hin zum Layout. Dort könne sie ganzheitlich arbeiten, schwärmt die Journalistin. Ob sie lieber festangestellt arbeiten würde? Nein, sie hat noch andere Auftraggeber. Blümel mag die Vielfalt durch ihre verschiedenen Jobs, außerdem die Begegnung auf Augenhöhe. Das Hauptgegenargument jedoch liegt in der „inneren Freiheit", die Blümel spürt, wenn die Sonne scheint und sie einfach mal den schattigen Schreibtisch verlassen kann, um ins Café zu gehen. Eng werden die Freiräume allerdings in stressigen Zeiten: „In einer 50-Stunden-Woche halten sich meine Freiheiten in Grenzen."

Blümel liebt ihren Beruf, vor allem die Arbeit im Print- und Online-Bereich: „Lesen und Schreiben ist etwas ganz Grundsätzliches", erläutert sie. „Und das geschriebene Wort ist schön." Als passionierte „Vielleserin" nimmt die Gewerkschafterin, fährt sie mal in Urlaub, „für jeden Tag ein Buch" mit. Im zarten Vorschulalter konnte sie es kaum erwarten, lesen zu lernen. Neidvoll eiferte Blümel ihren zwei größeren Geschwistern nach. „Alle konnten sonntagmorgens im Bett lesen, nur ich nicht", bedauerte sie damals.

Ihr Studium absolvierte Blümel in Köln: Germanistik, Soziologie und Philosophie. Danach volontierte sie bei einem Redaktionsbüro für technische Fachzeitschriften in Langenfeld. Seit 1991 arbeitet Blümel als freie Journalistin. Ihre Themen umfassen insbesondere die Bereiche Medien, Journalismus, Wirtschaft und Technik. Neben ihrer Tätigkeit als Zeitschriften-Redakteurin tritt sie auch als Moderatorin und als Dozentin auf. Blümels Büro liegt in einem ehemaligen Kiosk, eine halbe Etage unter ihrer Mietwohnung.

An ihrem Arbeitsplatz in Deutz steht sie regelmäßig per E-Mail mit ihren gewerkschaftlich organisierten Kollegen in Kontakt. Für ihr Ziel – „Wir versuchen, relativ regelmäßig Veranstaltungen anzubieten" – genießt Blümel die Vorteile der elektronischen Post und erinnert gerne kurzfristig noch einmal an bevorstehende Führungen, Podiumsrunden, Themenstammtische oder Sitzungen. Das macht sich bemerkbar: Die Veranstaltungen der Journalisten-Vereinigung sind gut besucht, oft gibt es direkt Feedback. Ruhig, charmant und gradlinig, gerne auch mal humorvoll führt Blümel durch Vorstandssitzungen und Mitgliederversammlungen. Vereinsmeierei ist nicht ihr Ding.

Trotz verlockender Angebote von Landes- und Bundesebene konzentriert sich Blümel ganz auf die KJV. Sie fühlt sich einfach wohl in der „positiv gestimmten" Journalisten-Vereinigung: „Ich glaube, die Leute erkennen, dass ich die Arbeit gerne mache. Entsprechend kommt etwas zurück." Blümel ist ein „kommunikativer Mensch" mit erstaunlicher Ausdauer. Zu ihrer früheren Gastfamilie im amerikanischen Bundesstaat Virginia hat sie noch heute Kontakt. Dort nahm sie vor über 30 Jahren an einem Schüleraustausch teil. Ausdauer beweist Blümel aber auch in anderer Hinsicht: Zu den KJV-Terminen lässt sie gerne mal Bus und Bahn außen vor. Denn: „Beim Gehen kann ich gut nachdenken."

Ibrahim Evsan
Die digitale Revolution als Glücksfall

Geboren: 27. November 1975
Familie: Geschieden, ein Sohn
Beruf: Werbekaufmann, Entrepreneur
Persönliche Rangliste: Ausdauer, Glück, Familie
Persönliches Motto: Das Leben ist ein Spiel.
Das mag er an Köln: Die wunderbaren Menschen
Das mag er nicht an Köln: Leider undigital
Zum Karneval: Ich mag die Nubbelverbrennung.
Hobbys: Kochen, Grillen, Lesen und Fahrrad fahren
Persönlicher Blick in die Zukunft: Es fängt jetzt erst richtig an.

Für viele, vor allem junge Menschen verlagert sich das Leben immer weiter ins Internet. Sie informieren sich auf Nachrichtenseiten, buchen Reisen und kaufen ein. Sie verbringen ihre Freizeit online, lassen dort andere an ihren Vorlieben und Gedanken teilhaben und leben selbst ihre Freundschaften in sozialen Netzwerken wie Facebook. Zu denen, die immer ganz vorne dabei sind, gehört der Kölner Ibrahim „Ibo" Evsan.

Geboren 1975 in Warendorf gehört der Unternehmer, Blogger und Autor mit den türkischen Wurzeln heute zu den wichtigsten Web-Gründern in Deutschland. Das „Mitmach-Web" – oder Web 2.0 – entdeckte er mit Ende zwanzig, in einer Phase persönlicher Zweifel. Ein „absoluter Glücksfall", wie er in einem Interview erzählte. Er spürte: „Da entsteht eine Revolution, ich will dabei sein!"

Das hat er geschafft – mit seiner unbändigen Energie, der Lust am Machen und einem guten Gespür für das, was die deutschen Internetnutzer gerade wollen. Vor allem ist der Mann, der sich selbst als Morgenmuffel bezeichnet und anfangs mit der deutschen Sprache durchaus Probleme hatte, ein großer Kommunikator: kontaktfreudig, redegewandt und überzeugend.

So brachte er mit Anfang dreißig – gemeinsam mit Geschäftspartner Thomas Bachem – das Videoportal Sevenload auf den Weg. Während andere Gründer verzweifelt nach Finanziers suchen, gewannen die beiden schnell erste Investoren. 2006 startete Sevenload, wurde noch im gleichen Jahr zur „Website des Jahres" und heimste später weitere Preise ein.

Auch das nächste Projekt von Evsan und Bachem holte Auszeichnungen: 2009 hatten die beiden Sevenload verlassen und starteten im Jahr darauf – wieder mit Investorengeld – das Unternehmen United Prototype. Diesmal ging es in die Welt des „Social Gaming": Gespielt wird mit anderen übers Internet, oft nur kurz nebenbei, etwa in der Mittagspause. Passenderweise spielt bei „Fliplife" die virtuelle Berufskarriere eine wichtige Rolle. Einzelne Unternehmen verstehen den Werbe-Appeal einer solchen Welt: Anfang 2011 stieg die Bayer AG als erstes Unternehmen bei „Fliplife" ein, später kamen Daimler, E-Plus und Ernst & Young als Partner hinzu. „Made with love in Cologne" – „Mit Liebe in Köln gemacht" steht unten auf der Internetseite des Spiels, das Anfang 2012 bereits eine Million registrierter Nutzer meldete. Im Mai 2012 verkaufte Evsan United Prototype an das Kölner Unternehmen KaiserGames.

Und schon mischt Evsan beim nächsten Online-Trend mit, dem „Crowdfunding" zur Finanzierung von Kulturprojekten und Unternehmensgründungen. Dabei kommt das Geld nicht von wenigen finanzkräftigen Investoren, sondern von möglichst vielen Freunden, Fans und anderen Privatleuten: Wer sich von einer Projektidee überzeugen lässt, steuert kleinere Summen bei. In den USA ist diese Form der Geldbeschaffung über Plattformen im Internet schon länger üblich, in Deutschland verlässt sie gerade das Nischendasein. Und Evsan wirbt auch dafür mit Spaß und seinem guten Namen.

Schließlich gehört er zu den Menschen mit einer hohen Glaubwürdigkeit im Netz. Er schreibt und referiert über Themen wie „Online-Reputation" und „Leben im Lifestream", über das Ineinanderfließen von Arbeit und Privatem, aber auch über die Notwendigkeit des Abschaltens. Obwohl er überzeugter „Onliner" ist, sieht er auch die negativen Seiten des Netzes. In seinem 2009 veröffentlichten Buch „Der Fixierungscode" und als Autor für renommierte Medien wirbt er für den besonnenen Umgang mit den unendlichen Möglichkeiten des digitalen Lebens. Dass man permanent online ist, um im Netz zu spielen oder um anderen zu erzählen, was man gerade macht – das birgt ein hohes Suchtpotenzial. „Wer sich in die Informationsflut stürzt, läuft Gefahr, den Überblick zu verlieren." Da hilft dann die „Social-Media-Diät": Einfach mal alle Geräte herunterfahren, um Zeit mit Familie und Freunden zu verbringen.

Die Erfolge waren dem Mann mit dem strahlenden Lächeln nicht in die Wiege gelegt, er hat sie sich an der „Universität des Lebens" hart erarbeitet: Nach der Schule verkaufte er Versicherungen, stieß aber bald an seine moralischen Grenzen. Im nächsten Job als Verpacker stieg er schon mit 19 zum Vorarbeiter auf – und wurde aus der Stelle gemobbt. Es folgte eine Umschulung zum Werbekaufmann und später eine Zeit bei einer Unternehmensberatung, wo er sich komplett unterfordert fühlte. Erst als Unternehmer hat er seinen Platz in der Arbeitswelt gefunden – als jemand, der eigene Ideen umsetzt, der Dinge bewegen kann und dabei noch Arbeitsplätze schafft.

Dinge bewegen möchte Evsan auch jenseits seines Unternehmens und diverser Netz-Projekte. Er engagiert sich ehrenamtlich als Mitglied der Medienkommission der Landesanstalt für Medien NRW, ist Komiteemitglied bei UNICEF und arbeitet im Vorstand der „Deutschlandstiftung Integration" mit, die Kinder und Jugendliche aus Migrantenfamilien sprachlich fördert. Denn die Sprache, davon ist Ibo Evsan aus eigener Erfahrung überzeugt, ist der Schlüssel zu einem erfolgreichen Leben. Mit seiner Lebensgeschichte möchte er die Kids zur Nachahmung ermuntern.

Gisela Marx
Das TV-Urgestein

Geboren: 26. Mai 1942 in Nümbrecht

Familie: Ledig

Beruf: Beraterin; Anzahl Mitarbeiter: 450

Persönliche Rangliste: Reisen, Freunde, Kochen, Gespräche... Der Stellenwert der Liebe geht zurück, steht für mich nicht mehr auf Platz 1.

Persönliches Motto: Es ist ziemlich wichtig, sich mit seinen eigenen Defiziten und Schwächen auseinanderzusetzen. Ich bin Anhängerin der Psychoanalyse. Die ist ein Lebenselixier für mich. Ich fand es merkwürdig, auf alles neugierig zu sein – nur nicht auf mich selbst.

Das mag sie an Köln: Die Stadt ist meine physische Heimat. Die Türme vom Dom zu sehen, ist wie nach Hause kommen. 60 Prozent meiner Freunde sind auch Kölner. Dabei habe ich auch viele Freunde im Ausland. Ich mag Kölns Theaterszene und die Philharmonie. Einmal pro Jahr gehe ich ins Hänneschen-Theater.

Das mag sie nicht an Köln: Das kleinkarierte Gezänk, was in der Politik hier läuft. Die ist korrupt, banal und engstirnig. Es ist schlimm, wie mit der heimischen Kultur umgegangen wird. Ich habe zwar Mitleid mit den Politikern, es gibt aber auch niemanden, der einen mitreißt.

Letztes Karnevalskostüm: Piratin, ein Kostüm von Maria Lucas

Zum Karneval: Zwei- bis dreimal Besuch der großen Prinzengarde Gürzenich, etwa 15-mal Teilnahme an der Stunksitzung; leider kein einziger Karnevalsorden

Gisela Marx lag im Hotelzimmer auf dem Bett. Sie machte Urlaub in New York. Das war 1998. Im Fernsehen lief „Judge Judy". Marx war begeistert: „Da wurden live echte Kriminalfälle verhandelt." Sowas wollte die Journalistin auch im deutschen Fernsehen sehen. Nach ihrem Urlaub versuchte sie also, die Idee hierzulande umzusetzen.

„Doch in Deutschland ist es verboten, Gerichtsverhandlungen öffentlich zu machen." Schiedsverhandlungen dürften gezeigt werden, doch da sind die verhandelten Inhalte nicht so interessant: „Das sind dann nur Lappalien wie die Geschichte mit dem Maschendrahtzaun", so Marx.

Also dachte sich die Journalistin Fälle aus, die nah dran am wirklichen Geschehen im Land waren. Schauspieler agierten als Angeklagte und Zeugen. Eine echte Juristin verhandelte die Tatgeschehnisse. Die TV-Sendung „Richterin Barbara Salesch" war geboren.

Die Pseudo-Reality-Show ging am 27. September 1999 auf Sendung. Und sie ist seitdem die erfolgreichste Gerichtsshow im deutschen Nachmittagsfernsehen. Mehr als 30 Prozent Marktanteil sprechen eine deutliche Sprache. Vielmehr: Für einen Privatsender war das seinerzeit noch eine Sensation.

Gisela Marx gründete am 31. Oktober 1974 die filmpool Film-und-Fernsehproduktion GmbH. „Das lief neben meinen journalistischen Aktivitäten. 1999 fing ich an, mich voll um die Firma zu kümmern. Da habe ich innerhalb von drei Jahren aus einem kleinen Laden ein Großunternehmen gemacht – alleine mit wechselnden Partnern."

Auf ihr Konto gehen neben „Barbara Salesch" auch so legendäre TV-Ereignisse wie der „WWF Club" mit Marijke Amado, Jürgen von der Lippe und Frank Laufenberg oder der Spielfilm „Der Novembermann" mit Götz George. Sie erinnert sich: „Angefangen hat es eher bescheiden. Der erste Auftrag war eine Dia-Show für eine Tapetenfabrik. Dann kamen Lehrfilme für Verbände und schließlich Dokumentationen für die ARD."

Es folgten zahlreiche Auszeichnungen bis hin zum renommierten Grimme-Preis, der seit 1964 Fernsehsendungen und -leistungen auszeichnet, die für die Programmpraxis vorbildlich und modellhaft sind. Marx persönlich erhielt unter anderem den Deutschen Fernsehpreis und den Verdienstorden des Landes Nordrhein-Westfalen.

Heute ist die mittlerweile 70-jährige nur noch beratend bei filmpool tätig. „Ich genieße jetzt mein Leben, reise und lese viel." Seit 2004 gehört filmpool zur MME-Moviement-Gruppe, mit der filmpool ab 1999 schon kooperierte, und ist börsennotiert.

Marx studierte Geschichte, Romanistik und Philosophie an der Universität in Köln. 1964/65 leitete sie als Chefredakteurin die Studentenzeitung „Perspektiven". Als freie Redakteurin arbeitete sie in Folge unter anderem für den WDR und den SFB. Politmagazine, Talkshows und Dokumentationen waren ihr tägliches Brot. „Hier und heute" gehörte zu ihren erfolgreichsten Sendungen.

„Die Zeit beim WDR-Radio war meine schönste", blickt sie zurück. Der Vorteil etwa beim „Morgenmagazin" sei gewesen: „Der Rundfunk muss weniger Rücksicht nehmen bei der Auseinandersetzung mit Wirtschaft, Politik und Kultur."

Vor einen Karren spannen lassen wollte sie sich aber nicht: „Ich war immer Freie. Ich wollte mich nie fest anstellen lassen." So schlug sie folgerichtig 1967 auch das Angebot aus, als Auslandskorrespondentin nach Paris zu gehen. Überhaupt wollte Marx nie aus Köln weg. Ein Haus auf Mallorca hat sie gleichwohl. Drei Monate im Sommer verbringt sie dort.

Unabhängig zu sein, war ihr stets wichtig. Dasselbe rät sie auch jungen Kollegen: „Ich möchte sie ermutigen auch gegen den Strich zu bürsten, Stachel zu setzen, zu löchern und auch gegenüber Vorgesetzten kritisch zu sein, sich nicht anzupassen." Veränderungen seien nie ausgeschlossen, alles sei immer wieder in Frage zu stellen, auf Althergebrachtes keine Rücksicht zu nehmen.

Selbst schaut die Journalistin, die seit ihrem siebten Lebensjahr in Köln wohnt, auch heute noch viel fern: „Arte und Phoenix sind Sender, die ich gerne einschalte." Und um Mitternacht beendet sie den Tag mit den letzten Nachrichten des Tages auf RTL.

So gehört Peter Kloeppel zu den wenigen Männern, die sie gerne sieht. „Bei 9/11 hat er Großes geleistet." An den anderen männlichen Kollegen hat sie manches auszusetzen: „Reinhold Beckmann wird immer besser. Doch Frank Plasberg ist mir viel zu eitel."

Sie überlegt – und dann fallen ihr doch noch Vorbilder des anderen Geschlechts ein: „Klaus Bednarz, Klaus Bresser und Ulrich Wickert", zählt sie auf. „Früher gab es mehr gute Männer", erklärt sie. „Peter von Zahn, Werner Höfer, Gerd Ruge".

Doch: „Das Fernsehen ist ein Nebenbei-Medium geworden." Nicht nur bei den TV-Sendern müssten mehr Frauen das Sagen haben. Dann gebe es eine andere Unternehmenskultur – und „kein politisches Geschacher" mehr.

Das öffentlich-rechtliche Fernsehen sei längst „ein politikfreier Raum". Es gebe viel zu viele Talkshows. „Die dürften höchstens wöchentlich kommen, aber es kommt ja jeden Tag eine. Und wenn das politische Personal heute interessanter wäre, wären es auch die Talkshows."

Filmpool unterstützt soziale Einrichtungen wie Blindenwerkstätten, Frauenhäuser, karitative sowie ökologisch tätige Organisationen. So kaufte die Film-und-Fernsehproduktionsgesellschaft zuletzt 100 Weihnachtsgeschenke für Waisen in Zusammenarbeit mit dem Kölner Verein Domspitzen.

Udo Müller
Der Kopf hinter den Plakaten

Geboren: 9. Juli 1962 in Rüdesheim

Familie: Verheiratet, zwei Töchter

Beruf: Unternehmer, Senator h.c. des Bundesverbandes mittelständische Wirtschaft; Anzahl Mitarbeiter des Unternehmens: über 450 Mitarbeiter in Köln, 1 700 weltweit; seit 2010 börsennotiert

Persönliche Rangliste: Werte schaffen, gesund bleiben

Persönliches Motto: Akzeptiere die Widersprüche in Dir!

Das mag er an Köln: Für den Neubau des Unternehmens habe ich mich mit meinem Partner Heiner Ströer im Baukran so weit hoch ziehen lassen, dass wir die Spitzen des Kölner Doms sehen konnten. Daraus wurde unser Board Room, in dem alle wichtigen Entscheidungen fallen.

Das mag er nicht an Köln: Nichts

Zum Karneval: Ich bin immer dabei, manchmal fahre ich auf dem Zug mit. Feiern ist leben.

Udo Müller ist allgegenwärtig. An verkehrsreichen Straßen großer und kleinerer Städte, in den Bahnhöfen, an privaten Häusergiebeln und auf günstig gelegenen Grundstücken von Flensburg im Norden über Köln, bis Garmisch im deutschen Süden. Na ja, als Müllers leibhaftige Allgegenwart sollte das nicht verstanden werden, eher als Metapher. Müller ist Vorstandschef der börsennotierten Ströer Out-of-Home Media AG im Kölner Süden und damit Branchenführer in der Außenwerbung. Auch in Polen und der Türkei belegt Ströer die ersten Plätze der umsatzstärksten Unternehmen.

Das einst schlichte Gewerbe der Plakatkleber hat sich in den vergangenen Jahren zu einem milliardenschweren Markt entwickelt, und Müller gehört zu den treibenden Kräften. Derzeit herrscht die Ströer AG über ein Imperium von mehr als 280 000 öffentlichen Werbeflächen, Tendenz steigend. Die traditionelle hölzerne Plakatwand oder die gute alte Litfaßsäule gehören ebenso zum Repertoire wie bis zu tausend Quadratmeter große Riesenposter namens Blow up und technisch anspruchsvolle Plakatmedien, die Billboards, Citylights, Megalights. Nicht zu vergessen sogenannte Stadtmöbel wie die gläsernen Wartehäuschen an Bushaltestellen oder vollautomatische Citytoiletten. Jüngster Coup aus dem Hause Ströer sind digitale Informationssäulen in Bahnhöfen, die gut platziert aktuelle TV-News ausstrahlen – und natürlich Werbespots. „Außenwerbung", glaubt Udo Müller, „ist das letzte wirkliche Massenmedium." Und dabei will der Kölner Unternehmer führend bleiben. Soweit Gegenwart und Perspektive.

Begonnen hatte es 1962 unscheinbar klein, als sich ein 28-jähriger Werbeprofi mit zwanzig gemieteten Werbeflächen und geborgten 10 000 Mark selbständig machte und seine nach ihm benannte Heiner W. Ströer Außenwerbung GmbH & Co KG gründete. Zu diesem Zeitpunkt wurde der kleine Udo Müller gerade in Bad Godesberg eingeschult und träumte davon, einst ein großer Sportler zu werden. Als sich der Kölner Heiner Ströer und Udo Müller zwei Jahrzehnte später das erste Mal trafen, war Ströer längst ein ebenso erfahrener wie erfolgreicher Außenwerber. Müller dagegen hatte mit zwei Partnern in Berlin gerade eine Werbeagentur gegründet und fand zunehmend Gefallen an dem Geschäft mit Plakaten.

Es sollte eine schicksalhafte Begegnung werden. Eine ganze lange Sommernacht hindurch redeten Ströer und Müller miteinander. Erst beim Essen in einem feinen Restaurant in Wilmersdorf, dann in einer kleinen Bar, bis sie sich schließlich im Morgengrauen freundschaftlich verabschiedeten. Müller erzählte dem neuen Freund in dieser Nacht auch von seinem ungeliebten Medizinstudium in Berlin, von dem Ende seiner Karriere als Handballprofi bei den Reinickendorfer Füchsen nach einem komplizierter Kreuzbandriss. Und er plauderte über seinen Drang, unternehmerisch tätig zu sein und Dinge zu gestalten. Ströer hörte zu. Da saß ein interessanter junger Mann vor ihm, nachdenklich, ehrgeizig und leidenschaftlich zugleich.

Anfang 1990, kurz nach dem Fall der Berliner Mauer, gründeten die beiden die Ströer City Marketing GmbH mit Sitz in Köln als gemeinsames Unternehmen. Auf die Nennung seines Namens im Firmenlogo verzichtete Müller aus Respekt vor seinem väterlichen Freund. Sie waren auch so ein Herz und eine Seele. Müller verfolgte von Anfang an zwei Strategien, die das Unternehmen voranbringen sollten: Einerseits hohe, auch gewagte Investition in neue Techniken der Außenwerbung. Andererseits gezielte Expansion durch die Übernahmen konkurrierender Unternehmen. Müllers Argument: „Allein das organische Wachstum bestehender Ressourcen reicht nicht." Und dafür war er bereit, Risiken einzugehen. So war es vor allem 2005 bei dem Kauf der Deutschen Städte Medien (DSM), dem Branchenprimus in der deutschen Außenwerbung. Die Übernahme galt in der Branche als Sensation, schließlich war die DSM mehr als doppelt so groß wie Ströer. Und nicht nur das: Müller schaffte den Coup gegen zahlungskräftige internationale Konzerne, die auf dem deutschen Markt Fuß fassen wollten. In seinen Kreisen gilt der geschickte Unternehmer spätestens seit diesem Coup als lebende Legende. Die Übernahme der mächtigen Deutschen Eisenbahn Reklame – wieder gegen starke Konkurrenz – wenig später schien schon fast ein Stück Normalität.

Zu dieser Zeit hatte sich Müllers väterlicher Freund bereits aus dem Tagesgeschäft verabschieden müssen. Die Ärzte hatten Krebs diagnostiziert. Heiner Müller zog sich auf sein mallorquinisches Anwesen zurück. Dort starb er, nur 65 Jahre alt, an den Folgen der Krankheit. „Der Plakat-Papst ist tot", meldete der „Kölner Express". So musste Udo Müller den nächsten großen Schritt des Unternehmens ohne seinen Partner vorbereiten – die Umwandlung in eine Aktiengesellschaft. 2010 ging das Unternehmen aus Sürth, trotz eines schwierigen Umfelds, erfolgreich an die Börse. Aber im Grunde ist die Ströer AG noch immer so etwas wie ein Familienbetrieb. Hauptaktionäre sind mit je 28 Prozent Müller und Dirk Ströer, der einzige leibliche Sohn des Firmengründers, der im Aufsichtsrat der Ströer AG sitzt. Der Rest ist Streubesitz.

Also, Udo Müller, endlich am Ziel? Wohl kaum, umtriebig sucht er weiter nach neuen Herausforderungen. Etwas Ruhe ist, immerhin, in sein Privatleben eingekehrt. Kurz vor dem Börsengang heiratete er die Kölner Rechtsanwältin Julia Flemmerer. Zwei Töchter machen das junge Familienglück komplett.

Marietta Slomka
Die Unerschrockene

© ddp

Geboren: 20. April 1969 in Köln

Familie: Verheiratet mit Christof Lang seit 2004

Beruf: Journalistin und Fernsehmoderatorin

Persönliche Rangliste: Gesundheit ist am wichtigsten. Wenn man selbst oder ein geliebter Mensch schwer erkrankt, tritt alles andere in den Hintergrund, sogar der Weltfrieden.

Persönliches Motto: „Life is what happens while you're busy making other plans" (John Lennon).

Das mag sie an Köln: Heimat, Herzlichkeit, Herzensstadt

Lieblingsort in Köln: Rathenauplatz

Das mag sie nicht an Köln: „Kenne mer nit, bruche mer nit, fott domet" (Artikel 6 des Kölschen Grundgesetzes)

Letztes Karnevalskostüm: Mein pinkfarbener Flamingo ist immer wieder ein großer Erfolg.

Hobbys: Freunde treffen, lesen, ins Kino gehen, tauchen, Ski fahren, reisen.

Medium, das zuhause am häufigsten läuft: Fernsehen und Internet halten sich die Waage, manchmal laufen beide gleichzeitig.

Persönlicher Blick in die Zukunft: Kritisch, aber optimistisch. Der Weltuntergang wird so bald nicht stattfinden.

Der perfekte Tag für Marietta Slomka ist ein Urlaubstag: Lange ausschlafen, ins türkisblaue Meer eintauchen und abends mit Freunden oder ihrem Mann ein Gläschen Wein trinken. Dann denkt die Fernsehjournalistin nicht im Traum an Mainzelmännchen oder gar an ihre nächste Moderation im ZDF-Nachrichtenmagazin „heute-journal".

Slomka sagt von sich selbst, „notorische Langschläferin und Morgenmuffel" zu sein. Wie gut, dass sie theoretisch jede zweite Woche ausschlafen kann. Im Wechsel mit Claus Kleber moderiert sie das „heute-journal". In Arbeitswochen muss Slomka gegen neun, spätestens um zehn Uhr morgens in der Redaktion erscheinen. Dabei hat sie ihren großen Auftritt doch erst am Abend meist gegen 21.45 Uhr. Der Job als Frontfrau des „heute-journals" bedeutet aber mehr als nur Nachrichten abzulesen.

Um elf Uhr beginnt die erste Konferenz. Circa 30 Mitarbeiter besprechen die vorabendliche Sendung und legen die Themen des bevorstehenden „heute-journals" fest. Sobald das vorläufige Konzept steht, eilt Slomka an ihren Schreibtisch: lesen, telefonieren, diskutieren und Moderationen schreiben. Immer wieder unterbrechen sie kurze Konferenzen und zuletzt die „Maske". Jede Menge Puder und Make-up werden auf Slomkas Haut verteilt. Ob sie danach mit Flip-Flops, Turnschuhen oder sogar Gipsbein ins Studio geht, hat früher keinen interessiert. Seit zwei Jahren hingegen schon: Im neuen Studio treten die Moderatoren zwischenzeitlich auch mal vor den Tisch. Dennoch gilt der letzte Check im Rampenlicht primär der Frisur, bevor der Countdown beginnt. Noch 20 Sekunden, noch 10, ..., drei, zwei, eins.

Emotionen in den ZDF-Nachrichten sind durchaus mal erlaubt, ebenso Ironie. Berichtet Slomka aber über Katastrophen, nimmt sie ihre eigene Betroffenheit zurück. Ruhige Sachlichkeit sei in solchen Momenten besser und stilvoller, meint sie. Die Zuschauer sähen ja selbst die schlimmen Bilder. Was ihnen gezeigt wird, entscheidet Slomka mit ihrem Team wohl bedacht.

Die Grundlagen für ihr „Handwerk" erlernte Slomka bei der Tageszeitung „Kölnische Rundschau". Dort in der Lokalredaktion machte sie 1994 ihre ersten Gehversuche – noch als Studentin der Volkswirtschaft mit sozialwissenschaftlicher Ausrichtung. Nach ihrem Abschluss absolvierte die Kölnerin ein Volontariat bei der Deutschen Welle, wo erste Erfahrungen im Hörfunk und Fernsehen auf sie warteten. Schwungvoll ging es weiter: Als junge Europa-Korrespondentin berichtete Slomka aus Brüssel, 1998 ging sie zum ZDF und wurde Parlamentskorrespondentin zunächst in Bonn, dann in Berlin. Schließlich wechselte sie ins Studio auf den Mainzer Lerchenberg. Als Moderatorin der Nachrichtensendung „heute nacht" genoss sie erst einmal eine Art Aufwärmtraining. Am 30. Januar 2001 schließlich trat Slomka als Frontfrau vor das rund 3,8 Millionen große Publikum des „heute-journals". „Ich wusste, dass es schiefgehen kann, auf diesen Stuhl zu steigen", erzählt sie. Glücklicherweise verlief die erste Sendung ganz ohne Pannen. „Inzwischen habe ich kein Lampenfieber mehr", sagt Slomka und schränkt aber rasch ein: „Wenn alles nach Plan läuft. Denn als Nachrichtenmoderatorin werde sie von der Welt bestimmt und nicht andersherum." Überraschungen gehören zum Berufsalltag. Wie an jenem Tag, als plötzlich über den Ticker die Meldung lief: Papst Johannes Paul II. ist tot. In Sekundenschnelle eilte Slomka ins Studio. Ohne vorher abgesprochenes Konzept, nur mit dem Knopf im Ohr, flatterten in den ersten Minuten selbst ihr die Nerven. Dann aber nahm die Protestantin die Herausforderung gerne an, stundenlang über die Ereignisse im Vatikan frei zu senden.

Slomkas größter Kritiker sitzt im Fachpublikum: Christof Lang. Ihr Ehemann. Das Paar teilt den Beruf, nicht aber den Arbeitgeber. Während Slomka schon zu abendlicher Stunde die aktuellen Nachrichten in die Wohnzimmer bringt, geht Lang erst um Mitternacht auf Sendung. Er ist Redaktionsleiter und Moderator des „RTL Nachtjournal". Niemals würden sich die beiden vor den Sendungen fachlich austauschen. Sind sie in dem Moment doch knallharte Konkurrenten.

In den freien Wochen zuhause am Rhein liest Slomka viel, gibt Interviews oder besucht karitative Einrichtungen. Manchmal genießt die Journalistin auch, was sie früher als Kind schon mochte: Geschichten schreiben. Inzwischen sind aus ihrer Feder zwei Bücher entstanden: „Kanzler lieben Gummistiefel: So funktioniert Politik" (2009) und „Mein afrikanisches Tagebuch: Reise durch einen Kontinent im Aufbruch" (2011). Bereits als Viertklässlerin wusste Slomka, was sie werden wollte. Bei einem Besuch in der Redaktion der Tageszeitung „Kölner Stadt-Anzeiger" hatte sie begeistert festgestellt: „Dort kannst du jeden Tag schreiben und wirst auch noch dafür bezahlt." Nur kurz habe sie mal überlegt, doch lieber in den diplomatischen Dienst zu gehen. Ihre Eltern – der Vater Lehrer, die Mutter Kunstexpertin und Stadtführerin – winkten jedoch ab. Ahnten sie damals schon, dass sich ihre Tochter zu einer beharrlichen Gegnerin für Menschen mit stark ausgeprägten rhetorischen Floskeln entwickelte?

Harald A. Summa
Networking statt Klüngel

Geboren: 9. Juli 1953

Familie: Verheiratet mit meiner Liebsten

Beruf: Manager, Mitarbeiter: 75

Das mag er an Köln: Die Leichtigkeit des Kölner Seins. Kaum eine Stadt ist so offen in Bezug auf die Menschen und die Atmosphäre.

Das mag er nicht an Köln: Die Nachlässigkeit und manchmal Fahrlässigkeit, wie Menschen und besonders die Verwaltung mit der Stadt umgehen. Hier geht so viel Potenzial durch das kleinbürgerliche Denken für immer verloren, dass man manchmal nicht glaubt, dass das geht.

Letztes Karnevalskostüm: Pirat

Zum Karneval: Mehr als genug besuchte Karnevalssitzungen

Ihre Lieblingswebseite?: www.yahoo.com/finance

Wann brauchen selbst Sie kein Internet?: Im Himalaya auf 3 000 Metern Höhe könnte ich eventuell darauf verzichten.

Das Internet macht ...: Den Koffer leichter, das Gedächtnis schlechter, den Alltag einfacher, den Blickwinkel weiter...

Köln macht ...: Süchtig!

Wer die eco-Geschäftsstelle besucht, wird empfangen von einem frischen Grün: Grün sind die Wände, die Stühle und die Teller, etliche Pflanzen unterteilen das moderne Großraumbüro, dessen Herzstück der Event-Kubus in der Mitte ist, ein „Raum im Raum". Gelegen auf dem Vulkangelände der zeitgemäß sanierten ehemaligen Kabelfabrik in Ehrenfeld, spiegeln die Räume des Verbands der deutschen Internetwirtschaft die vielfältigen Interessen von Geschäftsführer Harald A. Summa wider.

Der leidenschaftliche Himalaya-Trecker bringt seit 15 Jahren in Köln Unternehmen zusammen, die mit dem oder im Internet Geschäfte machen. Seitdem Köln sich immer mehr von einer Produktionsregion zur Medienregion entwickelt hat, eine ausgesprochen wichtige Aufgabe: „Dem Kölner sagt man ja gerne Klüngelei nach", erklärt Harald A. Summa, „wir sehen das aus einer anderen Perspektive: Nirgends kann man so gut Networking betreiben wie hier, die Kölner sind offen, man kennt sich, und jedem hier ist die Bedeutung von Medien und insbesondere dem Internet bewusst." Im Event-Kubus von eco treffen sich so regelmäßig Unternehmen, um die neuesten Entwicklungen im Internet zu diskutieren, Know-how auszutauschen und Kontakte zu knüpfen.

Das Internet ist – nicht nur für Unternehmen der Branche – unentbehrlich geworden. Manchmal erstaunt das selbst den Geschäftsführer des größten Internetverbandes in Europa: „Als wir 1992 angefangen haben, haben wir gedacht: Wenn 100 000 Leute das Internet nutzen würden, das wäre schon toll." Heute sind allein in Deutschland über 50 Millionen Menschen online, die Innovationen im Internet schier endlos: Wer mit seinem Smartphone unterwegs ist, kann sich Cafés in der Nähe anzeigen lassen, Informationen zu Sehenswürdigkeiten einholen, indem er einfach die Handykamera auf das Objekt hält, Preise vergleichen oder vor einer Kaufentscheidung Nutzerbewertungen des Produktes zu Rate ziehen. Auch das Arbeitsverhalten ändert sich durch das Internet: Mit dem so genannten Cloud Computing wird das virtuelle Büro ermöglicht, Unternehmen lagern ihre Dateien aus und beziehen die Software „aus der Cloud", anstatt sie in ihren eigenen Systemen vorzuhalten, und jeder Mitarbeiter kann von jedem Ort aus darauf zugreifen.

Die Vielfalt des Internets zu zeigen ist ein Anliegen der Kölner Internetwoche, die eco in diesem Jahr zum zweiten Mal mit der Kölner Internet Union organisiert. Mitte September zeigen Kölner Unternehmen in einem bunten Veranstaltungs- und Ausstellungsprogramm, was das Internet zu bieten hat. „Zusammen mit hier ansässigen Unternehmen den Kölnern eine der wichtigsten Triebfedern ihrer Region vorzustellen und Zukunftsvisionen zu stricken, ist eine tolle Aufgabe. Hier passiert unheimlich viel", freut sich der aktive Kölner, der nach einem kurzen Abstecher ins Ruhrgebiet wieder ins Rheinland zurückgekehrt ist.

Besonders faszinierend findet Harald A. Summa, wie schnell das Internet von einer rein technischen Angelegenheit, die wenige Fachleute interessiert hat, zu einem Medium der vielfältigen alltäglichen Anwendung geworden ist: „Unsere Mitglieder verlegen Glasfaserkabel, versorgen Bürger mit Internetanschlüssen, programmieren Spiele, Software oder Applikationen, sie stellen Online-Buchungssysteme bereit, stellen Web-Space zur Verfügung oder bieten Anti-Viren-Schutz an."

Sicherheit im Internet ist sowieso ein großes Thema für den Verband. Seit 2010 betreibt eco mit Unterstützung des Bundesamtes für Sicherheit in der Informationstechnik das Anti-Botnet-Beratungszentrum. Unter www.botfrei.de können sich Internetnutzer darüber informieren, wie sie ihre Rechner vor Schadprogrammen schützen können. Im Blog gibt es regelmäßig aktuelle Tipps, und seit kurzem ist auch ein Live-Chat mit den Experten verfügbar, wenn es einmal ganz schnell gehen muss. Neben dem Bundesamt für Sicherheit in der Informationstechnik und eco sind Inertnetzugangsanbieter, Banken und Soziale Netzwerke Partner des Beratungsprojekts und liefern Informationen über aktuelle Schädlinge und Verbreitungswege „Wir als Wirtschaftsverband sehen uns auch in der Pflicht, das Expertenwissen zusammenzubringen und in den Dienst der Internetnutzer zu stellen. Solche Netzwerkprojekte sind enorm wichtig, damit nicht jeder sein eigenes Süppchen kocht", meint Harald A. Summa.

Apropos kochen: Wenn er nicht die Annapurna umrundet oder auf einer Veranstaltung seine Gesprächspartner für neue Ideen begeistert, beschäftigt sich der Netzwerker ausgiebig mit der asiatischen Küche, „Curry zum Beispiel." Grünes, natürlich.

Mode

Mailand, Paris, New York und ... Köln.
Hier erfahren Sie, wo die Nähnadeln glühen.

Claudia Lanius
Hanf wird Mode

Geboren: Vor 40 Jahren in Köln

Familie: Eine Tochter

Beruf: Ausgebildet als Schneiderin und Schnittdirektrice;
Berufung zur Designerin und Modeunternehmerin;
Anzahl Mitarbeiterinnen: 15

Das mag sie an Köln: Sie liebt die Stadt vor allem der Menschen wegen, findet sie freundlich, ehrlich und oft lustig.

Das mag sie nicht an Köln: Bausünden sind ihr ein Greuel. Es gibt zu viele Autos und es mangelt an schönen Plätzen.

Letztes Karnevalskostüm: Rotes Samtkleid à la Moulin-Rouge-Tänzerin

Zum Karneval: Jedes Jahr eine besuchte Karnevalssitzung, die Stunksitzung

Persönlicher Blick in die Zukunft: Mehr Grün, mehr Nachhaltigkeit und ein schönerer Chlodwigplatz täten Köln gut.

Eine Vorreiterin auf dem Felde ökologischer Textilien, innovative Designerin, dynamische Modeunternehmerin und Ladeninhaberin: Claudia Lanius. Ein Kind der Stadt Köln. Hier hat sie das Licht der Welt erblickt, in dieser Stadt lebt und arbeitet sie, ist ihr Name nicht mehr wegzudenken.

Von Kindesbeinen an war Claudia Lanius von Textilien und der Liebe zu schönen Stoffen umgeben. Die Großmutter, Anna Klein, war Schneiderin. Zu Kriegszeiten brachte sie Claudia Lanius' Mutter und deren zwei Geschwister mit ihrer Arbeit als Schneiderin durch Zeiten der Not. Claudia Lanius war erst zehn Jahre alt, als sie mit ihrer Großmutter in der Küche ihre erste selbst gefertigte Hose zuschnitt. Farbenfrohe Kombination: Ein Hosenbein in Gelb und eines in Blau.

In der Zeit der Berufsfindung absolvierte sie mit fünfzehn Jahren ein Praktikumsjahr bei Maria Lucas, einer „sehr kreativen" Kostümbildnerin in Köln, erinnert sich Claudia Lanius. „Ab diesem Zeitpunkt war mir klar, dass Textilien zu meinem Leben gehören." Folgerichtig nahm sie eine Ausbildung zur Schneiderin auf, durchlief mehrere berufliche Stationen und sammelte so Fertigkeiten wie Kenntnisse. Am Ende ihrer intensiven Ausbildungszeit war sie Schneiderin und Schnittdirektrice.

Die ehrgeizige junge Frau wollte aber mehr als nur Erlerntes auszuüben. Sie wollte Pläne umsetzen, etwas in Bewegung bringen, Erfolg. Im Alter von 24 Jahren gründete sie mit ihrem damaligen Partner eine Textilfirma. Sie wollte den Werkstoff Hanf, über viele Jahrhunderte Basis der Bekleidung in vielen Ländern Mitteleuropas, wieder ins rechte Licht rücken. Als sie dieses Projekt anging, war Hanf in Verruf, der Anbau in unserem Land weitgehend untersagt und daraus gefertigte Textilien gab es allenfalls in der alternativen Szene. Die Kenntnisse für die Fertigung eines guten Bekleidungsstoffes waren nicht vorhanden. Den italienischen Produzenten flogen die Nähnadeln um die Ohren, Wäschereien beklagten zu hohe Laufzeiten. Erste Bekleidungsteile entstanden aus einem Ernteabdeckstoff aus Ungarn. Die erste Kollektion präsentierte Claudia Lanius auf der Kölner Interjeans-Messe (1993) unter dem Label mit dem provokativen wie geschickt medienträchtigen Namen „THC". Damit ist ein Markstein auf dem weiteren Wege der Pionierarbeit gesetzt. Seitdem hat der ökologische Rohstoff Hanf wieder mehr an Beliebtheit gewonnen, ist „salonfähig" geworden und heute aus dem Segment nachhaltig produzierter Mode nicht mehr wegzudenken. Konsequent verfolgt Claudia Lanius die einmal eingeschlagene Linie mit langem Atem weiter. Für sie geht es darum, den Nutzen für die Verbraucher zu sichern und den Schaden für die Umwelt zu begrenzen, setzt aus Überzeugung auf die „grüne Welle" in der Bekleidungsbranche, auf Bio-Produkte und fairen Handel.

Hochwertige Naturmaterialien sind zentrales Thema der Modelinie „Lanius". Feminin, tragbar, Kleidung in der sich deren selbstbewusste Trägerinnen wohlfühlen können. Im Jahre 1999 eröffnete sie in Köln ihren ersten eigenen Laden, vier Jahre darauf einen zweiten und 2006 folgte die Eröffnung ihres dritten Geschäfts. Sie vertraut auf tragbare Trend-Fashion, kombiniert mehrere Label zum Angebot in den Wohlfühl-Läden. Bis hin zur Einrichtung lässt sie ihre ökologische Leitlinie erkennen, verwendet unter anderem den schnell nachwachsenden Rohstoff Bambus zur Gestaltung des Interieurs. Ihre Zielgruppe sind Kundinnen ab 30, selbstbewusst, im Arbeitsleben wie in der Öffentlichkeit sicher unterwegs, frau kleidet sich modisch und legt Wert auf gute Materialien. Mode ist dabei keinesfalls Verkleidung oder Statussymbol.

Unternehmerisch ist die Kombination von Groß- und Einzelhandel für Claudia Lanius auf hart umkämpftem Terrain eine gute Symbiose. Sie vermag aus der Verbindung zweier Standbeine kreativen Input zu ziehen, gewinnt für beide Unternehmen mehr Stabilität und damit für die Modeschöpferin kreative Spielräume, Freiheit.

Die erfolgreiche Modemacherin Claudia Lanius schöpft ihre Ideen aus der Natur, lässt sich von Büchern wie Magazinen anreizen und inspirieren durch Eindrücke von Menschen, gewinnt Anregungen durch Reisen. Zurück aber kommt Claudia Lanius immer wieder in ihre Heimatstadt Köln. Von hier aus hat sie sich einen Platz in der Welt der Mode erkämpft, grüßt angelegentlich per Mail „aus der Hochburg des Karnevals, der Kölner Südstadt". Auch wenn es ihrem Typ nicht entspricht, den Karneval exzessiv zu feiern, ein wenig Stolz auf die Stadt schwingt da schon mit. Claudia Lanius ist eine in hohem Maße erfolgreiche wie lebensnahe Kölnerin.

Maria Lucas
„Ich mache nur, was ich will"

Geboren: 3. Mai 1955 in Madrid, Spanien

Familie: Ich bin aus Überzeugung ledig.

Beruf: Modeschöpferin; Anzahl Mitarbeiter: 15

Persönliche Rangliste: Kreativität, Kreativität, Kreativität

Persönliches Motto: Ich will nicht etwas sein, sondern etwas machen.

Das mag sie an Köln: Die Vielfalt, die Potenz der Kunst, der Bühnen hat mich geprägt. Köln öffnet das Gehirn.

Das mag sie nicht an Köln: Die Stadt hat einen Hang zum Provinziellen, nutzt ihre Möglichkeiten nicht. Der kölsche Klüngel hat seine Grenzen.

Letztes Karnevalskostüm: Colombine

Zum Karneval: Für Karnevalssitzungen habe ich weder Zeit noch Kraft.

Der Vater von Maria Lucas war schon in den frühen 60er Jahren Computer-Entwickler. So kam es, dass der Mann von Henry Ford persönlich angerufen wurde. Ob er nicht nach Köln kommen wolle? Er wollte. Und so kam auch die kleine Maria im Alter von nur sechs Jahren in die rheinische Metropole.

Heute macht die 57-jährige Mode. Nach einer Schneiderlehre „in einem Couture-Atelier mit angeschlossener Gewandmeisterei" studierte Lucas Modedesign an der renommierten Düsseldorfer Modeschule Schloss Eller. Nach weiteren Kursen in Spanien, bestand sie die Sonderbegabtenprüfung der Kölner Werkschulen.

Ihre Kunden sind zu gleichen Teilen Frauen und Männer. „Mode ist etwas, was man nicht braucht – nur will: aus Lust an der Verwandlung." Sie gebe die Möglichkeit, sich auszuleben. Lucas lässt ihre eigenen Stoffe in Frankreich und Indien weben. Hüte, Schuhe sowie Handschuhe gehören neben den Kleidern zu ihrem Repertoire. Selbst der international bekannte Circus Roncalli ließ seine Artisten von Lucas ausstaffieren. „Damit gab ich dem Geschehen in der Manege sein unverwechselbares, poetisches Gesicht."

Ihre Inspiration, so erklärt sie selbstbewusst, käme aus einem ganz einfachen Grund: „Ich bin begabt." Sie ergänzt: „Ich mache nur, was ich machen will." Und trotz aller Erfolge, die sie bereits verbuchen konnte, sagt sie: „Jetzt fange ich erst an." Für die Zukunft habe sie noch große Visionen.

In der Session arbeitet Lucas für die Karnevalsclubs. Da designt sie orientalische Märchenkleider, Rokoko-Linien und Piratenkostüme. Cowboys, Südsee-inspirierte Outfits oder die Beatles-Hommage im Stile von Sgt. Pepper's Lonely Hearts Club Band dürfen da nicht fehlen.

Mit ihren 15 Mitarbeiterinnen ist sie zu Karnevals-Hochzeiten täglich bis 22 Uhr im Einsatz, um Traumroben zu schneidern. Diese seien „klassisch, mit historischen Vorbildern, aber modern interpretiert".

Beim Rosenmontagszug sitzt sie dann aber auf der Tribüne und verfolgt das bunte Treiben rund um Mottowagen und Kamelle. Lucas ist auch ein Gründungsmitglied der Colombinen, des ersten rein weiblichen Karnevalsclubs.

Doch außerhalb der Hochzeit der fünften Kölner Jahreszeit hat die Modeschöpferin noch viele weitere, hochrangige Auftraggeber. So stattet sie Opern aus, ob an der Staatsoper Hannover, am Theater am Gärtnerplatz in München oder an den Wuppertaler Bühnen.

Für Trachtenfans hat Lucas eine eigene – ganz „stylische", wie sie sagt – Dirndl-Kollektion im Angebot. „Einer der besonderen Vorzüge ist der geniale Schnitt", lobt sie. „Dieser lässt die Trägerin besonders schlank erscheinen." Ein Teil dieser Trachten sind beeinflusst von der Punk-Mode – mit sexy Mieder und Metallnieten, ebenso frech wie traumhaft.

Auch für das Fernsehen hat sie gearbeitet. Ob für die Sendung „Mensch Meier" von Alfred Biolek oder die Shows des Travestie-Duos „Mary und Gordy". Bei der Mini Playback Show mit Marijke Amado werkelte sie ebenso im Hintergrund wie bei „Clever!" mit Barbara Eligmann und Wigald Boning. Uri Geller, Arabella Kiesbauer, Michael Schanze, Ulla Kock am Brink, Dieter Thomas Heck, Freddy Quinn, Sonja Zietlow, Nova Meierhenrich und die „Stars in der Manege" – die Liste ließe sich unendlich fortsetzen.

Eine eigene Couture-Linie präsentiert auch schicke Abendkleider. Dabei, so ein Pressetext, beweise Lucas „ein sensibles Gefühl für Mode und Zeitgeschmack". Dennoch sollen ihre Entwürfe „besonders tragbar" sein. Korsagen und transparente Kleider sind so alltäglich auf Kölner Straßen dagegen noch nicht.

Die Kollektion funktioniert im Baukasten-System, erläutert die Modeschöpferin. Alle Teile sind beliebig miteinander kombinierbar. Die individuellen Wünsche der Kundschaft greife sie dabei gerne auf. „Dabei bringe ich ganz besondere Ideen mit meinem Gefühl für Glamour zusammen", erklärt die gebürtige Spanierin. „So entstehen Kleider, die auf einzigartige Weise die Persönlichkeit der Trägerin reflektieren. Nur geschaffen, um ihre Schönheit und die Vorzüge ihrer Figur zu unterstreichen."

Für Musicals wurde sie gebucht, etwa für diverse Inszenierungen von „Die Schöne und das Biest". Sämtlichen Shows von Bob Lockwood drückte sie ihren Stempel auf. Unzählige Prominente ließen sich von ihr fantasievoll einkleiden: Verona Pooth, Désirée Nosbusch, Frank Elstner, Hape Kerkeling, Annette Frier, Geraldine Chaplin, Westernhagen, Boney M., Gitte Haenning, Hella von Sinnen, Henry Maske, Ingolf Lück, Michael Mittermeier, Ute Lemper und auch die No Angels verließen sich beispielsweise auf ihren Geschmack. Da ist es nicht weiter verwunderlich, dass auch viele große Industrieunternehmen ihre Hilfe nutzten.

Lucas habe, so sagt sie, „ein Gespür für das Lebensgefühl meiner Kunden". So entstehe Kleidung, die den Träger zur Königin oder zum König mache. Ihre Aufgabe sei wichtig und schön, befindet die Haute-Couture-Schneiderin. „Außergewöhnlich attraktiv" nennt sie ihre Arbeitsergebnisse – gleichwohl immer mit dem Mainstream im Blick. Jedes Kleidungsstück werde von ihr und den Mitarbeiterinnen im Atelier „mit Liebe zum Detail von Hand gefertigt", betont Lucas ausdrücklich.

DIE 100 WIRKLICH WICHTIGEN KÖLNER

Musikszene

Köln rockt. Köln kann nicht nur Krätzchen in der Kneipe, sondern mit seinen Spitzenkräften auch die größten Plätze der Stadt füllen .... sogar das ganze Stadion.

151

Peter Brings
Poppe, Kaate, Danze

© EMI

Geboren: 8. September 1964

Familie: Verheiratet mit Birgit

Beruf: Musiker; Anzahl Mitarbeiter: 14

Persönliche Rangliste: Familie, Beruf, Reisen, Kölsch-Trinken, Schlafen

Persönliches Motto: Poppe, Kaate, Danze

Das mag er an Köln: Ohne diese Stadt könnten wir unseren Beruf nicht ausüben. Ich mag zudem die kölsche Mentalität. Und hier gibt es viele Bands, das ist toll.

Das mag er nicht an Köln: Es gibt einfach zu viele Autos und zu wenig Kindergartenplätze, die Mieten sind außerdem zu teuer.

Letztes Karnevalskostüm: Ein silbernes Ganzkörperkondom

Zum Karneval: Ich habe mehrere Umzugskartons voll mit Karnevalsorden. Die werden an Schulen verschenkt, die sie verscherbeln und dann davon Instrumente für den Musikunterricht kaufen.

Peter Brings ist der Bruder von Stephan. Gemeinsam bilden der Gitarrist und Sänger sowie der Bassist das Rückgrat der Band Brings. Und die stellt den Höhepunkt von so mancher Karnevalsparty. Ihre Konzerte sind oft ausverkauft. Mit ihnen hat der Fan eine „Superjeilezick", so auch der Titel ihres größten Hits, den auch fast jeder Karnevalsmuffel kennt. 100 000 Singles wurden davon verkauft.

Die Kölner Lokalmatadore – zur Band gehören auch noch Keyboarder Kai Engel (Sohn der Bläck-Fööss-Legende), Gitarrist Harry Alfter sowie Drummer Christian Blüm (Sprößling von Norbert) – spielen zwischen dem 11. November und Aschermittwoch mehrere Gigs am Tag. Auf weit mehr als 200 Konzerte kommt die Karnevals-Rock-Band in einer Session. „Die Zeit erleben wir wie im Rausch", sagt Peter Brings.

„In der Zeit leben wir in einem Truck", erklärt der Mundart-Sänger. In dem Gefährt sei sogar ein Bett. „Bis zu acht Auftritte machen wir dann täglich." Mit Sauna, Sport, Wasser und Salat würde er sich dann fit halten. „Groupies", überlegt er: „Das war vor 20 Jahren."

Zwei Jahrzehnte geht das nun schon so. Im Jahr 2000 kam die „Superjeilezick" und damit der Aufstieg in die erste Liga. Im Jahr zuvor ging die Band fast am Stock. „Doch diese zündende Powerpolka gehört mittlerweile weit über den Karneval hinaus zu den populärsten Songs kölscher Mundart überhaupt", weiß der Sänger. Bundesweit singen die Fans sie mit.

Das macht Brings stolz, denn – so betont er – Karneval ist für die fünf Jungs beileibe nicht alles. Ihre „normalen" Konzerte sind ihnen wichtiger. Sie seien aber froh, dass sie etwas Rock 'n' Roll in die Alaaf-Seligkeit reingebracht haben. „Unsere Lieder funktionieren dort so gut, weil alle die Sprache kennen, aber keiner sie sonst so präsentiert."

Doch auch bevor der Karneval Brings rief, hatte die Band ihre Erfolge. Auftritte bei „Rock am Ring" und – gleich im ersten Jahr des Band-Bestehens – im „Rockpalast" sprachen für ihren guten Ruf. Für die Simple Minds spielten sie im Müngersdorfer Stadion als Vorband. Dann waren sie Opener für Tom Petty. Auch für David Bowie und AC/DC heizten sie das Publikum an.

Klaus „Major" Heuser, früherer BAP-Gitarrist, produzierte ihre ersten beiden Alben – und auch das fünfte wieder. Brings zeigen Flagge – sangen schon 1992 gegen Ausländerhass: „Arsch huh – Zäng ussenander". Dazu sagt der Bandleader: „Wir mögen keine Leute, die endlos quatschen, ohne irgendetwas zu sagen zu haben."

Zum zehnjährigen Bandbestehen spielten Brings vor 25 000 Zuschauern im Kölner Volksgarten. Klaus Lage, The King, Stoppok und Purple Schulz waren Gäste auf der Bühne. Zum 20-jährigen jetzt wurde es noch etwas größer.

Dieses Mal hatte Peter Brings eine Idee. Jeder der 33 000 Fans sollte für nur fünf Euro zu dem Konzert kommen können. VIP-Zuschauer zahlten zum Ausgleich 120 Euro. Der Geburtstags-Gig wurde live im Fernsehen und im Radio übertragen. „700 000 Euro kosteten die Vorbereitungen. Doch wollen wir das jetzt alle fünf Jahre machen."

Zwölf Studio-Alben und eine Live-Kopplung haben Brings auf den Markt geworfen. Mit „Poppe, Kaate, Danze" landeten sie einen Hit und einen handfesten Skandal. Der Karneval in Köln ist schließlich immer sauber! Die Aufregung legte sich aber, als klar wurde, dass die Fans hinter ihnen stehen.

Der ein oder andere Fan saugt sich die Brings-Hits wohl illegal aus dem Internet. Peter Brings sieht das so: „Durch die Downloads sind die Plattenfirmen gefickt." Aber von Anfang an konnte das Quintett von seiner Musik leben. Das liegt wohl auch daran, dass sie von Beginn an auch über den Tellerrand hinaus blickten. Brings: „Wir spielen jedes Jahr auch in Düsseldorf. Die können auch feiern. Sie sind aber schicker angezogen."

Peter Brings mag Udo Lindenberg, die Eagles, Tom Waits, Billy Joel sowie die Red Hot Chili Peppers. Mit 14 Jahren hat er angefangen, in Bands zu spielen. Die Schule hat ihn selten gesehen. „Ich habe kaum Zeugnisse bekommen, ich habe einfach zu oft gefehlt." Sein Hauptschulabschluss war entsprechend schlecht. Nach der Schule hat er Zivildienst gemacht – zwei Jahre lang in der ambulanten Nachsorge bei der Arbeiterwohlfahrt.

Dann begann er eine Lehre als Dachdecker, nur, um sie nach einem halben Jahr wieder hinzuschmeißen. Die Musik war ihm wichtiger. „Ich wollte von Anfang an nicht auf Englisch singen." Sein Vater hat ihm dann den Tipp gegeben: „Sing auf Kölsch." Das war ein Rat, den er gerne annahm: „Hochdeutsch ist beliebig. Und mein Kölsch ist besonders."

Doch hat er erst einmal alles Mögliche ausprobiert. Sechs Monate lang hat er etwa Kühe in einem israelischen Kibbuz gemolken – mitten in der Wüste unter Wellblechdächern. „Ich habe auch mal Bagger mit Rostschutzmitteln angestrichen."

Er schreibt seine Songs selbst. „Wir haben so einen 70er-Jahre-Sound. Den gibt es nur bei Brings. Wir haben einen hohen Grad an Individualität." Der erste Song der Band war „Katharina". Mit seiner eigenen Truppe hat er das Ziel, „irgendwann mal wie die Bläck Fööss zu werden". Zu Hause hört er schon längst keine Musik mehr.

Daniel Dickopf
Bariton-Besserwisser

Geboren: 27. Oktober 1970 in Brühl

Familie: Verheiratet, zwei Kinder – Felix (7) und Noah (4)

Beruf: Musiker (Wise Guys); Stimmlage: Bariton

Persönliche Rangliste: 1. Familie und Musik, 2. Freunde, 3. FC

Persönliches Motto: So etwas wie „Leben und leben lassen". Es ist mir immer wieder völlig unverständlich, warum so viele Menschen Anderen ihre persönliche Lebensweise, ihren Glauben oder irgendwelche sonstigen Überzeugungen aufzwingen und aufdrängen wollen.

Das mag er an Köln: Super-Kneipen, die Menschen, ein eigenes Getränk.
Eine Musikszene, die sich fast ausschließlich mit der Stadt selbst zu befassen scheint. Eine Kathedrale, bei deren Anblick so manchem der Mund aufklappt. Das Schwelgen in Glückseligkeit. Wo gibt es das sonst?

Das mag er nicht an Köln: Viele Gebäude besonders in der Stadt sind schlicht und ergreifend hässlich. Die eine oder andere Ecke hätte man mittlerweile ansprechender gestalten können. Und: Es gibt so viele Dinge, die für jeden Bürger erkennbar im Argen liegen, bei denen sich aber nichts zum Guten wendet.

Letztes Karnevalskostüm: Ich bin leider nicht sehr kreativ bei meinen Kostümen. Bei mir läuft das immer gleich ab: Auf den letzten Drücker in den Laden und irgendwas kaufen, was in der Kneipe temperaturtechnisch aushaltbar ist. Fertig.

Zum Karneval: Den Straßen- und Kneipenkarneval liebe ich. Mit dem etablierten Sitzungstreiben tu ich mich nach wie vor sehr schwer.

Hobbys: Freizeitkicker

Es war einmal gegen Ende des vergangenen Jahrtausends, da schickte sich eine Handvoll musikbegeisterter Jungen an, gemeinsam ein wenig Blech zu blasen. Das gefiel ihnen so gut, dass die Schüler lieber eine Rockband gründeten. Als ein wenig Zeit ins Land gegangen war begannen die fünf Freunde, ins rockige Programm aus Spaß an der Freude Gesang ohne Instrumentalbegleitung einzufügen. Heute liegt das Hildegard-von-Bingen-Gymnasium längst hinter ihnen, aber dort, in Köln-Sülz, hat alles seinen Anfang genommen.

Ein Kölner durch und durch: Daniel Dickopf ist von Anfang an dabei, als fünf Gymnasiasten sich zur Musikgruppe zusammenfinden. Jahre später, erst nach dem Abitur, nennt sich die Formation Wise Guys. Heute Deutschlands wohl bekannteste und beliebteste A-cappella-Gruppe. Der Bariton hätte gerne Köln als Geburtsort im Pass stehen, aber in diesem Fall hatte sich seine Mutter für das Marienhospital in Brühl entschieden. Allerdings: Aufgewachsen ist Daniel Dickopf von Anfang an in Köln-Klettenberg, als drittes von vier Kindern. Klettenberg war damals schon nicht schlecht für Kinder. Alles geht sehr ruhig und beschaulich zu. Einen großen Teil seiner Freizeit verbringt er im Klettenberg- und im Beethovenpark als Freizeitkicker. Als er in der Rheinischen Musikschule in der Lotharstraße in Köln-Sülz Cellounterricht erhält, darf er einen Teil seiner Freizeit dort investieren. Auf dem Gymnasium lernt er Jungs kennen, mit denen er viel Musik macht. Mit der Zeit wird man nicht nur auf die musikalischen Beiträge des Quintetts aufmerksam. Auch Kölner Pädagogen haben Humor und geben den fünf Freunden den Spitznamen Wise Guys (Besserwisser). Die nehmen den Ball auf und nennen sich nach dem Abitur Wise Guys. Daniel Dickopf denkt zu jener Zeit noch gar nicht daran, immer in Köln leben zu wollen. Die Stadt lässt ihn jedoch nicht los. Hinzu kommt: Am Ende des Jahres 2011 hat er wegen Konzertreisen, Studioaufnahmen, Kreativzeiten, über 130 Nächte in Hotelbetten verbracht. „Da genießt man jeden Tag in Köln fast wie einen Urlaubstag." Und: Das Fernweh hält sich in Grenzen. Köln ist halt doch sein Lieblingsort. Er wohnt immer noch in einer Wohnung in Köln-Sülz. „Viele Freunde sind ausgezogen. Nach Hürth oder noch weiter, aber wir fühlen uns einfach noch zu wohl in dieser städtisch-dörflichen Atmosphäre von Sülz-Klettenberg."

Auch wenn Dickopf mit den Wise Guys schon lange große Erfolge verzeichnet, dieser Erfolg kommt keinesfalls aus heiterem Himmel. Nach dem Abitur nahm er ein Lehramtsstudium (Englisch, Deutsch) auf. Mit den Wise Guys betrieb er den Gesang als intensives Hobby. Straßenmusik in der Kölner Altstadt, Auftritte bei Hochzeiten, Geburtstagen und Firmenfeiern erleichterten die Finanzierung des Studiums. Eine Ochsentour. 1995 beschlossen sie, ein abendfüllendes Programm einzustudieren. Über Schulaulen und Kleinkunstbühnen zog sich der Weg hin bis zum ersten Profikonzert im Bonner Pantheon-Theater. In dieser Zeit entschloss sich Daniel Dickopf, das Lehramtsstudium an den Nagel zu hängen. Heute ist er froh, dass es mit der Musik geklappt hat. Fünfzehn erfolgreiche Jahre sind dafür der Beleg. Also alles im grünen Bereich. Mehr als das.

Für Dickopf sind die schönsten beruflichen Erlebnisse die großen Freiluftkonzerte. Im Kölner Tanzbrunnen sind das in der Regel zehn- bis vierzehntausend Menschen. „Obwohl die von überall her anreisen, ist die Atmosphäre unverwechselbar kölsch", wundert er sich. Beim evangelischen Kirchentag fanden sich auf den Poller Wiesen 2007 rund 70 000 Zuhörer zum Open-Air ein. Da ist Daniel Dickopf heute noch begeistert: „... die Stimmung war gigantisch und dann die untergehende Sonne am Rhein, der Wahnsinn. Für mich bedeutet das Gänsehaut von der ersten bis zur letzten Sekunde."

Am Anfang der Karriere, so sieht es Dickopf, gab es für die junge A-capppella-Formation einen Exotenbonus. Es gab noch nicht so viele Gruppen dieser Art. Heute ist vielfältige Konkurrenz auf dem Markt. Andererseits glaubt er, dass das Geheimnis des Erfolges der Wise Guys in den Songs und in ihren Konzerten begründet sei. Sie haben Lieder für alle Lebenslagen und Stimmungen. Viele Konzertbesucher empfinden ihre Show wie einen Kurzurlaub. „Wir transportieren, obwohl wir hochdeutsch singen, für viele Menschen das kölsche Lebensgefühl." Daniel Dickopf von den Wise Guys lebt dieses Gefühl selbst: Er schätzt Kölner Kneipen. Gerade die kleineren. „Da ist nahezu das ganze Jahr über alles völlig unaufgeregt, bis es heißt: Stühle und Tische raus. Dann tanzt man sechs Tage in völlig überfüllten heißen Räumen, trinkt lauwarmes Kölsch und schwelgt in Glückseligkeit. Das ist Karneval." Auf die Frage nach seinem Lieblingsplatz in Köln antwortet er: „Ich komme fast von der Fahrbahn ab, wenn ich abends über die Deutzer Brücke Richtung linksrheinisch fahre und auf das abendliche Dompanorama schaue. Das ist so schön, das tut fast schon weh."

Bariton Daniel Dickopf von den Wise Guys ist mit Haut und Haaren ein Kölner. Schon allein deshalb liebt er es, unter Menschen zu sein. Früher ging's ins Engels, dann ins Bilderschreck; heute mischt er sich meist im P-Hof unter die Gäste. Wie viele andere Kreative liebt er es, in angenehmer Atmosphäre mitten im Stimmengewirr zu schreiben, neue Texte zu verfassen, die dann vielleicht einmal fünfstimmig im intimen Rahmen, auf großen Bühnen oder in Freiluftarenen vor zehntausenden Menschen erklingen.

Björn Heuser
Kölns fleißigster Liedermacher

© Susanne Boecker / Dabbelju Musik

Geboren: 7. Februar 1982 in Köln

Familie: In glücklicher Lebensgemeinschaft mit meiner Freundin

Beruf: Musiker

Persönliche Rangliste: Drei Dinge die ich nicht mag sind Intoleranz, Discos, Käse.

Drei Dinge die ich besonders mag sind Ironie, Radio hören, New York, oder auch O-Saft, Cola, Kölsch.

Das mag er an Köln: Die Mentalität, die Menschen

Lieblingsplatz: Der Neptunplatz, das Rheinufer

Das mag er nicht an Köln: Die sozialen Schattenseiten dieser Stadt, die zugleich eine große Herausforderung für mich sind.

Letztes Karnevalskostüm: Metzger; meine Freundin: Schwein

Zum Karneval: Prunk oder Stunk - beides gehört zu Köln.

Hobbys: Ich reise wahnsinnig gern und ich bin New-York-Fan.

Ein paar Rituale müssen sein. Und dieses eine ist für den Musiker Björn Heuser ein wichtiges und lieb gewonnenes Ritual geworden: Er startet seinen Tag stets mit einem ausgiebigen Frühstück in seinem Lieblingscafé in Ehrenfeld. Hier ist er allein für sich, aber unter Leuten, kann sich in aller Ruhe sortieren und fit machen für die kommenden Aufgaben. Hier kennt man ihn, lässt ihm aber seine Ruhe, die selten geworden ist in der letzten Zeit.

Bei belegten Baguettes und Orangensaft wirft Heuser, den man getrost als einen der fleißigsten Liedermacher der Domstadt bezeichnen kann, einen Blick auf seinen prallen Termin-Kalender, auf Konzerte und Projekte und gibt einen Einblick in sein buntes Musikerleben.

Geboren wurde Björn Heuser am 7. Februar 1982 in Köln. Seinen Eltern wurde sehr schnell klar, dass er ein musikalisch sehr begabter Junge war. Die Orgel seines Vaters bearbeitete er solange, bis er schließlich mit neun Jahren Keyboardunterricht bekam und wenig später stolzer Besitzer einer E-Gitarre wurde. „Zu dieser Zeit hörte und spielte ich, was bei uns zu Hause lief: Beatles, aber auch viel Karnevalsmusik." Als er sich mit 14 eigentlich das neue Höhner-Album kaufen wollte, entdeckte er BAP für sich. „Ein entscheidender Wendepunkt" und, wie er sagt „meine Kerninspiration, meine kreative Geburt".

Heuser wollte nun nur noch Musik machen und schrieb bereits erste Texte. Das erste Lied, so erinnert er sich genau, war ein Geschenk für seine Mutter zum Muttertag. Auf kölsch versteht sich, der Sprache die zu Hause selbstverständlich gesprochen wurde und wird, die Sprache mit der er aufgewachsen ist.

Er entwickelte Ehrgeiz, wechselte von der Realschule auf das Humboldt-Gymnasium, wo er 2002 sein Abitur machte, und studierte anschließend Musik, Philosophie und Germanistik. Er arbeitete kurzeitig als Event-Manager und gründete im Jahre 2001 schließlich seine Firma BHE-Music.

Mittlerweile hat er mehrere Alben veröffentlicht, hat fast 400 Lieder geschrieben und spielt unzählige Konzerte, sowohl mit seiner Band als auch seine beliebten kölschen Mitsingkonzerte, die Monat für Monat tausende Menschen zu einem Erlebnis der besonderen Art werden lassen.

Er ist beileibe niemand, der kölsch- und selbstverliebt mit rot-weißer Brille durch den Tag geht, dafür weiß der in vielen integrativen Projekten engagierte Heuser zu sehr auch um die Schattenseiten dieser Stadt.

Doch die kölsche Sprache ist ihm wichtig. Er mag den Menschenschlag, die Lockerheit und dass man nicht alles zu ernst nimmt – und er mag die kölsche Sprache, die in Verbindung mit seiner Musik für ihn das perfekte Medium darstellt.

Er nippt an seinem O-Saft und erzählt mit leuchtenden Augen von einem für ihn ganz besonderen Projekt, welches mit einem Geistesblitz am 1. Mai 2006 begann, so genau weiß er das noch. Während seines Studiums habe er die Arbeit und das Musizieren für und mit Kindern ganz besonders schätzen gelernt. „Man darf Kinder nicht wie Erwachsene behandeln, aber muss sie immer auch ernst nehmen, als zwar kleine, aber vollwertige Menschen. Dann bekommt man so viel zurück."

An eben jenem 1.Mai fiel der Startschuss für sein erstes Kinder-Musical „Bonsai, der Zauberer". „Ich wollte unbedingt ein Bühnenstück für Kinder machen" erzählt er voller Enthusiasmus „und habe innerhalb von drei Monaten alles gestemmt. Vom Schreiben des Drehbuchs, über das Entwerfen und Nähen von Kostümen, Malen des Bühnenbildes bis hin zum Ticketverkauf und Regie", lacht er heute über das arbeitsintensive und anstrengende Projekt und führt aus, dass diese Erfahrungen letztlich mit den Ausschlag dafür gaben, dass er sich für den Weg entschied, die Musik zu seinem Beruf zu machen. „Das war ein Wagnis, aber ich würde mich immer wieder so entscheiden."

Wann und wie lädt Björn Heuser seinen Akku auf? Ihn zieht es so oft wie möglich ans Wasser. In seiner Stadt Köln natürlich an den Rhein, aber wann immer möglich, fährt er ans Meer, das ihn anzieht wie ein Magnet. Hier kann er komplett entspannen, die Weite genießen und die Ruhe finden, die er benötigt um auch wieder kreativ werden zu können, neue Texte zu schreiben und zu komponieren.

„Natürlich sind auch das Reisen und die Literatur wichtige Inspirationsquellen für mich, ich reise wahnsinnig gerne", verrät New-York-Fan Heuser. Unterwegs macht er sich immer wieder Notizen, verewigt Begegnungen mit Menschen, Erlebnisse und seine persönlichen Eindrücke in einem Büchlein. Er ist hungrig und immer aufgeschlossen und interessiert, das merkt man deutlich, wenn man sich z.B. die Texte seine Albums „Schloflos" genauer ansieht.

Autoren, die er mag sind Heinrich Böll („Ansichten eines Clowns" – „ein geniales Buch!") – Khaled Hosseini und Frank McCourt, dessen Werk „Die Asche meiner Mutter" ihn besonders beeindruckt hat.

„Ich lese viel, oft drei Bücher in der Woche, trotzdem stapeln sich aber leider die Bücher auf meinem Nachttisch" gibt Heuser zu. „Dort liegen auch noch einige tolle Biografien." Musikbiografien musikalischer Heroes wie Bob Dylan, Tom Waits und Keith Richards. „Im Moment lese ich die Biografie von John Lennon."

Frisch gestärkt und voller Tatendrang verlässt er den Frühstückstisch. Er freut sich auf ein besonderes Konzert am Abend: Heuser & Band spielen für die Insassen der JVA Köln.

Klaus Heuser
Der „Major"

© Meyer Originals

Geboren: 27. Januar 1957 in Leverkusen

Familie: Verheiratet mit Marion Heuser, ein Sohn

Beruf: Musiker

Persönliche Rangliste: Weltfrieden, Gesundheit, Familie, Musik

Das mag er an Köln: Die Größe der Stadt

Das mag er nicht an Köln: Die oft übertriebene Selbstverliebtheit der Kölner

Letztes Karnevalskostüm: Als kleiner Junge - Winnetou

Hobbys: Musik, Sport

Lieblings-Musiktitel: Generell liebe ich gute Musik, nur Opern und Operetten sind nicht mein Fall.

Einst träumte er, mal so gut wie Bluesmusiker Eric Clapton zu spielen. Inzwischen ist Heuser selbst ein großer Musiker, zudem Komponist und Produzent. Seinen Durchbruch erlebte er mit der kölschen Rockband BAP. Mit ihr tourte er knapp 20 Jahre durch die Lande. Die Trennung kam 1999. Heuser wollte eigenständig als Produzent arbeiten, brachte erfolgreiche Musikalben im In- und Ausland heraus und perfektionierte sein klassisches Gitarrenspiel. Inzwischen habe er seine Band gefunden, berichtet der Künstler. Zusammen mit Bluesmusiker Richard Bargel und Band tourt er frohgelaunt durch Clubs. Mehr denn je verzaubert Heuser sein Publikum mit gigantischen Gitarrensoli.

Am Anfang seiner musikalischen Karriere standen zwei Jahre Blockflötenunterricht. Die Grundausbildung war Voraussetzung, um in der Musikschule ein anderes Instrument zu erlernen. Heuser folgte artig, was durchaus clever war. Als Zehnjähriger bekam er die heiß ersehnte Gitarre und konnte loslegen, allerdings auf klassische Art. Lieder wie „Help" oder „Satisfaction" standen nicht auf dem Lehrplan, stattdessen etwa Stücke von Mauro Giuliani. Mit zwölf Jahren gründete der junge Heuser seine erste Band. Sie hieß „The Blue Guitars". Mit 17 Jahren brachte er als Gitarrist einer Coverband die jeweils aktuellen Chart-Hits auf die Bühne, ob von Smokie, Bee Gees, Santana oder Phillysound. Die Groschen, die Heuser dabei einnahm, gab er sogleich für noch bessere Gitarren und Verstärker wieder aus.

Auch nach Abitur und Ersatzdienst in einem Seniorenheim stellte sich Heusers Eltern allerdings nach wie vor die Frage: Was soll aus dem Jungen werden? Weder Architekt wie sein Vater wollte er werden, noch ernsthaft Musik und Germanistik studieren. Heuser bat um Zeitaufschub, unterrichtete Gitarre und spielte in diversen Tanzcombos und Rockbands. Bei einem Konzert in der Südstadt traf der selbstbewusste Jungmusiker auf BAP-Frontmann Wolfgang Niedecken. Am Pissoir offenbarte ihm Heuser seine Idee, wie er die bislang noch unbedeutende Combo auf die Erfolgsspur brächte. Prompt durfte der Gitarrist mitmachen, rückte auf der Bühne in die erste Reihe und komponierte hinter den Kulissen die Songs zu Niedeckens Texten. So entstand das erste gemeinsame Album „Affjetaut". Der Erfolg ließ nicht lange auf sich warten. Mit Kompositionen wie „Ne schöne Jrooß", „Verdamp lang her", „Kristallnaach", „Frau, ich freu mich", „Alles em Lot" führte Heuser die Band innerhalb kurzer Zeit sogar bundesweit zu großem Ruhm. Jährlich erschien ein neues Album, regelmäßig folgten Gold- und Platinauszeichnungen, mehrmals wurde Heuser als bester Gitarrist Deutschlands ausgezeichnet. Dass ihn die anderen Bandmitglieder zudem auch noch zum „Major" erhoben, hatte mit dem öffentlichen Erfolg allerdings nichts zu tun. Der Beiname entstand auf Tour in einem Gespräch über den Darsteller Major Healey (Fernseh-Serie „Bezaubernde Jeannie").

Irgendwann genügten Heuser Musik machen und komponieren nicht mehr. Er wollte auch perfekt produzieren und nahm eine mehrmonatige Lehrzeit bei Produzent Mack in Los Angeles. Dort traf Heuser unter anderem den Queen-Sänger Freddie Mercury, woraus ein verheißungsvolles Angebot entstand: „Eigentlich war vorgesehen, dass ich auf seiner zweiten Solo-LP Gitarre spiele", verrät der ehemalige BAP-Gitarrist. „Dann aber verlor er seinen Kampf gegen Aids." Verändert kehrte Heuser nach Köln zurück. Die Produktion der in den USA entworfenen Songs übernahm er nun selbst: Unter seiner Regie erschien 1989 das neue BAP-Album „Da Capo". Auch ging der Gitarrist plötzlich fremd. Für Brings produzierte er das erste Album, dessen Lied „Katharina" prompt ein Hit wurde. Immer stärker träumte Heuser vom eigenen Studio und der Unabhängigkeit. Letztlich folgte daraus der Bruch. Mit BAP trat der „Major" zum letzten Mal 1999 in Koblenz auf. „Nach fast 20 Jahren war es an der Zeit, mal etwas anderes zu versuchen", erzählt er.

Die Hits von damals hört er nicht mehr an: „Ich habe noch nie meine eigene Musik in meiner Freizeit gehört. Wenn man – wie ich – an der Entstehung der Stücke selbst beteiligt ist, kennt man jedes Detail der Musik auswendig. Dann gibt es nichts Neues mehr zu entdecken." Präsenter sind die Gitarren aus vergangenen Zeiten: Sie zieren die Studiowände. Niemals würde er sie zerschmettern. Ohnehin ist „Major" anders als viele Blues- und Rockmusiker. Kürzlich feierte er silberne Hochzeit.

Auf den ersten Blick wirkt Heuser mit seinem tief ins Gesicht gezogenen Lederhut sehr männlich, ernst und streng. Seiner Meinung nach ist er aber „genau das Gegenteil". Besonders fröhlich stimmen ihn die gemeinsamen Auftritte mit seinem neuen Kompagnon Richard Bargel aus der Südstadt. Das Duo fühlt sich seelenverwandt: Weder auf einer Mainstream-Welle will es schwimmen noch in großen Hallen spielen. Heuser und Bargel bevorzugen „Kammermusik" in kleinen Clubs – fern kommerzieller Zwänge und Charts. So blüht der ehemalige BAP-Gitarrist wieder auf und schwärmt: „Eine Welt ohne Musik wäre nicht meine Welt."

Willy Ketzer
Weltweiter Trommler

Geboren: 3. Februar 1951 in Bad Kreuznach

Familie: Geschieden, also eigentlich ledig

Beruf: Selbständiger Musiker und Produzent

Persönliche Rangliste: Sohn, Schlagzeug, Sport

Persönliches Motto: Vun nix kütt nix. Und: Box immer nur in deiner eigenen Gewichtsklasse.

Das mag er an Köln: Köln ist weltoffen, multikulturell, hat eine große Musikszene und mit dem bergischen Land auch ein schönes Umland.

Das mag er nicht an Köln: Die Kulturszene in Köln könnte noch mehr machen, die Stadt schmort im eigenen Saft, hat keine Visionen.

Letztes Karnevalskostüm: Hänneschen und Bärbelchen in einem

Zum Karneval: Unzählige besuchte Karnevalssitzungen

Wie viele Drumsticks verbrauchen Sie im Jahr?: Circa 100

Willy Ketzer fing musikalisch an mit Klavier, Klarinette und Saxofon. Später, mit 20 Jahren, fand er dann sein Instrument.

Er spielte schon auf der ganzen Welt Schlagzeug, stand bereits mit Randy Brecker, Jerry Lewis, Johnny Cash, Al Martino und – ganz ohne Probe – der Lionel Hampton Big Band auf der Bühne. Wie es sich für einen Jazzer mit Rang und Namen gehört, konzertierte Ketzer auch schon bei dem Jazzfestival in Montreux.

Im Studio gab er den Rhythmus vor für Tom Jones, Till Brönner, Barry Manilow, Jennifer Rush, Liza Minelli, Andrea Bocelli, Helen Schneider, Karel Gott, Gilbert Becaud, Anke Engelke, Larry Coryell, Lionel Richie, Charles Aznavour, Peter Alexander, den er auch auf Tournee begleitete, und viele andere mehr.

Mehrfach wurde Ketzer zum besten Big-Band-Schlagzeuger Deutschlands gewählt. Doch er bleibt bescheiden: Der beste Drummer überhaupt ist für ihn Vinnie Colaiuta (trommelte für Frank Zappa von 1978 bis 1980, später etwa bei Sting).

Ketzer selbst gab 2011 alleine mit Helge Schneider 150 Konzerte. Er war von 1980 bis 2010 der Mann an den Sticks beim legendären deutschen Jazzer Paul Kuhn, ob im Orchester oder beim Trio. Und nachdem Udo Lindenberg die Band von Klaus Doldinger – Passport – verließ, spielte Ketzer vor. Er habe dick aufgetragen, was er alles schon gemacht hätte – schlicht gelogen. Doch er überzeugte mit seinem Spiel und bekam den Job. Von 1977 bis 1980 war er Teil der Band. Doldinger komponierte die Titelmelodien von Tatort und vielen anderen TV-Sendungen. Bei dem Thema zum Kino-Hit „Das Boot" ist Ketzer an den Drums zu hören.

Ketzer trat 2008 im Rahmen der Olympischen Sommerspiele in Peking auf. Regelmäßig nimmt er seit 1996 an der José-Carreras-Gala teil. Er bestritt Friedenskonzerte des Dalai Lama. Der Kölner bearbeitet die Trommel-Felle in der Big Band der Fernsehsendung „Deutschland sucht den Superstar" und stand in den Diensten von Peter Herbolzheimer, Max Greger, Kurt Edelhagen, Günter Noris sowie Hugo Strasser.

Er spielte bei den Radio-Orchestern von WDR, NDR, HR und ORF. 1991 gründete er seine eigene Bigband und ein eigenes Trio. Er wirkt auch als Produzent. So produzierte Ketzer etwa die offizielle Unicef-Hymne 2010 „Come Make a Little Step of Peace".

Die Gastspieldirektion Otto Hofner veranstaltet jedes Jahr zum Karnevals-Auftakt die große Gala „Immer wieder kölsche Lieder". Der Startschuss zur Session findet stets am 11. November in der LANXESS arena in Köln statt. Die Willy Ketzer Big Band begleitet die Stars der Kölner Musikszene bei diesem Anlass seit 2003.

Seine Referenzen lesen sich eindrucksvoll: Ketzer spielte in der Semperoper in Dresden und auch auf der CeBIT in Hannover. Auf der Internationalen Funkausstellung in Berlin ist er ebenso zuhause wie auf der Photokina in Köln. Er trommelte für die Bälle des ADAC wie auch beim Bundespresseball.

Für nahezu jedes Unternehmen von Rang und Namen hat er zu den Drumsticks gegriffen. Ob Wiener Walzer, Elvis, Cole Porter, Musicals, aktuelle Charts-Hits oder Blues-Klassiker: Ketzer kann alles. „Ich kann nichts mit Leuten anfangen, die engstirnig sind." Und er kommt herum. „Ich kenne das Business in- und auswendig", sagt er.

Ketzer managt sich selbst, kümmert sich mit Hilfe seines Kölner Büros eigenhändig um Aufträge. Es sei längst nicht mehr die Musik alleine, die ihn und seine Familie über die Runden bringe. Bei seinen Konzerten sorgt er für die Organisation und oft auch für ein Rahmenprogramm. Und, um den Job durchzuhalten, ernährt sich der Drummer gesund.

Der Kölner wuchs in einem Dorf im Hunsrück auf und spielte mit seinen beiden Brüdern Hausmusik – auf Wunsch seiner Eltern. In Mainz studierte er nach dem Abitur Volkswirtschaftslehre. Später legte er ein Examen mit Auszeichnung an der Musikhochschule Köln ab. Er wurde ausgebildet in den Sparten Klassik, Unterhaltung und Jazz. Sein Hauptfach war das Schlagzeug.

Privat mag der Jazz-Fan fast alles von Chopin bis Green Day. „Es muss schwingen und grooven. Sonst ist es nichts für mich. Ich bin den gesamten Tag von Musik umgeben." Als Ausgleich treibe er Sport: Fahrradfahren, Tennis und Golf. Früher kickte der Rösrather auch. Als Fußballer war er aktiv bei der SG Guldental 07, bei Eintracht Bad Kreuznach und bei den Amateuren vom FSV Mainz 05.

So ganz ließ ihn der Fußball aber nicht los. Für den FC lief er in einer Mannschaft der Altinternationalen auf. Und Ketzer erhielt eine Auszeichnung vom DFB für besonderes soziales Engagement beim Projekt „Zodwas Traum" im Rahmen der Fußball-Weltmeisterschaft 2010 in Südafrika.

Was Fußball und den FC Köln angeht meint Ketzer: „Ich bin allerdings kein Fan, denn der FC findet keinen Weg nach oben. Und im übrigen kann ich als Ketzer mit Joachim Kardinal Meisner auch nichts anfangen."

Michael Kokott
Kirchenchor in der Hitparade

Geboren: 15. Juni 1960

Familie: Verheiratet mit Mona, keine Kinder

Beruf: Musikschullehrer, hauptberuflicher Chorleiter, angestellter Kirchenmusiker seit 1985; Anzahl Mitarbeiter: 100 Chormitglieder und ein 5-köpfiger ehrenamtlicher e.V.-Vorstand

Persönliches Motto: „Stimmt so!" oder „Et es wie et es"

Das mag er an Köln: Das kölsche Grundgesetz, nicht alles allzu ernst nehmen, Gelassenheit hilft oft weiter.

Das mag er nicht an Köln: Die Stadt ist im Dornröschenschlaf. Manche Entscheidungsträger sehen die Dinge zu locker. Es gibt zu viel Brachland mitten in der Stadt.

Letztes Karnevalskostüm: Beatles-Kostüm

Zum Karneval: Mehr Karnevalsorden als in eine Kiste passen (deshalb tausche ich immer mal wieder neue Orden gegen alte aus); circa 222 besuchte Karnevalssitzungen

Musik, die er selbst hört: Im Auto Eins Live oder SWR III

Im Sommer 2010 gab es kein Entkommen: Der Hit „Geboren um zu leben" von Unheilig drang aus Autos, Fenstern, von Balkonen, aus Handys, MP3-Playern und den Boxen der Supermarkt-Beschallungsanlagen. Wenn „Der Graf" sang, hörten die Deutschen zeitgleich auch den Kölner Jugendchor St. Stephan.

Dessen Leiter Michael Kokott freut sich immer noch: „Das dazugehörige Album „Große Freiheit" stand 23 Wochen auf Platz 1 der Charts. Nur vier Platten in der Geschichte hatten mehr Nr-1-Platzierungen zu verzeichnen: Genesis „We Can't Dance" (25 Wochen), The Beatles „With the Beatles" (26), Heintje „Heintje" (39) und Karin Hübner & Paul Hubschmid „My Fair Lady" (91).

1 450 000 Silberlinge wurden an den Mann oder die Frau gebracht. Die Single kletterte bis auf Platz 2 der Hitparade. Etliche Platin- und Gold-Schallplatten gab es. Das ist wohl der größte Erfolg des mehr als 100-köpfigen Sangesensembles, welches seit 1984 besteht und seit 1985 von Michael Kokott geleitet wird. Und die Erfüllung eines Lebenstraums: Chorleiter Kokott dirigierte als Kind vor dem Radio, berichtet er. Einen eigenen Fernseher hatte er zwar nicht als Junge. Doch wenn er einmal die „Sesamstraße" sehen konnte, sang er lautstark die Titelmelodie „Der, die, das" mit, bei deren Originalaufnahme er im Studio selbst mitgewirkt hatte.

Jetzt schreibt er Geschichte mit dem Kölner Jugendchor St. Stephan: So traten die Jugendlichen im Alter von 16 bis 29 Jahren schon mit der Heavy-Metal-Band Manowar auf, ebenso teilten sie sich die Bühne mit den Nu-Metallern von Payable on Death (P. O. D.).

Auch der Argentinier Lalo Schifrin, Anke Engelke, Die Höhner und die Boyband US5 sicherten sich die Unterstützung des Ensembles. Der frühere Chorsänger Christoph Watrin, war Sänger letzterer Band. Mit den Bläck Fööss treten die Jugendlichen seit über 15 Jahren immer wieder gemeinsam auf. Die Zahl der Zuschauer lag auch schon deutlich im fünfstelligen Bereich – so bei den Kölner Lichtern. Fernsehauftritte bei Showgrößen wie Harald Schmidt oder Stefan Raab sind fast schon nichts Besonderes mehr.

Ein Aufsehen erregendes Ereignis war der G8-Gipfel 1999. Zur Begrüßung jeder Delegation sang der Chor, wenn die Autos vorfuhren, das Bläck-Fööss-Lied „Joode Naach" in der jeweiligen Landessprache. Die Staatsgäste waren allesamt begeistert.

Der damalige Präsident der Vereinigten Staaten, Bill Clinton, jedoch hielt sich nicht ans Protokoll: Als er die Sänger im Kölner Rathaus sah, scherte er aus der Reihe aus – und gesellte sich kurzerhand zum Chor, sang das Traditional „Oh Happy day" mit. Was hier Freude und dort Panik auslöste.

Seit 1990 hat der Kölner Jugendchor St. Stephan bereits ein Dutzend eigene CDs veröffentlicht. In ganz Europa, aber auch in Tunis und Tel Aviv, traten die mehr als 100 Sänger auf. In Bethlehem hatten sie alleine 2 000 Zuhörer.

Angefangen hat der Chor „nur mit frommen Sachen", erinnert sich der Ensemble-Leiter. Doch längst gilt: Welcher Stil nun auch auf dem Programm steht (Gospel, Pop, Rock, Klassik, Jazz, Kölsch oder Comedy), „Musik muss immer Freude machen", befindet Kokott. „Wir versuchen auch vermehrt, in den Karneval hinein zu kommen." Mit „Top Jeck" belegten sie bei Radio Köln bereits Platz 4 der Hitparade.

Der hauptamtliche Chorleiter hat an der Musikhochschule studiert. Er arbeitet als Kirchenmusiker. „Die Kinder kommen freiwillig zum Chor", erklärt er. „Da soll keine Langeweile aufkommen. Das ist unser Image. Der Jugendchor St. Stephan ist ein Markenartikel unter den Chören."

Die Arrangements schreibt der Chorleiter stets selbst. Auf Qualität legt er einen großen Wert. Selbst eigene Kompositionen führen die Sänger mittlerweile auf. So entwickelten sie für die Fußball-WM in Südafrika das Stück „Ganz weit vorne".

Der Chor besteht zu zwei Dritteln aus Mädchen. Zwölf Solisten sorgen für eine enorme Vielfalt. 800 Jugendliche sangen in den Jahren mit. Nachwuchssorgen kennt das Ensemble nicht: „Wir haben immer drei Bewerber für jede offene Position", betont Kokott. „Das ist ein großes Glück."

Rund 30 Auftritte stehen im Jahr auf dem Programm. Die Adventszeit ist Hochsaison. Mehr als 100 Weihnachtslieder gehören zum Repertoire, 400 Songs insgesamt. Seit 1998 gibt es die „Sing Halleluja" - Weihnachtskonzerte, die 2012 erstmals in der Oper am Dom (ehem. Musical Dome) stattfinden.

1987 trat der Jugendchor vor dem damaligen Papst – Johannes Paul II. – auf. Beim Fußball-Gottesdienst, dem sogenannten Public Praying, gehörten sie zum musikalischen Rahmen. Der Chor ist ein eingetragener gemeinnütziger Verein, verwaltet sein Geld und organisiert die Reisen zu Auftritten selbst. Von den Einnahmen werden Chorfahrten unternommen und viele soziale Projekte unterstützt.

Wenn Kokott abschalten möchte, steigt er auf den Drahtesel, fährt „Fahrrad in der Stadt – an markanten Punkten, wo ich unter Menschen bin". Wenn er Urlaub macht, geht er wandern, spielt Golf und fährt Ski. Einmal hat er sich dabei gar die Schulter gebrochen, „was schlecht ist als Dirigent". Doch der 52-Jährige ist hart im Nehmen: „Ich habe auch schon mit gebrochenem Bein dirigiert."

Henning Krautmacher
Ein Vogel auf permanenten Höhenflug

© Manfred Esser

Geboren: 5. März 1957

Familie: Verheiratet mit Anke Krautmacher

Beruf: Musiker

Persönliche Rangliste: Familie/Musik, Kochen, Joggen, Golf (jeweils mit Familie), Malen, Wandern

Persönliches Motto: Gib jedem Tag die Chance, der schönste in deinem Leben zu sein.

Das mag er an Köln: Die Mentalität der Kölner

Das mag er nicht an Köln: Die Baustellen

Letztes Karnevalskostüm: Getreu eines Höhner-Songs, Festpirat

Hobbys: Kochen (inklusive dem Kreieren neuer Rezepte), Malen

Persönlicher Blick in die Zukunft: Ich habe noch so viele Ideen und so viel zu lernen. Also, weiter geht´s! Wer aufhört, etwas zu werden – hat aufgehört, etwas zu sein.

Henning Krautmacher von den Höhnern trifft den Geschmack hunderttausender Fans nicht nur in der Musik. Abseits von Plattenaufnahmen und Bandauftritten erfreut sich der Künstler auch in den Genres Malerei, Schriftstellerei und Kochen großer Beliebtheit. Der ehemalige Leverkusener Kinderprinz Henning I. ist längst zum kölschen Aushängeschild in Sachen Entertainment und Ausdruck gereift. Dass seine Lebensfreude nicht gekünstelt ist, spürt, wer Krautmacher in der Öffentlichkeit trifft. Ob auf Kunstausstellungen, bei Autogrammstunden oder im Rahmen von gemeinnützigen Aktivitäten – Henning Krautmacher strahlt. Das Image der ewigen Frohnatur, sieht so mancher Journalist dem Job als Höhner-Frontmann geschuldet. „Ich habe kein Problem mit dieser Einschätzung. Den Miesepetern der Nation möchte ich jedoch zurufen: ‚Fröhlich währt am längsten!'"

Seine Affinität zum Schreiben führte den ehemaligen Schauwerbegestalter neben dem Dichten von Songs für verschiedene Bands auch zur Journalistik. Die Option Journalist oder Musiker klärte sich spätestens, als Krautmacher 1986 bei den Höhnern als Nachfolger des scheidenden Peter Horn einstieg. Mittlerweile zeugen neben unzähligen Hits drei Rezeptbücher und eine Erzählung auch von der literarischen Tätigkeit des Multitalents. Darüber hinaus ist ein Kinderbuch in Planung, das zudem mit Illustrationen aus der Feder Krautmachers ausgestattet ist. Die Malerei stellt eine logische Fortsetzung der Aktivitäten des um Ausdruck bemühten Rheinländers dar. Eine Trennung der Künste ist zumindest in der Außenwirkung beabsichtigt: „Ob du nun laut malst – oder leis! Es kommt nur drauf an, dass du es tust", übersetzt der Wahl-Pulheimer eine Passage aus BAPs „Verdamp lang her". „Ich mache beides und empfinde, dass sich Musik und Malerei durchaus ergänzen. Dennoch trenne ich beides voneinander", erklärt der 55-jährige, in dessen großformatigen Werken seine Liebe zu Irland und zum Mystizismus der grünen Insel hervorbrechen. Eine Auszeit von seiner Band zugunsten des Malens kann sich Krautmacher jedoch nicht vorstellen: „Das liegt mir fern. Wenn überhaupt, dann eine Auszeit zugunsten der Höhner im Sinne von Kraft schöpfen für noch mehr Kreativität", lässt Henning Krautmacher keine Zweifel an seinen Prioritäten aufkommen.

Als Musiker hat sich der gebürtige Leverkusener bereits den Traum von vollbesetzten Arenen und der Schaffung echter Evergreens erfüllt. Was kann da noch kommen? „Wir haben noch Visionen", erklärt der Sänger und spielt damit auf ein Musical über die Stadt Köln an. Mit den Arbeiten an der Platte wurde unlängst begonnen. Einen ganz persönlichen Wunsch hegt Krautmacher: „Ich würde gerne einmal Paul McCartney kennen lernen", lässt Krautmacher sein Faible für die Fab Four und die Melodien „Maccas" im Besonderen erkennen. Der Pop-Appeal der Höhner offenbart sich im Übrigen in unzähligen Momenten. Wer die Gruppe als reine Karnevalsband abtut, irrt. Im Gegenteil finden sich auf den Veröffentlichungen immer wieder Anleihen an die großen Beat- sowie Rhythm & Blues-Bands aus den 60er und 70er Jahren. Den Stellenwert des damit verbundenen Sex-Drugs-Rock'n'Roll-Lifestyles kommentiert Krautmacher kurz und süffisant: „Ich will es mal so formulieren: Je älter wir werden, umso mehr verlagert sich der Schwerpunkt auf das dritte Wort in der gängigen Reihenfolge."

Als Vollblutmusiker hat der Künstler eine klare Meinung zur nicht abreißenden Welle der Castingshows und deren vermeintlichen Sternchen: „Ich nenne es ein Geschwür der Zeit. Das wird von selber ‚heilen'. Vor ein paar Jahren habe ich mal einen Song über das Phänomen geschrieben. Da heißt es im Text unter anderem: ‚ … am Ende casten wir auch noch den Papst'." Mit den Höhnern als Komponisten des Soundtracks wäre die Popularität des Pontifex in Köln zweifelsohne zeitlos gewährleistet. Den Segen (nicht nur) der Rheinländer hat Henning Krautmacher längst. Die Heiligkeit überlässt der bodenständige Künstler gerne anderen.

Wolf Maahn
Vergiss nicht zu tanzen

© Robert Winter

Geboren: 25. März 1955

Familie: Verheiratet mit Angelika, aber noch nicht lange genug

Beruf: „Ohrenarzt"; Anzahl Mitarbeiter: wechselnd

Persönliche Rangliste: Zu lieben und zu lernen

Persönliches Motto: Vergiss nicht zu tanzen!

Das mag er an Köln: Das allgemeine „Fünfe-gerade-sein-lassen"

Das mag er nicht an Köln: Die daraus folgende Klüngelmentalität

Letztes Karnevalskostüm: Astronaut

Zum Karneval: Bisher zwei Karnevalssitzungen; zu einem Orden hat es aber noch nicht gereicht.

Hört privat gerne Musik von: Momentan viel Bill Withers

Persönlicher Blick in die Zukunft: Weitere Erkundungen und neue Entdeckungen

„Ich bin oft gerührt von der Treue, die viele Fans zeigen", sagt Wolf Maahn, „und fühle mich ungemein ermutigt davon, dass ihnen meine Lieder etwas bedeuten". Dabei ist Maahn enorm wandlungsfähig, hat viele Stilrichtungen ausprobiert und auch nicht immer deutsch gesungen.

Angefangen hat alles auf Englisch – mit der Food Band. Die Truppe bekam einen Plattenvertrag, nicht in Deutschland – sondern bei Cube Records in England. „Das Label gehörte zu Essex Music, und die hatten schon die Stones und The Who unter Vertrag", erinnert sich Maahn. „Wir spielten auf einmal in London im Marquee und in den BBC-Studios und bekamen Hammer-Kritiken im ‚Melody Maker' und ‚Record Mirror'."

Die Plattenfirma schlug dann aber ein 300 000-Mark-Angebot für die weltweite Vermarktung aus. Nach zwei Alben war Schluss: „Die Band blockierte mich zunehmend als Schreiber", blickt Maahn zurück. „Sie lehnten Songs ab, die mir sehr wichtig waren. Und ich wollte beweisen, dass auch die deutsche Sprache richtig grooven kann."

Seine eigene Initialzündung erlebte Maahn aber mit englischen Künstlern. Geboren in Berlin, zog der heutige 1,90-Meter-Mann mit zwei Jahren nach München. Im Alter von elf Jahren sah er dort im Circus Krone die Beatles. „Das war Adrenalin pur – nur etwa 30 Minuten. Alle standen sofort auf den Stühlen, kreischende Mädchen von Anfang bis Ende, die Band in bayerischen Jankern und Premiere für die neue Single: ‚Paperback Writer'."

Zwei Jahre zuvor fand Maahn zusammen mit seinem Bruder Hans eine alte Gitarre, die aussah wie eine „mittelalterliche Laute", buchstäblich auf dem Müll. Hans ist Rechtshänder, Wolf macht alles mit links. „Ich habe einfach alles ins Spiegelverkehrte übertragen. So konnte ich jede Gitarre, die irgendwo herumlag, problemlos spielen." Nach einem halben Jahr schrieb der Neunjährige seine ersten Songs. Mit 13 Jahren kam Maahn nach Köln.

Nach der Food Band versuchte er es von dort aus mit seiner neuen Band – den Deserteuren. Er spielte im Vorprogramm von internationalen Größen: „Bob Marley & the Wailers sind uns nie begegnet, die sind direkt vom Doppeldecker-Bus auf die Bühne. Aber ihren Groove haben wir wochenlang diskutiert", erklärt Maahn eine wichtige Inspiration. „Mit Bryan Ferry von Roxy Music gab es nach einem gemeinsamen Auftritt mal ein lustiges Gespräch in einer Berliner Disco. Er mochte meinen Song ‚Königsdorf-Tango' und ich seine coole Performance."

Es folgte eine Kooperation mit Joseph Beuys beim Polit-Song „Sonne statt Reagan", gemünzt auf den damaligen US-Präsidenten. Es sei zwar eine Ehre gewesen, mit Beuys zu arbeiten, doch „der Text bereitete mir etwas Bauchweh. Irgendjemand hatte kurzfristig einen Werbetexter engagiert, weil Wolfgang Niedecken keine Zeit hatte." Auch sein eigener Neue-Deutsche-Welle-Hit „Ich bau Dir ein Schloss" mit der Band Neue Heimat „war eine Schnapsidee. Ich kann mir das heute kaum anhören. Es ist ziemlich furchtbar."

Trotz dieser zwei eigentümlichen Songs brachten es Maahn & die Deserteure bis zur „ARD-Rockpalast-Nacht". 1985 spielten sie dort als erste deutsche Band. „Ich war selten so nervös, wie vor dieser Show." Er ist heute noch berauscht: „Das war definitiv ein absoluter Höhepunkt und geradezu märchenhaft."

1986 kam die russische Atomkatastrophe: „Meine Stadt war vergiftet worden. Ich musste mich wehren. Ich brauchte eine Waffe." Es entstand der Song „Tschernobyl – Das letzte Signal", aufgenommen mit Wolfgang Niedecken, Herbert Grönemeyer, Marian Gold von Alphaville und vielen anderen. Die Live-Premiere war in Wackersdorf vor 120 000 Zuschauern. Am Ende stand eine erfolgreiche Unterlassungsklage gegen Dieter Thomas Heck, der damals behauptete, Maahn verdiene an der Single. Tatsächlich „gingen sämtliche Einnahmen an eine unabhängige Strahlenmessstation".

Das Festival in Wackersdorf „war mit das beeindruckendste Konzert, das ich je erlebt habe. Ich dachte: ‚Da bewegt sich wirklich was – mehr, als wir gerade sehen'." Als Maahn 1996 selbst ein Festival für „War Child" organisierte, sagten einzig „Die Fantastischen Vier" schnell zu: „Das waren neun Monate Arbeit. Benefiz galt zu der Zeit als uncool, als etwas nur für Gutmenschen."

Maahn produzierte andere Künstler, schrieb „Monopoli" für Klaus Lage, machte mit „Third Language" wieder eine englische Platte („ein Befreiungsschlag") nahm am deutschen Vorentscheid für den Eurovision Song Contest teil („das bereue ich nicht, das war damals Pionierarbeit"), machte mit „NRW – Volle Kraft voraus" Wahlkampf für die SPD (ohne Parteimitglied zu sein), spielte bei „Unter uns" auf RTL sich selbst („echt witzig zu sehen, wie schnell die drehen") und in einer Rockoper in Marbach Friedrich Schiller („eine wundersame Erweiterung meines künstlerischen Horizonts").

Schließlich toppte er den Erfolg des „Rockpalastes": Damals wurde die Show nur in 17 Länder übertragen. Sein Unplugged-Konzert lief 1993 in 167 Ländern im Fernsehen. „Der Chef meiner damaligen Plattenfirma saß eines Abends mit Grönemeyer zusammen. Als sie über mich sprachen, hat Herbert wohl gesagt: ‚Der muss mal ein Unplugged-Album machen'."

Hans Jürgen Maria Zeltinger
De Plaat (die Glatze) – Kölns härteste Rockband

© Raimond Spekking

Geboren: 25. Mai 1949 in Altenkirchen, Westerwald,
seit seinem dritten Lebensjahr in Köln

Beruf: Musiker (Gitarre und Gesang) und Schauspieler

Persönliches Motto: Watt de hück nit besorjen kanns, machet morjen.

Das mag er an Köln: Die Mentalität der Menschen hier

Das mag er nicht an Köln: Dass der Kardinal kein Kölner ist

Hobbys: Fotografie und das Produzieren von Musik im Studio für andere Künstler

2008, im Oktober in der Kölner Live Music Hall kamen sie noch einmal zusammen, die Veteranen der „Urbesetzung" der „Zeltinger Band": Norbert „Sugar" Zucker (b), Ralf Engelbrecht (g), Peter Gramen (g), Cay Wolf (statt damals Jaki Liebezeit am Schlagzeug), Arno Steffen (g + v) und „de Plaat" natürlich auch. Die großen Nummern von einst wummerten aus den Boxen: „Sozialamt", „Rock'nRoll Betrug" und „(So wie ein) Tiger". Ralle Rudnik verstärkte die Sechs beim letzten Stück. Es war die große Fete für das 30-jährige der Band. 1979 hatte die Band im legendären Nachtclub „Roxy" einen denkwürdigen Auftritt, just an Weiberfastnacht – und die Resonanz war so einmalig, dass noch 19 weitere Konzerte in der gleichen Session folgten.

Dabei hatte Jürgen Zeltinger seine musikalische Karriere eigentlich schon 1977 begonnen, als er – wie auch Heiner Lauterbach – in Paris Schauspielunterricht nahm; und gemeinsam mit ihm in der Metro im Duett zur Gitarre als Straßenmusiker für eine schmale finanzielle Basis sorgte. Diese Paris-Episode endete für beide Protagonisten mit der Heimreise genau an jenem Tag, als die Entführung des Arbeitgeberpräsidenten Martin Schleyer durch Mitglieder der RAF nicht nur in Köln für Aufsehen und Bestürzung sorgte – und damit der „deutsche Herbst" begann.

Natürlich waren die Beatles, Simon & Garfunkel, Cat Stevens oder Pink Floyd verehrte Größen am Pop-Himmel jener Tage, als „de Plaat" seinen eigenen Stil suchte („Ein konkretes musikalisches Vorbild hatte ich nicht.") und fand. Äußerst kreativ erwies er sich in den Folgejahren als Komponist, als Stückeschreiber, Arrangeur und Performer. Seine unnachahmliche Stimme, die Sprache vom bodenständigen Kölsch eingefärbt, die harten Rhythmen – Zeltinger ist eben „die" Rock-Band in Köln. Seine ansehnliche Diskografie zählt 19 Alben auf, die während der drei Jahrzehnte eingespielt und auch erfolgreich verkauft wurden.

„De Plaat im Roxy & Bunker live" war das erste Album, damals von Conny Plank produziert. Auf der Scheibe finden sich mit dem Volkslied „Mein Vater war ein Wandersmann" und den kölsch/deutschen Fassungen von Lou Reed- (Stüverhoff) und Ramones-Songs (Müngerdorfer Stadion) Titel, die bis heute zum Standard-Repertoire gehören. Und der Kult-Song „Müngersdorfer Stadion" ist viele Tausende Male als Zugabe für die begeisterten Fans am Ende eines Konzertes gegeben worden, wenn die Band die Hallen rockte.

1980 kam das Studio-Album „Schleimig" heraus; daraus die Single-Auskopplung „Asi mit Niwoh", die wegen der Textpassage „ich poliere Kritikern die Fressen, für die Band mach ich das Abendessen" häufig zitiert wurde.

Im Frühjahr 1980 war die Deutschland-Tournee mit den „Boomtown Rats" eine wichtige Wegmarke. Auftritte in der ZDF-Sendung „Rockpop" und im „Kölner Treff" von Alfred Biolek sorgten für zusätzliche Popularität. Die Zeit Ende der 70er, Anfang der 80er Jahre war die Phase der größten Erfolge für diese Kölner Rock-Band, die quasi im regionalen Umfeld ohne ernsthafte Konkurrenz war. 1982 kam bei Ariola „Der Chef" als drittes Album in den Verkauf.

Ab 1986 ging es mit dem neuen Manager Serdar Boztepe erneut bergauf. „Schon wieder live" hieß die neue Schallplatte, mit der man 1986 auf eine ausgedehnte Deutschland-Tournee ging. Nach 1988 verfolgte die Band eine härtere musikalische Linie. Das belegen die LPs „Weder Mensch noch Tier" 1988 und „Ich bin ein Sünder" 1990.

Wenn eines in der seit fast 35 Jahren bestehenden Zeltinger Band Kontinuität besitzt, dann ist die Konstanz in der Besetzung. Die Geschichte der Truppe listet zwar insgesamt 23 Musiker-Namen auf, die jemals die Basisformation ergänzten – drei der ehemaligen Mitstreiter: Frank Müller (d) 2007, Alex Parche (g) 2009 und Manni Hollaender (g) 2011 sind leider bereits verstorben. Doch die Stamm-Mannschaft hält seit mittlerweile 20 Jahren und länger zusammen.

Die aktuelle Besetzung sieht neben Jürgen Zeltinger als Sänger Robbie Vondenhoff am Schlagzeug vor, Dennis Kleimann (seit Februar 2012 für Volker Voigt) und Wolfgang Günnewig (beide Gitarre und Gesang) sowie T.S. Crusoe (Bass und Gesang). Die drei „klassischen" Alben der Zeltinger Band aus den Anfangsjahren sind seit Mai 2009 erstmals auch als CD im Handel. Rund zwanzig Konzerte absolviert die Zeltinger-Band immer noch pro Jahr – bundesweit.

Nach den seiner Meinung nach besten Musikern in Köln gefragt, nennt der „Rock-Musiker Nr. 1" seine Kollegen Tommy Engel, Jürgen Fritz, den „Major" (ehemals Gitarrist bei BAP), Arno Steffen und Wolfgang Niedecken.

Wenn es in Köln darum geht, Engagement zu demonstrieren – sei es gegen „rechts" oder gegen Ausländerfeindlichkeit, dann rückt die heimische Musiker-Szene stets eng zusammen. Dann lösen sich auf der Bühne jene Bands ab, die zu Recht weit über den Sichtkreis des Doms hinaus Geltung besitzen, und unterstützen mit ihrem Prestige das jeweiligen Anliegen: BAP und Bläck Fööss, Brings und Höhner, Paveier und Räuber... und wie sie alle heißen ... und eben auch Jürgen Zeltinger mit seiner Band: „Arsch huh, Zäng ussenander" 1992 oder 2008 bei „Köln stellt sich quer".

Sein nächstes Album plant Zeltinger für Ende 2012. Wir sind gespannt.

Helmut Zerlett
Der Wanderer zwischen den Klängen

© *Christine Trewer*

Geboren: 29. März 1957 in Köln
Familie: Zwei erwachsene Töchter
Beruf: Bandleader, Komponist
Persönliche Rangliste: Familie, Freunde, Arbeit
Persönliches Motto: Wer nicht vom Weg abkommt, bleibt auf der Strecke.
Das mag er an Köln: Die Herzlichkeit
Das mag er nicht an Köln: Die manchmal auftretende Oberflächlichkeit
Letztes Karnevalskostüm: Rokokokostüm
Hobbys: Golf, Fahrradfahren, Kochen
Persönlicher Blick in die Zukunft: Noch mehr Filmmusik komponieren

Sein Gehör und sein musikalisches Einfühlungsvermögen sind weltweit gefragt, und er ist „Made in Köln". Sein erstes Instrument war eine Dash-Waschmitteltrommel, die er mit Kochlöffeln bearbeitete. Mit fünf Jahren brachte ihm seine Schwester Sylvia das Klavierspielen bei. Als Siebenjähriger begann er die Orgel seines Vaters zu malträtieren. Seine erste Band gründete er mit 13; - „Wir spielten auf dem Schulhof". Kurz vor seinem Abitur sagte er der Schule Adieu und tingelte durch Paris und London, jobte dann in New York. „Eine verrückte Zeit" so Zerlett.

Heute ist dieser Helmut Zerlett ein international renomierter Komponist, der im Laufe seiner annähernd 40-jährigen Profilaufbahn mit Künstlern wie Jaki Liebezeit, Holger Czukay (beide Can), David Sylvian (Ex-Japan) oder Chris Isaak zusammengearbeitet hat.

In den frühen 80er Jahren partizipierte Zerlett am Erfolg der „Neuen Deutschen Welle", als er in Joachim Witts Band mitwirkte. Dessen „Goldener Reiter" erwies sich in den deutschsprachigen Hitlisten als wahres Edelmetall. Für Marius Müller-Westernhagen fand sich Zerlett zum Ende der Dekade bis weit in die 90er Jahre hinein regelmäßig auf den Bühnen der größten deutschen Stadien wieder. Auch auf dessen Erfolgsalben „Halleluja" und „Radio Maria" hinterließ der Kölner seine harmonischen Spuren. In den legendären Londoner Abbey Road Studios war er als Produzent jahrelang ein gern gesehener Hausgast. In Kultstreifen wie „Last Trip to Harrisburg", mit Rainer Werner Fassbinder und Udo Kier, „Neues vom Wixxer" oder „Jerry Cotton" demonstrierte der ausgebildete Musiker seine Facettenvielfalt als Filmkomponist. Endgültig ins Bewusstsein eines Millionenpublikums gelangte Zerlett schließlich als Musical Director und Bandleader der Begleitband der „Harald Schmidt Show" sowie „Schmidt & Pocher". Zuletzt arbeitete der Familienvater für die erstere Sendung an drei Abenden in der Woche im Fernsehstudio. Auch die zeitaufwendigen Kinoproduktionen reduzierten in den vergangenen Jahren den Output von neuen Songs. An eine Tournee war nicht zu denken.

Jetzt ist jedoch ein neues Album in Arbeit: „Ich hoffe, dass es noch vor Jahresende 2012 wieder mit einem Solo-Album klappt", zeigt sich Zerlett optimistisch für neue Taten an Hammond-, Kirchenorgel, Klavier oder Synthesizer. Sollte sich dies bewahrheiten, darf die Szene mit akustischen Tauchfahrten mitten durch den Maelström der Schallwellen rechnen. Abseits vom seichten Entertainment der auf Superstardom getrimmten Casting-Künstler mitsamt der vorherbestimmten Hitvergänglichkeit gehört Zerlett zu jenen Musikern, die Schicht um Schicht an ihren Klangkathedralen bauen und diesen auch nach Dekaden noch Standfestigkeit verleihen, um in die Lüfte zu ragen. Neben seinem Anspruch auf kompetente Mitmusiker spricht Zerletts breit gefächerter Geschmack für abwechslungsreiche und geschmacklich interessante Oeuvres. Klassik, Singer/Songwriter, Avantgarde, Progressive Rock, Folk und Pop inspirieren Helmut Zerlett zu eigenen Visionen, die über alle Tonleitern hinausführen. Trotz der Weite seiner Soundscapes bleibt der Künstler jedoch musikalisch mit Köln verwurzelt. „Die Kölner Musikszene ist meiner Meinung nach sehr fortschrittlich, kreativ und vor allem auch live aktiv. Meine Favoriten sind hier Hans Nieswandt und Jaki Liebezeit", erklärt Zerlett.

Neben seinem umfangreichen Katalog an wertgeschätzten Produktionen erscheint die Bescheidenheit des Kölners in Bezug auf sein Talent beinahe absurd. Gefragt nach dem Musiker, der ihn bei einem Treffen am meisten überraschte, nennt er Chris Isaak, der mit dem Song „Wicked Game" 1991 einen Welthit landen konnte: „Das war ein Treffen anlässlich der Jerry Lee Lewis Nummer ‚Great Balls of Fire'. Chris war begeistert von meinem Spiel, was mich sehr überrascht hat, da ich mich eher als einen durchschnittlichen Klavierspieler betrachte."

Im Gegensatz zu britischen oder amerikanischen Künstlern mischen deutsche Persönlichkeiten selten bis nie die internationalen Charts auf. Den zentralen Grund dafür sieht Helmut Zerlett in der Substanzlosigkeit vieler heimischer Acts. „Man muss einfach seinen eigenen Stil entwickeln. Dann hinterlässt man auch seine persönliche Note in der Popwelt. Bands wie ‚Kraftwerk' oder ‚Can' sind da ein gutes Beispiel, denn hier sieht man, dass es funktioniert." Der Maestro schwört auf Originalität anstatt Kopiererei.

Auch als Schauspieler machte Zerlett eine gute Figur. In einem der größten Komödienerfolge des Jahres 2004 spielte er eine Cameo-Rolle in Otto Waalkes „7 Zwerge – Männer allein im Wald". 2007 erhielt der Künstler als Ensemblemitglied der RTL-Show „Frei Schnauze XXL" den Deutschen Comedypreis. Zudem outete sich der Musiker mit seinen Teilnahmen am 24-Stunden-Rennen auf dem Nürburgring sowie beim Alfa-147-Cup als Motorsportfan. Für die Veranstaltungen auf dem Eifelkurs komponierte Helmut Zerlett mit Ex-Reamonn-Sänger Rea Garvey die offizielle Hymne „King of the Ring".

Nach dem Aus der Harald Schmidt Show ist Helmut Zerlett nicht arbeitslos. Sein neues Solo-Album nimmt ihn in Anspruch. Weitere Filmsoundtracks sowie eigene Projekte dürften den Wanderer zwischen den Klängen auch zukünftig zu einem der gefragtesten Live- und Studiomusiker im Lande machen.

DIE 100 WIRKLICH WICHTIGEN KÖLNER

Soziales

Kölnerinnen und Kölner sind in unzähligen Einrichtungen und Institutionen sozial engagiert. Das Ehrenamt und die Spendenbereitschaft gehören nicht nur zum guten Ton. Einige Kölner engagieren sich weltweit, andere haben ihren Schwerpunkt in Köln. Über zwei besonders engagierte Frauen und Männer lesen Sie hier.

Carola Blum
Glaube, Hoffnung, Liebe

Geboren: 16. Oktober 1948

Familie: Seit 1969 verheiratet mit Harry Blum (gestorben im März 2000), Partnerschaft seit 2004 mit Bernhard F. Schoch

Beruf: Oberstudienrätin für Philosophie und Deutsch

Persönliche Rangliste: „Glaube, Hoffnung, Liebe, diese drei; aber die Liebe ist die größte unter ihnen" (Paulus an die Korinther, 1,13). Dazu gehört für mich auch die Liebe zu Köln.

Persönliches Motto: „Es gibt nichts Gutes, außer man tut es" (Erich Kästner).

Das mag sie an Köln: Den gotischen Dom und die romanischen Kirchen, den Rheinauhafen mit dem Harry-Blum-Platz, die Menschen in Köln.

Das mag sie nicht an Köln: Ich ärgere mich oft über die zahlreichen Bausünden oder über scheinbar endlos ungelöste kulturpolitische oder soziale Probleme. Zum Glück gibt es aber viel konstruktiv-kritisches Bürgerengagement.

Letztes Karnevalskostüm: „Blumenmädchen" – mein Name ist da Programm.

Hobbys: Literatur, Musik, Theater, Wandern

Persönlicher Blick in die Zukunft: Am liebsten glücklich!

Eine Kölner Liebesgeschichte rührte die Menschen der Stadt: Als am 17. März 2000 Oberbürgermeister Harry Blum überraschend an den Folgen eines Herzinfarkts verstarb, verlor die Stadt nicht nur ihren ersten direkt gewählten höchsten Repräsentanten, sondern auch einen glücklichen Menschen, der seit über 30 Jahren mit seiner Carola Seite an Seite durchs Leben schritt. Die Kraft und Inspiration dieser Verbindung endete jedoch nicht. Stärker als jemals zuvor stellte sich Carola Blum nach dem Tod ihres Mannes den sozialen Herausforderungen der Stadt, die sie in all den Jahren ebenfalls lieben gelernt hatte.

Für die Oberstudienrätin ist ehrenamtliches Engagement und Verantwortungsbewusstsein seit frühester Jugend eine Selbstverständlichkeit. So verwundert es nicht, dass die Abiturientin der Kaiserin-Augusta-Schule zielstrebig eine pädagogische Laufbahn einschlug und in Köln ein Lehramtsstudium absolvierte. Auch politisch wird die Akademikerin in der „Jungen Union" aktiv. Ihr ehrenamtliches Engagement hat sich im Laufe der Jahre zunehmend ausgeweitet. Neben ihrer langjährigen Betätigung im Vorstand der „Katholischen Familienbildung Köln" wirkte Blum zudem im Kreisparteivorstand der Kölner CDU. Als Unionsvertreterin war sie von 2004 bis 2009 Mitglied des Stadtrates und hielt dort das Amt der Vorsitzenden des Jugendhilfeausschusses sowie das Amt der Sprecherin der CDU im Kulturausschuss inne. Weitere Aktivitäten als Mitglied im Vorstand des Zentral-Dombau-Vereins sowie im Verein „Planet Kultur" – der Jugendlichen mit Migrationshintergrund Berufsorientierungen vermittelt – folgten. Als Schirmherrin der Harry-Blum-Stiftung engagiert sich die Witwe in Zusammenarbeit mit dem Herzzentrum der Universität Köln für die Prävention von Herz-Kreislauferkrankungen. Um Gelder für die Aufrechterhaltung des Projekts zu sammeln, initiierte Carola Blum jährliche Benefizkonzerte in Kölns romanischen Kirchen. Bereits seit 1999 stellt die Humanistin ihre Energie und Erfahrung als Vorsitzende des Vereins „donum vitae Köln" (lat.: Geschenk des Lebens) zur Verfügung. „Wir bekennen uns zur gesetzlichen Regelung der Schwangerschaftskonfliktberatung, die 1995 nach jahrzehntelangen quälenden Debatten um den Paragraphen 218 eingeführt wurde. Ich empfand damals und empfinde bis heute diese sogenannte ‚Beratungsregelung' als Glücksfall gegenüber der Indikations- oder der Fristenregelung, weil sie die Frauen nicht allein lässt in ihrem Konflikt, ohne ihnen allerdings die Entscheidung abzunehmen. Anfang Juli 2000 konnten wir unsere Beratungsstelle am Heumarkt eröffnen, in ‚nahtlosem' Übergang zum Ausstieg des Erzbistums Köln. Wir wollen die Frauen in ihrem oft qualvollen Entscheidungskonflikt nicht allein lassen, und manchmal können wir Wege aus vermeintlichen Sackgassen eröffnen. Wir wissen, dass es für ungeborene Kinder eine Lebenschance nur mit dem Willen der Mutter geben kann, vor deren Entscheidung wir großen Respekt haben. Mittlerweile ist unser Aufgabenspektrum enorm angewachsen. Neben der Konfliktberatung leisten wir allgemeine soziale Schwangerenberatung, Präventionsarbeit in Schulen oder auch in der Justizvollzugsanstalt sowie psychosoziale Beratung nach Pränataldiagnostik", so die Vorsitzende über eine ihrer Herzensangelegenheiten.

Um gesellschaftliche Probleme zu lösen, bedarf es auch der Inspiration, Ideen in die Wirklichkeit zu transportieren. „Es sind immer wieder die klassischen Impulse, die mich zu philosophischem Fragen anregen und die zueinander in einem Spannungsverhältnis stehen: Staunen und Zweifeln. Solches Fragen bezieht sich auf die Wunder dieser Welt und die wunderbaren Fähigkeiten von Menschen, aber auch auf die Grausamkeiten der Weltgeschichte", erklärt die 63-Jährige. Als schönstes Erlebnis während ihrer Vereinsarbeit für „donum vitae" nennt Blum die Besuche von Frauen, die freudestrahlend mit ihrem Kind wieder in die Beratungsstelle zurückkehren. „Das macht uns glücklich und ist neuer Ansporn", so die Christin, die in Bezug auf den oftmals deklamierten gesellschaftlichen Werteverfall optimistisch in die Zukunft blickt: „Seit den siebziger Jahren des letzten Jahrhunderts lässt sich die zum Teil abrupte, zum Teil schleichende Auflösung zahlreicher Tabus beobachten. Vieles, was als vermeintlich unverzichtbarer Wert erschien, entpuppte sich als unnötige Einengung oder gar Diskriminierung. Ein Beispiel, das sich im Sprachgebrauch spiegelt: was früher die ‚uneheliche Mutter' war, ist heute die ‚alleinerziehende Mutter'. Man verfährt weniger dogmatisch, und es ist insgesamt ein größerer ethischer Pluralismus zu verzeichnen. Ich empfinde das als befreiend und als positiv für ein grundsätzlich wertorientiertes gesellschaftliches Klima."

Dr. Monika Hauser
Vom Entsetzen zum Handeln

© Rendel Freude - medica mondiale

Geboren: 24. Mai 1959 in Thal, Schweiz

Familie: Verheiratet mit Klaus-Peter Klauner, Sohn Luca

Beruf: Gynäkologin, Gründerin und Geschäftsführendes Vorstandsmitglied bei medica mondiale

Persönliches Motto: Nicht aufhören, anzufangen!

Das mag sie an Köln: Weltoffenheit, Toleranz, gelebtes Multikulti

Das mag sie nicht an Köln: Den patriarchalischen Klüngel – wie er wohl auch anderswo vorkommt. Wenig überzeugendes politisches Engagement bei der Umsetzung von Gender- und Chancengleichheit im Stadtalltag. Und, dass es nicht am Meer liegt.

Zum Karneval: Kein Kommentar

So schöpft sie Kraft: Im Kontakt mit meinen Kolleginnen vor Ort in den Krisen- und Kriegsgebieten, deren Stärke und Optimismus mich immer wieder aufs Neue motivieren.

Wenn Dr. Monika Hauser auf Konferenzen, bei Pressegesprächen und Vorträgen um politische Unterstützung und Spenden wirbt, dann hat sie ein sperriges Thema im Gepäck: Es geht um Frauen, die im Krieg sexualisierte Gewalt erlitten haben. Seit fast zwanzig Jahren arbeitet die Gynäkologin mit ihrer Organisation medica mondiale daran, dass diese Frauen nicht auch noch ausgegrenzt und bestraft werden, sondern einen Weg zurück in ein würdevolles und selbstbestimmtes Leben finden.

Ihr Lebensweg führte aus der Schweiz, wo sie als Tochter Südtiroler Eltern aufwuchs, über Stationen in Österreich und Italien während ihres Medizinstudiums in die Kölner Region. Hier lebt die Aktivistin mit ihrem Mann Klaus-Peter Klauner, der sie nicht nur in der politischen Arbeit unterstützt, sondern sich auch um Sohn Luca kümmert.

Von Köln aus reiste die damals 33-jährige Frauenärztin Ende 1992 nach Bosnien – mitten im Balkankrieg und gegen jeden Rat. Ihr Antrieb war Fassungslosigkeit: Die deutschen Medien berichteten über Massenvergewaltigungen, aber niemand schien willens, sich um die betroffenen Frauen zu kümmern. „Angesichts des Ausmaßes sexualisierter Gewalt in diesem Krieg war es für mich damals schlicht unbegreiflich, dass es die Organisation, die wir selber später gründen sollten, noch gar nicht gab", erinnerte sie sich 2008, als sie für ihre Arbeit den Alternativen Nobelpreis erhielt. Während Europa damals tatenlos zuschaute, verwandelte sie ihr Entsetzen in Handeln. In wenigen Monaten organisierte sie private Spender und öffentliche Geldgeber und konnte mit Unterstützung bosnischer Fachfrauen und gegen alle bürokratischen und politischen Widerstände im April 1993 das Frauentherapiezentrum Medica Zenica eröffnen.

Aber die Arbeit endete damit nicht. Für den Verein medica mondiale, der parallel in Köln entstand, gibt es immer Neues zu tun. Denn Gewalt gegen Frauen ist kein singuläres Problem des Balkankriegs. Nach Bosnien folgte der Kosovo, folgten Projekte in Albanien, Afghanistan, in der Demokratischen Republik Kongo, in Liberia, Ruanda und Uganda. Überall unterstützt und fördert medica mondiale Frauen und Mädchen, deren physische, psychische, soziale und politische Integrität verletzt wurde.

„Bei unserem Einsatz geht es nicht um karitative Arbeit", betont Monika Hauser. „Es geht um Würde, Stolz und Überleben." Die Projekte stärken die Selbstheilungskräfte der Frauen und unterstützen sie in ihrem Recht auf eine eigenständige Lebensgestaltung. Neben der medizinischen und psychosozialen Versorgung kümmert sich medica mondiale deshalb auch um Aus- und Weiterbildung für Frauen und deren Erwerbsmöglichkeiten, um Gesundheitsfürsorge, um Ernährung und Wohnen, um Rechtsbeistand und Aufklärung. Politische, ethnische und religiöse Zugehörigkeiten der Frauen spielen bewusst keine Rolle. Die Hilfe soll langfristig und nachhaltig sein. Die meisten Projekte werden – nach umfangreicher Weitergabe des Fachwissens – in die Hände lokaler autonomer Frauenstrukturen übergeben.

Die schwierige Arbeit ist an der Ärztin mit den kurzen dunklen Haaren nicht spurlos vorübergegangen. Mitte der neunziger Jahre stieß sie wegen Überarbeitung an ihre Grenzen: zu viele Reisen, zu viele belastende Gespräche mit traumatisierten Frauen, keine Zeit für sich. Sie geht offen damit um, dass sie lernen musste, wie wichtig es ist, sich um sich selbst zu kümmern: „Wie soll ich für andere sorgen, wenn ich nicht für mich selbst sorge?"

Seit 2000 ist Monika Hauser politische Geschäftsführerin von medica mondiale. In dieser Rolle betreibt sie Aufklärungs- und Öffentlichkeitsarbeit zum Thema sexualisierte Kriegsgewalt und setzt sich politisch für die Rechte von Frauen ein. Und sie gibt ihr Fachwissen in Seminaren weiter. Gewürdigt wurde ihre Arbeit mit zahlreichen Preisen und Auszeichnungen, darunter der als „Alternativer Nobelpreis" bekannte „Right Livelihood Award". Eine Auszeichnung hat die Frauenrechtlerin aber abgelehnt: die Verleihung des Bundesverdienstkreuzes im Oktober 1996 – aus Protest gegen den damaligen Beschluss der deutschen Innenministerkonferenz, bosnische Bürgerkriegsflüchtlinge in die immer noch unsichere Herkunftsregion Bosnien-Herzegowina zurückzuschicken.

Wo man herkommt, wo man lebt und wo man was erlebt hat: Der Mensch kann sich ganz unterschiedlichen Regionen auf unterschiedliche Weise verbunden fühlen. „Heimat", sagt Monika Hauser, „ist für mich die Kölner Region, wo ich nun seit vielen Jahren mit Gleichgesinnten arbeite, wo medica mondiale entstanden und zu Hause ist, und wo ich mit meiner Familie lebe." „Herkunftsgefühle" verbinden sie mit dem Vinschgau in Südtirol, „der Gegend, aus der meine Eltern kommen". Und ein Stück Herz bleibt auch bei den Projekten: „Ich fühle mich auch in Fishtown/Liberia oder in der bosnischen Stadt Zenica zu Hause, wo medica mondiale arbeitet und wo Menschen leben, mit denen mich sehr viel verbindet."

Georg Potschka
Schöner Wohnen

Geboren: 10. April 1947 in Flensburg

Familie: Verheiratet mit Doris, zwei Kinder

Beruf: Vermieter; Anzahl Mitarbeiter: 20 auf der Geschäftsstelle, dazu 50 Hausmeister

Persönliche Rangliste: Familie, Genossenschaft, Sport

Das mag er an Köln: Das Panorama, die Veedelbezogenheit, die Menschen machen viel miteinander.

Das mag er nicht an Köln: Köln ist dreckig, hat keine markanten Plätze, die Menschen sind achtlos.

Letztes Karnevalskostüm: Clown

Zum Karneval: Im Laufe der Jahre haben sich bei mir so viele Karnevalsorden angehäuft; ich kann sie nicht mehr zählen.

Hobbys: Golf, Handicap: 28,5

Persönlicher Blick in die Zukunft: Die Genossenschaft meistert die Herausforderungen der Zukunft, davon bin ich überzeugt.

Georg Potschka kam als Dreijähriger nach Köln. Das war früh genug, um mit dem FC-Virus infiziert zu werden. „Ich bin Fan und Mitglied." Sein Motto in Bezug auf den Fußball sei stets: „Im nächsten Jahr wird alles besser."

Beruflich sorgt Potschka tatsächlich dafür, dass vieles besser wird. Er ist Kölns bester Vermieter, bietet mit der gemeinnützigen Genossenschaft „Die Ehrenfelder" 4 200 bezahlbare Wohnungen in Köln und Umgebung an – in mehr als 600 Häusern. Die rund 10 000 Mieter zahlen 30 bis 40 Cent weniger als der niedrigste Eintrag im Kölner Mietspiegel. Die Genossenschaft hat etwa 5 500 Mitglieder. 1,1 Millionen Euro Jahresüberschuss erwirtschaftete die Genossenschaft 2011.

Die Idee kam von den Menschen selbst. Die Mitglieder an der Gründungsversammlung am 7. März 1899 bilden drei Gruppen: Die Philanthropen – neun Pfarrer, Lehrer und Ärzte –, zehn Fabrikanten beziehungsweise Finanziers sowie – die größte Gruppe – 74 Handwerker, Gewerkschaftler und Arbeiter.

Die Arbeiter schlossen sich damit zusammen, um in der Nähe ihrer Firma billigen Wohnraum zu schaffen. Die Fabrikanten unterstützten dies, denn sie wollten die Mitarbeiter mit gesunden Wohnungen ans Unternehmen binden.

Nachdem Potschka 1966 Abitur gemacht hatte, jobbte der Student in den Semesterferien bei der Genossenschaft. Zehn Jahre später schloss er – nachdem er zuvor bereits Germanistik und Geschichte studiert hatte – sein BWL-Studium ab und machte ein Praktikum bei den „Ehrenfeldern". 1979 wurde er schließlich geschäftsführendes Vorstandsmitglied.

Seither hat er den gesamten Wohnungsbestand renovieren und energetisch sanieren lassen. Wohnungen, die keinen hatten, bekommen möglichst einen Balkon. Längst ist er „Mister Ehrenfeld". Er nimmt auch am Veedelszug teil, gehört zum Stadtteil wie vielleicht kein anderer. Potschka hat eine Frau – und mit Doris einen Sohn sowie eine Tochter.

Und er ist ehrenamtlicher Generalsekretär von „DESWOS – Wohnen ist ein Menschenrecht". Die „Deutsche Entwicklungshilfe für soziales Wohnungs- und Siedlungswesen" ist ein gemeinnütziger Verein. Ziel ist es, Armut und Wohnungsnot in Entwicklungsländern zu bekämpfen. Hilfe zur Selbsthilfe ist die Maxime. Fachleute helfen vor Ort beim Bau von Häusern. Aber auch sauberes Trinkwasser, Hygiene, Arbeit und schulische Bildung hat sich der Verein auf die Fahnen geschrieben. Kaum verwunderlich, dass Jürgen Roters, der Kölner Oberbürgermeister, Georg Potschka das Verdienstkreuz der Bundesrepublik Deutschland am Bande überreichte.

„Leben in der Genossenschaft soll mehr sein als das Beziehen einer Wohnung", befindet „Mister Ehrenfeld". Deshalb betreiben die „Ehrenfelder" zwischenzeitlich auch seit mehreren Jahren ein Mehrgenerationenhaus – in Kooperation mit dem Verein „Wohnen mit Alt und Jung" in der Jakob-Schupp-Straße 24. Auch eine Pflegewohnung ist in dem Gebäude, das seit 2005 derart genutzt wird, integriert. Die Bewohner sind zwischen zwei und 75 Jahre alt.

„Gemeinsam statt einsam" sei das Motto. „Nachbarschaftliche Netzwerke helfen bei der Bewältigung des Alltags", beschreibt Potschka. „So passt eine Seniorin beispielsweise auf das Kind ihrer Nachbarn auf und der Familienvater bringt die schwere Getränkekiste dem Rentner nebenan."

Gemeinschaftsräume laden zum Kartenspielen und Fernsehen ein, der Garten zum Grillen. Abende mit Filmen, Kochen, Fitness oder Gesang runden das Programm ab. Wer nicht kontaktfreudig ist, sollte hier besser nicht einziehen.

Die Zusammensetzung der Mietparteien wird so gehalten, dass ein Drittel unter 40 Jahre alt ist, ein weiteres Drittel bis 60 und das restliche Drittel jenseits der 60. Ein Dutzend Kinder sorgen für Leben in der Bude. Der Verein „Zu Huss" sorgt für die Pflege bedürftiger Bewohner – in den eigenen vier Wänden und rund um die Uhr.

Straßen- und Sommerfeste an den Häusern der „Ehrenfelder" sorgen an allen Adressen für einen guten Zusammenhalt der Nachbarn – ganz so, wie es vor Jahrzehnten noch üblich war. Im sogenannten Nachbarschaftshaus an der Ansgarstraße 5 gibt es immer wieder spannende Angebote – vom Computer-Treff und Jonglier-Workshops über Boule-Spiele, Wanderungen bis hin zur Selbstverteidigung und Lesungen. Spezielle Programme für Kinder beschäftigen sich etwa mit Fossilien und Dinosauriern oder dem Züchten eigener Kristalle. Eine Kindertagesstätte mit fünf Gruppen, ein Jugendzentrum und ein Spielplatz setzen den Punkt auf das „i".

Zwei Gästewohnungen geben die Möglichkeit, dass Genossenschafts-Mieter ihren Besuch in der Nähe unterbringen. Mit Herd, Kühlschrank, Kaffeemaschine, Geschirr und Dusche sind die Wohnungen komfortabel ausgestattet. Die Mieten liegen im mittleren Preissegment.

Auch wenn die Genossenschaft 113 Jahre alt ist, sind die Ideen doch jung und frisch: An der Iltisstraße 122 durften Graffiti-Künstler die Fassade neu gestalten. Das Haus kommt nun als Schiff, als „MS Ehrenfeld", daher – „ein fröhlich bunter Rheindampfer", meint Potschka.

Professor Dr. Jürgen Wilhelm
„Mister Rheinland"

Geboren: 12. Januar 1949 in Köln, im Severinsklösterchen

Familie: Verheiratet mit katholisch-westfälischer Brigitte, drei Söhne, ein Enkel

Beruf: Manager der Entwicklungspolitik, Politiker, Kunstliebhaber, Sachbuchautor

Persönliches Motto: „Schlage die Trommel und fürchte dich nicht und küsse die Marketenderin" (Heinrich Heine aus Düsseldorf).

Das mag er an Köln: Diese irrsinnige Selbstverliebtheit, die kulturelle Vielfalt, das offene, wenn auch manchmal oberflächliche Wesen der Menschen, die Größe und gleichzeitige Provinzialität der Stadt, das jüdisch-christliche Leben seit 2 000 Jahren

Und ein Kommentar: Die Schäl Sick ist für Kölner die falsche Seite, sie hat aber den richtigen Blick.

Im rheinischen Landesteil von Nordrhein-Westfalen ist der Landschaftsverband Rheinland (LVR) mit seinen rund 16 000 Beschäftigten sozialer und kultureller Dienstleister für etwa 9,6 Millionen Menschen. Er ist der Rechtsnachfolger der Preußischen Rheinprovinz. Die meisten seiner heutigen Aufgaben hat er aus der preußischen Zeit übernommen. Aus diesem Grund liegen im größten Bundesland der Republik viel mehr Aufgaben in der Verantwortung der Kommunen und ihres Verbandes als in den anderen Bundesländern, wo diese Aufgaben zumeist von Landesministerien oder -behörden wahrgenommen werden. Der LVR ist der größte Leistungsträger für Menschen mit Behinderungen in Deutschland, betreibt 41 Förderschulen, 10 Kliniken und 3 Netze heilpädagogischer Hilfen sowie 11 Museen und vielfältige Kultureinrichtungen.

Die Verwaltung des Verbandes wird durch eine Direktorin geleitet. Für die wichtigsten politischen Entscheidungen sind die Mitglieder der Landschaftsversammlung Rheinland zuständig. Die Abgeordneten werden von den Räten der kreisfreien Städte und den Kreistagen der Kreise gewählt. Derzeit (2012) bilden 128 Abgeordnete das Rheinische Regionalparlament mit Sitz auf der Deutzer Rheinseite, direkt mit Blick auf die Schokoladenseite der Stadt.

Seit über 20 Jahren – und damit länger als alle seine Vorgänger – lenkt Jürgen Wilhelm, der hauptberuflich bis Juni 2012 ein Manager der Entwicklungspolitik war, die politischen Geschicke des LVR als Vorsitzender der Landschaftsversammlung und des Landschaftsausschusses, dem wichtigsten Organ des LVR. Er ist damit der oberste politische Repräsentant des Verbandes.

In dieser Funktion hat er sich insbesondere als überzeugter Vertreter kommunaler Interessen auf regionaler, nationaler und internationaler Ebene einen Namen gemacht. So ist es ihm gelungen, den Bekanntheitsgrad und damit auch den Stellenwert des Verbandes in der Öffentlichkeit deutlich zu erhöhen, was bei zwei wuchtigen Aktionen von Landesregierungen, die die Abschaffung der ihnen lästigen und Kompetenz nehmenden Verbände (in Münster gibt es einen Schwesterverband) zum Ziel hatten, dazu beigetragen hat, diese mächtigen Initiativen im Sande verlaufen zu lassen.

Als jahrzehntelanger Abgeordneter des Rheinisch-Bergischen Kreises, wo der gebürtige Kölner mit seiner Frau im ländlich-städtischen Randgebiet von Bergisch Gladbach wohnt, vertritt Jürgen Wilhelm als gelernter Diplomat elegant aber hartnäckig die den Kommunen vom Grundgesetz garantierten Funktionen und eine strenge Dezentralisierungspolitik. Dabei kann er auf seine ihn in die Welt führende Arbeit für die Bundesregierung zurückgreifen, wo in sehr vielen Staaten der dezentralisierte und föderale Aufbau Deutschlands als Vorbild gilt. Das latente Spannungsverhältnis zwischen dem Primat der Politik gegenüber der Administration lebt er sowohl mit Fingerspitzengefühl als auch mit Nachdruck zugunsten der vom Volk legitimierten Repräsentanten.

Seine Vorliebe gilt jedoch der Kultur in all ihren Facetten. Durch seine hervorragenden Kontakte zu Künstlerpersönlichkeiten weit über das Rheinland hinaus, initiierte und förderte er unzählige Ausstellungen und Beteiligungen des LVR an Kunstprojekten mit internationalem Ansehen.

Nach dem Kulturabkommen zwischen der Bundesrepublik und der DDR Ende der 1980er Jahre hat er in Absprache mit dem damaligen Ministerpräsidenten Johannes Rau 1986 den schwierigen Kulturaustausch zwischen der DDR und Nordrhein-Westfalen auf vielfältige und kreative Art unterstützt. John Heartfield und Bernhard Heisig, Bildhauer wie Werner Stötzer und Jo Jastram und viele andere konnten erstmalig ihre Arbeiten im Rheinland zeigen. Auch wurde gegen den erbitterten Widerstand einiger die erste Joseph-Beuys-Ausstellung im damaligen Ost-Berlin gezeigt.

Ein Herzensanliegen ist Wilhelm die gesellschaftliche und religiöse Verständigung. So ist er Vorsitzender der Kölnischen Gesellschaft für christlich-jüdische Zusammenarbeit, der größten ihrer Art in Deutschland. Durch Kooperationen mit renommierten Schriftstellern, Wissenschaftlern und bekannten Politikern holt er die aktuellen Themen Toleranz und Völkerverständigung in die Mitte der Gesellschaft.

Im Jahre 2003 gründete Wilhelm die Kölnische Bibliotheksgesellschaft, die sich die Pflege, Restaurierung und Sammlung von Büchern und Druckerzeugnissen zum Erhalt des kulturellen Gedächtnisses in der Region und NRW zum Ziel gesetzt hat.

Jürgen Wilhelm ist auch Vorsitzender des Vorstandes der Stiftung Max Ernst, die, gemeinsam mit der Kreissparkasse Köln und der Stadt Brühl, das wunderschöne Max-Ernst-Museum fördert. Auch arbeitet er im Vorstand der „Historischen Gesellschaft Köln" und der ZERO foundation, Düsseldorf.

Obwohl fließend Kölsch sprechend und das Alt-Bier verachtend, lehrt er als Honorarprofessor an der Universität Düsseldorf Politische Wissenschaften, Globalisierungsfragen und Entwicklungspolitik.

Wilhelm liebt Köln und das Rheinland, diese irrsinnige Selbstverliebtheit, die kulturelle Vielfalt, das offene, wenn auch manchmal oberflächliche Wesen der Menschen, die Größe und gleichzeitige Provinzialität der Stadt, damit die Überschaubarkeit und Menschlichkeit, in der er sich seit 63 Jahren wohl fühlt.

Sport

Wer Sportlehrer werden will oder gar Fußballbundestrainer, kommt an der Kölner Sporthochschule nicht vorbei. Der Amateursport kommt ohne die vielen Ehrenamtlichen nicht aus; und eine echte Weltmeisterin hat Köln auch.

Hennes VIII.
Vier Hufe für ein Hallelujah

© ddp

Geboren: 24. Juli 2008 (an diesem Tag wurde ich offiziell als Hennes VIII. vorgestellt)

Familie: Verheiratet mit dem 1. FC Köln

Wohnort: Ein gemütlicher Stall in Köln-Widdersdorf

Beruf: Legendäres Maskottchen und Glücksbringer

Persönliches Motto: „ ... Mer schwöre dir he op Treu un op Iehr / Mer stonn zo dir FC Kölle / Un mer jon met dir wenn et sin muss durch et Füer / Halde immer nur zo dir FC Kölle! ..."

Das mag er an Köln: Den FC, die Menschen und das einmalige Lebensgefühl der Stadt

Das mag er nicht an Köln: Rein gar nichts

Hobbys: Dem 1. FC Köln die Hufe drücken

Persönlicher Blick in die Zukunft: Ich bin bis 2012 ausschließlich Maskottchen in der ersten Fußball Bundesliga gewesen, und das soll auch möglichst bald wieder so sein!

Ohne ihn läuft in der Domstadt nichts rund – zumindest nicht auf dem heiligen Grün des RheinEnergieStadions. Geißbock Hennes VIII. ist das Maskottchen des 1. FC Köln und setzt eine lange Tradition fort. Seine sieben Vorgänger genossen zu Lebzeiten eine Ausnahmestellung unter ihren Artgenossen. Von zehntausenden Menschen beim Einlauf in das heimische Stadion bejubelt, wurde ihnen eine beinahe religiöse Verehrung zuteil. Obgleich der Erfolgsdruck konstant geblieben ist, reduzierte man zumindest den Reisestress der Glücksbringer. Die Vorgänger des aktuellen Repräsentanten, der unter mehreren Böcken per Internetabstimmung direkt von den Vereinsmitgliedern ausgewählt und inthronisiert wurde, begleiteten teilweise auch die Auswärtsspiele des FC, der ohne seinen gehörnten Patron wohl nicht so recht an sich und die eigene Durchschlagskraft glaubte. Nun sollte das gestiegene Selbstbewusstsein durch den Verzicht des Beistands auf gegnerischem Platz allerdings noch in beständigere Taten umgesetzt werden – dann klappt es irgendwann auch wieder mit der Vormachtstellung am Rhein und vielleicht ein wenig mehr.

Die Ahnengalerie Hennes VIII. reicht zurück bis ins Jahr 1950, als die Zirkusdirektorin Carola Williams den Verein mit einem jungen Geißbock beschenkte. Die Taufe auf den Namen Hennes lehnte sich an den schon seinerzeit überaus populären Spielertrainer Hennes Weisweiler an. Fortan erhielt das Tier auch seinen Platz auf dem Vereinswappen, direkt am nächsten Heiligtum der Stadt lehnend – dem Kölner Dom.

Hennes VIII. trat im Jahre 2008 die Nachfolge des zwar loyalen aber leider äußerst erfolglosen Hennes VII. an, der mit dem 1. FC Köln diverse Abstiege in die zweite Liga antreten musste. Auch unter der Ägide des aktuellen Maskottchens musste sich der Verein in der Spielzeit 2011/2012 von einer langfristigen Etablierung in einer der stärksten Fußball-Ligen der Welt verabschieden – der fünfte Abstieg der Vereinshistorie war die Folge.

Ob dem Geißbock eines Tages, wie seinem legendären Vorgänger Hennes IV., gegönnt sein wird, nach dem Erringen der Meisterschaft und des Pokalsieges im offenen Korso durch die feiernde Metropole chauffiert zu werden, bleibt abzuwarten. Aber mit Optimismus, Willenskraft, kompetenter Führung und frischem Heu anstatt rheinischem Frohsinn alleine bleibt alles möglich.

Mit Hilfe eines talentierten Dolmetschers gelang den Herausgebern von „Wer macht Köln?" ein Einblick in die Persönlichkeit sowie den Alltag des VIP-Bocks, der sich zu einem Exklusivinterview bereit erklärte.

Hennes, wie sehen Sie Ihren gegenwärtigen Stellenwert für den FC und die Stadt Köln?

Hennes VIII.: „Als Maskottchen bin ich Teil des 1. FC Köln, und der FC gehört zu Köln, wie beispielsweise auch der Dom. Das sagt wohl genug über meinen Stellenwert aus."

Wann wird der FC in der Beletage der Bundesliga wieder in der Tabelle oben mitmischen?

Hennes VIII.: „Meine Aufgabe ist es nicht, sportliche Entwicklungen zu kommentieren."

Wie ist Ihre Beziehung zur Mannschaft, zum Trainerstab und dem Vorstand?

Hennes VIII.: „Ich bin per Du mit allen im Verein, vom Platzwart bis zum Geschäftsführer und habe mit allen ein gutes Verhältnis."

Vertrauen Ihnen die Spieler auch Geheimnisse an?

Hennes VIII.: „Ja, und die sind bei mir auch gut aufgehoben!"

Können Sie den Lesern etwas zu Ihrem Gehalt sagen?

Hennes VIII.: „Das möchte ich verständlicherweise nicht konkret beantworten. Sie können jedoch davon ausgehen, dass es sich um jede Menge Heu, Möhrchen und leckere Brötchen handelt."

Sind Sie denn zufrieden mit Ihrem Einkommen?

Hennes VIII.: „Ich glaube, es gibt keinen Geißbock, dem es besser geht."

Wie lange können Sie sich dem Bundesligastress noch aussetzen?

Hennes VIII.: „Wenn die FC-Hymne ertönt, die Mannschaften einlaufen und die Fans singen, ist das mit Sicherheit kein Stress. Ich hoffe, ich kann dem 1.FC Köln noch lange zur Seite stehen und viele FC-Tore im Stadion bejubeln."

Käme denn bei langfristiger Erfolglosigkeit der Spieler ein Vereinswechsel für Sie in Betracht? Gab es vielleicht sogar schon Angebote von anderen Vereinen?

Hennes VIII. (mit einem verächtlichen Blick zum Interviewer): „Einmal FC – immer FC!"

Wie sieht Ihr Alltag neben den öffentlichen Terminen aus?

Hennes VIII.: „Schlafen, essen und das Leben genießen. Und genau diesen Betätigungen möchte ich mich jetzt wieder widmen."

Vielen Dank für Ihre Zeit und das sehr interessante Gespräch.

Hennes VIII.: „Man sieht sich im Stadion."

Claudia Reger
Vorwärts Wiege Wechselschritt für Fortgeschrittene

© M. Born

Geboren: 14. September 1970

Familie: Ledig

Beruf: Inhaberin der Frauentanzschule Köln

Persönliche Rangliste: Liebe, Tanzen, Tanzen, Liebe

Persönliches Motto: Frauen, bewegt euch!

Das mag sie an Köln: Die Offenheit und Toleranz der Menschen; mein Lieblings-Veedel ist Ehrenfeld.

Das mag sie nicht an Köln: Nichts, Köln ist klasse und ist ja schließlich meine Wahlheimat.

Letztes Karnevalskostüm: Disco-Queen der 1970er

Hobbys: Tanzen, Lesen, Essen

Schönster Meistertitel: 3-fache Weltmeisterin Standard, Latein und 10 Tänze bei den Gay Games 2002 in Sydney, Australien

Persönlicher Blick in die Zukunft: „Vorwärts Wiege Wechselschritt"

Darf ich bitten? In der Frauentanzschule „Swinging Sisters" ist Damenwahl – immer, an sieben Tagen wöchentlich. Geführt wird die einzige Tanzschule Kölns, in der nur Frauen ein- und ausgehen, von Claudia Reger. Die Lehrerin und Choreografin internationaler Tanzpaare und zweier Formationen ist mehrfache Weltmeisterin im „Equality-Dancing", dem gleichgeschlechtlichen Paartanz. Sie erklärt: „Außer optisch ist beim gleichgeschlechtlichen Tanz in den ersten Unterrichtsstunden kein Unterschied festzustellen." Auf höherem Niveau allerdings macht sich bemerkbar, dass „die Tanzfiguren für Frau und Mann konzipiert sind". Da die meisten Partner beim gleichgeschlechtlichen Tanz allerdings ähnliche Größe haben, müssen Drehungen und andere Figuren ausgeklügelt eingesetzt werden. Ihren Trumpf feiert die Sparte im Rollentausch. Er ist erlaubt, ja sogar erwünscht. So wird bei Disco-Fox, Wiener Walzer, Tango Argentino und Co. mal eben aus der oder dem „Führenden" die oder der „Folgende" und anders herum.

In ihrer Tanzkarriere hat Reger schon „Massen an Titeln gewonnen". Dabei begann sie, wie viele andere Jugendliche auch, erst mit 13 Jahren zu tanzen. Nach den ersten Grundschritten übersprang sie jedoch einen nach dem anderen Tanzkurs. Für Turniere interessierte sich Reger damals noch wenig. Vielmehr waren in ihrer Heimatstadt Freiburg „Demos mit schlabberigen Pullis" angesagt. Erst der Umzug nach Köln, wo Reger Fotoingenieurwesen und später zudem Betriebswirtschaft studierte, brachte sie weg von Demonstrationen hinauf auf das Parkett. „Mit 26 Jahren tanzte ich mein erstes Equality-Turnier", erzählt Reger. Zwei Jahre später war sie „auf höchstem Niveau" angekommen. Trotz aller Widrigkeiten: „Wir mussten auf schlechtem Boden in Schulaulen trainieren", erzählt Reger. Die Türen sogenannter „Heterovereine" waren für gleichgeschlechtliche Tanzpaare noch fest verschlossen.

Ihre Karriere als Tanzlehrerin startete Reger im Lesbisch-Schwulen Kulturhaus Schulz in der Südstadt. Dort mietete sie stundenweise einen Saal an. Noch aber war sie Studentin, zudem jobbte sie in Teilzeit für eine bundesweit tätige Unternehmensberatung, die ihr eines Tages aber eine Vollzeitstelle anbot. Es drohte ein massives Zeitproblem. Reger musste sich entscheiden: Sollte sie das verlockende Jobangebot annehmen? Wollte sie für die ständigen Dienstreisen wirklich ihre Tanzkurse aufgeben?

Reger wagte den berühmten Sprung ins kalte Wasser: Sie ließ Fachhochschule und Unternehmen hinter sich und gründete, nachdem das Schulz geschlossen worden war, im Herbst 2003 ihre eigene Tanzschule. Damit war zugleich die erste Frauentanzschule in Nordrhein-Westfalen geboren.

Die „Swinging Sisters" trainieren im Stadtteil Bickendorf. Reger unterrichtet Hobby- ebenso wie Turniertänzerinnen, außerdem zwei sehr erfolgreiche Formationen. Dass die Unternehmerin nur mit Frauen arbeitet, ist volle Absicht: Sie wolle lesbischen wie auch heterosexuellen Frauen einen geschützten Raum zum Tanzen bieten. „Männer sind einfach größer, breiter, stärker und schneller", schildert Reger. Außerdem trauen sich lesbische Frauen in ihrer Tanzschule, ungezwungen mit ihren Partnerinnen aufzutreten.

Seit etwa fünf Jahren beobachtet Reger, dass sich auch andere Tanzschulen in der Stadt gegenüber gleichgeschlechtlichen Paaren öffnen. „Wohl auch als Mittel zum Zweck", mutmaßt die mehrfache Weltmeisterin. Es fehle der Nachwuchs. Dabei kann Tanzen – also: Bewegung zur Musik – richtig viel Spaß machen. Diesen möchte Reger den Anfängerinnen vermitteln. Im Fortgeschrittenenstadium zählt außerdem „ein hohes Maß an Musikalität und Körperbewusstsein", erklärt sie. Mit ihrer Tanzpartnerin Nadine Dlouhy trainiert Reger mehrmals in der Woche. Einen konkreten Titel streben die beiden eleganten Tänzerinnen nicht mehr an. „Irgendwann kann man sich selbst nicht mehr toppen", meint die Weltmeisterin in Latein, Standard und 10 Tänzen. Stattdessen geht es darum, „unser eigenes Tanzen zu optimieren", erklärt die 41-jährige.

Für Reger ist Tanzen „mehr als ein Beruf und mehr als ein Hobby". Es sei eine leidenschaftliche Berufung. Aus ganz Nordrhein-Westfalen kommen ihre Schülerinnen. Darüber hinaus reisen Tänzerinnen unter anderem aus Hamburg an, wenn Reger zum Frauenball „Blue Moon" einlädt. Ein weiterer Höhepunkt im Jahreskalender ist der Christopher Street Day. Die Parade durch die Stadt meistern die Schülerinnen und ihre Lehrerin tanzend. „Leider müssen wir uns dabei immer noch komische Fragen aus dem Publikum anhören", erzählt Reger. Dennoch glaubt sie: „Köln ist tolerant." Immerhin gehörten händchenhaltende Frauen oder Männer inzwischen zum Stadtbild. Mit Unbehagen verfolgt Reger aber, dass noch viele Tanzschulen, die auch gleichgeschlechtlichen Paaren offen stehen, die Angewohnheit pflegen, „die Herren auf die eine Seite und die Damen auf die andere Seite" zu bitten. Dann runzelt sich ihre Stirn: „Bin ich, nur weil ich führe, ein Mann?"

Universitäts-Professor mult. Dr. Walter Tokarski

Es lebe der Sport...

Geboren: 1. Juli 1946

Familie: Verheiratet mit Carmen Tokarski seit 1982, zwei Töchter

Beruf: Universitätsprofessor und Rektor; Mitarbeiter: circa 1 000

Persönliches Motto: „Weitermachen!" (Herbert Marcuse)

Das mag er an Köln: Eine Stadt zwischen Metropole und Provinz

Das mag er nicht an Köln: Eine Stadt zwischen Metropole und Provinz (wiederholt er mit einem Augenzwinkern)

Zum Karneval: Sehr viele besuchte Karnevalssitzung (einmal auf dem Altstädter Wagen beim Rosenmontagsumzug)

Hobbys: Golf, Fußball, Reisen, leidenschaftlich gern Zeitung lesen, Köln

Publikationen: 450

Vergessene Fußnoten in der Doktorarbeit: 0

Langstrecken-Flüge im letzten Jahr: 20

Pünktlich um 8.15 Uhr verlässt Walter Tokarski sein Einfamilienhaus in Kerpen um an die Sportuniversität in Köln-Müngersdorf zu fahren. Spätestens um 9 Uhr will der Rektor der Deutschen Sporthochschule Köln an normalen Tagen im Büro sein. Die sind selten – einen typischen Tag im Arbeitsleben des 66-jährigen „gibt es eigentlich nicht". Dienstreisen, Auswärtstermine, Besprechungen, Veranstaltungen, Unterschriften und bis zu 15 Gespräche am Tag, alle zu unterschiedlichen Themen. Walter Tokarski muss alles im Kopf haben oder „spontan reagieren können". Aus dem Rektorposten, bei dem es früher „vor allem um das Repräsentieren ging", ist ein „harter Managerjob" geworden.

Seit 1999 ist der gebürtige Rheinländer Rektor der einzigen Sportuniversität in Deutschland. Dabei war das eigentlich nie sein Ziel. Walter Tokarski ist über den Zweiten Bildungsweg zum Abitur gekommen. „Als einziger in der Familie." Nach der Realschule machte er zunächst eine Ausbildung zum Industriekaufmann und leistete seinen Wehrdienst ab. Danach stand für ihn fest, dass er nicht in einem Industriebetrieb am Schreibtisch sitzen wollte. Am Köln-Kolleg holte er sein Abitur nach und studierte dann Volkswirtschaftslehre, Soziologie und Sozialpsychologie an der Uni Köln. Tokarski hatte sich damals vorgenommen: Wenn er eine gute Note schaffen sollte, dann würde er promovieren. Das hat geklappt. Dann hat er sich gesagt, wenn er auch hier eine gute Note schreiben und einen Job an einer Universität finden sollte, dann würde er habilitieren und „dann willst Du auch Professor werden, ist ja logisch". Seine Stationen führten ihn über die Ruhr-Universität Bochum und die Universität Kassel 1990 an die „SpoHo", wie Tokarski seine Uni liebevoll nennt. Zurück in die Heimat.

Hier hat er zwei Institute gegründet und ist 1995 Dekan geworden. Als er im Vorfeld der Rektorwahlen 1999 gefragt wurde, ob er für dieses Amt kandidieren möchte, antworte er „nein". Tokarski findet es „faszinierend" Wissenschaftler zu sein und wollte lieber weiterhin forschen, mit Studierenden arbeiten und sie unterrichten und an internationalen Konferenzen teilnehmen. „Das ist nicht gut angekommen bei dem damaligen Rektor." Immerhin ließ er sich überreden zumindest als Prorektor dem neuen Rektorat zur Verfügung zu stehen. Dazu ist es jedoch gar nicht erst gekommen. Nachdem der „ausgeguckte" Rektor zweimal durchgefallen war, ließ er sich doch „überzeugen und wählen". Das ist jetzt 13 Jahre her.

Heute ist Tokarski Wirtschaftsbotschafter der Stadt Köln, Wirtschaftsbotschafter des Rhein-Erft-Kreises und engagiert sich für viele regionale und lokale Initiativen wie Sportstadt Köln, Körbe für Köln, Fit am Ball oder Klasse in Sport.

„In der Umgebung vernetzt zu sein" ist ihm persönlich und hochschulpolitisch wichtig. Doch auch seine internationalen Kontakte pflegt er, wann immer es die Zeit zulässt. Es gibt „eigentlich" kein Land in der Welt, „wo ich nicht Kontakte habe, persönliche oder berufliche". Tokarski ist in seinem Leben mit fünf Ehrenprofessuren bedacht worden: schon sehr früh in Holland und in Belgien und dann kamen in der Zeit an der Sporthochschule weitere drei dazu: zwei in China und eine in Bulgarien.

Rektoren kannte er als Student selbst nur von Fotos. „Ich habe mich nicht für Rektoren interessiert. Ich hätte sie auch nicht erkannt." Das ist bei Tokarski anders. Auf dem Campus der kurzen Wege ist er viel zu Fuß unterwegs, geht regelmäßig in der Mensa essen und zeigt sich als „Gastgeber" bei vielen Studierenden-Veranstaltungen. Dann gibt es da noch sein regelmäßiges Fußballspielen am Mittwoch, mit Kollegen und Studierenden. „Sport verbindet eben." Neben Fußball ist das Golf spielen ein großes Hobby des Uni-Rektors. Am liebsten mit seiner Frau Carmen. Das bessere Handicap hat Carmen. Überhaupt spielt der Sport eine große Rolle in der Freizeitgestaltung der Familie Tokarski: alle, auch die beiden Töchter, spielen Tennis. Familienmatches hat es früher oft gegeben, als die jüngeren besser wurden als die alten, „habe ich darauf verzichtet". Ob seine Familie stolz auf ihn ist … er glaubt schon, zumindest hofft er es. Dass seine jüngste Tochter das gleiche studiert wie er, hat ihn zunächst überrascht. Aus Soziologensicht betrachtet dann wieder nicht. Vater Tokarski stand dem Beruf immer positiv gegenüber und „warum nicht etwas machen, was andere offensichtlich auch glücklich macht". Zuvor studierte sie sogar Sport an seiner Uni, musste dann aber nach zwei Semestern abbrechen, weil sie einen Sportunfall hatte. Die ältere Tochter ist ebenfalls in „seinem Umfeld" geblieben, sie ist Physiotherapeutin.

Was wünscht sich ein Uni-Rektor? „Ich würde gerne mal wieder in einem Rutsch ein Buch lesen." Und die Muße pflegen und trainieren. „Die meisten Menschen können keine halbe Stunde lang einfach in einen Baum gucken. Das langweilt sie." Als Schüler hat Walter Tokarski im Schaukelstuhl sitzend Muße trainiert. Heute sind solche Momente selten. Momente, in denen er auf seiner Terrasse sitzt, die Sonne untergehen sieht, den Vögeln zuguckt und plötzlich eine Stunde vorbei ist und „ich habe mich gut dabei gefühlt". Fernsehen ist für ihn keine Entspannung. Manchmal vergehen Wochen, ohne dass er den Schalter betätigt. „Ich vergesse das dann auch." Zeitung liest er hingegen leidenschaftlich gern. „Jeden morgen, immer". Bevor er aus dem Haus geht … „um nicht spontan reagieren zu müssen".

Klaus Ulonska
Der Umtriebige

Geboren: 10. Dezember 1942 in Köln

Familie: Verheiratet mit Helga Ulonska, eine erwachsene Tochter

Beruf: Kaufmann

Persönliche Rangliste: Essen, Gesundheit, Leichtathletik, Fußball

Persönliches Motto: Leben und leben lassen

Das mag er an Köln: Die Stadt ist groß und trotzdem so wunderbar klein, dass man sich immer wieder trifft.

Das mag er nicht an Köln: Nichts. Deshalb fahre ich ungern in Urlaub.

Letztes Karnevalskostüm: Seit 1973 bin ich Clown. Damit lebe ich meinen früheren Berufswunsch aus.

Hobbys: Golfen

Persönlicher Blick in die Zukunft: Positiv

„Es gibt nichts, was ich in dieser Stadt noch nicht gemacht habe", behauptet Klaus Ulonska selbstbewusst. Ob in Politik, Karneval, Sport oder Kirche: Der ehemalige Kaufmann redet und gestaltet mit. Die meiste Zeit verbringt er eindeutig als ehrenamtlicher Sportfunktionär.

Seit 2006 ist Ulonska Präsident des SC Fortuna Köln e.V., außerdem Mitgeschäftsführer der angegliederten Fortuna Köln Spielbetriebsgesellschaft mbH. Ulonskas Büro liegt im Schatten des Südstadions. Auf seine bisherige Amtszeit ist er stolz und bilanziert eine positive Entwicklung hinsichtlich der Zusammengehörigkeit, Struktur und Leistung im Verein. „Sportlich habe ich die Fortuna mit meinen Freunden – vor allem Dirk Daniel Stoeveken – aus dem Nichts in den bezahlten Fußball zurückgeholt." Langfristig peilt der Südstadtverein die Bundesliga an. In der Nachwuchsarbeit hat er das angestrebte Ziel bereits erreicht. Die U19 – also das Team der unter 19-jährigen – spielt ab der Saison 2012/2013 in der U19 Bundesliga. „Das ist der größte Erfolg des Gesamtwerks Fortuna", freut sich Ulonska. Überhaupt gilt die Fortuna als Nachwuchsschmiede. „Wir haben 25 Mannschaften mit Kindern und Jugendlichen", erklärt der Präsident stolz. Alle Teams seien im oberen Drittel ihrer jeweiligen Spielklasse vertreten. Der Nachwuchs verleiht Ulonska größte Motivation. Schon damals, als er das Amt übernahm, sah er seine Verantwortung vor allem für die „Kinder und Jugendlichen insbesondere aus sozial schwierigen Familien, die auf der Straße stehen würden".

Ulonska trat als „basisnaher" Präsident an und machte über die Stadtgrenzen hinaus auf den Verein aufmerksam. Gemeinsam unter anderem mit dem bekannten Film-Regisseur Sönke Wortmann rief er das Projekt „deinfussballclub.de" ins Leben. Jeder, der sich dort anmeldete, erhielt für knapp 40 Euro jährlich ein Mitspracherecht in Belangen der Mannschaft und des Vereins. Mehr als 12 000 Fußballfans machten mit und spülten Geld in die maue Vereinskasse. Nach vier Jahren musste Ulonska jedoch erkennen, dass sich auch im Fußball Sponsoren und Berater, Trainer und Spieler nur ungern in die Karten schauen lassen. Sein Prestigeprojekt war am Ende. Nach dem Stopp blieb den enttäuschten Fans noch die Live-Übertragung der Spiele, ein Liveticker und regelmäßige Chats mit Verantwortlichen und Spielern des Vereins im Internet, außerdem Ulonska. Bei den Heimspielen im Südstadion ist er immer irgendwo auf den Rängen zu finden – meist mit einem „Spendenball" in der Hand. Irgendwie muss ja Geld in die Kasse kommen. Wie viele Münzen auch immer er sammelt: Im Schatten des großen FC Köln wird der Südstadtverein wohl weiterhin bleiben. Auch wenn die zwei besten Fußballclubs der Stadt ähnlich alt und erfahren sind. Sie teilen das Gründungsjahr 1948.

Der Sport spielte schon immer in Ulonskas Leben eine Hauptrolle. Karriere machte er allerdings nicht als Fußballer – „ich habe kein Ballgefühl" –, sondern als Leichtathlet. Seine 100- und 200-Meter-Runden drehte er beim ASV Köln und wurde in dessen Vereinstrikot zweifacher Deutscher Meister. Seinen größten Titel aber holte Ulonska 1962 bei der Europameisterschaft im damals jugoslawischen Belgrad. Mit einer Goldmedaille um den Hals kehrte er überglücklich in die Domstadt zurück. Auf seiner Paradestrecke, dem 100-Meter-Sprint, hatte der damals 19-jährige als Staffelläufer gesiegt.

Im heutigen Karneval kümmert sich Ulonska nicht um seine Waden, sondern vielmehr um die Lachmuskeln seines Publikums. Er ist ehrenamtlicher Sitzungspräsident. Im Jahr 1973 tourte er noch als Jungfrau Claudia durch die Stadt. Wie übrigens Tochter Alexandra und Enkelin Viktoria: Auch sie waren schon mal Jungfrauen, allerdings in einem Kinderdreigestirn.

Liebend gerne bewegt sich Ulonska unter Menschen und in Vereinen. Nicht nur der „Fortuna" steht er vor, sondern auch dem gemeinnützigen Verein „Kölner Eis-Klub" (KEK). Schon seit 1974 begleitet er als Präsident die „Mutter" des KEC (die späteren „Kölner Haie" spalteten sich 1972 als KEC vom KEK ab). Zudem ist er Vorstandsmitglied der Sportjugend Köln. Die Nachwuchsarbeit hält ihn fit und sein ehrenamtliches Engagement hoch: „Ich gehe sehr gerne mit jungen Menschen um", erzählt Ulonska. „Da wird man selbst nicht alt." Mehr Nähe zur Basis würde er sich auch von Politikern wünschen. „Die Fraktionen sind viel zu sehr mit sich selbst beschäftigt", kritisiert der ehemalige Ratsherr. Von 1975 bis 1996 saß er im Stadtparlament, ließ sich bei Entscheidungen aber nie einen Maulkorb, etwa in Form eines Fraktionszwanges, verpassen.

Lange Abendtermine sind ihm geblieben. Am liebsten besucht er sie gemeinsam mit seiner Frau. Wird dann auch noch italienisches Essen serviert, ist er der glücklichste Mensch auf der Welt. Wenngleich Ulonska weiß, dass der Wecker am nächsten Morgen wieder um fünf Uhr klingelt. Das war schon immer so, auch an den Wochenenden. Ulonska liebt die Umtriebigkeit.

DIE 100 WIRKLICH WICHTIGEN KÖLNER

Theaterszene

Selbstverständlich verfügt Köln über die großen Häuser
mit den Millionenetats. Die freie Szene jedoch ist es,
die Köln für Theaterfreunde so einmalig macht.
Hier wird Originelles im Originalton geboten und
regelmäßig werden wichtige Preise dafür gewonnen.

Walter „Wally" Bockmayer
Theater op Kölsch

Geboren: 4. Juli 1948 in Fehrbach, heute ein Stadtteil von Pirmasens

Familie: Lebenspartnerschaft mit Rolf Bührmann

Beruf: Autor und Regisseur

Persönliche Rangliste: Liebe, Freundschaft, Kreativität, full power

Persönliches Motto: Vom Guten das Beste, und das ist gerade mal gut genug.

Das mag er an Köln: Dass mich der oft skurrile kölsche Alltag immer wieder für meine Volkstheater-Stücke inspiriert.

Das mag er nicht an Köln: Es ist zu kalt am Rhein – bibber.

Letztes Karnevalskostüm: Nonne des Klosters zum heiligen Wahnsinn

Hobbys: Fotografieren, Malen mit der Nadel

Skurrilste Rolle: Frau Gewöhnlich in meinen Filmen „Salzstangengeflüster" und „Salzstangengeschrei"

Lieblingsfilm: „Spiegelbild im goldenen Auge" von John Huston sowie alle Filme von John Waters bis einschließlich „Polyester"

Persönlicher Blick in die Zukunft: „Zieht die Mauer wieder hoch" (nach Bockmayers gleichnamigem Roman)

Schrill, schräg, bunt, zuweilen auch grell, grotesk und bewusst geschmacklos kommen die Stücke des kölschen Theatermachers Walter Bockmayer daher: Die Liebesgeschichte mit einem Nubbel ebenso wie der gescheiterte Motorrad-Looping eines betagten Ehepaares oder die derb-kölsche Hommage an Trude Herr. Aus dem revolutionären Filmemacher ist mittlerweile ein bunter Freund des Volkstheaters geworden: „Dort werden ‚einfache' Figuren mit ihren alltäglichen, kleinen, absurden Geschichten dargestellt. Dem Volk auf den Mund geschaut, sagt man ja so schön. Diese Sprache verstehen die Leute von der Straße", erläutert Bockmayer. Im eigenen Scala-Theater am Hohenzollernring lässt er seine Ideen in kölscher Mundart uraufführen: „Ich bin der künstlerische Leiter und mein Lebenspartner Rolf Bührmann ist der Geschäftsführer des Scala-Theaters. Wir ergänzen uns perfekt." In dem „Familienbetrieb" spielt Bockmayer die „Mutti des Ensembles" – „wie Angela Merkel im Kabinett".

Nicht immer war dem Regisseur und Autor zum Spaßen zumute. Schon als Elfjähriger entdeckte er die Liebe zu Männern. Mit 15 Jahren schmiss er für einen US-Soldaten seine Lehre als Großhandelskaufmann und verließ sein pfälzisches Heimatdorf. Im Land der unbegrenzten Möglichkeiten jobbte der junge Bockmayer in einer Kantine, kehrte aber nach anderthalb Jahren mit Liebeskummer wieder zurück nach Deutschland, konkret nach Köln. Er fand Arbeit als Garderobier im Opernhaus und begegnete seiner wahren großen Liebe: Rolf Bührmann. Gemeinsam gründete das Duo 1975 die Firma „Entenproduktion" – in Anlehnung an Bockmayers frühere Gangart. Im selben Jahr eröffneten die beiden das Szenelokal „Filmdose" im Studentenviertel „Kwartier Latäng". Seinen Traum, einmal als Solo-Balletttänzer Karriere zu machen, hatte Bockmayer inzwischen aufgegeben. Er wollte nicht in der zweiten oder gar dritten Reihe tanzen. Stattdessen konzentrierte sich der Pfälzer auf das Schreiben und Filmen. Ein Drehbuch nach dem anderen entstand – anfangs noch auf 8-mm-Filmstreifen übersetzt. Die Kölner Kulturszene war begeistert. Mit seinem ersten preisgekrönten Spielfilm „Jane bleibt Jane" (Erscheinungsjahr 1977) schaffte Bockmayer schließlich den Durchbruch, sein Ruhm wuchs über die Stadtgrenzen hinaus. Auch der berühmte Regisseur Rainer Werner Fassbinder war von der Inszenierung der Tragikomödie über eine alte Frau, die glaubt, Tarzans Witwe zu sein, begeistert. Er bezeichnete das Werk als schönsten Film, der je in Deutschland gedreht wurde. Und Bockmayer legte nach, unter anderem mit dem Drama „Die Geierwally" (1987) nach einem Roman von Wilhelmine von Hillern. Die Geschichte einer unglücklich verliebten Maid in Bayern brachte Bockmayer als Film in die Kinos ebenso wie als Bühnenstück in sein mittlerweile zum Theater avanciertes Lokal. Die dortige Bühne wurde jungen Künstlern und Darstellern wie Ralph Morgenstern, Dirk Bach, Veronica Ferres oder Hella von Sinnen zum Sprungbrett. Bockmayer selbst spielte nur selten. Die Rolle der Seelen-Frieda in Fassbinders Drama „In einem Jahr mit 13 Monden" ließ er sich allerdings nicht entgehen.

Seit 2003 führt Bockmayer seine Stücke am Hohenzollernring statt im „Kwartier Latäng" auf. Er schreibt nur noch op kölsch. Bestes Beispiel: Seine Willi-Ostermann-Revue „Ich mööch zo Foß noh Kölle jonn", mit der in seinem damals noch jungen Scala-Theater ein Volksfest entfachte. Der Zuspruch seiner Zuschauer, „die mir immer wieder ungefragt mitteilen, dass sie sonst nie ins Theater gehen, aber trotzdem zu uns kommen, macht mich stolz", erzählt Bockmayer. Sein Ensemble nehme dem Publikum „jenseits des elitären Bildungsbürgertums" die Berührungsängste, beobachtet der Regisseur. „Das nenne ich einen erfüllten Kulturauftrag, den wir ja gar nicht haben. Wir werden nicht subventioniert." Ganz im Gegensatz zu den großen Theatern, die Bockmayer ebenso schätzt. Auch ihnen hat er früher oft erfolgsversprechenden Stoff geliefert.

Über fehlende Ideen kann sich Bockmayer nicht beklagen: „Sie liegen auf der Straße. Man muss sich nur bücken", sagt er. Fragt sich, ob in Köln oder Miami? Jedenfalls erzeuge Heimweh nach der jeweils anderen Stadt die nötige Spannung, um energievoll zu schreiben, verrät der Regisseur und Autor. Sein fester Jahresrhythmus gehört zum Erfolgsrezept: Kurz nach Silvester fliegt Bockmayer ins sonnige Florida und bleibt dort so lange, bis er sein nächstes Stück für das Scala-Theater geschrieben hat. „Das kann mal länger, mal kürzer dauern", erzählt der Theatermacher. Nach seiner Rückkehr in die Domstadt trifft sich Bockmayer mit seiner Choreografin, der musikalischen Leiterin, der Kostümbildnerin, dem Bühnenbildner und der Theatermalerin, um sein neues Stück in Szene zu setzen. Die Proben beginnen im August, die Premiere erfolgt Ende September. Die Zeit bis zum Jahresende verbringt der Theaterdirektor dann allabendlich in den Vorstellungen. Danach ruft wieder Miami. Denn: „Ich kann nur in amerikanischen Großstädten befreit schreiben", erzählt Bockmayer. Ihm hilft das fortwährend pulsierende Leben dort auf den Straßen: „Ich muss wissen und um mich herum spüren, dass ich alles machen könnte, wenn ich nur wollte. Dann zwinge ich mich, all diese Möglichkeiten nicht zu nutzen." Seine Kreativität zum Überkochen bringen allerdings Konflikte: „Die Hormone und das ausgeschüttete Adrenalin nach einem wilden Streit sind manchmal das beste Mittel für lustige Ideen."

Gerhardt Haag
Marathon-Mann auf, vor und hinter der Bühne

© S. Schwenk

Geboren: 1. Januar 1949

Beruf: Schauspieler, Theaterleiter

Persönliche Rangliste: Enge Freunde, Wahl-Familie, Theater (alle auf Rang 1)

Persönliches Motto: Ich bereue nichts. Was auch als Nächstes geschieht: Sei gegrüßt!

Das mag er an Köln: Eine gute Mischung in allem: zwischen Metropole und Dorf, zwischen Einheimischen und Zugereisten, zwischen sauber und dreckig, zwischen Oberfläche und Tiefe, zwischen offen und verschlossen und hoffentlich auch einmal zwischen Chorweiler und Hahnwald. Besonders gut gefällt mir der wunderschöne Grüngürtel von der Alhambra in Nippes bis hinter den Decksteiner Weiher.

Das mag er nicht an Köln: Den hohen Grad an Selbstzufriedenheit, die schlechte Mischung zwischen einem gewissen Größenwahn im Wollen und den fehlenden Mitteln im Können

Letztes Karnevalskostüm: Bordsteinschwalbe vom Eigelstein

Hobbys: Keine – aber viele Interessen

Persönlicher Blick in die Zukunft: Ich bin neugierig, interessiert, munter, habe ab und zu jedoch doch leichte Anflüge von Angst vor dem Alter und seinen Begleiterscheinungen.

Keine Bewegung gibt es auf der Bühne nicht. Das Leben selbst schubst, schlägt, wütet, verlacht, liebkost und betrauert die Akteure bis zum endgültigen Fall des Vorhangs. Die Mobilität als geistiges und physisches Prinzip gilt dabei insbesondere auch für die Macher hinter den Kulissen. Gerhardt Haag spürt und befreit den Drang nach Bewegung, die letztlich in die Freiheit mündet.

Der zum Kaufmann ausgebildete Nordschwarzwälder und Wahlkölner absolvierte seine Schauspielausbildung an der Max-Reinhardt-Schule im seinerzeit noch geteilten Berlin. Nach Engagements am Stadttheater Gießen sowie dem Stadttheater Mainz erfolgte 1977 der Ruf nach Köln, wo Haag 1981 mit anderen Künstlern das „Freie Werkstatt Theater" gründete. Fast zehn Jahre arbeitete er in der Südstadt. Seit der Spielzeit 1995/1996 leitet der Schauspieler das renommierte „Theater im Bauturm". Unter seiner Leitung gelangen in der Stätte Darbietungen, die 1996, 2004, 2007 und zuletzt 2011 – mit einem elektrisierenden Faust I – mit dem Kölner Theaterpreis prämiert wurden. Der hervorragende Ruf des Hauses hallte bis nach Rumänien, wo erfolgreiche Gastspiele stattfanden. Darüber hinaus fädelte das Team um Haag eine Partnerschaft mit Theaterensembles in Burkina Faso ein. Das daraus resultierende „africologne-Festival" erlebte im Juni 2011 mit sieben überaus erfolgreichen Gastspielauftritten seine Premiere in Köln. Gegenseitige Besuche mit Workshops und Aufführungen sind geplant.

Über den eigenen Tellerrand schaut Haag nicht nur Richtung Landesgrenzen, auch die unmittelbare Region behält er im Auge. Die Einführung eines „Azubi-Patentticket" im Dezember 2006 stieß auf ein nachhaltiges Engagement bei zahlreichen Förderern. Die Patenschaft ermöglicht Auszubildenden den Besuch eines Theaterstücks für ein Drittel des Eintrittspreises. „Wir wollen unbedingt die jungen Menschen in den Theatersaal holen und mit der günstigen Offerte einen Anreiz bieten", erläutert der Theaterleiter die Win-Win-Maßnahme. Daneben gelang es Haag, durch die Einrichtung einer Koproduktion mit den jeweiligen Ensembles die künstlerische Freiheit und Selbstständigkeit am Haus auf unkonventionelle Art und Weise zu etablieren. „Wer nicht weiß, was sein könnte, weiß auch nicht, was ist", offenbart Haag sein Credo, das nicht zuletzt den Mut zu Veränderungen und neuen Konzepten der Geschäftsführung beinhaltet.

Dennoch bleibt der Visionär auch Realist: „Dass wir mit dem Theater die Gesellschaft verändern können, glaube ich nur noch in dem Maße, als dass Einzelne zum Reflektieren über ihre Stellung und Aufgabe in der Gesellschaft und im besten Falle zu Verhaltensänderungen gegenüber ihren Mitmenschen angeregt werden können. Dazu kann eine Theateraufführung ein Beitrag sein. Im Großen und Ganzen werden Verhältnisse aber auf der Straße und im Parlament verändert."

Ein verlässliches Konzept gegen die stete Gefahr des Niedergangs der freien Theaterszene aufgrund finanzieller Nöte hat auch Gerhardt Haag nicht. Von seinem Grundprinzip lässt er sich jedoch nicht abbringen: „Man darf sich nicht in ein zu enges Korsett aus Förderauflagen und Sponsorenerwartungen zwängen lassen. Die Probleme sind auch weniger inhaltlicher Art als vielmehr struktureller Natur. So sind Antragsabgabefristen oft gerade dann abgelaufen, wenn man die zündende Idee hat. Beim Sponsoring kommt es darauf an, die gegenseitigen Erwartungen im Vorfeld offen abzuklären, damit es keine bösen Überraschungen für beide Seiten gibt. Das ist Beziehungsarbeit. Letztlich entscheidet die konstante Qualität der Arbeit und der Ergebnisse über öffentliche und private Finanzierungen."

Zum Heulen ist dem geschäftigen wie kreativen Theaterchef dennoch nur selten: „Unvergessen bleibt mir mein kaum zu stillender Heulkrampf mit lautem Schluchzen als Zuschauer in der Berliner Schaubühne in Peter Steins Tschechow-Inszenierung der „Drei Schwestern", in der Abschiedsszene der Mascha (Jutta Lampe) von ihrem Geliebten Werschinin (Otto Sander). Was Jutta Lampe da gespielt hat, und wie sie diesen Schmerz von Beginn des Stückes an quasi vorbereitet hat, kann ich mit Worten nicht beschreiben. Kaum je war ich im Theater so tief erschüttert."

Keine Tränen aber eine Dosis Wehmut überkommt Gerhardt Haag, wenn er sich an Stücke erinnert, die beim Publikum durchfielen. Besonders das Schicksal eines Werkes ist ihm haften geblieben: „Pessoas ‚Ein anarchistischer Bankier', hatte es bei der Premiere am 19. Dezember 2000 ziemlich schwer. Heute, im Angesicht der ‚Occupy-Wall-Street-Bewegung', würden viele das Stück sicher eher verstehen und die entsprechenden Zusammenhänge herstellen können. Eine Besucherin beschwerte sich damals gar am nächsten Tag, das sei ja gar kein ‚richtiges Theater' gewesen – ohne Bühnenbild und nur zwei Männer in Ledersesseln. Sie wollte ihr Eintrittsgeld zurück."

Jenseits von verstandenen oder irritierenden Stücken treiben Gerhardt Haag vor allem drei Wünsche: „Ich möchte als Einer von ganz Vielen meinen kleinen Beitrag leisten, damit in Köln das bestehende Klischee einer existenten Kulturstadt endlich zur Wirklichkeit wird. Des Weiteren möchte ich hier gute Arbeit leisten, um das Haus eines Tages in gutem Zustand an eine Nachfolgerin oder einen Nachfolger übergeben zu können." Wunsch Nummer drei soll dabei helfen, den Kulturbetrieb sowie die Fantasie vom unmöglichen Unmöglichen in konstanter Bewegung zu halten: „Ich möchte unbedingt den Halbmarathon in zwei Stunden und fünfzehn Minuten laufen. Daran muss ich noch hart arbeiten." Er wird es schaffen.

Mareike Marx
Deutschlands jüngste Theaterintendantin

© Tobias Mück

Geboren: 3. September 1984 in Köln

Familie: Verheiratet mit ihrem Beruf

Beruf: Prinzipalin, Regisseurin, Schauspielerin

Persönliche Rangliste: Familie/Freunde, Theater, Fantasie

Persönliches Motto: Kunst ist Lebensmittel

Das mag sie an Köln: Die fröhliche Offenheit, die Feierlaunen, Die Jecken

Das mag sie nicht an Köln: Nix, ja, doch: Nicht jeder Platz in Köln hat es verdient, dass man ihn auch so nennt.

Letztes Karnevalskostüm: Zirkusdirektor

Hobbys: Tanzen, Reisen, Nähen, Feiern, Schlafen

Persönlicher Blick in die Zukunft: The Show must go on.

Mareike Marx trat 2011 ihre Intendanz am metropol Theater in der Kölner Südstadt an. Von der Schauspielerin über die Regisseurin zur jüngsten Prinzipalin Kölns und Deutschlands bedurfte es keiner langen Einführungsszenarien. „Ich habe erst gar nicht angefangen, davor Bammel zu haben. Das Angebot zur Übernahme des damaligen Severins-Burg-Theaters war wie ein Traum. Schließlich habe ich mir schon als Kind gewünscht, einmal mein eigenes Theater zu leiten", sagt die 27-jährige Kölnerin, die 2004 ihr Abitur ablegte. Es folgte eine dreijährige Ausbildung an der Schule des Theaters „Der Keller" in ihrer Heimatstadt Köln. Bereits vor ihrem dortigen Abschluss sammelte Marx Erfahrungen als Schauspielerin in diversen Bühnenproduktionen, etwa am Horizont Theater sowie am Theater 1000 Hertz. Schließlich erfolgte die Übernahmeofferte in der Südstadt. Die Skepsis ihrer Eltern wischte Marx beiseite und stürzte sich in das Unterfangen, ihren Traum zu realisieren. Gerade einmal im zweiten Jahr ihres Schaffens, hat sich das Haus in einer der Kulturhauptstädte Europas bereits etabliert. Neben gefeierten Inszenierungen wie „Das Bildnis des Dorian Gray" oder „Das kunstseidene Mädchen" wurde das Stück „Alice im Wunderland" in Marx' Debütjahr bereits für den Kölner Kindertheaterpreis nominiert.

„Ich liebe Märchen. Warum auch nicht? Die haben kein Verfallsdatum. Unser Weltbild ist oft hoffnungslos vernünftig. Es ist eigentlich schade, dass sich gerade die Erwachsenen nicht mehr auf diese verspielte Welt von Zauberern, Elfen, Königinnen oder Helden einlassen wollen", pocht Marx auf die entfesselnden Kräfte der Fantasie. „Mir ist es nie peinlich gewesen, das Kind in mir auszuleben. Im Gegenteil, ich bin froh, mir diese Gefühle erhalten zu haben", sagt die charismatische Schauspielerin, Regisseurin und Unternehmerin.

Unlängst erlebte mit „Alice hinter den Spiegeln" eine Erwachsenenversion des Klassikers aus der Feder von Lewis Carrol seine umjubelte Premiere im metropol Theater. Im Herbst 2012 ist Mareike Marx in der Hauptrolle der Kameliendame, einer Inszenierung nach Alexandre Dumas, zu sehen.

In Punkto Theater geht die Kölnerin keine Kompromisse ein. Dazu gehört auch die Finanzierung des Hauses ohne städtische Fördermittel. „Das wäre zweifelsohne aus wirtschaftlicher Sicht attraktiv. Aber ich möchte mich und die Mitarbeiter keinesfalls in eine Abhängigkeit von Ämtern oder Mäzenen manövrieren. Wir bringen alle Kosten selbst auf. Mein Ziel ist es, eines Tages ein festes Ensemble zu verpflichten, das für seine Arbeit einen überdurchschnittlich guten Lohn erhält", formuliert Marx ihre Idee von erfüllender Kunst. Dass diese bereits ansatzweise in der Wirklichkeit angekommen ist, sollte als Paradebeispiel für die Greifbarkeit von Utopien stehen. Gerade in Köln stehen Spielzeit um Spielzeit Theaterhäuser vor dem Aus, weil die Fördermaßnahmen seitens der Kommune aus Haushaltsgründen nicht mehr verlängert werden. „Damit möchte ich keinesfalls den anderen Stätten zu nahe treten. Man kann das auch nicht Haus zu Haus vergleichen. Wir haben ein bescheidenes Domizil und sind sicher eher in der Lage, uns selbst zu tragen", zeigt die Prinzipalin Verständnis für die Nöte der Kolleginnen und Kollegen innerhalb der freien Theaterszene.

Als wesentlichen Anspruch an die Stücke unter ihrem Dach nennt Marx den Faktor Unterhaltung. „Die Leute, die uns besuchen, sollen für eine oder zwei Stunden ihre Welt mit all den Unsicherheiten, Gesetzmäßigkeiten und Sorgen vergessen. Im besten Falle finden die Menschen über die Geschichten einen Zugang zu sich, der bisher verschlossen war. Wenn man sich die Unbeschwertheit und Direktheit von Kindern bewusst macht, ist es doch unglaublich, was im Laufe der Jahre an Spontanität verlorengeht. Ich glaube, dass dieses Verschütten der Ursprünglichkeit einen Verlust im Leben darstellt."

Mareike Marx findet trotz der harten Realitäten auf dem Kultursektor noch Platz für soziale Aktivitäten: Mit dem Programm „Kunst ist Lebensmittel" werden Kinder aus sozial schwachen Familien regelmäßig kostenfrei zu Aufführungen eingeladen. Mareike Marx: „Theater darf nichts Elitäres sein. Es sollte vielmehr eine Möglichkeit zur Begegnung mit sich selbst und anderen sein. Für diesen Traum lebe ich."

Peter Schauerte-Lüke
Faxen machen mit Papier

Geboren: Hier in Köln habe ich meine Wurzeln. Ich bin realiter und gefühlt: 60/60; passt genau...

Familie: Verheiratet mit Frau Barbara, drei und acht also 11 Kinder/Pflegekinder

Beruf: Theatermacher, nicht ohne Pappe

Persönliches Motto: Das Glas ist halb voll, wäre es ganz voll, wäre es gar nicht auszuhalten.

Das mag er an Köln: Die positive Art, miteinander umzugehen. Hilfsbereitschaft und Kontaktfreude, die Kirchen, die Museen, die Rheinpromenade bei schönem Wetter

Das mag er nicht an Köln: Den Versuch, durch ständig wechselnde Ampelschaltungen den Verkehr zum Erliegen zu bringen.

Zum Karneval: Die Schull -und Veedelszöch mache ich gerne mit. Ich liebe die kleinen Geschichten, die mehr am Rande passieren und zum Teil in vielen alten Karnevalsliedern zum Ausdruck kommen.

Hobbys: Musik, lesen, leben; z.B. einige Zeit in einem Straßencafé sitzen. Was ich zurzeit lese: Rabelais „Gargantua und Pantagruel".

Persönlicher Blick in die Zukunft: Ich möchte noch einmal in eine Wüste reisen, und irgendwann einmal eine Wanderung zum heiligen Franz nach Assisi machen.

DIE 100 WIRKLICH WICHTIGEN KÖLNER

Man muss ihn erleben. Alle Versuche, diesen liebenswerten „Chaoten" irgendwie zu beschreiben, greifen zu kurz. Er ist nämlich selbst gleich ein „ganzes Theater". Wobei er sich voll und ganz jenem anheimelnden Relikt aus Biedermeiers Zeiten verschrieben hat: dem Papiertheater.

Das sind Guckkästen aus Papier, Pappe und Holz. Farbenprächtige Drucke nach historischen Vorlagen liefern das „Design" für Kulissen und Figuren, Vorhänge und Portale. Tief gestaffelt sorgen die Versatzstücke für eine überraschende Perspektive. Davor und dazwischen bewegen sich die Königinnen und Räuber, die Tänzerinnen und Seeleute, die keuschen Jungfrauen und die wilden Ritter, die Hexen und die Kavaliere. Sie alle agieren wie von Geisterhand belebt - angeheftet an Pappstreifen, Holzstäben oder Kupferdrähten, verdeckt in den Rillen des Bühnenbodens.

Alle Bühnentechnik, wie sie auch große Schauspiel- und Opernhäuser nutzen, um effektvoll das Geschehen in Szene zu setzen, also mit Licht, mit Versenken, mit Einschweben, mit Donnerhall und Pyrotechnik – alles geht hier, eben nur im „Zimmerformat". Weil das Repertoire neben vielen Märchen natürlich auch die klassischen Piecen aus Sprech- und Singtheater vorhält, runden Musik, Gesang und Deklamation die Vorstellungen ab.

Peter Schauerte-Lüke kam in der Hansestadt Lübeck mit dem Papiertheater in Erstkontakt, als er dort als Buchhändler sein Geld verdiente. Eine erste Anregung, die bunten Bögen nicht nur zu verkaufen, sondern auch einmal lebendig werden zu lassen, mündete in erste Aufführungen. Dabei halfen die professionellen Kollegen von den Lübecker Bühnen dem Laien-Performer mit Rat und Tat und Requisiten.

Dann zog es den Optimisten an den Rhein. In Köln gibt es seine Theater-Truppe „Don Giovanni, Käthchen & Co", die nur aus ihm selbst besteht, seit über zehn Jahren. In verschiedenen Etablissements konnten begeisterte Zuschauer dem Zauber der Papp-Figuren nachspüren. Sogar eine gelungene Variante von Gastronomie und Papier-Spektakel gab es vorübergehend in einem nicht ganz so normalen Ladenlokal zwischen Weinregalen und Delikatessen-Tresen. Auch auf Festivals, nationalen wie internationalen, zeigt er seine Kunst.

Doch die „Wanderbühne" besitzt auch eine feste Spielstätte: das ist das „Burgtheater" auf Schloss Burg in Solingen (nahe der „eigenen" Ausfahrt von der A 1). Irgendwie passt dieses nostalgische Überbleibsel aus dem 19. Jahrhundert gut zur dortigen Kulisse, ist doch die imposante Burg selbst ein Produkt jener späten 1800er Jahre. Damals wurden die mittelalterlichen Ruinen phantasievoll wieder aufgebaut. Im einstigen Schulhaus, schräg gegenüber vom Engelbert II. Reiterstandbild, lädt ein kleiner Saal zum Besuch ein; 35 Zuschauer finden Platz.

Peter Schauerte-Lüke ist ein „Allrounder", was sein Metier betrifft. Er bearbeitet die literarischen Vorlagen, ob Goethes „Faust" oder Schillers „Jungfrau von Orleans", ebenso wie die Libretti von Mozarts „Zauberflöte" oder Webers „Freischütz". Schließlich kann nur „medium-gerecht" in einer Ein-Mann-Schau gezeigt werden, was Groß-Ensembles sonst auf opulenten Bühnen präsentieren. Dazu bedarf es des Kenntnisreichtums und des Fingerspitzengefühls ebenso wie der Kreativität und der Schlitzohrigkeit, der Unverfrorenheit und eines gelegentlichen Geniestreichs.

Dann wählt er die passenden Teile aus den Bildbögen aus, bearbeitet sie auf das gewünschte Maß und macht sie spielfertig. Für fast jedes Programm entsteht ein spezielles Arrangement von Bühnen-Korpus, Proszenium, Kulissen, Figuren, Licht- und Geräuschkomposition, Musikauswahl, Sprech- und Gesangsrollen. All das bastelt der Theater- und Spielleiter eigenhändig – und probt es zwangläufig, bis es „stimmt".

Gelegentlich übernehmen bei den Aufführungen junge Sopranistinnen oder engagierte Helferinnen Unterstützendes, wo der Bariton des Impressarios nicht ausreicht und zwei weitere Hände für die Manipulation des Bühnengeschehens nötig werden. Doch – die Königin der Nacht, die singt Schauerte-Lüke höchst selbst. Denn so ganz „bierernst" geht es hier nicht zu. Mit einem gewissen Augenzwinkern geht man der Klassik ans Leder. Und so mancher tagesaktuelle Gag, eingeflochten in die Handlung, die vielleicht auch um Akteure ergänzt wird, die eigentlich nicht vorgesehen sind – wie etwa Herr Wagner persönlich im „Holländer" – sorgen für Heiterkeit und Schmunzeln bei denen, die es zu schätzen wissen.

Allem modischen Entertainment-Hype zum Trotz wirbt er unermüdlich für dieses kulturelle Kleinod „Papiertheater", damit es nicht in Vergessenheit gerät. Und vor Beginn jeder Vorstellung erzählte er mit Temperament und Humor vom Bürgertum der Goethe-Zeit, das sich die „Welt der Hochkultur" en miniature in die gute Stube holte.

Selbstironisch spricht er von „Faxen", die er mache. Und ohne jene Portion Nonchalance wäre dieser Überzeugungstäter vor und hinter seinen „Papp-Kameraden" nicht vorstellbar. Peter Schauerte-Lüke ist einer der seltenen „Exoten", die uns der liebe Theatergott mit Küssen von Thalia und Melpomene zwischen die papierenen Kulissen geschickt hat.

DIE 100 WIRKLICH WICHTIGEN KÖLNER

Wirtschaft und Innovation

Köln ist Autostadt und seine Industrie wird von einem Adenauer repräsentiert. Dazu gesellen sich Weltmarktführer und viele Existenzgründer, die es gerade hier „geschafft" haben.

Und, wer bis ins Weltall möchte, fragt am besten in Köln-Porz nach. Denn dort werden die kommenden Astronauten ausgebildet.

Thomas H. Althoff
5-Sterne-Blick auf Köln

Geboren: 3. August 1953 in Wuppertal

Familie: Verheiratet mit Elke Diefenbach-Althoff, ein Sohn

Beruf: Hotelier; Anzahl Mitarbeiter: 1 200

Persönliche Rangliste: Familie, Gäste, mein Beruf

Persönliches Motto: Das einzige reale Gut ist der heitere Genuss der Gegenwart.

Das mag er an Köln: Die positive Einstellung der Menschen

Das mag er nicht an Köln: Die Bettensteuer

Letztes Karnevalskostüm: Pirat

Zum Karneval: Sehr viele besuchte Karnevalssitzungen in 27 Jahren

Hobbys: Philosophie, Reisen, Fahrradfahren

Persönlicher Blick in die Zukunft: Nutze den Tag!

DIE 100 WIRKLICH WICHTIGEN KÖLNER

Im Alter von 21 Jahren übernahm er sein erstes Hotel in Aachen. Um die Finanzierung des 80-Betten-Hauses durch die Banken musste der junge Mann hart kämpfen. 1984, zehn Jahre später, gründete er die Althoff Beratungs- und Betreuungsgesellschaft. Seine Vision lautet: „Der Mensch hat ein Recht auf Träume ... und manchmal hat er auch ein Recht darauf, diesen Träumen im Leben zu begegnen." Wie gut es dem Mann gelingt Träume zu verwirklichen, zeigt seine Geschichte, die mit dem Hotel Regent in Köln beginnt und märchenhafte Züge trägt. Denn heute ist Thomas H. Althoff Herr über Schlösser und Sterne. Er ist Inhaber und Geschäftsführer der Althoff Hotels, zu denen die Althoff Hotel & Gourmet Collection und die Ameron Hotels gehören. In den 15 Häusern mit über 1 700 Zimmern beschäftigt er 1 200 Mitarbeiter.

Hinter der Marke Althoff Hotel & Gourmet Collection verbergen sich Fünf-Sterne-Hotels, die Spitzenhotellerie und Qualitätsgastronomie miteinander verbinden. Architektur & Design, Service und Kulinarium sind die drei Säulen, auf denen Althoffs Unternehmensphilosophie beruht. Zwei der Häuser liegen im Kölner Umland, in Bergisch Gladbach. Das Grandhotel Schloss Bensberg in dem herrschaftlich über Bergisch Gladbach thronenden Barockschloss und das in einem weitläufigen Landschaftspark liegende Schlosshotel Lerbach. Dass Thomas H. Althoffs Konzept etwas Außergewöhnliches ist, bestätigte Joseph Cinque. Der Präsident der "American Academy of Hospitality Sciences" überreichte Thomas H. Althoff im Dezember 2009 den „Lifetime Achievement Award" und lobte und würdigte seine Arbeit in außerordentlichem Maße. Cinque bezeichnete die Althoff Hotel & Gourmet Collection als „eine der weltweit herausragendsten Hotel-Gruppen überhaupt".

Aber Thomas H. Althoff wäre nicht er, wenn er sich die Auszeichnung allein ans Revers heften würde. „Die Seele eines jeden Hotels sind ohne Zweifel die Mitarbeiter. Unsere Mitarbeiter sind mit Herz bei der Sache, überzeugen durch ehrlichen, unaufdringlichen Service und schaffen es so, ihre eigene Begeisterung für ihren Beruf auf die Gäste zu übertragen", berichtet Althoff. Seine wohl bekanntesten Mitarbeiter arbeiten in Bergisch Gladbach. Drei-Sterne-Koch Joachim Wissler und Zwei-Sterne-Koch Nils Henkel sind die Küchenchefs in den Gourmetrestaurants Vendôme im Grandhotel Schloss Bensberg und Lerbach im Schlosshotel Lerbach. Sie gehören zu den besten Köchen Deutschlands, weshalb man Bergisch Gladbach sicher als ein Zentrum der deutschen Gourmetküche bezeichnen kann. Thomas H. Althoff geht jedoch einen Schritt weiter. Seit neun Jahren richtet er im Grandhotel Schloss Bensberg jeden August das „Festival der Meisterköche" aus und macht Bergisch Gladbach zum Zentrum der internationalen Gourmetküche. Allein die Küchenchefs der Althoff Hotel & Gourmet Collection sind mit insgesamt 11 Michelin Sternen ausgezeichnet. Jedes Jahr gesellen sich weitere Sterneköche aus der internationalen Szene hinzu und sorgen dafür, dass Gourmets aus der ganzen Welt ins Rheinland pilgern.

Stellt sich die Frage, wie sich jemand gibt, der tagtäglich von Schönheit, Extravaganz und Sterneküche umgeben ist? Absolut bodenständig, muss man im Fall von Thomas H. Althoff sagen. „Das Leben ist am schönsten, wenn man mit Familie und Freunden in schöner Umgebung zu einem guten Essen zusammenkommt", sagt der Vater eines Sohnes. Er schätzt die rheinische Lebensart. Sogar unter den vielen kulinarischen Köstlichkeiten, die Althoffs Gourmetkonzept zu bieten hat, befindet sich ein kölsches Original. „Im Vendôme, dem mit drei Michelin-Sternen ausgezeichneten Restaurant im Grandhotel Schloss Bensberg, können Sie Joachim Wisslers Interpretation des Halve Hahn probieren und natürlich gibt es dazu auf Wunsch ein frisch gezapftes Kölsch. Die ansässige Bevölkerung ist uns genauso wichtig, wie unsere internationalen Gäste, die sich ebenfalls freuen, wenn sie kölsche Kultur kennen lernen", sagt der Schlossherr.

An Köln, der Stadt, in der ihm der erfolgreiche Aufbau seiner Firma gelungen ist, liebt Thomas H. Althoff die positive Einstellung der Menschen. „Die zeigt sich nicht nur im Karneval, an dem ich an vielen Sitzungen teilgenommen habe. Immer wenn ich in meiner Freizeit Köln und Umgebung mit dem Fahrrad erkunde, treffe ich Menschen, die meinen Eindruck bestätigen", sagt Althoff. Zu Hause beschäftigt er sich gerne mit den großen Philosophen. Da ist es nur logisch, dass Thomas H. Althoff den Blick nicht zu weit in die Zukunft schweifen lässt. Er hält es lieber mit Horaz: Carpe diem, nutze den Tag!

„Den Tag nutzen, heißt die Gegenwart gestalten. Das ist ein zentraler Punkt in der Hotellerie. Denn die Gäste leben den Moment und nicht das Morgen. Wir setzen höchste Maßstäbe an die Qualität unseres Services, unserer Räumlichkeiten und unserer Gastronomie", stellt Althoff fest. Den Terminus „Luxus" verwendet er nicht so gerne. Der stehe neben positiven Begriffen wie Pracht, Glanz und Komfort eben auch für Verschwendung und Überfluss. „Die Qualität ist für mich das Entscheidende!"

Karin Bäck
Eine realistische Idealistin

Geboren: In Coburg

Familie: Verheiratet

Beruf: Diplom-Kauffrau, Unternehmerin

Das mag sie an Köln: Die Menschen, den Rhein, eine Lebensmentalität, die es einfacher macht, Probleme zu lösen.

Das mag sie nicht an Köln: Die vielen Baustellen, den schlechten Zustand vieler Straßen, das Fehlen schöner Plätze

Letztes Karnevalskostüm: War ein reines Phantasiekostüm

Hobbys: Theater, Kochen (Crossover Küche), Städtereisen, Sudoku, Bücher, Pilates, Treffen mit Freunden, Jogging mit dem Hund, Segeln, Ski

Persönlicher Blick in die Zukunft: Ich möchte dazu beitragen, dass mehr Frauen die Chance bekommen, in Führungspositionen aufzusteigen und das im Einvernehmen mit Beruf und Familie.

Karin Bäck verfasst keine Bücher über die Emanzipation von Frauen. Dies überlässt Sie Politikerinnen oder in Vergessenheit geratenen Promis. Nicht die Worte sind es, auf die die Diplom-Kauffrau setzt, sondern die Taten. „Ich bin eine Frau mit langjährigen Erfahrungen, die jüngeren Frauen Ideen und Anregungen zur Verfügung stellt, damit sie bspw. nicht an die gläsernen Decken der Firmenhierarchien stoßen", beschreibt sich die Wahlkölnerin mit einem Hauch von Selbstironie. Um dieses Vorhaben umzusetzen, nutzt Bäck das Wissen von Power-Frauen, die sich in der Wirtschaft durchgesetzt haben. Zunächst in ihrer Kolumne im Wirtschaftsportal „www.business-on.de" und seit 2009 als Initiatorin und Vorstandsvorsitzende des Vereins „Career-Women in Motion e.V." lässt die Marketing- und PR-Beraterin Menschen über das Geheimnis ihres Erfolges berichten. Sie schafft zudem eine überregionale Wissensplattform für alle Themen rund um Frau und Karriere. Mit bis zu 10 000 Besuchern im Monat zählt „www.career-women.org" zu den populärsten Portalen in Deutschland. „Wir sprechen natürlich nicht nur Frauen an. „Career-Women" adressiert auch Unternehmen und Repräsentanten aus Politik, Medien und Wissenschaft", erläutert Bäck das Prinzip des gegenseitigen Austauschs, der letztlich zur Chancengleichheit von Frauen in Unternehmen beitragen soll. „Obwohl in den Medien viel darüber berichtet wird, bewegt sich beim Anteil von Frauen in Führungspositionen immer noch zu wenig. Was sind die Gründe dafür? Diese möchte das Portal aufspüren und zur Diskussion stellen", laden Karin Bäck und ihre Mitstreiter zur gesellschaftlichen Debatte über ein bisher zeitloses Thema ein. Mit breiter Rückendeckung durch Persönlichkeiten wie Bundesarbeitsministerin Ursula von der Leyen sowie Konzerne wie Ford und SAP fordert das Internetportal Unternehmen zu Taten auf, ohne zu moralisieren. Schließlich gelte es, einen gewaltigen Fach- und Führungskräftemangel in den kommenden Jahrzehnten aufzufangen, so ein nicht von der Hand zu weisendes Argument der Initiatorin. Um die Entwicklungen auf dem Jobmarkt widerzuspiegeln, offeriert „Career-Women" Unternehmen mit Vorzeigeprojekten ein exklusives Forum mit der Möglichkeit zu medienwirksamen Auftritten – ein Konzept, das sich auch für die Unternehmen auszahlt bietet es doch eine kaum zu übertreffende Werbeeffizienz und einen hohen Prestigegewinn.

Ein Vorbild auf dem Weg zur vermehrten Realisierung des Unterfangens ist Karin Bäck selber. Selbstbewusst, flexibel und mit Enthusiasmus ausgestattet packt sie ihre berufliche Karriere an. Nach der Ausbildung zur Mathematisch-Technischen Assistentin folgten Anstellungen an der Rheinisch-Westfälischen Technischen Hochschule in Aachen und in der Maschinenbau-Industrie. Statt ein gesichertes Dasein als leitende DV-Organisatorin zu leben, sattelte Bäck als 33-Jährige noch einmal um und studierte an der Kölner Uni Betriebswirtschaft mit den Schwerpunkten Marketing, Organisation und IT. Darauf folgten zehn Jahre als IT-Marketing-Managerin beim niederländischen Elektronik-Giganten Philips. Doch die Sehnsucht nach Veränderungen wog auch hier stärker als die Zufriedenheit mit dem Erreichten. Als selbstständige Marketing- und PR-Beraterin mit Sitz in Köln machte sich Bäck wiederum einen Namen. Darüber hinaus avancierte die Unternehmerin zur gefragten Referentin und Interviewpartnerin in der IT- und Wirtschafts-Fachpresse. Während andere über Gegenwart und Zukunft sinnierten, handelte Karin Bäck.

Ein Zurücklehnen kommt für die Unternehmerin nicht in Frage: „Ich fühle mich noch fit für viele spannende Aufgaben", kommentiert Bäck Fragen nach dem Alter lakonisch. Jeden Morgen wertet die realistische Idealistin mehr als 100 Meldungen aus Wirtschaft, Politik und Wissenschaft aus. Die weitreichenden Kontakte zu führenden Persönlichkeiten aus der hiesigen Wirtschaft werden dabei helfen, ein weiteres Projekt in die Tat umzusetzen: Das „MINT-Unternehmer-Netzwerk" im Kammerbezirk Köln soll qualifizierte weibliche Kräfte aus den Bereichen Mathematik, Informatik, Naturwissenschaften und Technik fördern.

Paul Bauwens-Adenauer
Denker und Lenker

© *Pietrek*

Geboren: 19. April 1953 in Köln

Familie: Verheiratet, drei Kinder

Beruf: Unternehmer, Para-Politiker, IHK-Präsident

Persönliche Rangliste: Weitsicht, Umsicht, Rücksicht

Persönliches Motto: Aus Stolpersteinen Startblöcke machen

Das mag er an Köln: Die Menschen, die leichte Lebensart; den Kölner Humor (Tünnes und Schäl...); Köln hat was, hat Atmosphäre; das Rheinpanorama; Kölsch als Sprache und Getränk

Das mag er nicht an Köln: Zu wenig Ehrgeiz. Zu wenig Hang zur Qualität, Hang zum Mittelmaß. Kein ausgeprägter Stil. Der Bedeutung von Wirtschaft wird allgemein zu wenig Rechnung getragen.

Letztes Karnevalskostüm: Perücke, Sonnenbrille, ...

Zum Karneval: Ja, ich habe immer gerne gefeiert, aber nicht organisiert. Karneval ist auch ein großartiges Alleinstellungsmerkmal für Köln.

Hobbys: Golf, Kunst, Architektur

Persönlicher Blick in die Zukunft: Hoffentlich wird der Euro nicht zum Sprengsatz für den europäischen Gedanken.

Paul Bauwens-Adenauer entstammt der alteingesessenen Kölner Familie Adenauer, ist gebürtiger Kölner, lebt und arbeitet in Köln. Der Enkel Konrad Adenauers machte sein Abitur am Apostelgymnasium in Köln Lindenthal und studierte Architektur in Aachen und Braunschweig. Er behauptet von sich selbst, er wäre vielleicht kein herausragender Architekt geworden aber sicherlich ein guter Architekturkritiker.

1983 übertrug ihm sein kinderloser Patenonkel Paul-Ernst Bauwens auf dem Wege der Erwachsenenadoption sein Bauunternehmen, in dem Paul Bauwens-Adenauer seit 1982 als Trainee arbeitete. Die Familien Bauwens und Adenauer waren seit Jahrzehnten befreundet. Die Baufirma errichtete mit den Kölner Fordwerken die erste schlüsselfertige Industrieanlage. Diesen Auftrag verdankte sie Konrad Adenauer in seiner Zeit als Kölner Oberbürgermeister, der Henry Ford davon überzeugte, die Ford-Werke von Berlin nach Köln zu verlagern.

1986 übernahm Paul Bauwens-Adenauer die Firmenleitung. Das seit 1873 tätige Unternehmen erhielt rasch einen neuen Anstrich. 1994, mitten im Bauboom, waren alle Bagger und Kräne verkauft. „Mir war klar, dass der durch die deutsche Wiedervereinigung ausgelöste Bauboom nur ein Strohfeuer war; das dann doch wieder in Überkapazitäten enden würde". Aus dem Bauunternehmen wurde ein erfolgreicher Systemanbieter. Die Bauwens Gruppe ist heute ein Systemanbieter für Bauleistungen und ein Projektentwicklungsunternehmen.

2005 wurde Paul Bauwens-Adenauer Präsident der IHK Köln. Auf die Frage, warum er nicht Oberbürgermeister von Köln sein wolle, antwortet er gelassen, „Weshalb? Brauchen wir denn einen?" Nicht ohne Ironie fährt er fort: „Es geht doch offensichtlich auch ohne."

Köln und das Rheinland liegen ihm am Herzen. „Aber bitte, Karneval ist die fünfte Jahreszeit und dabei sollte es auch bleiben." Denn die Kölner Gelassenheit hat ihre Grenzen: „Köln behauptet von sich, international und weltoffen zu sein, ist es aber nicht. Man merkt nicht nur am Stadtbild, dass Köln in seiner Entwicklung weder Residenzstadt noch wirklich weltoffen war. Klare und geradlinige Projekte haben es mitunter besonders schwer."

„Sehen Sie sich um: Das Erscheinungsbild des öffentlichen Raumes ist in weiten Teilen desolat. Weder die raumbildende Architektur, noch die Ausstattung, noch der Pflegezustand sind zufriedenstellend. Man hat den Eindruck, hier hat sich keiner drum gekümmert! Klare Absichten werden sehr selten formuliert, noch seltener durchgehalten. Bei aller Planerei fehlt es an konsequentem konzeptionellen Denken in der städtebaulichen Entwicklung. Es gibt noch kein klares Bekenntnis zur Großstadt. Und so gibt es auch zumeist keine Stadtpolitik, allenfalls eine Stadtteilpolitik." In seiner Zeit als Kölner Oberbürgermeister hatte sein Großvater Konrad Adenauer den Grüngürtel um das damalige Köln als wegweisendes Element der Stadtentwicklung durchgesetzt. „Konzepte dieser Dimension fehlen uns. Und wir müssten längst über die Grenzen der Stadt hinausdenken. Wir leben hier im Herzen des Rheinlands. Gemeinsam könnten Köln/Bonn und Düsseldorf die in vielerlei Hinsicht stärkste Region Deutschlands oder gar Westeuropas sein. Man ist sich dessen aber nicht bewusst und lebt das nicht. Hier ruht ein gigantisches Potential, das es zu heben gilt." Dann meint Bauwens-Adenauer schmunzelnd: „Immerhin ist es hilfreich, dass es die Rheinländer wirklich gibt und sie nicht erst erfunden werden müssen."

Paul Bauwens-Adenauer hat den Masterplan zur Entwicklung von Leitbildern für die Zukunft Kölns ins Leben gerufen und in die Politik getragen. „Das ist für mich Para-Politik." Mit der Kölner Grün Stiftung setzt er sich für Erhalt und Pflege Kölner Grünanlagen ein. „Auch im Grünen müssen wir die Zukunft entwickeln. Als mein Großvater den Grüngürtel plante, wollte niemand im Park joggen oder skaten. Das hat sich geändert und wird sich auch in Zukunft ändern. Wir müssen die Parkinfrastruktur, wie im Übrigen jede andere städtische Infrastruktur, entsprechend anpassen und für die Zukunft rüsten."

In seiner Freizeit golft er gerne; am liebsten im Marienburger Golfclub, dessen Präsident er ist. Apropos, hat Ihnen schon mal jemand gesagt, dass Sie aussehen wie Kevin Costner? „Ach Gott, hören Sie mir damit auf! Da gab es schon Geschichten... Aber schreiben Sie es meinetwegen auf, dann ist das auch aktenkundig."

Gerald Böse
Business und Lebensfreude

Geboren: 22. Januar 1962 in München

Familie: Verheiratet, ein Sohn

Beruf: Vorsitzender der Geschäftsführung der Koelnmesse GmbH; Mitarbeiter: rund 600 weltweit

Persönliches Motto: Zweifle nicht, jeder Berg lässt sich bewegen!

Das mag er an Köln: Den Blick auf Dom und Altstadt von den Rheinterrassen aus

Das mag er nicht an Köln: Wenn sich der Standort nach außen wieder einmal unter Wert verkauft, weil zu viele Einzelinteressen den positiven Außenauftritt verhindern, den Köln verdient.

Letztes Karnevalskostüm: Vito Corleone, aber auch Gerald Böse (als Pappkamerad auf einem Wagen im Kölner Rosenmontagszug 2011)

Persönlicher Blick in die Zukunft: Köln hat sehr gute Perspektiven, als moderner Wirtschafts- und Messestandort weiter in der Champions League mitzuspielen, nach dem Motto „Business und Lebensfreude".

Wer jeden Tag einen Ausblick genießen kann wie Gerald Böse, der muss Köln einfach lieben.

Aus der zwölften Etage des Messehochhauses genießt der Vorsitzende der Geschäftsführung der Koelnmesse GmbH einen beeindruckenden Blick über den Rhein, den Kölner Dom, die Kölner Innenstadt und – nicht zu vergessen – das Kölner Messegelände. „Sein" Messegelände – immerhin das fünftgrößte der Welt – hat er so stets gut im Blick. Fast immer sieht Gerald Böse dann Lkws, die Produkte und Stände anliefern, Standbauer und Techniker, die die Messen zum Leben erwecken und natürlich Aussteller und Besucher aus aller Welt, die die Messe als einzigartige Kommunikations-, Präsentations- und Geschäftsplattform nutzen – den ganz normalen Messetrubel eben.

Gerald Böse ist Chef von weltweit rund 600 Mitarbeitern, 80 Messen im In- und Ausland und einem 284 000 Quadratmeter großen Messegelände. Diese Zahlen werden regelmäßig mit Leben gefüllt: Jährlich nehmen 2,5 Millionen Besucher und 44 000 Aussteller an den Veranstaltungen der Koelnmesse teil. Für viele Branchen sind die Veranstaltungen der Koelnmesse die Nummer 1 auf der Welt, beispielsweise die Anuga für die Ernährungsbranche, die imm cologne für die Möbelindustrie und die photokina für die Photo- und Imagingbranche. Die gesamte Branche weltweit ist dann für einige Tage in Köln zu Gast.

Die Messegäste sehen meist aber nicht nur das Koelnmesse-Gelände, sondern übernachten in Hotels, besuchen Restaurants und kaufen in den Geschäften der Stadt ein – jährlich generieren die Aussteller und Besucher auf diese Weise eine Milliarde Euro Umsatz allein in Köln, wo außerdem 11 000 Vollzeit-Arbeitsplätze vom Messegeschäft abhängen. Die Koelnmesse spielt dadurch nicht nur für weltweite Geschäfte eine entscheidende Rolle, sondern ist auch ein wichtiger Wirtschaftsförderer für Köln und Umgebung.

Besucher und Aussteller aus aller Welt, unterschiedlichste Wirtschaftszweige, neueste Branchentrends und eine lokale ebenso wie eine weltweite Bedeutung – die Vielfalt, die die Arbeit bei einer internationalen Messegesellschaft wie der Koelnmesse mit sich bringt, ist offensichtlich. Diese Vielfalt fasziniert Gerald Böse jeden Tag aufs Neue. Mal sitzt ihm der Geschäftsführer eines weltweiten Elektronikkonzerns gegenüber, mal der Chef eines großen deutschen familiengeführten Maschinenbauers. Heute ist er bei der indischen Tochtergesellschaft der Koelnmesse in Mumbai zu Gast, morgen führt er in den USA Gespräche mit wichtigen Wirtschaftsvertretern. Kein Wunder, dass ihn das Messegeschäft seit mehr als zwanzig Jahren nicht mehr losgelassen hat. Nach seinem BWL-Studium in München begann er 1989 als Trainee bei der Messe München, wo er – später auch als Referent und Projektleiter – das Messegeschäft in allen Facetten kennen lernte.

Anschließend zog es ihn 1992 nach Nordrhein-Westfalen, genauer zur Igedo nach Düsseldorf, wo er zunächst als Assistent der Geschäftsführung und später als Geschäftsführer tätig war. Nach 13 Jahren in Düsseldorf wechselte Gerald Böse zurück in den Süden: Von 2005 bis 2008 war er Sprecher der Geschäftsführung der Karlsruher Messe- und Kongress-GmbH sowie der Neuen Messe Karlsruhe.

Seit März 2008 ist er wieder im Rheinland – dieses Mal ein kurzes Stück rheinaufwärts und doch, wie viele glauben, in einer anderen Welt. Von dem weit verbreiteten Vorurteil Düsseldorfer und Kölner würden sich nicht mögen, hält er allerdings nichts. Vermutlich weil er schon in beiden Städten gelebt und gearbeitet hat und tagtäglich – zwischen der deutschen Kunstszene und der chinesischen Werkzeugindustrie – mit weit größeren kulturellen Unterschieden zu tun hat.

In seiner Freizeit genießt er am liebsten das, wozu der eng geplante Terminkalender eines Messechefs keinen Spielraum lässt: den Tag ganz spontan und ohne Termine zu gestalten. Dann dreht er ein paar Runden auf seinem Motorrad, verbringt Zeit mit der Familie und guten Freunden, schaut ganz in Ruhe die Sportschau oder genießt gute mediterrane Küche in einem seiner Lieblingsrestaurants.

Johann Maria Farina
Dufter Typ

© Farina Gegenüber

Geboren: 28. März 1958 in Köln

Familie: Verheiratet mit Christiane seit 1996, eine Tochter

Beruf: Parfümeur, Apotheker, Industriekaufmann; Anzahl Mitarbeiter: 57 in Köln

Persönliche Rangliste: Familie und Firma, Pferde

Das mag er an Köln: Die tolerante Atmosphäre. Was Köln zu bieten hat, merkt man, wenn man mal weg war – eigentlich muss man Köln wegen der vielen Kunstschätze nie verlassen.

Das mag er nicht an Köln: Die dreckige Innenstadt und die schlechte Stadtvermarktung

Letztes Karnevalskostüm: Nachbildung des Ausgehrocks von Farina dem ersten aus dem Jahr 1720

Zum Karneval: Mein Vater war 1952 mit 24 Jahren der bis heute jüngste Prinz.

Hobbys: Reiten

Wie schafft es ein Unternehmen in die achte Generation?: Mit Glück und Arbeit

Welches Parfum benutzt er?: Mein Original – aber erst am Abend

1709 wurde in Köln die Firma „Johann Maria Farina gegenüber dem Jülich-Platz GmbH" gegründet. Sie ist die heute älteste Parfum-Fabrik der Welt. Ruft man dort an, etwa um einen Besichtigungstermin für das Parfum-Museum zu vereinbaren, meldet sich spätestens nach fünfmaligem Tuten, „Farina, guten Tag", der Chef persönlich. Johann Maria Farina, der das Unternehmen in der achten Generation führt. Das ist kein Zufall, sondern Unternehmensprinzip – kein Kunde soll verloren gehen.

Eine entspannte Stippvisite im Haus in der Straße Obenmarspforten ist da schon schwieriger, denn Besuchergruppen – nicht nur aus Paris, sondern aus der ganzen Welt – werden im Stundentakt durch das Gebäude geschleust. Einzig Patrick Süskind, Autor des Weltbestsellers „Das Parfum", durfte ungestört in den Kellern des Unternehmens recherchieren.

Bei der filmischen Umsetzung unterlief dem Regisseur Tom Tykwer jedoch ein, so findet Farina, unverzeihlicher Fehler: Düfte werden nicht mit Wachs gebunden, wie im Film gezeigt. Stattdessen wird Schweineschmalz dafür genutzt. Das verzeiht der aktuelle Chef des Hauses dem Filmemacher bis heute nicht.

Die Erfolgsgeschichte des Traditionshauses begann mit dem italienischen Parfümeur Johann Maria Farina. Der ließ sich nach langen Reisen 1709 in Köln nieder. Mit im Gepäck hatte er eine Erfindung: Farina destillierte Alkohol bis zu einer Reinheit von 96 Prozent. Damit konnte er auch flüchtige Blütendüfte binden.

Das Ergebnis, ein Parfum, das er zu Ehren seiner neuen Heimatstadt „Eau de Cologne" nannte, war damals eine Sensation, denn üblicherweise konnten die Frauen und Männer von Welt seinerzeit üble Körperausdünstungen nur mit schweren Duftölen überdecken.

Fast 100 Jahre, bevor die Franzosen an eigenen Düften experimentierten, und mehr als ein Jahrhundert, bevor der Kölner Dom zum Wahrzeichen der Stadt wurde, verbreitete Farina den Ruhm der Rheinmetropole in aller Welt. Der Ruhm lockte Nachahmer ins Geschäft. Bis heute gibt es rund 1 200 Fälschungsversuche.

Allerdings ergab sich der gute Ruf des Produktes zunächst lediglich bei Besserverdienenden: Für eine Flasche des Duftwassers musste im 18. Jahrhundert ein Beamter rund ein halbes Jahr arbeiten. Napoleon hingegen verbrauchte am Tag eine Flasche.

Nun: Die Zusätze sind nicht ganz preiswert. 700 Kilogramm handgepflückte Jasminblätter, die einen Liter Öl ergeben, kosten derzeit rund 15 000 Euro. Andere wichtige Ingredienzien sind nahezu unmöglich zu beschaffen. Etwa Ambra aus dem Darm des Pottwals. Da sind die Naturschützer strikt dagegen.

Auch an Land erwarten den Parfümeur die Tücken der Natur: Das Öl der Bergamotte beispielsweise duftet unterschiedlich, je nachdem, ob die Frucht aus der Mitte eines Feldes stammt, oder ob sie am Rand geerntet wurde. Doch gerade diese Früchte sind wichtig. Die Bergamotte enthält ganze 350 verschiedene Aromen. Sie bildet die Kopfnote vom Eau de Cologne.

Spätestens an dieser Stelle sollte dringend davor gewarnt werden, den Beruf des Parfümeurs zu ergreifen. Denn: Mehrere tausend Düfte sollte ein solcher im Kopf haben. Johann Maria Farina und seine Mutter Tina haben dieses Gedächtnis. Außer ihnen noch rund 600 weitere Personen weltweit.

So entstehen neue Duft-Kreationen in den Gedanken dieser Menschen. Anders würde es auch nicht gehen, denn intensives Riechen würde den Geruchssinn nachhaltig zerstören. Die Nase muss geschont werden. Also wird jede Duftidee regelrecht erdacht.

Dann wird sie dem Laboranten schlicht erzählt. Der versucht die Idee dann mit Hunderten zur Verfügung stehenden Grundstoffen umzusetzen. Wenn er den ursprünglichen Gedanken letztlich zufriedenstellend getroffen hat, ist aber längst noch nicht die Zeit des Verkaufens gekommen. Rund zwei Jahre lang sollte der Prototyp schon gelagert werden.

Duftideen wurden traditionell nicht für Frauen und Männer unterschieden. Die Trennung von weiblichen und männlichen Parfums erfolgt erst seit einigen Jahrzehnten. Diese Aufspaltung entsprang einer Marketingkampagne.

Der Firma „Johann Maria Farina gegenüber dem Jülich-Platz GmbH" gelang es bis zum Ersten Weltkrieg weltweiter Marktführer im Reich der schönen Düfte zu sein. Nach dem Krieg ging es mit der Anzahl der Königs- und Fürstenhäuser im gesamten Europa bekanntlich bergab.

Heute funktioniert der Vertrieb ausschließlich über inhabergeführte Läden; in jeder Stadt ein Vertriebspartner. In Städten wie München oder Berlin sind es auch mal zwei oder vier. So nebenher verlassen jeden Tag Hunderte von Paketen und Päckchen die Stadt Köln und werden weltweit verschickt. Aber auch bei einem Unternehmen mit einer mehr als 300-jährigen Geschichte hat die Neuzeit Einzug gehalten. Etliche Prozent des Umsatzes werden online erwirtschaftet.

Neuerungen gibt es auch bei den Produkten. Auch wenn die Idee 90 Jahre alt ist, so ist der Herrenduft „Russisch Leder" wiederbelebt worden. Das Wässerchen kam zuerst in den zwanziger Jahren auf den Markt, wurde dann von den Nazis wegen des Namens nicht gerne gerochen und feiert jetzt ein Comeback. Erste Auszeichnungen hat der Duft schon gewonnen. Aber auch bei diesem Parfum gilt: Nur drei Familienmitglieder kennen die komplette Rezeptur.

Michael Garvens
Kerosin im Blut

© Flughafen Köln/Bonn GmbH

Geboren: 9. Dezember 1958 in Hamburg

Familie: Verheiratet, drei Kinder

Beruf: Vorsitzender der Geschäftsführung der Flughafen Köln/Bonn GmbH, Betriebswirt (Wirtschaftsakademie Hamburg)

Persönliches Motto: Ran und ruff

Das mag er an Köln: Eher die weichen Faktoren, vor allem die Menschen mit ihrer rheinischen Gelassenheit

Das mag er nicht an Köln: Wenn Gelassenheit in Selbstzufriedenheit umschlägt und an einigen Stellen das Stadtbild

Letzte Karnevalskostüme: Uniform der KG Luftflotte und Formel-1-Rennfahrer

Hobbys: Fliegen, Golf, Joggen

Sein schwierigster Landeanflug: Windhoek 1982, im Dunkeln und bei Gewitter auf unbeleuchteter Piste

Welche Destination er sich künftig für den Flughafen Köln/Bonn wünscht: Hongkong, Singapur und New York

Ein Knirps mit acht Jahren träumt davon, selber Flügel zu haben und nach den Wolken zu greifen oder einmal in einem Flugzeug zu sitzen und die Welt aus der Vogelperspektive zu sehen. Wer pfiffig genug ist, die richtige Idee zu entwickeln, der kommt seinem Traum durchaus näher. Bei Michael Garvens, dessen Konterfei häufig in den Kölner Medien zu finden ist, war das der Fall. Als Junge erbot er sich auf einem Segelflugplatz bei Hamburg, für klare Sicht zu sorgen: Er putzte die Scheiben der Segelflieger blank. War es nun die phantastische Sicht, für die er sorgte, oder schlicht der sehnsüchtige Blick eines Achtjährigen, irgendwann nahm ihn einer der Piloten mit.

Damit war die Leidenschaft für die Fliegerei geweckt, und sie hat den Vorsitzenden der Geschäftsführung der Flughafen Köln/Bonn GmbH bis auf den heutigen Tag fest im Griff. Im Alter von 19 Jahren machte er seinen Pilotenschein, fliegt seit nunmehr über drei Jahrzehnten als Hobbypilot, hat im sprichwörtlichen Sinn „Kerosin im Blut". Sein bevorzugtes Fluggerät ist eine „Rockwell Commander". Begleitet wird seine frühe Leidenschaft fürs Fliegen von Anfang an von der Freude am Golfsport. Seit seiner Kindheit spielt er begeistert Golf. Sein derzeitiges Handicap liegt bei 12.

Der gebürtige Hamburger hat die Stadt Köln als seine Wahlheimat ins Herz geschlossen. Natürlich zieht es ihn wie viele andere Menschen der Region im Sommerurlaub mit der Familie regelmäßig nordwärts Richtung See auf die Insel Sylt.

Nicht nur als kleiner Junge hat es Michael Garvens geschafft, sein Ziel zu erreichen. Nach einer Dekade im Lufthansa-Konzern übernahm er im Jahre 2002 seine verantwortungsvolle Position am Flughafen Köln/Bonn. Von seinem Umfeld wird er als charismatischer Macher wahrgenommen, der seine Ideen pragmatisch und mit gesundem Menschenverstand auch bei heftigem Gegenwind durchsetzt. So auch am Köln Bonn Airport, wo er schon im ersten Jahr an der Spitze der Geschäftsführung das Low-Cost-Modell, also das Fliegen zu günstigen Preisen, eingeführt hat. Zuerst gaben Gegner der Idee keine Chance und belächelten anfänglich das Vorhaben. Die einsetzende dynamische Entwicklung des Airports wünschte man sich allerdings heute andernorts.

Jährlich entscheiden sich rund zehn Millionen Passagiere für den „Flughafen der kurzen Wege", wie es oft heißt. Autobahn und Schnellstraßen vor der Tür, eine Bahnstation im Untergrund.

Bundesweit liegt der Airport hinsichtlich der Passagierzahlen inzwischen auf Platz sieben. 35 Airlines fliegen von hier aus über 100 Ziele an. Das klappt nur deshalb wie am Schnürchen, weil die Passagiere in den Terminals an 86 Check-In-Schaltern betreut werden können. Das enorme Gepäckaufkommen transportiert eine Förderanlage, die bis zu 3000 Koffer und Taschen pro Stunde umsetzt. Bequem gelangen die Flugreisenden über 55 Gates und 19 Fluggastbrücken zu ihren Maschinen.

Das Cargo-Geschäft legt kräftig zu. In diesem Jahr wird die Fracht um circa 4 Prozent auf 770 000 Tonnen ansteigen. Damit gehört der Köln Bonn Airport zu den Top Ten in Europa. Der Flughafen ist Arbeitsplatz für mehr als 13 000 Menschen. Michael Garvens steht an der Spitze eines Unternehmens, dessen Entwicklung nicht nur Wohl und Wehe einer Region beeinflusst, sondern auch deren Ruf in der Welt. Mit Recht sieht er sich zu 50 Prozent als Unternehmer und zu 50 Prozent als Politiker. Er muss einerseits klar Position für die Belange des Flughafens und dessen unternehmerische Ziele beziehen, andererseits aber einen Blick dafür haben, was der Region förderlich ist, ihr gut tut. Da ist ein Mann, der keineswegs als Zauderer gilt, Entscheidungen schnell sucht und nach dem Motto handelt, „Die Schnellen fressen die Langsamen", auch als geduldiger Zuhörer und Gesprächspartner gefordert. Da er diesen Spagat meistert, schätzen auch bedeutende Institutionen seine Fähigkeiten: Seit 2005, drei Jahre nach seinem Antritt in der Chefetage des Köln Bonn Airport, ist Michael Garvens Vizepräsident der Industrie- und Handelskammer zu Köln.

Sein norddeutsches Motto „ran und ruff" - ein gutes Kürzel dafür, dass bei ihm auch heikle oder hochkomplizierte Dinge nicht auf die lange Bank geschoben werden – weist allemal darauf hin, dass Garvens abseits seiner Arbeit den frohen Seiten des Kölner Lebens keineswegs abgeneigt sein muss. Steht der Karneval an, dann wird er schon auch einmal im bunten Treiben der Domstadt gesichtet. Und wenn sich Michael Garvens verkleidet, dann geht es ziemlich geradlinig in Richtung dessen, wovon er schon als kleiner Junge träumte. Wen wundert es, dass er im Karneval in historischer Fliegeruniform der KG Luftflotte Funktion und Person auf phantasievolle Weise miteinander zu verbinden weiß.

Artur Grzesiek
Ein „Schotte" in der Sparkasse

Geboren: 14. Mai 1954 in Castrop-Rauxel

Familie: Zwei erwachsene Kinder, ein Enkel

Beruf: Vorsitzender des Vorstandes der Sparkasse KölnBonn; Anzahl Mitarbeiter: rund 4 700

Persönliche Rangliste: Familie, gleich dahinter: Beruf, dann Hobbys

Das mag er an Köln: Die offenen Menschen, ihre freundliche Art, die es ihm leicht machte, Kölner zu werden.

Das mag er nicht an Köln: Dass es nicht gelingen will, das Positive an der Stadt nach draußen zu tragen.

Letztes Karnevalskostüm: Schotte - vom Clan der MacArthurs

Hobbys: Fotografieren, Spaziergänge, Fußball

Hat er es jemals bereut, nach Köln gekommen zu sein?: Nein

An der Sprache kann man noch erkennen, dass seine Wiege nicht am Rhein, sondern am Rhein-Herne-Kanal stand, genauer: in Castrop-Rauxel. Den Namen Grzesiek – einigermaßen korrekt etwa Gsche-schjek ausgesprochen – brachte Urgroßvater Pjotr aus Polen mit ins Ruhrgebiet. Aus dem Pjotr wurde beim Grenzübertritt ein Peter, und der Urenkel entschied sich, den polnischen Nachnamen lieber so auszusprechen, wie er geschrieben wird – Gre-zesiek – auch wenn es schwierig bleibt. „Ich höre aber auch auf alles, was so ähnlich klingt", ermunterte er jovial schon beim ersten Treffen alle Mitarbeiterinnen und Mitarbeiter der Sparkasse KölnBonn, sich nicht abschrecken zu lassen, ihn anzusprechen. Den Vorstandsvorsitz der größten kommunalen Sparkasse Deutschlands übernahm er im November 2008.

Keine einfache Aufgabe, denn das Haus, Anfang 2005 aus der Fusion der Stadtsparkasse Köln und der Sparkasse Bonn entstanden, stand damals vor einer grundlegenden Umstrukturierung, hin zu einer typischen Sparkasse, die für die Menschen in Köln und Bonn da ist. Die den Mittelstand begleitet und unterstützt, auch in wirtschaftlich rauen Zeiten. Und hin zu einer Sparkasse, die nie vergisst, dass sie mit ihren Mitarbeiterinnen und Mitarbeitern einfach mit Herz und Verstand für die Kunden da sein soll.

Also krempelte Grzesiek die Ärmel hoch und machte sich an die Arbeit. In einem Offenen Brief an alle Kundinnen und Kunden versicherte er, dass sich die Sparkasse wieder ganz auf ihr Kerngeschäft mit Privat- und Firmenkunden konzentrieren werde. In einem Beihilfeverfahren der EU-Kommission stimmte diese im Herbst 2010 dem vorgelegten mehrjährigen Restrukturierungsplan zu, die Sparkasse KölnBonn trennte sich von Beteiligungen, verbesserte die Eigenkapitalausstattung, richtete ihr Geschäft – wie zugesagt – auf das einer „typischen Sparkasse" aus.

Und das kennt und beherrscht der „in der Wolle gefärbte Sparkässler" von der Pike auf. Sein Vater riet ihm zu einem „soliden Beruf", und so absolvierte er in seiner Heimatstadt Castrop-Rauxel die Ausbildung zum Bankkaufmann bis zum Diplom-Sparkassenbetriebswirt. Über 20 Jahre arbeitete er bei seiner Heimat-Sparkasse, die letzten neun Jahre als deren Vorstandsvorsitzender. Im März 2002 wechselte Grzesiek in den Vorstand der Sparkasse Duisburg, drei Monate später erfolgte auch dort die Berufung zum Vorsitzenden des Vorstandes.

Die Arbeit in Köln und Bonn und die Konzentration auf das Kerngeschäft einer regional verankerten Sparkasse zahlte sich aus. Die Kunden vertrauten auch in wirtschaftlich schwierigen Zeiten auf „ihre Sparkass'". Im Jahresbericht 2011 konnte das Haus zum zweiten Mal – nach zwei Jahren mit einem Minus vor dem Ergebnis – einen Jahresüberschuss ausweisen. Mit dem Geschäftsjahr 2011 sind wir zufrieden", so Grzesiek. „Wir haben unsere Planungen übererfüllt und liegen besser als erwartet. Darauf sind wir stolz."

Ein Charakteristikum, das für ihn unabdingbar zu einer Sparkasse gehört, ist das Engagement für das Gemeinwohl. Grzesiek etablierte dafür den Begriff der „Bürgerdividende": Aus dem Geschäftserfolg börsennotierter Großbanken ziehen die Aktionäre Nutzen, bei den Sparkassen dagegen profitieren alle Bürgerinnen und Bürger. Spenden, Fördermaßnahmen und Stiftungsgelder in zweistelliger Millionenhöhe gehen jedes Jahr von der Sparkasse KölnBonn an Bildungseinrichtungen, Hilfsorganisationen, soziale Dienste, an über 1 600 Kultur- oder Sportvereine – damit Köln und Bonn Städte bleiben, in denen man gerne und gut leben kann. Und arbeiten: Denn die Attraktivität und das breite Angebot im kulturellen und sportlichen Bereich lockt auch neue Unternehmen in die Region.

Diese Lebendigkeit, aber auch die rheinische Mentalität, die kölsche Offenheit, Kontaktfreudigkeit und Direktheit, kommen Grzesiek entgegen. Er findet schnell den richtigen Draht, die richtige Sprache – selbst wenn er kein Kölsch oder Bönnsch spricht – zu Kunden, Mitarbeitern, Gesprächspartnern aus Politik, Kunst und Kultur, Sport, Karneval, den vielen Gruppen, Institutionen und Vereinen.

Für Hobbys bleibt da wenig Zeit. Eine Leidenschaft, die er auch in der Domstadt pflegen kann, ist der Fußball – nur den Verein musste er wechseln. Der „gebürtige Dortmund-Fan", der schon als Schüler zu den Spielen der Borussia ging und in seiner Zeit in Duisburg Sympathien für den MSV Duisburg entwickelte, ist mittlerweile im Verwaltungsrat des 1. FC Köln. Im Stadion, da kann er ganz aus sich herausgehen, abschalten, sich erholen. Das kann der „Neu-Kölner", der Anfang 2011 seinen Wohnsitz in Junkersdorf bezogen hat, ansonsten auch bei Spaziergängen im Grüngürtel. Oder beim experimentierfreudigen Hantieren mit einer Digital-Kamera.

Die Frage, ob er es denn jemals bereut hätte, ins Rheinland gewechselt zu sein, beantwortet er übrigens auch nach mehreren Jahren noch mit einem klaren „Nein". Er hat angeklopft, die Kölner und Bonner haben ihm freundlich geöffnet, er ist geblieben – „und immer noch mit Spaß bei der Arbeit".

Peter Heinrichs
Der Pfeifen-Weltmeister

Geboren: 17. April 1946 in Köln

Familie: Verheiratet mit Gertrud seit 44 Jahren, drei Kinder (davon eine Nichtraucherin), neun Enkel

Beruf: Großhandelskaufmann; Anzahl Mitarbeiter: 30

Persönliche Rangliste: Der liebe Gott, Familie, Firma

Persönliches Motto: Ich bin der Beste.

Das mag er an Köln: Die Menschen, den Dom, die rheinische Lebensart

Das mag er nicht an Köln: Die Bebauung der Nachkriegsjahre und die Verkehrsführung

Letztes Karnevalskostüm: Lappenclown

Zum Karneval: 5 besuchte Karnevalssitzungen

Hobbys: Fahrrad fahren

Was Peter Heinrichs nicht für seinen Erfolg braucht: Teure Armbanduhr, teures Mobiltelefon und Scheckkarte

Persönlicher Blick in die Zukunft: Erst in der Kiste beginnt der wahre Sozialismus!

Bei Peter Heinrichs klingelt um 4 Uhr morgens in Bergheim-Niederaußem der Wecker. So bleibt genügend Zeit, um pünktlich um 6 Uhr in der Kölner Hahnenstraße seinen Laden zu öffnen. Das ist auch dringend notwendig, denn schon um diese Zeit kommen die ersten Kunden, um sich mit Tabak und Rauchutensilien einzudecken. Dies nimmt nicht Wunder, denn von den 2,5 Tonnen Tabak, die Heinrichs pro Jahr verkauft, werden hier, im „interessantesten Tabakladen der Welt", jeden Tag etliche Gramm verkauft.

Peter Heinrichs ist Weltmeister. Niemand verkauft mehr Pfeifen als Peter Heinrichs, Hahnenstraße 2-4, mitten in Köln. So etwas fällt einem nicht in den Schoß. Dahinter stecken ein ungewöhnlicher Lebenslauf und ein steiniger Weg, der viele Windungen nahm. Mit nur dreizehneinhalb Jahren verließ Heinrichs die Volksschule in Sülz, „weil ich dann rechnen und schreiben konnte". Zu dieser Zeit hatte sich Heinrichs Vater als Tabakhändler bereits einen Namen gemacht und galt als vermögender Mann. Er hatte die Bevölkerung Kölns mit Glimmstängeln beliefert und bekam nach dem Krieg schnell eine Lizenz zum Tabakhandel. Lizenzgeber war die englische Besatzungsmacht. Der amerikanische Offizier, dem Vater Heinrichs im Königsforst das Leben gerettet hatte, unterstützte die Lizenzvergabe. Der Tabak gedieh in Kölner Balkonkästen. Drei Monate musste er wachsen, bis er nach Lübeck verfrachtet und dort zu Zigaretten verarbeitet werden konnte.

In den folgenden Jahren gingen die Geschäfte blendend. Ein zweifacher Lottogewinn tat ein Übriges. Dass Peter junior Großhandelskaufmann lernte, war dann eine schnell beschlossene Sache; selbstverständlich im Geschäft des Vaters und Onkels.

Doch schon zwei Jahre später, 1962, verstarb der Vater. Peter beendete die Lehre mit 17, erwirkte am Vormundschaftsgericht die „Großjährigkeit" und machte sich 1963 selbstständig mit einem Tabakwaren-Großhandel. Mit geliehenem Geld ging es an den Start. Wie der Mann arbeiten kann, beschreibt Gattin Gertrud am besten: "Wenn mein Mann eine Fritten-Bude betriebe, dann hätte McDonald's Angst vor ihm." Gegen den Widerstand der etablierten Konkurrenz und der eigenen Familie baute er das Geschäft so zügig aus, dass er bald 2 500 Zigarettenautomaten im Großraum Köln bestückte – inklusive diverser „Rotlicht-Etablissements" und der Strafanstalt „Klingelpütz". Basis des Erfolgs waren aber Kunden wie zum Beispiel die Ford-Werke. 1974 machte Tobaccoland ein Angebot, bei dem Heinrichs nicht „nein" sagen konnte. Er verkaufte seinen Großhandel zu einem sehr guten Preis.

Nach einem kurzen Intermezzo in Spanien, wo Heinrichs die (natürlich) „beste Diskothek des Landes" bauen wollte, zog es ihn – schon in dieser Zeit als ein kölsches Original geltend - doch schnell wieder nach Köln zurück, und in seiner alten Heimat gelang dem „innovativsten Einzelhändler des Jahres 1996" ein fulminantes Comeback. Ein Rechtsstreit um Namen und Logo zog sich über Jahre hinweg. Wichtiger Meilenstein auf diesem Weg war das Jahr 2003, als er von Cousin Ernst die Rechte am eigenen Namen zurückkaufte und nun auch rechtens unter beiden Namen – Pfeifen-Heinrichs und Peter Heinrichs – agieren konnte. Sein Motto ab sofort: „Wenn ich Besen verkaufen will, dann muss ich möglichst alle Besen der Welt anbieten. Oder ich muss zumindest jedes Modell, das es gibt, besorgen können, um der beste Besenhändler der Welt zu sein."

Als Tabak-, Pfeifen- und Spirituosenhändler hat Heinrichs nahezu nur Superlative vorzuweisen. Allein die von Ihm kreierte Zigarettenmarke „Peter Heinrichs", mit Pfeifentabak, verkauft sich millionenfach in 26 000 Geschäften in Deutschland. Der Antialkoholiker bevorratet schlicht „alle Rumsorten Kubas" und zahlreiche Marken aus anderen Ländern. Von dem Bestand an rund 100 000 Pfeifen gehen täglich 120 Stück über die Ladentheke oder werden online verkauft. Die Preisspanne reicht dabei von 8,95 bis 14 000 Euro. An Tabaksorten stehen rund 500 Mischungen bereit. Für den passionierten Zigarrenraucher gibt es den von Fidel Castro signierten „Humidor" mit 90 Zigarren für 30 000 Euro. Wer diese Summe nicht aufbringen möchte, hat die Auswahl unter weiteren 10 000 verschiedenen Zigarren. Diese Schätze lagern natürlich bei exakt 19 Grad Raumtemperatur und 70 Prozent Luftfeuchtigkeit. Hier in der Hahnenstraße stapelt sich die deutschlandweit größte Auswahl an Havannas und dazu Produkte aus 12 weiteren Anbauländern. Solch ein Angebot zieht natürlich prominente Kundschaft an – von Bill Clinton bis zu Arnold Schwarzenegger. Heinrichs persönlich raucht gerne seine Pfeife und zwar aus dem normalen Preissegment.

Das alles lastet den „gebürtigen Widder für die Langstrecke" aber noch lange nicht aus. Also hat der Unternehmer und Kölsch-Original Peter Heinrichs im „hässlichsten Industriegebiet Deutschlands" (Niederaußem) seiner „Wellness-Warenwelt" einen Genuss-Tempel gebaut. Inklusive Pfeifen- und Tabakmuseum dazu eine Cafeteria. Hier wird die Kundschaft gerne auch an Sonntagen zu Kaffee und Kuchen bei Tabakgenuss bewirtet. Diese „Filiale" erwirtschaftet inzwischen 60 Prozent des Gesamtumsatzes, den Heinrichs erzielt. Doch auch der 24-stündige Onlinehandel gewinnt immer mehr an Bedeutung. Unlängst verkaufte sich ein Sonderangebot einer sehr begehrten Pfeife rund 60-mal in nur einer Nacht.

Nelly Kostadinova
Sprache als Chance

Geboren: 27. November 1955

Familie: Verheiratet mit Gunther Runkwitz

Beruf: Unternehmerin, gelernte Journalistin und Philologin; Anzahl Mitarbeiter: 40

Persönliche Rangliste: Kinder, Firma, Ästhetik

Persönliches Motto: Ich schlage Wege ein, wo es keine gibt.

Das mag sie an Köln: Die Herzlichkeit der Kölner ist nicht zu toppen.

Das mag sie nicht an Köln: Ampeln, Ampeln, Ampeln

Letztes Karnevalskostüm: Piratenbraut

Zum Karneval: Unzählige besuchte Karnevalssitzungen (nehme fast jede Einladung an)

Hobbys: Lesen, Sport, Oper

Persönlicher Blick in die Zukunft: Das Leben auf zwei Kontinenten ist mein Traum. Und ich bin gerade dabei, ihn zu verwirklichen.

Mit 34 Jahren kam sie nach Deutschland und hatte ein Ziel: „Ich bin gekommen, um zu bleiben." Heute leitet Nelly Kostadinova die von ihr gegründete Lingua-World GmbH, eines der größten Unternehmen für Übersetzungs- und Dolmetscherdienstleistungen in Deutschland.

Als sie das erste Mal Karneval feierte, war sie verblüfft: Diese fröhlichen, lachenden Menschen sollten dieselben sein wie die kühlen und distanzierten Deutschen? „Als ich dieses Lied gehört habe - ‚Drink doch ene met' – da hatte ich das erste Mal das Gefühl, in Köln wirklich angekommen zu sein", erzählt Nelly Kostadinova heute.

Die gelernte Journalistin heuerte 1990 bei der Deutschen Welle an. Mit 50 DM in der Tasche kam sie am Kölner Hauptbahnhof an: „In den Dom habe ich mich sofort verliebt. Er ist so nah. Ich konnte alle Details an der Fassade erkennen." Sie erhielt ein Stipendium, mit dem sie sich in der ersten Zeit über Wasser halten konnte. „Das Heimweh war schrecklich. Ich habe mir selbst verboten, nach Bulgarien zu fahren, weil ich spürte, ich möchte wieder zurück."

Ihre Kinder, damals im Teenageralter, ließ sie zunächst bei den Eltern in Bulgarien zurück: „Das Land war damals in einem katastrophalen Zustand. Ich musste ein neues Leben für mich und die Kinder schaffen." Einen „Riesenkummer" habe sie „in der Brust verspürt, weil ich meine Kinder zurücklassen musste". Doch das hat sie auch angetrieben. Die Sprache lernen. Geld verdienen. „Natürlich bin ich auch ein ehrgeiziger Mensch, aber wenn eine Mutter ihre Kinder vermisst, dann ist das eine andere Antriebskraft", sagt sie.

Sie lernte so schnell Deutsch, dass sie schon bald als Übersetzerin und Dolmetscherin arbeiten konnte. Als sie ein eigenes Übersetzungsbüro eröffnen wollte, dann das Fiasko: Die IHK riet ihr dringend davon ab. Der Markt sei übersättigt. „Ich fühlte mich herausgefordert. Doch heute bin ich der IHK dankbar für ihre Objektivität." Denn aufgrund dieses Gutachtens entwickelte Nelly Kostadinova eine Idee und richtete sich schließlich in einer von ihr selbst entdeckten Nische ein: Sie suchte per Internet gezielt Fachleute und Muttersprachler auf der ganzen Welt und generierte sehr schnell einen Pool von hochqualifizierten Mitarbeitern. Damit konnte sie eine ganz andere Qualität gewährleisten.

1997 eröffnete sie also das erste Lingua-World Büro im Belgischen Viertel, als Untermieterin eines Lampengeschäfts. Das Unternehmen wuchs und gedieh und zog bald in drei Etagen auf der Luxemburger Straße um. Von hier aus positionierte sie es in den größten deutschen Städten und sogar bis nach Wien. Die zierliche Unternehmerin hält sich durch täglichen Sport fit: „Man braucht sehr viel Kraft und Ausdauer, um ein Unternehmen zu führen und um sich durchzusetzen – psychische und physische Kraft."

Heute möchte die gestandene Unternehmerin jungen Frauen aus armen Verhältnissen helfen. 2010 hat sie ein Sozialprojekt in Kenia eingerichtet, das mit ihrem Unternehmen eng zusammenarbeitet: Lingua-World bietet einen Stipendiumsplatz für Germanistinnen aus Afrika. Derzeit ist eine Kenianerin in Deutschland, um die Arbeit einer Übersetzerin vor Ort kennenzulernen. „Ich will jungen Frauen aus armen Ländern Selbstbewusstsein und eine Perspektive geben. So wie ich diese Chance bekommen habe, so sollen andere ebenfalls ihre Chance bekommen."

Als Lingua-World 5 Jahre alt wurde, fragte sie sich: „Was könnte ich dieser Stadt zurückgeben?" und übernahm die Patenschaft für eine Übermittagsbetreuung in Chorweiler und finanzierte verschiedene Projekte. Kinder aus 106 Nationen leben dort. „Die Freude in den Augen der Kinder zu sehen, das ist unglaublich. In solchen Momenten fühle ich mich irgendwie vollständig." Ihre Botschaft an Ihre Schützlinge: „Lerne nicht nur die deutsche Sprache, sondern lerne auch deine eigene Sprache richtig, denn das ist dein Kapital!" Denn die Muttersprache bleibt immer die wichtigste Sprache, davon ist die „Immi-Kölnerin", die neben Bulgarisch auch fließend Deutsch, Englisch, Russisch und Serbokroatisch spricht, fest überzeugt. Dass auch die Kölner ihre Sprachkultur liebevoll pflegen, findet sie toll: „Die Kölner genießen es, in ihrem Dialekt zu sprechen oder Bücher zu lesen. Es gibt sogar Radiosendungen auf Kölsch!"

Dass Köln für sie zur Heimat wird, liegt natürlich auch an ihrem Mann Gunther, für den sie in ihren Anfangsjahren beim Zoll dolmetschte. „Gegen Ende des zweimonatigen Arbeitsprojekts wurde ich langsam nervös. Bald würde unsere Zusammenarbeit beendet sein, und er hatte noch keine Anstalten zu einem Treffen gemacht, das über das Berufliche hinausging", lacht sie. Doch Gunther, ganz Gentleman, wartete das Ende des Projekts ab, um sie zum Essen auszuführen. Seit 1995 sind die beiden unzertrennlich. „Ohne ihn hätte ich das alles nie und nimmer geschafft", erklärt sie. Er habe sie immer kompromisslos unterstützt, in ihrer Arbeit, in ihrer Kreativität, und auch in ihrer Arbeitswut. Sie hofft, dass sie sich irgendwann revanchieren kann. Manchmal steht hinter einer großen Frau eben auch ein großer Mann.

Dr. Johannes Lambertz
Power aus der Region, für die Region

Geboren: 25. November 1949 in Kerpen

Familie: Verheiratet mit Lonie Lambertz, zwei Kinder

Beruf: Vorstandsvorsitzender der RWE Power AG

Persönliche Rangliste: Familie, Gesundheit, der Beruf

Persönliches Motto: Et hätt noch immer joot jejange.

Das mag er an Köln: Sich selber nicht so wichtig nehmen, die drei K: Küche, Karneval, Kreativität

Das mag er nicht an Köln: Gibt's nicht. Der Rheinländer kann sich mit allem arrangieren.

Hobbys: Neues entdecken, Fahrradfahren, Wandern, ein guter Rotwein

Liebste Veranstaltung: Sherpa-Frühstück (in Anlehnung an eine alte Bergmannstradition)

Persönlicher Blick in die Zukunft: Solange der Rhein nicht in die falsche Richtung fließt, wird alles gut.

Ein Rheinländer ohne Rhein – eine fast undenkbare Vorstellung. Wenn es jedoch gilt, sich beruflich weiter zu entwickeln, muss in den meisten Fällen das Undenkbare nicht nur gedacht, sondern sogar umgesetzt werden. Johannes Lambertz, Vorstandsvorsitzender der RWE Power AG, konnte diesem „Schicksal" entgehen. Er hat es bis an die Spitze eines Unternehmens geschafft – ohne das Rheinland verlassen zu müssen. Nach wie vor wohnt er im Rhein-Erft-Kreis und hat sein Büro in Köln, direkt am Stadion, mit Blick auf den Dom. Ein glücklicher Umstand, den der gebürtige Kerpener zu schätzen weiß: „Hier ist meine Heimat. Köln hat auf mich eine besondere Wirkung. Vor allem der Dom." Wenn die Zeit es zulässt, dann zieht es ihn in den Dom. Die Imposanz des Bauwerks, die oft fröhlich-lauten Menschenmengen aus vielen unterschiedlichen Ländern davor, die feierlich ruhige Atmosphäre im Gotteshaus – das macht es aus für ihn. Dass er als Mitglied eines gemischten Chors gemeinsam mit seiner Frau einmal im Dom auftreten konnte, ist für beide eine bleibende Erinnerung.

Dabei kann schiere Größe Johannes Lambertz nicht schrecken. Die RWE Power betreibt im Dreieck Köln – Aachen – Düsseldorf „Tagebaue und Kraftwerke, die dimensionell mithalten können." Selbst mit dem Dom. „Es kommt nicht auf Größe alleine an. Viel wichtiger ist, was man daraus macht." Dabei denkt der Maschinenbauingenieur, seiner Ausbildung folgend, zumeist in technischen, in physikalischen Zusammenhängen und Lösungen. Die politische und gesellschaftliche Dimension ist für ihn aber genauso wichtig. Mindestens: Schließlich ist die Energieversorgung das zentrale Nervensystem unserer Gesellschaft. Das muss gesichert werden, auch wenn Veränderungen notwendig sind. „Wir müssen diese technische Welt so erklären, dass unser Handeln nachvollziehbar wird, Entscheidungen realisierbar werden und sich unsere Gesellschaft weiter entwickeln kann." 100 000 Besucher kommen jedes Jahr ins Braunkohlenrevier, besichtigen Tagebaue und Kraftwerke, lassen sich darauf ein, Technik hautnah zu erleben, um sie besser verstehen zu können. Eine Zahl, die vor allem den Ingenieur Lambertz freut. „Wenn wir die gewaltigen Herausforderungen der Energieversorgung bewältigen wollen, geht das nur mit, nicht gegen die Menschen." Dafür ist Dialog wichtig.

Innovationen entwickeln, vorantreiben, etwas bewegen: Das war und ist die Triebfeder für Johannes Lambertz. Das hat ihn nach der Gesellenprüfung als Maschinenschlosser – den praktischen Teil hat er bei Felten & Guilleaume in Köln abgelegt – zum Studium an die RWTH in Aachen gebracht. Und es war nur folgerichtig, dass der Forschungsbereich auf seinem weiteren Berufsweg bei der RWE Rheinbraun und später der RWE Power immer eine wichtige Rolle gespielt hat: „Die besten Vorstellungen taugen nicht, wenn sie der Realität nicht standhalten. Das ist die eine Seite der Medaille. Die andere: Wer keine neuen Ideen aufbringt, wer sich nicht an Innovationen wagt, der wird der Realität nicht standhalten." Realismus gepaart mit Pragmatismus und klaren Zielen. Dass sein Unternehmen jetzt das Innovationszentrum Kohle in Niederaußem betreibt, in dem die Umweltverträglichkeit des heimischen Energieträgers verbessert wird, ist deshalb ein logischer Schritt.

Was er macht, das macht er mit Leib und Seele. Das gilt auch im Privaten. Die enge Verbundenheit zu seinem Heimatort pflegt er unter anderem als Schirmherr des Tambourcorps und des Schützenvereins. Auch die übrigen Freizeitaktivitäten nehmen sich sehr bodenständig aus. Familie, Sport, Natur. Vieles davon in und um Köln herum. Dass dabei Radtouren ihn des Öfteren an Erft und Rhein entlang bis nach Köln führen, das ist – siehe oben – für einen Rheinländer nur allzu normal. „Köln ist vielleicht nicht die schönste Stadt Deutschlands. Dafür sind die Menschen einzigartig: herzlich, offen, tolerant, einfach liebenswert. Kölsche Art eben. Das sind Eigenschaften, die auch die spektakulärste Architektur nicht herbeizaubern kann. Deshalb bin ich froh, dass ich die enge Bindung an die Stadt nie aufgeben musste."

Lovro Mandac
Mr. Einzelhandel

Geboren: 8. Juni 1950 in Flensburg

Beruf: Diplom Kaufmann, Vorsitzender der Geschäftsführung der Galeria Kaufhof

Das mag er an Köln: Den 1. FC, trotz allem...

Das mag er nicht an Köln: Die oftmals kurzsichtige Politik

Zum Karneval: Was wäre Köln ohne den Kölner Karneval. Ich bin Mitglied in einem Kölner Karnevalsverein.

Hobbys: Tennis

Lovro Mandac ist ein Urgestein des deutschen Einzelhandels. Der Sohn eines kroatischen Vaters und einer deutschen Mutter schloss nach dem Abitur in Flensburg sein Studium der Wirtschaftswissenschaften an der Universität Hamburg als Diplom-Kaufmann ab.

1977 bis 1981 arbeitete er als Revisor bei EMI in Hamburg und Hapag Lloyd in Hannover, wurde 1981 Leiter des Finanz- und Rechnungswesens bei Panasonic Deutschland in Hamburg, und kam 1987 als Direktor des Bereichs Bilanzen und Rechnungswesen zur Kaufhof Holding AG nach Köln. Bis 1991 war er dort Direktor des Bereichs Bilanzen und Rechnungswesen. Von 1991 bis 1993 war er Vorstandsmitglied mit der Zuständigkeit für die Ressorts Finanzen und Organisation bei der Oppermann Versand AG, Neumünster. Von 1988 bis 1993 fungierte er parallel als Geschäftsführer der Tertia Holding GmbH in Köln. Von Juli 1993 bis August 1994 zeichnete er als Vorstandsmitglied der Kaufhalle AG, Köln, für die Ressorts Finanzen, Organisation und Controlling verantwortlich.

Bereits seit August 1994 ist Lovro Mandac Vorsitzender der Geschäftsführung der Galeria Kaufhof. Er hat ein Faible für schrille Krawatten. Auf seinem Schreibtisch stehen einige Sand- und Wasseruhren. Er erklärt, dass sich seine High-Tech-Lampe mittels eines Sensors, der auf Körperwärme reagiert, ein- und ausschaltet. Vor der Tür zum Balkon wacht ein „guter Geist", wie er eine große Holzskulptur nennt. An der Türklinke zum Nachbarbüro hängt ein Schutzengel.

Lovro Mandac ist verantwortlich für rund 24 500 Mitarbeiter, eine Verkaufsfläche von etwa 1,5 Millionen qm, und einen Jahresumsatz von 3,6 Milliarden Euro. „Unsere Flagschiffe sind die Galeria Kaufhof in Berlin am Alexanderplatz, in Köln in der Hohe Strasse, der Königsallee in Düsseldorf und An der Hauptwache in Frankfurt und, nicht zu vergessen, die Galeria INNO in der Rue Neuve in Brüssel."

„Bei uns gehen täglich in über 80 deutschen Städten 2 Millionen Kunden ein und aus" so Mandac. Die Kunden sind Mandacs Mission. Er ist ein bekannter Verfechter der Deregulierung, und wird nicht müde Politiker und Stadtplaner davon zu überzeugen, dass der Kunde der König ist. „Der Einzelhandel bringt 60 Prozent unseres Bruttoinlandsprodukts und damit entscheiden in erster Linie die Kunden über den Wohlstand unseres Landes. Wir müssen diese Tatsache zur Kenntnis nehmen und verantwortungsvoll damit umgehen." Woran es allerdings oftmals mangelt: „Bei vielen Politikern und Planern gibt es zu wenig Sachkenntnis über den Einzelhandel. Ebenso ist insgesamt die Sensibilität gegenüber einzelhandelsrelevanten Problemen zu gering. Oft orientieren sich Denken und Entscheidungen über Einzelhandelsvorhaben nur am kurzfristigen, politischen Tageserfolg."

„Es darf ja wohl nicht wahr sein, dass wie bei uns in Köln im Süden ein Wohngebiet mit über dreitausend neuen Wohnungen entsteht, und die Stadtverwaltung die Hauptzufahrtsstraße zur Innenstadt, die von den Menschen die dort wohnen, benutzt wird, von vier Spuren auf zwei Spuren verengt. Und dann wundert man sich noch, dass da jeden Morgen Stau ist. Das passt doch nicht zusammen."

Entscheidend für die Kunden sind attraktive Sortimente, günstige Preise, qualifizierte Beratung, ein guter Service, ein ansprechendes Umfeld, Sauberkeit und Sicherheit, eine gute Erreichbarkeit und nicht zuletzt Einkaufsbequemlichkeit. Statt Monotonie und Langeweile wollen sie Mannigfaltigkeit und Erlebnis.

Seit rund 15 Jahren initiiert Lovro Mandac umfangreiche Aktivitäten mit dem Ziel, Städte im internationalen Wettbewerb zu stärken. Die Sicherung der Standortqualität und Vitalisierung der Innenstädte Deutschlands ist sein erklärtes Ziel. Mit seinem Engagement in einer Vielzahl von Gremien, Vereinigungen, Kammern und Verbänden will er u.a. auch die Vielfalt und Mannigfaltigkeit in den Städten sichern, ihre Erreichbarkeit verbessern sowie innovative Standortkonzepte für eine bessere Lebens- und Aufenthaltsqualität entwickeln.

„Handel, Wohnen, Arbeiten und Freizeit bilden die Eckpfeiler des Lebens in den Städten und Gemeinden". Diese Elemente stärker zusammenzuführen, ist eine Mission Lovro Mandacs. Dem Handel kommt dabei eine zentrale Rolle zu: „Ohne einen schlagkräftigen und attraktiven Handel, der Frequenz und Vitalität schafft, gibt es keine Städte mit Erlebnis, Zentralität und damit Zukunft", ist eine der Überzeugungen von Lovro Mandac. Die Attraktivität des Handels reicht für Lovro Mandac weit über die angebotenen Produkte hinaus.

„Köln kann nicht allein erfolgreich sein. Der internationale Standortwettbewerb wird immer mehr zu einem Konkurrenzkampf der Regionen und Metropolen." So, wie Unternehmen Synergieeffekte durch Kooperationen nutzen, müssen zukunftsorientierte Städte und Gemeinden auf mehr Zusammenarbeit im überregionalen Wettbewerb setzen. Eine Kommune oder Stadt allein kann ihre Standortstärken nicht optimal entfalten und vermarkten. Die Zusammenarbeit im europäischen und internationalen Standortwettbewerb wird zum entscheidenden Standortvorteil.

In seiner Freizeit spielt Lovro Mandac gerne Tennis. Er ist Mitglied des Verwaltungsrates des 1. FC Köln, aber in erster Linie ein leidenschaftlicher Fan. „Wenn der 1. FC Köln spielt, bin ich mit Herz und Seele dabei."

Bernhard Mattes
Auf dem Zweirad ins Stadion

Geboren: 8. Juli 1956 in Wolfsburg

Familie: Verheiratet mit Rita seit 30 Jahren, zwei Töchter, alle fahren Ford

Beruf: Vorsitzender der Geschäftsführung der Ford-Werke GmbH;
Anzahl Mitarbeiter: 29 000

Persönliche Rangliste: Familie und Freunde, Autos und Sport

Persönliches Motto: „Heute wird ein guter Tag" (Spruch an seiner Tür im Büro).

Das mag er an Köln: Das Stadion, den Rosenmontagszug, den Stadtwald und ganz besonders die Menschen in Köln

Das mag er nicht an Köln: Die Verkehrsführung und Baustellendichte

Letztes Karnevalskostüm: Edelmann in schwarz

Zum Karneval: Ungezählte besuchte Karnevalssitzungen, alle schön

Hobbys: Laufen, Fußball, Tennis, Kultur

Persönlicher Blick in die Zukunft: In Köln alt werden

Die Liebe zur Domstadt – sie wurde Bernhard Mattes im besten Sinne des Wortes in die Wiege gelegt. Sein Urgroßvater Heinrich Hilgers war von 1909 bis 1944 Inhaber des „Gürzenich-Bräu" in der Kleinen Sandkaul. Seine Mutter wurde in Köln geboren und wuchs in direkter Nachbarschaft von Rathaus und Gürzenich auf. „Eigentlich ist Kölsch meine Muttersprache – auch wenn ich sie nicht beherrsche", so Mattes.

In Wolfsburg geboren, hat der „Immi" demnach urkölsche Wurzeln. Allerdings blieb die Familie nicht in Köln. Weil der Vater nach dem Krieg noch in Kriegsgefangenschaft war, nahm die Mutter eine Arbeit bei Volkswagen in Wolfsburg an. Sie arbeitete in der Automobilfabrik am Band – ein Job, den später der Vater nach seiner Rückkehr von ihr übernahm. Doch dabei blieb es nicht: Als Automanager machte er in den nächsten Jahren bei Volkswagen Karriere.

„Wer einen so autobegeisterten Vater hat, und wer wie ich in Wolfsburg aufgewachsen ist, der kann der Anziehungskraft des Autos einfach nicht widerstehen", beschreibt Bernhard Mattes seine frühe Begeisterung für alles, was vier Räder hat. Damit war der Berufsweg des Managers früh vorgezeichnet. Um sich möglichst viele Möglichkeiten offenzuhalten, studierte er zunächst Wirtschaftswissenschaften an der Universität Hohenheim. Nach dem Studium begann er 1982 als Trainee in München bei BMW. „Obwohl das Trainee-Programm keine Lebensstellung bot, war es eine Riesenchance – und das war letztlich auch mein erfolgreicher Einstieg in die Automobilindustrie", so Mattes rückblickend.

Das war auch der Startschuss für eine „Zeit der Mobilität" mit zahlreichen Umzügen und einer beispielhaften Karriere im Management. München, Stuttgart, Düsseldorf – so hießen nur einige der Stationen, bis es Bernhard Mattes schließlich im Sommer 1999 auch beruflich nach Köln zog. Als Vorstand für Marketing und Vertrieb begann er seine Laufbahn bei Ford in Köln. 2002 wurde er Vorstandsvorsitzender der damaligen Ford-Werke AG und nur vier Jahre später zusätzlich Vizepräsident von Ford of Europe und Leiter der Ford Customer Service Division in Europa.

Heute ist Bernhard Mattes mit Leib und Seele ein „echter Kölner" – auch wenn er sich den Blick von außen auf die Stadt bewahrt hat. „Es ist wirklich beeindruckend, was es alles in Köln gibt – Wissenschaft, Kultur, Unternehmen, eine ungeheure Vielfalt! Leider stimmt aber die Innen- und Außensicht der Stadt bisweilen nicht immer überein – den Kölnern gelingt es also nicht immer, die Vorzüge der Stadt optimal darzustellen", sagt Mattes. Damit dies in Zukunft noch besser gelingt, setzt sich der Manager auf vielfältige Weise für die Belange der Stadt ein. So engagiert er sich beispielsweise als Wirtschaftsbotschafter der Stadt Köln, als Mitglied der Ehrenamtsjury und Mitbegründer des „Bündnis für Köln" oder als Mitglied des Beirats zur Verleihung des Konrad-Adenauer-Preises.

Eines der jüngsten Aushängeschilder für die Stadt Köln ist aus Mattes' Sicht zum Beispiel das Projekt „colognE-mobil", an dem Ford federführend beteiligt ist. „Wir testen mitten in der Stadt die Elektromobilität unter Alltagsbedingungen – und das funktioniert wunderbar!" Das Projekt ist eines von zwei Modellprojekten in Europa, an denen sich Ford beteiligt. „Hier präsentiert sich Köln als Zukunftsstadt mit ungeheurem Potenzial", so Mattes.

Die Zukunft im Blick hat Ford aber auch im Hinblick auf den Standort in Köln-Niehl. So hat der größte Arbeitgeber der Stadt das Kölner Werk erst vor kurzem mit einer wegweisenden Betriebsvereinbarung langfristig gesichert. Ford wird in den kommenden Jahren also weiter in den Standort investieren – zum Beispiel in die Berufsausbildung junger Menschen. In Kürze beginnt im Kölner Motorenwerk aber auch die Produktion eines besonders verbrauchsarmen Motors. Und nicht zuletzt kommt die nächste Modellgeneration des Ford Fiesta aus Köln.

Auch weltweit gesehen ist das Kölner Werk für den Ford-Konzern von großer Bedeutung: So trägt der Kölner Standort seit einiger Zeit die globale Verantwortung für die Entwicklung kleiner und mittlerer Baureihen. Bernhard Mattes: „Ford ist bereits seit über 80 Jahren in Köln – und wir freuen uns natürlich, dass die Bedeutung des Standorts nun noch weiter zunimmt!"

Von Weltrang ist in Köln aber auch noch etwas anderes: der Karneval! Und Bernhard Mattes ist ein leidenschaftlicher Karnevalist. „Der Karneval bietet eine so ungeheure Vielfalt an Ereignissen und Begegnungen, und der Rosenmontagszug ist immer wieder ein wunderbares Erlebnis der Freude – eines der absoluten Highlights!", so Mattes.

Der Spaß steht ebenso bei einem anderen Hobby im Vordergrund, „auch wenn ich im Stadion leider nicht immer nur Freude empfinde." Der fußballbegeisterte Manager kann seine Liebe zum 1. FC Köln nicht verbergen. Sein „Fan-Sein" lebt er nicht nur auf der Tribüne bei fast jedem Heimspiel aus. Bernhard Mattes engagiert sich seit vielen Jahren auch als Mitglied des Verwaltungsrates hinter den Kulissen für das Wohl des Clubs.

Auch wenn letztlich seine Liebe zu allem, was vier Räder hat, ungebrochen ist; eine Ausnahme macht Mattes dennoch immer gerne: „Wenn es geht, fahre ich am Wochenende immer auf zwei Rädern ins Stadion – mit dem Fahrrad!" Ein Mann der Mobilität nutzt eben alle Möglichkeiten!

Dieter Morszeck
Handwerk meets Hightech

Geboren: 22. Mai 1953

Familie: Verheiratet mit Lili Morszeck

Beruf: Geschäftsführer von Rimowa; Anzahl Mitarbeiter: weltweit circa 900

Persönliche Rangliste: Rimowa, Flugzeuge, Reisen

Persönliches Motto: Geniale Dinge haben eines gemeinsam – sie sind genial einfach!

Das mag er an Köln: Fast alles

Das mag er nicht an Köln: Den Müll auf den Straßen

Letztes Karnevalskostüm: Kanadischer Mounty

Zum Karneval: Etwa fünf besuchte Karnevalssitzungen pro Jahr

Hobbys: Fotografieren und Filmen

Persönlicher Blick in die Zukunft: Ich freue mich auf jeden neuen Tag.

Wie viele Koffer besitzen Sie?: Viele! Ich reise viel mit Prototypen, von daher wechselt der Bestand sehr oft.

Wie oft packen Sie diese?: Ich reise sehr häufig, von daher ist Koffer packen Routine.

Viele Menschen leben von Berufs wegen aus dem Koffer. Dieter Morszeck lebt vom, mit und für den Koffer. Das Unternehmen, welches er leitet, Rimowa, produziert seit 1898 dieses wichtige Reise-Utensil. Im Alter von 19 Jahren, am 10. Juli 1972, trat Morszeck in die Firma ein. 1981 übernahm er die allein verantwortliche Geschäftsführung des Familienunternehmens, das somit in dritter Generation in der Hand der Morszecks ist.

1976 gelang ihm die Entwicklung des weltweit ersten wasserdichten Fotokoffers. „Ein unentbehrlicher Begleiter für alle professionellen Fotografen", wie Morszeck findet. Auch Filmcrews nutzen das Produkt – ob in tropischer Hitze oder arktischer Kälte. Mit solchen Innovationen gelang es dem Unternehmen, Marktführer zu bleiben, obgleich „die Branche der deutschen Kofferherstellung rückläufig" sei. Zum Erfolg „gehört Mut, Tradition zu bewahren und Visionen zu verwirklichen".

Eine umgesetzte Vision Morszecks war 1985 die Einführung des „leichtesten Kunststoff-Koffers der Welt, dem Samba". Im Jahre 2000 folgte „Salsa", der erste Koffer aus 100 Prozent Polycarbonat: „Die perfekte Symbiose zwischen Weich- und Hartgepäck", meint der Koffer-Mogul, der diese Innovation als „Revolution" ansieht. Aluminum gehört jedoch nach wie vor auch noch zu den Materialien, aus denen die Premium-Gepäckstücke bei Rimowa hergestellt werden.

Der Rimowa-Leiter erklärt: „Die konsequente Verfolgung von Detailverbesserungen sichert der Firma den weltweiten Erfolg. Das zeigt sich auch an der starken Expansion des Unternehmens." Zuletzt wurde 2008 in Kanada eine Produktionsstätte eröffnet. Hauptsitz der Traditionsmarke mit „der zugleich eleganten und unverkennbaren Rillenstruktur" ist und bleibt allerdings Köln, wo sich auch das Firmengebäude im Wellen-Design befindet. – 1987 gab es den Deutschen Architekturpreis dafür.

Von dort aus werden die Produkte in mehr als 65 Ländern abgesetzt. Jede Serie wird vom TÜV geprüft. Eigene Verkaufs-Filialen – „immer in bester Lage" – finden sich in so namhaften Städten wie Los Angeles (Beverly Hills), Toronto, Hong Kong, Taipeh, Seoul, Rio de Janeiro, Tokio, São Paulo, Peking, Macao, Shanghai, Hangzhou, Singapur, München, Mailand und Köln.

Hergestellt werden die Koffer in Tschechien, Kanada und – wie gehabt – in Deutschland. „Ein Großteil der Produktion geschieht immer noch in Handarbeit", in mehr als 90 Arbeitsgängen, erläutert Morszeck. „Denn nur so lässt sich die außergewöhnliche Qualität garantieren." Sein Credo: „Handwerk meets Hightech." Und sollte doch etwas schief gehen, gibt es weltweit autorisierte Reparaturwerkstätten – auch ausgesuchte Hotels bieten einen Instandsetzungs-Service an.

Flexibilität und Robustheit seiner Produkte hat sich das Familienunternehmen auf die Fahne geschrieben. Mit dem aus der Luftfahrttechnik stammenden, recyclefähigen Material Polycarbonat sind beide Anforderungen gewährleistet. Morszeck erklärt: „Dieser Kunststoff springt bei Verformungen in der Regel wie von Zauberhand zurück in seine ursprüngliche Optik." Der Firmenboss ist zudem selbst Flugzeugliebhaber. So freut es ihn persönlich auch, dass Rimowa neben Porsche auch mit der Lufthansa eine Kooperation einging.

Bis dahin war es aber ein weiter Weg: Als Paul Morszeck Ende des 19. Jahrhunderts die ersten Koffer baute, war der gängige Werkstoff noch Holz. „Doch auch damals wurde Wert auf eine möglichst leichte Bauweise gelegt", blickt Dieter Morszeck zurück. Die großen Schrankkoffer aus Köln waren damals repräsentative Prestige-Objekte für die High Society.

1937 brachte Richard Morszeck, Sohn des Firmengründers, den ersten Überseekoffer aus Leichtmetall auf dem Markt. „Richard Morszeck Warenzeichen" (kurz: Rimowa) wurde zum Firmenlogo. Ab 1950 nutzte das Unternehmen Aluminium mit Rillen zur Produktion seiner Gepäckstücke.

In den ersten Jahren des neuen Jahrtausends erhielten die Rimowa-Koffer, die anhand der Seriennummer als Original erkennbar sind, das Multiwheel-System, mit dem sie ihre Mobilität enorm erhöhten. Morszeck beschreibt: „Dank der von Bürostühlen adaptierten Technik können auch schwer beladene Koffer fast spielerisch um die eigene Achse gedreht werden."

Fast scheint es überflüssig zu erwähnen, dass die Zahlenschlösser der Kölner Produkte zertifiziert sind. „Und sie sind mit kombinierten Schließzylindern ausgestattet, die von der amerikanischen Transportation Security Administration bei der Einreise zu Prüfzwecken geöffnet werden können." Abwechslungsreiche und ausgefallene Farbnuancen runden das Angebot letztendlich ab, mit welchem 2011 ein Jahresergebnis von rund 150 Millionen Euro erwirtschaftet wurde.

Im Sommer 2012 erfüllte sich Dieter Morszeck einen Herzenswunsch: „Mit der guten alten Tante JU über den Atlantik zu fliegen, das hätte ich mir nie zu träumen gewagt!" Die Original Rimowa JU52 startete in Leverkusen und flog von da aus über den Atlantik, quer durch Nordamerika und zurück. „Es ist seit 1937 die erste passagierbeförderungsberechtigte JU52 auf dieser Strecke", begeistert sich Morszeck. Und natürlich war er selbst für Film und Fotos während der Reise zuständig.

Michael Oppenhoff
Recht mit Augenmaß

Geboren: 10. November 1937 in Köln

Familie: Verheiratet mit Inge seit 48 Jahren, drei Kinder, sechs Enkel

Beruf: Rechtsanwalt mit mehr als 100 Partnern und Mitarbeitern

Persönliche Rangliste: Familie, Beruf, Kunst und Kultur, Reisen

Persönliches Motto: Mit Augenmaß und Recht gestalten

Das mag er an Köln: Die rheinische Lebensart mit all ihren Vorzügen: das Leben-und-leben-lassen, sich selbst nicht so ernst nehmen, die Offenheit nach außen

Das mag er nicht an Köln: Die rheinische Lebensart mit all ihren Nachteilen: zu wenig Ehrgeiz und Gestaltungswillen, den liederlichen Umgang mit der Stadt und mit deren Kunst und Kultur

Letztes Karnevalskostüm: Bunt bemalt im Straßenkarneval

Persönlicher Blick in die Zukunft: Immer noch etwas bewegen

Wie vermögen Söhne aus dem Schatten großer Väter herauszutreten? Indem sie ihre Kraft durch Leidenschaft und Mut beharrlich weiter entfachen. Michael Oppenhoff ist Mitglied einer Juristendynastie, die über Generationen hohe Richter und mit seinem Vater Walter Oppenhoff einen großen Anwalt hervorgebracht hat. Michael Oppenhoff führt dieses Erbe mit eigener Handschrift fort und ist damit zu einer treibenden Kraft in seinem Fach geworden. Rechtsberatung nimmt er ernst, und sie entwickelt sich für ihn zur Freude, wenn er dabei etwas gestalten kann.

Die Wanderjahre führten Oppenhoff zum Beginn des Studiums in die Schweiz. Nach dem Examen zog es ihn 1965 nach New York, wo er im Anwaltsbüro Sullivan & Cromwell wertvolle Erfahrungen sammelte und zugleich Gefallen am American Way of Life fand. 1967 kehrte er in die Kölner Sozietät seines Vaters, die Kanzlei Boden, Oppenhoff & Schneider, zurück. Dort mit der noch recht konservativen deutschen Klientel konfrontiert, konzentrierte sich Oppenhoff bald auf die Beratung ausländischer Mandanten im deutschen Recht und entwickelte sich rasch zum Fachmann für die Rechtsberatung bei Fusionen und Übernahmen, einem stark wachsenden Bereich. Auch dank dieser Erfolge expandierte die Sozietät bis in die späten 80er Jahre auf rund 50 Anwälte und beriet erfolgreich deutsche und ausländische Unternehmen und Unternehmer in allen Facetten des Wirtschaftsrechts. Als Erste eröffnet sie ein partnerbesetztes Büro in New York und wenig später ein Büro in Brüssel.

Gleichzeitig wurde deutlich, dass der Umbruch der Wirtschaft nicht vor der deutschen Anwaltschaft Halt machte und dass sie sich, wollte sie international konkurrenzfähig bleiben, in größeren und international vernetzten Einheiten organisieren musste. Oppenhoff wurde einer der Protagonisten dieser Entwicklung. Zunächst richtete sich der Kampf gegen eine Regel, die Kanzleien auf einen Standort beschränkte, ein Kampf, der erst mit einer positiven Entscheidung des Bundesgerichtshofs endete. Dies ermöglichte eine Reihe überörtlicher Fusionen mit Büros in anderen deutschen Städten. Schließlich blieb die Auseinandersetzung um die Zulässigkeit der Verbindung von Wirtschaftsprüfern und Notaren in einer Sozietät, deren Beilegung sogar die Anrufung des Bundesverfassungsgerichts erforderte. Am Ende stand mit Oppenhoff & Rädler eine der größten deutschen Sozietäten mit rund 350 Berufsträgern und Oppenhoff als deren Senior Partner.

Parallel dazu musste die internationale Vernetzung verstärkt werden. So schmiedete Oppenhoff ab 1990 eine Allianz führender kontinentaleuropäischer Anwaltsbüros. Als später das Ziel, diese zu verschmelzen und damit ein Gegengewicht zu den anglo-amerikanischen Großkanzleien zu etablieren, zu scheitern drohte, öffnete sich die Allianz gegen Ende der 90er Jahre für das englische Großbüro Linklaters. Anfang 2001 fusionierten Oppenhoff & Rädler und Linklaters sowie einige Partnerkanzleien zu einem weltweit tätigen Verbund mit mehr als 2 500 Berufsträgern. Das Konzept einer solchen weltweit operierenden Kanzlei mit Standorten in den großen Wirtschaftszentren ist seitdem untrennbar mit Oppenhoffs Namen verbunden.

Die deutsch-britische Ehe funktionierte zu Beginn recht gut, und Oppenhoff zog sich mit 65 aus der operativen Führung zurück. Doch folgte bald die immer weitere Fokussierung der Gesamtkanzlei auf das Transaktionsgeschäft, eine Entwicklung, die in der Eröffnung eines darauf spezialisierten Büros in Düsseldorf und der Schließung des Kölner Büros kulminierte. Hier schaltete sich Oppenhoff noch einmal ein, weil er und seine Partner ihr Konzept einer breit angelegten Beratung im Wirtschaftsrecht nicht mehr gewährleistet sahen.

20 Partner mit Oppenhoff als Sprecher gründeten Anfang 2008 in Köln die Sozietät Oppenhoff & Partner, ein homogenes Anwalts-Team von zunächst 40 Köpfen, das mit breit angelegter wirtschaftsrechtlicher Expertise und belastbaren Kontakten zu Anwaltsbüros in aller Welt eine attraktive Alternative zu den globalen Anwaltskonzernen bietet. Mit Erfolg: Die Kanzlei wuchs rasch auf rund 60 Anwälte an und will diese Entwicklung fortsetzen. Michael Oppenhoff hat im Team mit seinen Partnern erneut einen überraschenden Kurswechsel mitbefördert. Überraschend? Nur für diejenigen, die den Anwalt, seine Zielsetzung und seine Bereitschaft, Ziele stets neu zu durchdenken, nicht kennen.

Neben der Rechtsberatung arbeitet Oppenhoff seit den 80er Jahren als Mitglied und Vorsitzender von Aufsichtsräten großer Industrieunternehmen. Köln ist er dabei seit langem als Mitglied im Aufsichtsrat von Ford verbunden. Außerhalb des Berufs engagiert sich Oppenhoff als Förderer kultureller und sozialer Institutionen, seit 2012 auch als Vorsitzender im Fördererkreis des Museums für Ostasiatische Kunst. Er wandert, golft „im Golfclub um die Ecke", fährt noch etwas Ski und sammelt zeitgenössische Kunst und japanische Netsukes. Und holt Manches nach: „Beruflich bin ich viel gereist und habe wenig gesehen, jetzt reise ich weniger, aber ich befasse mich intensiver mit den Reisezielen."

Tobias Ragge
Quer durch die Hotelbetten

Geboren: 7. August 1976 in Köln

Familie: Lebt mit seiner Partnerin in einer langjährigen Beziehung

Beruf: Geschäftsführer von HRS und Unternehmer aus Leidenschaft; Anzahl Mitarbeiter: 1 100 in der HRS Unternehmensgruppe, davon rund 350 am Stammsitz am Kölner Waidmarkt.

Persönliche Rangliste: Familie, Gesundheit und die Leidenschaft für HRS

Persönliches Motto: Man muss selbst brennen, um ein Feuer zu entfachen.

Das mag er an Köln: Köln ist eine Stadt mit einer lebendigen und lebenslustigen Atmosphäre, die in dieser Hinsicht ihresgleichen sucht.

Das mag er nicht an Köln: Architektonisch und baulich ist hier so einiges in den vergangenen Jahrzehnten wirklich schief gegangen.

Letztes Karnevalskostüm: Als Mitglied der Goldenen Jungs einen goldenen Anzug beim letzten Rosenmontagszug

Zum Karneval: 6 Tage Ausnahmezustand in Köln, an denen die Uhren in der Domstadt einfach anders ticken.

Hobbys: Ich bin ein großer Fan von Schalke 04 und liebe es ferne, exotische Ziele zu entdecken.

Persönlicher Blick in die Zukunft: Mobile Anwendungen und soziale Netzwerke wie Facebook werden das Konsumentenverhalten weiter nachhaltig verändern - und nicht nur die Tourismus-Branche, sondern auch das persönliche Miteinander revolutionieren.

Seit frühester Jugend steht für den Kölner Jung Tobias Ragge das Thema Hotel ganz hoch im Kurs. Kein Wunder: Denn bereits in den frühen siebziger Jahren gründete sein Vater Robert Ragge das Hotelportal HRS mit einer Mitarbeiterin und zwei Telefonleitungen in einem ehemaligen Gemüseladen in der Kölner Südstadt. Das kleine Büro „Im Sionstal" diente zunächst als Reisebüro zur Vermittlung von Hotelzimmern für Geschäftsreisende. Eine clevere Geschäftsidee am Messestandort Köln. Denn für Unternehmen erwies sich die Hotelzimmer-Suche zu Messezeiten als äußerst schwierig. Schon mit acht, neun Jahren half auch Tobias, ältestes von vier Kindern des Firmengründers, im kontinuierlich wachsenden Unternehmen mit, zunächst beim Eintüten der Hotelkataloge, später dann auch in der telefonischen Reservierungsannahme.

Lief das Geschäft damals vor allem über den HRS-eigenen Hotelkatalog und Hotelreservierungen per Telefon, ging bereits 1995 die erste Website online. Vater Ragge hatte auch hier das richtige Näschen und setzte früh auf das neue Medium. Mit Erfolg: Heute ist HRS Europas führendes Portal für die Vermittlung von Hotels im Internet. Und über die HRS-Apps lassen sich heutzutage Hotelzimmer auch von unterwegs kinderleicht buchen.

Dabei führte der Weg von Tobias Ragge nach Abitur in Rodenkirchen und Studium im Rheingau nicht direkt zurück ins Familienunternehmen. Das BWL-Studium an der European Business School in Oestrich-Winkel war bewusst international ausgerichtet und führte ihn unter anderem ins kalifornische San Diego sowie ins französische Grenoble. Dort setzte er seine Schwerpunkte auf internationales Management und strategisches Marketing, bevor er seine Karriere bei Lufthansa begann. Seine Auslandserfahrung kam ihm dabei besonders zu Gute. Sich selbst beschreibt Tobias Ragge als überaus anpassungsfähig: „Man kann mich irgendwo an einem x-beliebigen Ort auf diesem Planeten fallen lassen und ich komme schon klar."

Irgendwann kam aber der Zeitpunkt, an dem Ragge mehr gestalten und die Dinge selbst in die Hand nehmen wollte. Da lag der Einstieg bei HRS nahe. 2004 stieg er dann als Assistent der Geschäftsleitung in das väterliche Unternehmen ein und übernahm vier Jahre später die Geschäftsführung. Seitdem trägt er maßgeblich zum Erfolg des Mittelständlers aus dem Kölner Süden bei – und das längst über die Grenzen Europas hinaus. Vor dem Hintergrund der sich rasant beschleunigenden Digitalisierung und Globalisierung des Geschäftsumfeldes eröffnete Ragge mehrere Auslandsniederlassungen unter anderem in London, Paris, Rom, Warschau, Moskau, Istanbul und Singapur – im chinesischen Shanghai war das Unternehmen bereits seit 2000 mit einem eigenen Büro präsent. Unter seiner Federführung übernahm das Unternehmen auch das Alpenportal Tiscover sowie die Mehrheit am Mitbewerber hotel.de. Und die Expansion ist keinesfalls abgeschlossen, für Ragge ist sie ein Muss in einem von globalen Wettbewerbern und dem extrem schnelllebigen Medium Internet geprägten Geschäftsumfeld. Im Geschäftsalltag hält Tobias Ragge alle Fäden in der Hand, sieht sich gegenüber seinen Mitarbeitern aber vor allem in der Rolle des Motivators, der sein Team wie ein Coach zu immer neuen Denkansätzen und Leistungen anspornt.

Auch privat ist das Thema Hotel omnipräsent. So führen Mutter Gisela und Schwester Daniela das renommierte Savoy Hotel in der Kölner Innenstadt und auch Tobias Ragge verbringt seine wenigen freien Tage im Jahr am liebsten im Hotel: „Wenn ich mit meiner Partnerin Urlaub mache, lasse ich mich am liebsten in einem schönen Hotel rundum verwöhnen und genieße es, mich bedienen zu lassen." Nicht umsonst ist deshalb auch ein besonders exklusives Haus Ragges Lieblingshotel – das luxuriöse Conrad Maldives Rangali Island auf dem maledivischen Ari Atoll. Besonders zufrieden ist er mit einem Hotel immer dann, wenn das Personal die perfekte Kombination aus Professionalität und persönlicher Note vermittelt. „Dies ist dann der Fall, wenn mir als Gast Wünsche erfüllt werden, noch bevor ich sie richtig ausgesprochen habe." Geografisch reizen ihn besonders der Ferne Osten und der Südpazifik. Seine Traumziele: Neuseeland und Bora Bora. Heimat und Ankerplatz ist und bleibt aber die Heimatstadt Köln. Vom Hauptsitz am Waidmarkt managt er die globalen Aktivitäten von HRS, in einem der Kranhäuser im Rheinauhafen ist er zu Hause und hat den Dom im Blick. Beim Rosenmontagsumzug ist er stets selbst aktiv mit von der Partie. Im Rahmen des Vereins der „Goldenen Jungs" feiert er darüber hinaus nicht nur, sondern unterstützt auch sozial benachteiligte Kinder.

Weltweit sorgt Ragge mit seinem Team für geruhsame Nächte der Hotelgäste. Aber er bewegt auch: Als Hauptsponsor und Namensgeber unterstützt HRS seit mehreren Jahren den HRS BusinessRun Cologne, mit über 10 000 Teilnehmern Kölns größte Laufveranstaltung nach dem Köln Marathon. Nur beim Fußball wird er Köln „untreu" – denn da schlägt sein Herz für Schalke 04, den Verein aus der Heimatstadt seines Vaters.

Heinrich Remagen
Es werde Licht...

Geboren: 11. Oktober 1951 in Köln
Familie: Verheiratet mit Sabine seit 28 Jahren, zwei Töchter und zwei Söhne
Beruf: Diplom-Kaufmann, Examen in Köln 1977; Anzahl Mitarbeiter: 12
Persönliche Rangliste: Partner, Kinder, ich, das Leben, die Firma
Persönliches Motto: Lebe im Jetzt und verwirkliche Dich selbst!
Das mag er an Köln: Hier hat der liebe Gott die gute Laune gepflanzt.
Das mag er nicht an Köln: Den nachlässigen Umgang mit Missständen jeglicher Art
Letztes Karnevalskostüm: Schweizer Almbauer
Zum Karneval: Eine besuchte Karnevalssitzung
Hobbys: Skilaufen und Joggen, Lesen und Schreiben
Persönlicher Blick in die Zukunft: Wertewandel – wir werden zurückkommen zu den wahren Werten und unsere wunderbare Welt wieder lieben lernen!

Als ab dem Jahr 1841 in Köln die ersten Gasleitungen verlegt wurden, um die Stadt mit Gaslaternen zu erhellen, war der Klempner Gottfried Remagen einer der Pioniere, der in den Gruben die Leitungsrohre verlötete. Vier Jahre später hatte er sich in diesem Metier so viel Wissen angeeignet, dass er in der Lintgasse ein Geschäft eröffnete und auch private Haushalte mit Leuchtgas-Anlagen ausstattete. Das wohlhabende Bürgertum bescherte auch der zweiten und dritten Generation der Remagens mit Gas- und Wasserinstallationen ein auskömmliches Leben. Man erlebte das Ende der Petroleum-Lampe, den kurzen Aufschwung des Gasglühlichts und schließlich den Siegeszug des elektrischen Lichts. Ab 1920 wurden sogar eigene Beleuchtungskörper im nördlichen Neumarkt-Viertel produziert. Die vierte Generation baute das im Krieg zerstörte Unternehmen in der Zeppelinstraße wieder auf und verlegte es 1964 an den heutigen Standort am Neumarkt im Herzen der Stadt.

Man hatte in dieser Familie immer Wert darauf gelegt, dass die nachfolgende Generation einen eigenen Beruf erlernte, bevor der Nachwuchs in das Unternehmen einsteigen durfte. So auch der heutige Chef, Heinrich Remagen, der es bei der Bundeswehr zum Oberfähnrich brachte und danach die Kölner Uni besuchte und als Diplom-Kaufmann verließ.

In diesen Jahren war ein Leuchtenhaus in zentraler Lage eine tolle Sache. In Köln wurde viel gebaut und somit war das Lampengeschäft eine einfache Sache: Lampe einkaufen, verkaufen und aufhängen. Mit einem hochwertigen Sortiment für den designorientierten Mittelstand konnte man sich als Fachgeschäft auch noch halten, als auf der grünen Wiese die Baumärkte aus dem Boden gestampft wurden. Über 100 Mitarbeiter standen in den besten Jahren bei Remagen auf der Gehaltsliste. Mit dem Aufblühen des Internets musste das Konzept des Einzelhandels überdacht und ergänzt werden. Heinrich Remagen dazu: "Wenn eine bekannte Designer-Leuchte wie etwa die Tolomeo Tischleuchte im Internet 199 Euro kostet, dann kann und will ich hier keinen Euro mehr verlangen, und so ist das bei vielen anderen Produkten auch."

Da jeder Krise auch eine Chance innewohnt, wurde das Unternehmen erfolgreich neu aufgestellt und sieht sich nun als „Lichthaus" mit dem Schwerpunkt „Lichtplanung".

Remagen berät und betreut nun neben Privat- auch Geschäftskunden: Banken, Versicherungen, Hotels oder Krankenhäuser. Heinrich Remagen: „Beim Thema Energieeffizienz hören mir Manager ganz genau zu; lässt sich doch mit dem richtigen Licht in Ausstellung, Kanzlei oder Büro nicht nur Wohlgefühl und Leistungsfähigkeit der Mitarbeiter steigern, sondern auch viel Geld sparen." Ähnliches gilt für Spezialthemen. Die richtige Ausleuchtung der Gemüse- oder Fleischtheke steigert den Umsatz. Remagen erwartet deutlich steigende Energiepreise und rechnet daher mit einem steigenden Bedarf an energiesparenden Beleuchtungssystemen wie etwa der LED-Technik. Im Zuge der Neuausrichtung hat Remagen zuletzt den Remagen Campus gegründet, ein firmeneigenes Forum für Vorträge zu speziellen Licht- und Beleuchtungsthemen rund um Architektur, Innovationen und aktuelle lichttechnische Entwicklungen. Neuester Hype ist die Steuerung der gesamten Haustechnik mittels iPAD.

Im Rahmen von „IndigoNights" werden auch Vorträge über energetische Licht-Themen aus dem Zusammenhang Körper-Seele-Geist angeboten, die sich mit Nachhaltigkeit, Farbsehen und Psychologie der Farben, Feng-Shui-Themen und Emotionen beschäftigen. Diese Foren sieht das Haus auch als Beitrag zum Wertewandel und nachhaltigen Handeln.

Kein Freund ist man indes von Energiesparlampen. Da kann der Chef so richtig sauer werden.

Remagen: „Sie sind teuer und umweltschädlich, haben ein schlechtes Spektrum, regelmäßig eine viele geringere Lebensdauer als angegeben und enthalten Quecksilber. Durch das Strahlungsspektrum wird unser Biorhythmus gestört und beim Betrieb wurden giftige Ausdünstungen gemessen."

Soviel Kompetenz glüht nicht lange im Verborgenen. Im Jahr 2007 wurde Heinrich Remagen das Verdienstkreuz am Bande des Verdienstordens der Bundesrepublik Deutschland verliehen. Dies ist indes nur die höchste der vielen Ehrungen, die dem Kölner in den letzten Jahren zu Teil wurden. Das sind große Fußstapfen für die 6. Generation: die Söhne Oliver und Patrick wollen die Tradition des Hauses fortführen und gehören daher jetzt schon zur Stammbelegschaft, wie auch Ehefrau Sabine.

Prof. Dr.-Ing. Johann-Dietrich Wörner
Ab ins All

Geboren: 18. Juli 1954 in Kassel

Familie: Verheiratet mit Gunilda seit 1979, drei Kinder

Beruf: Bauingenieur; Vorsitzender des Vorstands des Deutschen Zentrums für Luft- und Raumfahrt (DLR); Anzahl Mitarbeiter: 6 900

Persönliche Rangliste: Technik, Universum, Flexibilität

Persönliches Motto: Nur tote Fische schwimmen immer mit dem Strom.

Das mag er an Köln: Die Innenstadt

Das mag er nicht an Köln: Das müsste geändert werden: die Domplatte.

Hobbys: Technik

Persönlicher Blick in die Zukunft: „Die Hoffnung stirbt zuletzt" (Bohdan Arct, Kamikaze).

Eigentlich wollte er Pfarrer werden. Dann Arzt. Geworden ist er Bauingenieur, nachdem er den Maschinenbau verworfen hat. Heute ist er von allem etwas als Vorstandsvorsitzender des Deutschen Zentrums für Luft- und Raumfahrt DLR in Köln. Genauer gesagt in Porz, südlich des Flughafens. Prof. Dr.-Ing. Johann-Dietrich Wörner, ist seit März 2007 Chef von fast 7 000 Wissenschaftlern und Ingenieuren an 16 Standorten in Deutschland.

Nach dem Studium war er immer zur rechten Zeit am rechten Ort. Manche nennen es Glück, andere Karriere. Jan Wörner, mit dem Johann-Dietrich hat er es nicht so, sieht das anders. Noch heute meint er, er wisse nicht so recht, wie es so weit kommen konnte. Ein erstes Ingenieurbüro, Aufenthalt in Japan, bei dem es um die Erdbebensicherheit von Kernkraftwerken ging, der Ruf an die Technische Universität Darmstadt, eine Kampfabstimmung um den Unipräsidenten in sechs Wahlgängen, in denen er nicht als Kandidat dabei war. Als die Wahl scheiterte, da kein Kandidat die Mehrheit bekam, stellte er sich zur Verfügung und wurde Präsident mit einer Mehrheit, die wir sonst in demokratischen Systemen nicht kennen.

Als TU-Präsident brachte er eine der größten Umwälzungen im deutschen Hochschulbereich in Gang. Heute ist diese bekannt als das TU-Darmstadt-Gesetz. Der Weg in die Eigenständigkeit und Unabhängigkeit der Universität war geebnet. Und das alles Schulter an Schulter mit der Hessischen Landesregierung und allen Parteien des Hessischen Landtags. Erfolg schafft Vertrauen und sorgte für einen weiteren Job – Mediator beim Bau der neuen Landebahn des Frankfurter Flughafens, seit 2000. Interessen wurden angehört und in eine Balance gebracht, nicht in einem Kompromiss verwurschtelt. Trotzdem waren nicht alle zufrieden, die Piste aber wurde mit klaren Randbedingungen auch zum Schutz der Anwohner gebaut. Heute ist dort auch das DLR mit im Spiel, bei der Planung von Flugrouten. Als Heiner Geisler Anfang 2011 seinen Job in Stuttgart getan hatte, sollte es weiter gehen. Der Ruf kam, Wörner vermittelte auch zu Stuttgart 21, über die Landtagswahl hinaus.

Er sagt von sich, er ließe sich schnell begeistern, manchmal zu schnell. Er will etwas bewegen, manchmal zu viel auf einmal. Unruhe und Ungeduld treiben ihn an. Eigenständigkeit, Unabhängigkeit, Verantwortung – Dinge die für ihn bestimmend sind. Nichts hält er von Fremdbestimmung, Fern- oder Detailsteuerung, er will die Institutionen, für die er Verantwortung trägt durch klare Zuordnung von Entscheidung und Verantwortung zu mehr Eigenständigkeit und damit höherer Leistung führen. Auch wenn des Öfteren die Hürden hoch sind, die es zu überwinden gilt. Das war so während seiner Zeit als TU-Präsident und ist auch heute so als DLR-Chef. Nun spielt er in einer anderen Liga. Es gilt zu verhandeln mit dem Bundeswirtschaftsministerium und der EU, wie auch mit der amerikanischen NASA, der europäischen ESA oder der russischen Raumfahrtagentur Roskosmos. Wörner kommt in vielen Feldern zum Einsatz, nicht nur der Raumfahrt, auch in der Luftfahrtforschung, der Energie und auf dem Gebiet des Verkehrs. Begeistert ist er von den Möglichkeiten interdisziplinären Forschens. So lassen sich Aerodynamik und Aeroelastik aus der Luftfahrt in der Optimierung von Windkraftanlagen in der Energieforschung nutzen. Wiederum kann die Atmosphärenforschung Neues zur Zivilluftfahrt beitragen.

Technik und deren Faszination sorgen bei ihm für leuchtende Augen. Egal ob es ein altes dänisches Motorrad mit Vierzylinder-Reihenmotor ist, das er an einem Berliner Straßenrand entdeckt oder ein Space Shuttle. Er kniet sich erstmal hin und begutachtet das gute Stück oder schaut staunend nach oben.

Zu Hause in Darmstadt steht ein 3er BMW, M-Serie, in der Garage, daneben eine alte BMW R und ein Opel GT 1900 A-L Jahrgang 1973. Alle für ihre Zeit schnell. Das Motorrad hält er für sein Alter unangebracht. Trennen will er sich aber nicht, wer weiß was noch kommt.

Für seine drei Kinder ist er immer zu sprechen. Egal, ob es die Mathehausaufgaben der Jüngsten sind, die per Telefon in einem Moskauer Taxi gelöst werden, oder es wird, zwischen allen Dienstreisen, das Auto der Ältesten an einem Sonntag von Deutschland nach Frankreich überführt.

Allen will er es recht machen, alle zufrieden stellen – der Pfarrer in ihm. Allen will er helfen – da kommt der Arzt durch. Und wenn die Augen leuchten, „seine" DLRler etwas Neues präsentieren, was die Welt ein klein wenig besser macht, dann ist er voll und ganz Ingenieur.

Hüten sollte man sich aber vor seinen Vorträgen, Präsentationen, durch die der Zuhörer getrieben wird, vor Begeisterung strotzend. Das steckt an. Selbst wenn er an einem Sonntagmorgen in einer Darmstädter Kirche auf der Kanzel steht und zum Verhältnis von Wissenschaft und Religion predigt.

Hans Peter Wollseifer
Der unternehmerische Handwerker

Geboren: 5. August 1955 in Hürth

Familie: Verheiratet, zwei Kinder, ein Hund

Beruf: Unternehmer im Handwerk, Präsident der Handwerkskammer zu Köln

Persönliches Motto: Auch aus Steinen, die einem in den Weg gelegt werden, kann man etwas Schönes bauen.

Das mag er an Köln: Aufgeschlossenheit der Kölner, die kölsche Lebensart, das Leben gelassen sehen, mit viel Humor und ohne tierischen Ernst

Das mag er nicht an Köln: Menschen, die sich zu wichtig nehmen und zu oberflächlich sind – es werden oftmals vordergründige Beziehungen ohne Tiefgang gepflegt. Die desolate Verkehrssituation macht allen, die in Köln beruflich zu tun haben, zu schaffen und ist ein schwerwiegender Standortnachteil.

Zum Karneval: Gerne, aber gut dosiert

Letztes Karnevalskostüm: Berufskluft des Kochs, denn diesen Beruf würde er gerne für das Handwerk vereinnahmen.

Von seinem Wohnort Hürth, der rund 50 Meter höher liegt als Köln, hat Hans Peter Wollseifer einen wunderbaren Blick auf das Kölner Stadtpanorama. Diese Aussicht genießt er bei den Spaziergängen mit seinem Hund, das ist für ihn eine kreative Pause, die er sich inzwischen gönnt. Am Anfang seines Berufslebens gab es keine Pausen. Mit 21 Jahren war er einer der jüngsten Maler- und Lackierermeister in Deutschland – in einem Alter, in dem andere ein Semester an der Hochschule verbummeln und mal dieses und mal jenes Studienfach ausprobieren, leitete er bereits den elterlichen Malerbetrieb, den der aus Köln-Bickendorf stammende Großvater 1907 in Hürth gegründet hatte. So frühzeitig sich der unternehmerischen Verantwortung stellen zu müssen, „das habe ich mir nicht ausgesucht". Der frühe Tod des Vaters prägte Wollseifers weiteren Bildungs- und Berufsweg: Nach der mittleren Reife und dem Besuch der Fachoberschule für Bautechnik verzichtete er auf das eigentlich beabsichtigte Architekturstudium und absolvierte stattdessen eine Ausbildung zum Maler und Lackierer. Trotz der verkürzten Ausbildungszeit – und es musste alles schnell gehen, weil seine Mitarbeit im elterlichen Unternehmen dringend gebraucht wurde – belegte er beim Leistungswettbewerb der Handwerksjugend den zweiten Platz unter allen nordrhein-westfälischen Maler- und Lackiererprüflingen. Es folgte der Besuch der Meisterschule mit Meisterprüfung in Bielefeld, weil es zu der Zeit für die Meisterschule in Köln längere Wartelisten gab.

Nach der Meisterprüfung übernahm er sofort die Unternehmensleitung. Auf der einen Seite fühlte er sich der Fortführung der Familientradition verpflichtet, auf der anderen Seite erkannte und ergriff er die Expansionschancen aufgrund der Erweiterung des Betriebs um die Bausanierungssparte. In den 80er Jahren wurde die von Hans Peter Wollseifer geleitete Firma zum Spezialisten für die Sanierung von Hochhausfassaden, an markanten Gebäuden im Kölner Stadtbild wurde gearbeitet, u.a. am Uni-Center in Köln-Sülz und am Bull-Hochhaus in Köln-Mülheim. Wollseifers Mitarbeiter mussten hoch hinaus, daher lohnte sich 1985 die Gründung eines Gerüstbaubetriebs, der spezielle motorische Fahrgerüste für die Sanierung von Hochhausfassaden entwickelte. Das erlaubte die Expansion weit über den Kölner Raum hinaus, beispielsweise wurde ein Betrieb in Lübeck gegründet, zur Sanierung von Hochhäusern an der Ostseeküste. Enormen Sanierungsbedarf gab es in der ehemaligen DDR, 1990 gründete Wollseifer einen Zweigbetrieb in Magdeburg. Zudem suchte er nach Geschäftsfeldern im westlichen Ausland, das Know-how des Unternehmens aus Hürth war auch in Großbritannien, in den Niederlanden und in Belgien gefragt, wo in Kooperation mit einem örtlichen Partnerunternehmen Sanierungsaufträge ausgeführt wurden. 1996 gründete Wollseifer einen Zweigbetrieb im spanischen Alicante, 2003 eine Facility GmbH in Hürth. Der Vorteil der Unternehmensgruppe, die in der Spitze bis zu einhundert Mitarbeiter beschäftigte, war „die Breite der von uns angebotenen Leistungen: Wir lösen die Probleme des Kunden, wir bieten ihm das gesamte Leistungsspektrum vom Gutachten zum Sanierungsbedarf über die Bauausführung bis zur Abnahme", umschreibt der Firmenchef die Unternehmensphilosophie.

Nach 33 intensiven Berufsjahren wollte Wollseifer eigentlich kürzer treten, trennte sich von einem Teil der Geschäftsfelder, konzentrierte seine unternehmerische Tätigkeit auf einen handwerklichen Einzelbetrieb mit den Schwerpunkten Bewirtschaftung, Betreuung und Instandsetzung von Immobilien. Der durch diesen Schritt gewonnene Freiraum blieb ihm allerdings nicht lange erhalten, denn im Mai 2010 wurde er zum Präsidenten der Handwerkskammer zu Köln gewählt. Seinen Terminkalender bestimmen seitdem eine Fülle von Gremiensitzungen, Repräsentationsterminen, Gesprächen mit Bundes-, Landes- und Kommunalpolitikern sowie eine große Zahl von Unternehmensbesuchen. Das Handwerk ist ein recht dicht organisierter Wirtschaftsbereich, 78 Innungen und vier Kreishandwerkerschaften gehören zum Bezirk der Handwerkskammer; da wird vom Präsidenten der Kammer erwartet, dass er an vielen Veranstaltungen als Ehrengast teilnimmt. Wollseifers Vorteil ist, dass er sich in dem Terrain gut auskennt, von 2000 bis 2010 stand er an der Spitze der Kreishandwerkerschaft des Rhein-Erft-Kreises.

Wegen seines langjährigen Engagements in der Handwerksorganisation wirkt er seit vielen Jahren auch ehrenamtlich in Gremien der Innungskrankenkassen mit. Begonnen hat es mit der Mitarbeit im Verwaltungsrat der IKK Bonn/Rhein-Erft, die danach in die IKK Nordrhein überging, die inzwischen ihrerseits zu einem größeren Gebilde fusionierte. Gesundheitsleistungen und ihre Finanzierung durch die Gesetzlichen Krankenkassen mit einem Jahresvolumen von rund 230 Milliarden Euro sind für Wollseifer, der die Innungskrankenkassen im Spitzenverband der Gesetzlichen Krankenversicherung in Berlin vertritt, mittlerweile zu einem der interessantesten Bereiche von Politik und Gesellschaft geworden. Sein Ziel ist, dass die Krankenkasse des Handwerks erhalten bleibt, ihre Mitarbeiter kennen sich in den speziellen Belangen der Klein- und Mittelbetriebe aus. Die IKK classic, deren Verwaltungsrat er angehört, ist die fünftgrößte Krankenkasse in Deutschland. Fusionen prägen derzeit die Entwicklung bei den Kassen – dass es irgendwann bundesweit nur eine Innungskrankenkasse geben wird, will Wollseifer nicht ausschließen.

Von der unternehmerischen und der handwerkspolitischen Beanspruchung erholt er sich beim Familienurlaub auf Sylt oder einer anderen deutschen Insel, Wassersport gehört zu seinen Hobbys. Seine private Leidenschaft gilt der Harley-Davidson, mit Kollegen unternimmt er Ausfahrten an die Mosel, durch die Eifel oder durchs Bergische Land.

Alexander Wüerst
Das Sparkassengewächs

Geboren: 16. März 1961

Familie: Verheiratet, zwei Kinder

Beruf: Vorstandsvorsitzender der Kreissparkasse Köln; Anzahl Mitarbeiter: rund 4 000

Persönliche Rangliste: Engagement, Verlässlichkeit, Offenheit für Neues

Persönliches Motto: Für mich ist das Glas immer halb voll und nicht halb leer.

Das mag er an Köln: Die Vielfalt, Dynamik sowie die Herzlichkeit und den Humor der Menschen, die hier leben

Das mag er nicht an Köln: Diskussionen ohne Ergebnis

Letztes Karnevalskostüm: Kölsche Jung in rut und wiess

Zum Karneval: Aus Köln und der Region nicht wegzudenken, mit vielen positiven Ausstrahlungseffekten – nicht zuletzt auch für die Wirtschaft

Hobbys: Drei Enkel, Bewegung, Spazieren gehen – am liebsten auf dem Golfplatz, den 1. FC Köln anfeuern

Persönlicher Blick in die Zukunft: „Nicht weil es schwer ist, wagen wir es nicht, sondern weil wir es nicht wagen, ist es schwer" (Seneca).

Wenn Alexander Wüerst die 60 Meter lange und über 20 Meter breite Kassenhalle der Kreissparkasse Köln am Kölner Neumarkt betritt, ist der Sparkassenchef immer wieder von dem imposanten Raum mit seiner hohen Decke beeindruckt – auch nach über 30 Jahren, seit denen Wüerst schon bei der Kreissparkasse Köln ist. Seine Laufbahn begonnen hatte er dort 1981 als Auszubildender, heute steht Alexander Wüerst an der Spitze von Deutschlands drittgrößter Sparkasse. Nach Abschluss seiner Ausbildung hatte er sukzessive aufeinanderfolgende Führungsaufgaben übernommen, bis der diplomierte Sparkassenbetriebswirt 2002 zum ordentlichen Vorstandsmitglied und 2006 zum Vorstandsvorsitzenden der Kreissparkasse Köln berufen wurde. Seither lenkt Alexander Wüerst vom Kölner Neumarkt aus die Geschicke der Kreissparkasse Köln, denn hier befindet sich deren Hauptstelle. „Unser Geschäftsgebiet umfasst 42 Städte und Gemeinden", sagt Wüerst und zeigt auf vier große Bronzewappen, die über der Kassenzone an den hohen holzvertäfelten Wänden der Halle hängen. Es sind die Wappen der vier Landkreise, über die sich das Geschäftsgebiet der Kreissparkasse Köln erstreckt: vom Rhein-Erft-Kreis über den Rhein-Sieg-Kreis und den Rheinisch-Bergischen Kreis bis zum Oberbergischen Kreis – eine vielfältige Fläche, die mit ihren insgesamt 3 650 km² größer ist als etwa das Saarland.

Für Alexander Wüerst, selbst in Nienburg/Weser geboren und im Rhein-Sieg-Kreis aufgewachsen, hat die gesamte Region rund um Köln mit den vier Landkreisen und den Städten Bonn und Leverkusen viele Stärken: „Wir befinden uns hier im Zentrum des Europäischen Wirtschaftsraumes, unsere Region zeichnet sich durch optimale Verkehrsanbindungen und eine hervorragende Logistik aus. Das sind wichtige Voraussetzungen für den interessanten Branchen-Mix, den man hier vorfindet: Traditionell stark sind beispielsweise die Automobilbranche und der Maschinenbau. Darüber hinaus ist unsere Region innerhalb Europas ein führender Chemie-Standort. Im Bereich Telekommunikation zählt sie zu den Top-Standorten in Deutschland und in der Entwicklung von Computer-Software ist sie sogar bundesweit die Nr. 1", sagt Wüerst, der sich neben seinem beruflichen Engagement für die Kreissparkasse Köln auch als Interessensvertreter der Wirtschaft engagiert – so etwa als Vizepräsident der Industrie- und Handelskammer Bonn/Rhein-Sieg und im Vorstand des Region Köln/Bonn e.V. Insgesamt hat unsere Region sehr viel Potenzial, ihre Stärken gilt es weiter auszubauen und noch besser zu vermarkten", erklärt Wüerst, während er die Kassenhalle Richtung Foyer durchquert. „Und dann sind da natürlich noch die Menschen, die unserer Region ein unverkennbares Gesicht geben", fügt Wüerst hinzu. „Ihre tolerante Grundeinstellung, ihre Herzlichkeit und ihr Humor – das macht manches einfacher." Der Sparkassenchef muss es wissen, trifft er doch bei seinen vielfältigen Aufgaben zahlreiche Persönlichkeiten. Denn nicht nur als Vorstandsvorsitzender der Kreissparkasse Köln ist Alexander Wüerst im Einsatz für den deutschen Sparer und den Mittelstand, sondern auch als Landesobmann des Rheinischen Sparkassen- und Giroverbands, als Vorstandsmitglied des Rheinischen sowie des Deutschen Sparkassen- und Giroverbandes, oder als Aufsichtsratsvorsitzender der Deutschen Leasing – Garantie genug für einen vollen Terminkalender. Der hindert Wüerst allerdings nicht daran, sich auch für soziale und kulturelle Themen einzusetzen – sei es als Vorstandsmitglied der Deutschen Krebshilfe oder des Lew Kopelew Forums in Köln.

An den Glastüren der Kassenhalle angekommen, bleibt der Sparkassenchef stehen und weist auf den Kölnisch-Wasser-Brunnen, der die Kassenhalle der Kreissparkasse Köln seit 1950 schmückt. „Unsere Kundenhalle ist mehr als nur eine Geschäftstelle – für Besucher gibt es hier vieles aus Kunst und Kultur zu entdecken", sagt Wüerst. „Beispielsweise der Brunnen. Aus ihm fließt nicht nur das berühmte Kölner Duftwasser, sondern seine Darstellungen veranschaulichen auch die Bedeutung des Sparens: Die Figuren legen Geldstücke in einen Bienenkorb, das Sinnbild der Sparsamkeit. Von dort aus fließt das Geld in eine breite Schale, das Kapitalsammelbecken, um die auf dem Sockel dargestellten Berufsgruppen Handel, Handwerk, Gewerbe und Landwirtschaft mit Darlehen und Krediten zu versorgen", erklärt der Sparkassenchef. „Im Grunde zeigt der Brunnen das klassische Bankgeschäft, wie wir es betreiben: Wir nehmen Einlagen von Sparern entgegen und vergeben diese als Kredite an Privatkunden, Unternehmen und Kommunen", sagt Wüerst.

Dabei gehören unternehmerischer Erfolg und nachhaltiges Engagement für die Kreissparkasse Köln zusammen, betont Wüerst. So leiste die Kreissparkasse Köln nicht nur einen wichtigen Beitrag zur Struktur- und Wirtschaftsförderung in der Region, sondern übernehme auch Verantwortung für die gesellschaftliche Entwicklung vor Ort. „Mittels Spenden, Sponsoring und insbesondere durch unsere 13 Stiftungen unterstützen wir zahlreiche Projekte und Initiativen, die vom Sozialen über Sport, Bildung und Kultur bis hin zu Musik, Umwelt und der Hochbegabtenförderung reichen", erklärt Wüerst und blickt dann auf seine Uhr. Sein nächster Termin führt den Vorstandsvorsitzenden der Kreissparkasse Köln „in eine noch größere Halle" – zum 1. FC Köln. Anlass heute ist eine Sitzung des Verwaltungsrates, in dem Wüerst Mitglied ist. Doch wenn es seine Zeit erlaubt, sieht sich der Sparkassenchef auch schon mal gerne ein Spiel im Stadion an – schließlich ist Fußball in Köln eine Herzensangelegenheit.

Namensverzeichnis

A

Akgün, Lale	118
Althoff, Thomas H.	204

B

Bach, Peter	84
Bäck, Karin	206
Bauer-Hofner, Eberhard	12
Bauwens-Adenauer, Paul	208
Becker, Heinrich	28
Benecke, Mark	110
Bergmann, Katrin	86
Blühm, Andreas	74
Blum, Carola	174
Blümel, Corinna	132
Bockmayer, Walter	194
Böhm, Gottfried	88
Böse, Gerald	210
Brantsch, Ingmar	120
Brings, Peter	152

C

Conin, Bernhard	14
Cremer, Annegret	42

D

Demnig, Gunter	90
Dickopf, Daniel	154
Dom zu Köln	7

E

Elbertzhagen, Goetz	16
Evsan, Ibrahim	134

F

Farina, Johann Maria	212
Feldhoff, Norbert	62

G

Garvens, Michael	214
Gliss, Michael Uwe	32
Grzesiek, Artur	216

H

Haag, Gerhardt	196
Hanstein, Henrik R.	92
Haumann, Helmut	64
Hauser, Monika	176
Heinrichs, Peter	218
Heller, Anna	30
Hennes VIII., Geißbock	184
Heuser, Björn	156
Heuser, Klaus	158
Hiesl, Angie	94
Hinz, Georg	44
Hug, Daniel	96

I

Imig, Magdalene	122

J

Junggeburth, Wicky	46

K

Ketzer, Willy	160
Klönne, Gisa	124
Kokott, Michael	162
Koska, Elke	98
Kostadinova, Nelly	220
Krautmacher, Henning	164
Kuckelkorn, Christoph	48

L

Lambertz, Johannes	222
Lammerting, Kristin	126
Langevoort, Louwrens	76
Lanius, Claudia	146
Laufenberg, Gerda	100
Laufenberg, Uwe Eric	78
Leitner, Günter	18
Löcher, Stefan	20
Lucas, Maria	148

M

Maahn, Wolf	166

Mandac, Lovro	224
Marx, Gisela	136
Marx, Mareike	198
Mattes, Bernhard	226
Meisner, Joachim	66
Metzger, Marc	50
Meurer, Franz	68
Morszeck, Dieter	228
Müller, Udo	138

N

Nagel, Christian	102
Nikuta, Marie-Luise	52
Nolden, Werner	22

O

Oppenhoff, Michael	230

P

Pauels, Willibert	54
Paul, Bernhard	24
Potschka, Georg	178

R

Ragge, Tobias	232
Reger, Claudia	186
Remagen, Frank	56
Remagen, Heinrich	234
Römer, Joachim	34
Roth, Fritz	112

S

Schauerte-Lüke, Peter	200
Schock-Werner, Barbara	70
Schreiber, Claudia	128
Schult, HA	104
Sebus, Ludwig	58
Slomka, Marietta	140
Stenz, Markus	80
Stern, Claudia	36
Summa, Harald A.	142

T

Tiedemann, Dieter	106
Tokarski, Walter	188

U

Ulonska, Klaus	190

W

Wilhelm, Jürgen	180
Wissler, Joachim	38
Wolff, Friedrich	114
Wollseifer, Hans Peter	238
Wörner, Johann-Dietrich	236
Wüerst, Alexander	240

Z

Zeltinger, Hans Jürgen Maria	168
Zerlett, Helmut	170

Stichwortverzeichnis

1

1,2,3,4 Hallo Herr Wirt, wo bleibt mein Bier? (Lied)	59
1. FC Köln	184, 185

A

Acht Brücken | Musik für Köln	77
Altes Pfandhaus	107
Althoff Hotel & Gourmet Collection	205
Anti-Botnet-Beratungszentrum	143
AntoniterCityTours	19
Art Cologne	96
Aufstand der Kopftuchmädchen (Buch)	119

B

BAP	159
Bauwens Gruppe	209
Bestattungshaus Christoph Kuckelkorn	49
Böhm, Architekturbüro	89
Brauereiverband NRW (Vorsitzender)	29
Brings	153
Burgtheater (Solingen)	201

C

Cäcilia Wolkenburg	79
Café Fassbender (Szenelokal)	97
Caffee Cult	33
Career Women in Motion e.V.	207
Colombina Colonia	43

D

Das Parfum (Roman)	213
Deserteure, Die (Begleitband)	167
Deutsche Entwicklungshilfe für soziales Wohnungs- und Siedlungswesen e.V. (DESWOS)	179
Deutscher Architekturpreis	229
Deutscher Gastronomiepreis	37
Deutscher Musikpreis	17
Deutsches Zentrum für Luft- und Raumfahrt (DLR)	237
Die Ehrenfelder Gemeinnützige Wohnungsgenossenschaft eG	179
Die Höhner	165
Dom zu Köln	8, 9, 71
Dombauverein (Zentral-Dombau-Verein zu Köln von 1842)	71
Domradio	55, 62
Don Giovanni, Kätchen & Co	201
donum vitae	175

E

Eau de Cologne	213
eco - Verband der deutschen Internetwirtschaft e.V.	143
Ehrengarde (Präsident)	57
Ehrengarde (Regimentspfarrer)	62
Eimol Prinz zo son (Karnevalslied)	47
Einsingen in den Karneval	45
Emmas Glück (Roman, Spielfilm)	129
Englischer Garten Köln	127
Erzbistum Köln	63, 67
Europäischer Straßentheaterpreis	95
Exil-P.E.N.	121

F

Festival der Meisterköche	205
Festkomite Kölner Karneval (Aufsichtsratsvorsitzender)	65
Filmdose	195
filmpool	137
Fliplife	135
Flughafen Köln/Bonn	215
Förderverein Romanische Kirchen Köln e.V.	65
Ford-Werke GmbH	227
Forensische Insektenforschung	111
Frauenklinik Holweide	115

G

Gaffel (Privatbrauerei)	29
Galeria Kaufhof	225
Gastspieldirektion Otto Hofner	13
Geboren um zu leben (Lied)	163
Geierwally (Spielfilm)	195
Gliss Caffee Contor	33
Grimme-Preis	137
Grüngürtel	209
Gürzenich Orchester	72, 81

H

Handwerkskammer zu Köln (IKK)	239
Hänneschen Theater	53, 72
Hardy Remagen GmbH & Co.KG	57
Hellers Brauerei	31
Hellers Volksgarten	31
Hennes VIII., Geißbock	184, 185
heute-journal (ZDF Nachrichtenmagazin)	141
Hotel Europa	105
HRS	233

I

Industrie- und Handelskammer zu Köln (IHK)	209

J

Jane bleibt Jane (Spielfilm)	195
Jede Stein von Kölle es e Stück vun Dir (Lied)	59
Jerry Cotton (Filmmusik)	171
Jugendchor St. Stephan	163

K

Kick-media AG	17
Klosterfrau, Die (Roman)	123
Koch der Köche 2012	39
Koelnmesse	211
Köln stellt sich quer	169
Kölner Eis-Klub (KEK, Präsident)	191
Kölner Journalistenvereinigung (KJV)	133
Kölner Lichter	23
Kölner Theaterpreis	197
Kölnische Bibliotheksgesellschaft (Vorsitzender)	181
Kölnische Gesellschaft für christlich-jüdische Zusammenarbeit (Vorsitzender)	181
KölnKongress GmbH	15
Krankenhaus Holweide	115
Kreissparkasse Köln	241
Kunst- und Konferenzzentrum Deutz	107
KunstSalon e.V.	85

L

Lachende Kölnarena	13
Landschaftsverband Rheinland (LVR)	181
Lanxess arena	21
Lempertz, Kunsthaus	93
Lingua World GmbH	221
Loss mer singe	45

M

Marienburger Golfclub	209
Masterplan	103, 209
medica mondiale	177
metropol Theater	199
MINT-Unternehmer-Netzwerk	207
Müngersdorfer Stadion (Song)	169
Museum für verwandte Kunst	87
Museum Ludwig	72

N

Nacht ohne Schatten (Krimi)	125
Nagel, Galerie	103

O

Oper Köln	72, 79
Oppenhoff & Partner (Anwaltssozietät)	231
Ostermann-Medaille	53, 59

P

Pax-Bank (Aufsichtsratsvorsitzender)	63
Pfeifen Heinrichs	219
Philharmonie	77
Poppe, Kaate, Danze (Song)	153
Pritzger-Architekturpreis	89
Private Trauer Akademie Fritz Roth	113

R

Ralf Cremer GmbH	43
Reise ins Leben	113
Remagen Lichtplanung	235
RheinEnergie	65
Richterin Barbara Salesch (TV Serie)	137
Rimowa	229
Roncalli (Zirkus)	25
Rosenmontagszug (Leiter)	49
Russisch Leder (Parfum)	213
RWE Power AG	223

S

Salon Schmitz (Szenelokal)	97
SC Fortuna Köln e.V.	191
Scala-Theater	195
Schauspiel Köln	72
Sevenload	135
Soprthochschule Köln	189
Sparkasse Köln/Bonn	217
Stiftung Max Ernst (Vorsitzender)	181
Stolpersteine	91
Stroer AG	139
Superjeilezick (Song)	153
Süß wie Schattenmorellen (Roman)	129
Swinging Sisters (Frauentanzschule)	187

T

Tante Semra im Leberkäseland (Buch)	119
Tanzbrunnen	15, 45, 59
THC (Modelabel)	147
Theater im Bauturm	197
Trash People	105

V

Vendôme (Restaurant)	39, 205
Verdamp lang her (Song)	159
Vintage (Restaurant)	37

W

Wallraf-Richartz-Museum	72, 75
Weisser Holunder (Szenekneipe)	110
Wise Guys	155

Über den Autor

Andreas Kersting, geboren 1958 in Menden (Sauerland), beschritt beruflich den klassischen Weg über ein Volontariat zum Redakteur. Nach Stationen bei verschiedenen Tageszeitungen in Westfalen, Hessen und Niedersachsen landete er schließlich im Bergischen Land und betrachtete als Journalist die Region und das Rheinland.

Zuletzt betreute er die Pressestelle eines Internet-Startups im Rheinland und erzielte mit dem Thema „Fortbildung" in knapp zwei Jahren rund 7 Millionen Abdrucke in deutschen Tages- und Fachzeitungen.

Andreas Kersting lebt und arbeitet seit rund 20 Jahren in Köln und betreibt hier ein Büro für Pressearbeit und Medienberatung mit Kunden aus dem Bereich der Verbände bis hin zum Einzelhandel.

edition-empirica

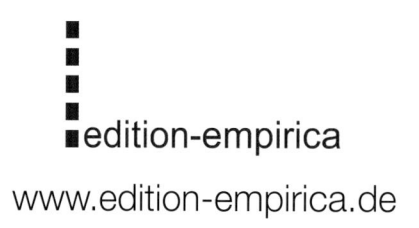

www.edition-empirica.de